Eure-et-Loir

L'ÉDUCATION DE L'ENFANT

À

L'ÉCOLE PRIMAIRE

Rapports des Instituteurs

Annotés par M. TUROT, Professeur de Philosophie

PUBLIÉS

Par G. DESPREZ

CHARTRES
IMPRIMERIE ÉDOUARD GARNIER
Rue du Grand-Cerf, 15.

1882

L'ÉDUCATION DE L'ENFANT

A L'ÉCOLE PRIMAIRE

OUVRAGES & PUBLICATIONS DE M. DESPREZ

HISTOIRE

BIBLIOTHÈQUE NATIONALE

Collection de Livres destinés aux Bibliothèques Scolaires :

LES GUERRES DE LA VENDÉE. — Un volume in-12.
L'ARMÉE DE SAMBRE-ET-MEUSE. — Un volume in-12.
KLÉBER ET MARCEAU. — Un volume in-12.
LAZARE HOCHE. — Un volume in-12.
LE MARÉCHAL NEY. — Un volume in-12.

PÉDAGOGIE

INSTRUCTIONS ET CIRCULAIRES ADRESSÉES AUX INSTITUTEURS DE LA HAUTE-MARNE. — Un volume in-8°.

BULLETIN DE L'INSTRUCTION PRIMAIRE POUR LE DÉPARTEMENT D'EURE-ET-LOIR. — Deux volumes in-8°.

MÉTHODES D'ENSEIGNEMENT. — CONFÉRENCES PÉDAGOGIQUES FAITES AUX INSTITUTEURS D'EURE-ET-LOIR EN 1879. — Un volume in-8°.

DOLÉANCES ET VŒUX DES INSTITUTEURS. — CONGRÈS PÉDAGOGIQUE DE 1880. — Un volume in-8°.

PROJET D'ORGANISATION PÉDAGOGIQUE :
  1° *Pour les Salles d'asile.* — Brochure in-8°.
  2° *Pour les Écoles enfantines.* — Brochure in-8°.

PROJET D'ORGANISATION POUR LES ÉCOLES PRIMAIRES SUPÉRIEURES :
  1° *De La Loupe et d'Illiers (garçons).* — Brochure in-8°.
  2° *De Chartres (filles).* — Brochure in-8°.
  3° *D'Auneau (filles).* — Brochure in-8°.

ENSEIGNEMENT SECONDAIRE DES JEUNES FILLES. — Brochure in-8°.

LES ÉCOLES PUBLIQUES DANS LE DÉPARTEMENT D'EURE-ET-LOIR. — ORGANISATION ET PROGRAMMES. — Un volume in-8°.

L'OUTILLAGE SCOLAIRE. — CONFÉRENCES CANTONALES de 1881. — Un volume in-8°.

EURE-ET-LOIR

L'ÉDUCATION DE L'ENFANT

A

L'ÉCOLE PRIMAIRE

Rapports des Instituteurs

Annotés par M. TUROT, Professeur de Philosophie

PUBLIÉS

Par C. DESPREZ

CHARTRES
IMPRIMERIE ÉDOUARD GARNIER
Rue du Grand-Cerf, 15.

1882

CHARTRES, le 15 Septembre 1881.

MONSIEUR L'INSPECTEUR,

Cette année, pendant le premier trimestre, je désirerais faire traiter dans les Conférences d'Instituteurs et d'Institutrices, un sujet que je regarde comme le plus important de tous ceux qui nous ont occupés jusqu'à ce jour et qui pourront nous occuper plus tard :

« L'Éducation de l'Enfant à l'École Primaire »

Nos Maîtres ne doivent pas seulement se préoccuper d'instruire, il faut qu'ils élèvent.

De cette question, de la manière dont elle sera envisagée et résolue par eux dépend l'avenir de notre Pays. — S'ils nous donnent des générations fortes de corps et d'âme, des générations qui voient le devoir, soient décidées à l'accomplir et puissent le faire, quel qu'ait été, dans le passé, le rôle de la France, de plus belles destinées l'attendent encore.

Je ne pense donc pas qu'il soit possible de soumettre aux réflexions de nos Maîtres un travail plus digne de leurs ardentes et patriotiques méditations.

Aussi, je vous prie de vouloir bien m'aider à leur tracer un programme assez précis pour les guider sûrement.

Ce programme sera divisé en chapitres et portions de chapitre comme l'a été le programme sur l'OUTILLAGE SCOLAIRE et sera traité dans la même forme.

J'attends vos observations d'ici au 25 septembre.

Recevez, Monsieur l'Inspecteur, l'assurance de ma considération très-distinguée.

L'Inspecteur d'Académie,

DESPREZ

ANNÉE SCOLAIRE 1881-1882

CONFÉRENCES PÉDAGOGIQUES

PROGRAMME

L'Éducation dans l'Enfant doit préparer l'Homme, le Citoyen, le Français

I. — L'HOMME

Dans l'Homme il y a deux parties : le Corps & l'Ame

Ier *Chapitre*. — Le Corps. — Membres et Organes, moyens détaillés de les développer.

IIe *Chapitre*. — L'Ame.

§ I. — L'Intelligence. — Moyens de la développer, de la rendre pénétrante, souple et prompte.

§ II. — La Mémoire. — Son utilité, moyens de la développer.

§ III. — La Réflexion, le Jugement. — Suite et Lien dans les idées.

§ IV. — L'Imagination. — Emploi de cette faculté brillante. — En prévenir les écarts.

§ V. — Les Sentiments, les Passions. — Développer les sentiments, contenir les passions.

§ VI. — La Volonté, la Persévérance, l'Énergie. — Bonnes et mauvaises habitudes. — Caractère.

§ VII. — Le Bien, le Mal, la Conscience, le Devoir, la Loi morale, les Récompenses, les Punitions.

§ VIII. — Rapports de l'Homme avec ses Semblables.

§ IX. — Rapports de l'Homme avec les Êtres inférieurs.

§ X. — Rapports de l'Homme avec l'Auteur et le Conservateur de l'Univers.

§ XI. — Devoirs de l'Homme envers lui-même.

II. — Le CITOYEN

L'Homme vit en société. — La Famille, fondement de la Société. — Organisation générale de toute Société humaine. — Le Gouvernement, l'Armée, la Justice, l'Instruction, l'Impôt. — Droits et Devoirs des Citoyens.

III. — Le FRANÇAIS

Courte description de la France. — Ses productions. — Ses richesses. — Agriculture. — Commerce. — Industrie. — Bien-être physique et moral dont nous jouissons dans notre Patrie. — Pourquoi nous l'aimons. — Dévouement que nous lui devons. — Grands exemples de Patriotisme.

Les Instituteurs d'Eure-et-Loir ont traité chacune des questions contenues dans le Programme : Ce sont leurs travaux, revus et enrichis de Notes par M. Turot, *Professeur de Philosophie au Collège de Chartres, que nous publions.*

—–∘∘⁂∘∘—–

L'Instruction éclaire l'esprit, exerce toutes les facultés individuelles, étend le domaine de la pensée.

L'Éducation développe le caractère, imprime à l'âme une impulsion salutaire, en règle les affections, dirige la volonté, fait passer dans la conduite et met en action les conceptions de l'esprit, et, conservatrice des mœurs, elle apprend à soumettre au tribunal de la conscience les actions et les pensées.

(ROMME. — *Rapport présenté à la Convention le 1er Décembre 1792.*)

I. L'HOMME

CHAPITRE Ier
LE CORPS

Membres et Organes : Moyens de les développer

I. — NOTIONS GÉNÉRALES SUR LE CORPS HUMAIN

Mes Enfants,

Nous allons parler du corps humain, et à ce titre seul vous devez penser combien notre sujet doit être chargé, car la machine humaine est infiniment plus compliquée que les mécanismes les plus ingénieux combinés par les hommes, aussi ce sera pour nous l'occasion de plusieurs leçons.

Aujourd'hui nous allons nous occuper du corps dans son ensemble, afin que vous en ayez une idée générale, puis nous examinerons dans nos leçons suivantes chaque organe en particulier.

L'étude du corps humain est sans contredit un sujet de leçons des plus attrayantes et des plus instructives, car, s'il est utile d'étudier l'histoire et la géographie de son pays, vous devez penser qu'il n'est pas permis d'ignorer l'organisation de notre corps et le rôle de nos différents organes.

Connaître les autres sans apprendre à se connaître soi-même est certainement contraire au bon sens. Que penser d'un conducteur de locomotive qui ignorerait le mécanisme de sa machine, sinon qu'il est exposé à ne pas arriver au terme de son voyage sans accident.

Notre corps reçoit sa forme générale d'une sorte de charpente osseuse qu'on appelle le *squelette*. Cette charpente solide en maintient en place les parties, les soutient, les protège. Ainsi, le crâne protège le cerveau, les côtes protègent les organes internes de la respiration et de la digestion.

Les os sont unis entre eux par des ligaments blancs, fibreux et très solides. Ainsi rapprochés et liés, les os forment des articulations, des joints, comme l'on dit. Les extrémités de ces os, destinées à glisser les unes sur les autres, sont revêtues d'un cartilage élastique et très poli qui facilite le frottement.

Autour des os sont groupées des masses de chair qu'on appelle *muscles*. Les morceaux de viande que nous mangeons sont des portions de muscles des animaux de boucherie. Vous avez pu remarquer que cette viande est composée de masses charnues, séparées par des enveloppes fibreuses que nous appelons vulgairement peaux de la viande. Chacune de ces masses charnues forme un muscle; ce muscle est lui-même composé de petites fibres placées les unes à côté des autres; il nous est facile de les séparer dans un morceau de bœuf qui a bien bouilli. Ces petites fibres ont la propriété de se contracter, c'est-à-dire de se raccourcir comme le ferait un fil de caoutchouc. Cette contraction des fibres musculaires est une des conditions du mécanisme de nos mouvements, que nous décrirons dans une leçon suivante.

Les muscles se terminent par des fibres plus ou moins longues, non contractiles, d'un blanc éclatant, qui s'attachent très solidement aux os : ce sont les *tendons*.

Les intervalles que les divers organes laissent entre eux sont comblés par du tissu cellulaire, étendu sous la peau en couche plus ou moins épaisse. Ce tissu rectifie la forme des membres en leur donnant plus de grâce. C'est dans ces cellules que se dépose la graisse; enfin la peau recouvre le tout.

La partie du corps comprise entre la tête et les cuisses se nomme le tronc. Il est partagé intérieurement en deux cavités, par une grande peau musculaire appelée diaphragme. La partie supérieure loge le cœur et les poumons; la partie inférieure loge l'estomac, les intestins, le foie, la rate et le pancréas.

Nous avons comparé en premier lieu le corps humain à une machine admirable, composée d'un nombre incalculable de pièces parfaitement agencées, mais il y a cette différence, entre le corps humain et les mécanismes les plus compliqués, que les derniers ont besoin d'une force, d'un moteur quelconque, pesanteur, vapeur ou électricité, tandis que le corps trouve en lui-même le principe de son mouvement.

Cette force lui vient du cerveau, grosse masse nerveuse renfermée dans le crâne. Cette masse nerveuse se continue par la moelle épinière logée dans un canal osseux appelé colonne vertébrale ou épine du dos.

Du cerveau et de la moelle épinière partent une foule de filaments blancs, mous et fragiles appelés nerfs, qui se ramifient en tous sens et s'insinuent entre les fibres des muscles en mettant ainsi tout le corps en communication avec le cerveau.

Comme le cerveau est le centre de la pensée, il suffit que l'homme pense pour qu'aussitôt les nerfs, véritables fils électriques, transmettent la volonté et fassent agir les muscles de différents organes.

Mais pour que la pensée se produise et que les nerfs transmettent le mouvement aux muscles, il faut que l'homme soit vivant; sans la vie, la machine ne peut plus rien, elle se décompose et tombe en poussière. Voyons donc comment s'entretient la vie.

Tout notre corps est sillonné par une multitude de canaux déliés qui se divisent et se subdivisent en pénétrant dans tous les organes. Tous ces canaux contiennent du sang, les uns, nommés veines, renferment un sang noirâtre et impur, les autres, nommés artères, renferment du sang rouge et pur. Les veines et les artères partent du cœur et communiquent entre elles par des canaux très déliés qu'on ne peut voir qu'au microscope, appelés vaisseaux capillaires. Ainsi le sang circule constamment du cœur dans les organes en passant dans les artères et revient au cœur par les veines, après avoir traversé les vaisseaux capillaires. C'est en traversant ces derniers canaux que le sang abandonne une partie de ses qualités nutritives pour aller grossir ou entretenir nos différents organes.

La machine à vapeur ne marche pas sans charbon, ni la lampe sans huile, il en est de même de la machine humaine, à qui il faut des aliments. Ces aliments sont digérés par l'estomac et les intestins, puis transformés et rendus liquides, ils seront absorbés par les veines qui les verseront dans la masse du sang.

Comme vous le voyez, notre leçon a été longue et chargée de mots inconnus pour vous, mais il était indispensable d'étudier ces notions générales, avant d'aborder les détails.

Dans nos prochaines leçons nous étudierons successivement chacun des organes dont nous avons parlé aujourd'hui. Pour mettre un peu d'ordre dans vos idées, nous diviserons ces organes en six groupes.

1° Organes de la digestion.
2° Organes de la circulation.
3° Organes de la respiration.
4° Organes de la locomotion.
5° Organes du système nerveux.
6° Organes des sens.

II. — ORGANES DE LA DIGESTION.

1° BOUCHE. — DENTS. — GLANDES SALIVAIRES. — PHARYNX. — ŒSOPHAGE.

L'homme est sans contredit le chef de la création ; il est admirable par son corps et plus encore par son intelligence. Son maintien droit, sa démarche ferme et hardie, l'expression de sa figure et surtout son langage annoncent sa supériorité sur tous les êtres vivants. Cependant ce roi de la création est l'esclave de la soif, de la faim qui lui commandent en maître. S'il ne peut apaiser sa faim, s'il ne peut étancher sa soif, il souffre de violentes douleurs, son corps s'épuise, sa raison s'égare, il meurt.

Ainsi la vie n'est entretenue qu'à la condition que chaque jour, et plusieurs fois par jour, une certaine quantité d'aliments soit introduite dans notre organisme pour venir remplacer les parcelles usées par le jeu de nos organes. C'est ce pouvoir que nous avons de transformer ainsi des aliments en substances propres à former nos différents organes que nous appelons *fonctions de nutrition*. Ces fonctions comprennent la digestion et l'absorption, la circulation et la respiration.

Digestion. — La digestion a pour but de modifier nos aliments et de les transformer en liquides qui iront grossir la masse du sang. Cette fonction s'exécute au moyen d'un système d'organes appelé *appareil digestif*.

Cet appareil se compose d'un long tube ou canal replié plusieurs fois sur lui-même qui présente deux ouvertures, dont l'une, appelée bouche, est destinée à l'introduction des aliments et dont l'autre, nommée anus, sert à l'expulsion des matières impropres à la nutrition.

Les diverses parties de ce canal sont : la bouche, le pharynx ou arrière-bouche, l'œsophage, l'estomac, l'intestin grêle et le gros intestin. Aujourd'hui, nous étudierons seulement la bouche, le pharynx et l'œsophage.

Bouche. — La bouche est la porte par où entrent nos aliments. Or, à toute porte bien tenue, il y a un portier, et le rôle de ce portier est de demander aux gens qui se présentent ce qu'ils sont et ce qu'ils viennent faire, et quand il leur trouve trop mauvaise mine, il ne les laisse pas entrer. Il nous fallait donc, pour bien faire, un portier de ce genre-là, logé dans la bouche, et nous l'avons aussi. Vous le connaissez sans doute ? C'est la langue. La langue est l'organe principal du goût, et elle préside à l'entrée des aliments et par conséquent ne laisse entrer que ceux qui lui conviennent.

De chaque côté de la langue sont logées les dents implantées dans des parties osseuses nommées mâchoires. Nous avons deux mâchoires, situées l'une au-dessus de l'autre ; l'une est solidement fixée au crâne, c'est la mâchoire supérieure, l'autre est articulée de manière à pouvoir exécuter des mouvements étendus, ainsi que le ferait une paire de ciseaux, c'est la mâchoire inférieure.

Toutes les dents ne remplissent pas le même rôle : les unes coupent, les autres déchirent, les autres broient. Les premières sont ces dents plates qui sont sur le devant des deux mâchoires. Tatez-les avec le bout du doigt, vous verrez qu'elles se terminent en lames tranchantes comme des couteaux, on les nomme *incisives*, d'un mot latin qui veut dire couper. On en compte quatre à chaque mâchoire.

Les secondes sont ces petites dents pointues qui viennent après les incisives des deux côtés de la mâchoire ; on les appelle *canines*, d'un mot latin qui veut dire chien, parce que le chien, comme tous les animaux carnivores, en fait un grand usage pour déchirer les viandes. Elles sont au nombre de deux à chaque mâchoire.

Les dernières dents qui sont placées dans le fond de la bouche sont les *molaires*, d'un mot latin qui veut dire meules, parce qu'elles servent à broyer. On en compte dix à chaque mâchoire, quand la dentition est complète.

La partie de la dent qui s'enfonce dans la mâchoire s'appelle la racine. Au-dessus de la racine est la couronne ou corps de la dent.

Les incisives ne devant pas beaucoup fatiguer n'ont qu'une racine étroite et courte ; les canines, qui sont destinées à tirer de côté et qui courraient le risque de s'arracher n'ont aussi qu'une racine, mais elle s'enfonce profondément dans la mâchoire.

Les molaires, qui sont en danger d'être ébranlées en broyant, ont deux, trois et quelquefois quatre racines.

La couronne est la partie qui travaille et qui frotte constamment. Si dure qu'elle soit, elle finirait bientôt par s'user, si elle n'était revêtue d'une substance encore plus dure, l'émail. C'est l'émail qui donne aux dents ce poli et ce brillant qui les rend si jolies à voir. Il faut bien les ménager, car une fois l'émail parti, on peut dire adieu la dent. C'est pourquoi vous devrez chaque matin vous nettoyer les dents avec de l'eau fraîche, afin d'enlever les matières acides qui se déposent sur l'émail et qui finiraient par le ronger.

La nature a voulu qu'à l'époque de la naissance les dents ne fussent point apparentes, afin d'éviter à la mère les douleurs que lui occasionnerait l'allaitement, si le nouveau-né avait les mâchoires armées.

L'homme présente deux dentitions successives. La première commence vers le cinquième mois et se termine vers la fin de la troisième année. Elle comprend vingt dents, nommées dents de lait, qui commencent à tomber vers l'âge de sept ans. Elles sont alors remplacées par d'autres plus fortes et plus nombreuses. Lorsque cette seconde dentition est achevée, l'homme est pourvu de trente-deux dents, comprenant, pour chaque mâchoire, quatre incisives, deux canines et dix molaires.

Les quatre molaires des extrémités de chaque mâchoire n'apparaissent généralement que de dix-huit à trente ans ; elles sont appelées dents de sagesse. Le rôle des dents est de diviser et de broyer nos aliments ; aussi ne devons-nous avaler notre bouchée qu'autant qu'elle a été convenablement broyée. Ceux qui avalent au troisième coup de dent des bouchées à demi mâchées, ignorent une chose : c'est que l'estomac est obligé de faire ensuite tout le travail qu'on n'a pas laissé faire aux dents.

GLANDES SALIVAIRES. — Pour que les aliments se changent en une pâte molle avant d'être avalés, les dents ne sont pas suffisantes ; elles ne peuvent que diviser et broyer. Mais d'autres auxiliaires viennent à leur aide, ce sont des espèces d'éponges logées tout autour de la bouche, appelées glandes salivaires. Elles ont la propriété de secréter un liquide particulier appelé salive, qui vient humecter les aliments ; c'est pour cela aussi que l'on boit à différentes reprises, pendant le repas. Une fois les aliments broyés et ramollis, la langue les réunit peu à peu en une petite masse qu'on appelle bol alimentaire.

PHARYNX. — Quand nous nous disposons à avaler, le bol alimentaire se place sur la langue, glisse entre la langue et la voûte du palais qui donne accès dans une espèce de couloir appelé pharynx ou arrière-bouche ou vulgairement le gosier.

Si ce couloir ne conduisait que de la bouche à l'estomac, avaler serait tout ce qu'il y a de plus simple au monde, mais le couloir est à deux fins. C'est en même temps le passage de la bouche à l'estomac et du nez aux poumons. Aussi le bol alimentaire doit éviter à la fois l'ouverture postérieure des narines et l'entrée des voies aériennes. Or le voile du palais, terminé par un appendice nommé la luette, en s'élevant presque horizontalement, vient fermer les fosses nasales, tandis que le larynx ou conduit à l'air remonte et vient se placer sous l'épiglotte, espèce de soupape qui vient fermer le passage à l'air. Le bol alimentaire n'a donc plus d'autre voie que le conduit de l'estomac ou œsophage qui fait suite au pharynx.

Mais, si pendant le passage du bol alimentaire, on rit ou qu'on veuille parler, le conduit à l'air se déplace, la bouchée tombe à côté de son trou et on a *avalé de travers*. Alors on tousse à tout rompre jusqu'à ce que la partie avalée de travers soit chassée du conduit à l'air.

S'il arrivait que les poumons ne puissent venir à bout de s'en débarrasser assez vite, on en mourrait sur place.

Profitez donc de cette leçon pour savoir qu'il ne faut ni rire, ni parler en avalant et qu'il faut se garder avec le même soin de faire rire ou parler les autres.

OEsophage. — Quand le bol alimentaire a traversé le pharynx, il se trouve dans l'œsophage, conduit cylindrique qui s'étend depuis le pharynx jusqu'à l'estomac; il glisse dans ce conduit qui s'élargit et se rétrécit successivement et pénètre dans l'estomac par un orifice nommé cardia.

De nouveaux changements l'attendent encore dans cette nouvelle demeure, mais nous allons le laisser là pour aujourd'hui, nous reviendrons le retrouver dans notre prochaine leçon, afin de vous faire assister à toutes ses transformations.

2° ESTOMAC. — SUC GASTRIQUE. — PYLORE. — INTESTIN GRÊLE. — FOIE ET PANCRÉAS. — RATE. — GROS INTESTIN. — VAISSEAUX CHYLIFÈRES.

Estomac.—Suc gastrique.—Pylore.—Dans notre dernière leçon, nous avons fait passer le bol alimentaire de la bouche dans le pharynx et dans l'œsophage en vous expliquant ce qui se passe dans chacun de ces organes, puis nous l'avons fait pénétrer dans l'estomac.

Voyons donc ce que c'est que l'estomac. C'est une espèce de poche en forme de cornemuse, placée à la partie supérieure de l'abdomen et qui est fermée à chaque extrémité : en haut par le dernier anneau de l'œsophage appelé cardia et en bas par un autre anneau du même genre appelé pylore qui conduit aux intestins. L'estomac est l'organe principal de la digestion, c'est dans cette poche que viennent se réunir tous nos aliments pendant le dîner, et c'est là qu'ils sont tournés et retournés, puis humectés par un liquide presque semblable à la salive, secrété par l'estomac, appelé suc gastrique. Ce liquide, aidé par les mouvements de contraction de l'estomac, a la propriété de transformer tous nos aliments quels qu'ils soient, en une espèce de bouillie grisâtre appelée chyme, et ce n'est qu'après cette transformation qu'ils peuvent franchir le pylore et passer dans les intestins. La poularde truffée du grand seigneur fait à peu près le même chyme que le pain noir du charbonnier ; si le palais du premier est mieux partagé que celui du second, leurs deux pylores goûtent à la même sauce. L'égalité se retrouve de bonne heure, comme vous le voyez.

De tous nos aliments, les uns se changent en chyme bien plus vite que les autres. D'une bouchée de pain et de viande par exemple avalée en même temps, le pain est déjà loin quand la viande est encore à se morfondre dans l'estomac, attendant sa transformation sans laquelle le pylore reste fermé pour elle.

Cela doit nous donner à réfléchir sur le danger d'avaler à l'étourdie des objets qui, de leur nature, ne peuvent se transformer en chyme, comme les noyaux de pêche, les boutons et autres objets que les enfants placent imprudemment dans leur bouche et que parfois ils avalent par mégarde. L'estomac se trouve condamné à les garder longtemps et ils peuvent occasionner des désordres très graves et parfois même déterminer la mort.

En général le travail de la chymification dure de trois à quatre heures et l'estomac appelle à son aide le sang qui arrive de toutes les parties du corps. C'est pour cela qu'on sent comme un petit frisson dans le dos, quand on donne beaucoup de travail à son estomac. C'est pour cela aussi qu'il est si dangereux de se baigner au moment où l'estomac travaille, parce que le froid de l'eau chasse tout à coup le sang accumulé autour de l'estomac et cela fait dans le corps une révolution telle, qu'on peut en mourir. Ainsi, comme vous le voyez, l'estomac n'aime pas à être dérangé trop brusquement dans son travail. Il ne faut pas non plus lui tailler étourdiment plus de besogne qu'il n'en peut faire, car on risquerait de le rendre malade. L'estomac est comme ces pauvres gens qui ont une famille à nourrir, il n'a pas le droit de se reposer, pas le droit d'être malade, et, quand il se met à traîner, on en a pour longtemps.

Tube intestinal. — Nous avons vu comment les aliments se transforment en chyme; voyons maintenant ce que devient ce liquide. Il pénètre par le pylore dans l'intestin grêle dont la première partie peut se gonfler notablement. Cette partie de l'intestin grêle a une longueur de douze travers de doigts de là vient son nom *duodenum*.

Deux glandes situées dans le voisinage y déversent des liquides qu'elles secrètent : l'une de ces glandes est le foie qui fournit la bile, l'autre est le pancréas qui fournit une espèce de salive, le suc pancréatique. Par l'action de ces liquides le chyme se transforme en un suc blanc laiteux appelé chyle. Après cette dernière transformation le travail de la digestion est terminé. Mais voyons un peu en détail ces deux glandes si importantes.

Foie. — Le foie est la plus volumineuse de toutes les glandes du corps; il est situé dans la partie supérieure de l'abdomen, à droite, mais, tout gros qu'il est, le foie ne tient à rien qu'à un point du diaphragme et il ballotte dans le ventre au moindre mouvement que nous faisons. C'est en partie pour cela que l'on n'aime pas généralement dormir sur le côté gauche, surtout quand on a bien mangé, parce que dans cette position le foie vient tomber sur l'estomac et l'écrase de son poids.

La fonction principale du foie est de secréter la *bile*, espèce de liquide visqueux et verdâtre d'une saveur amère. La première fois que vous verrez vider un poulet, demandez qu'on vous montre cette petite vessie verdâtre qu'on appelle l'*amer* et que la cuisinière a grand soin de ne pas crever, parce qu'il en coulerait un liquide amer qui donnerait un goût désagréable à tout le poulet. Vous aurez une idée du foie et de la vésicule du fiel. Cette vésicule se continue par un canal qui va s'ouvrir dans le duodenum à peu de distance de l'estomac.

Le Pancréas. — Le pancréas est une glande placée en arrière de l'estomac, dont le tissu a la plus grande analogie avec les glandes salivaires. Il secrète un liquide nommé suc pancréatique, qui ressemble aussi beaucoup à la salive, tant par son aspect que par ses propriétés. Ce liquide vient se déverser en abondance dans le *duodenum*, à côté de l'endroit où débouche la bile.

Quand le chyme a pénétré dans le *duodenum*, la bile et le suc pancréatique y affluent et viennent l'imbiber de toutes parts. L'intestin étant, comme l'estomac, animé d'un mouvement involontaire de dilatation et de rétrécissement, le chyme se transforme en un liquide blanc, appelé le chyle et le travail du tube intestinal est terminé ; ce qui est bon pour le sang se trouve séparé de ce qui ne peut servir à rien. La partie des aliments qui n'a pu être transformée en chyle pénètre dans le gros intestin qui fait suite à l'intestin grêle ; elle est expulsée au dehors. Chez l'homme qui est omnivore c'est-à-dire qui se nourrit de substances animales, végétales ou minérales les intestins ont une longueur égale à sept fois celle du corps. Chez le lion qui est essentiellement carnivore l'intestin n'a que trois fois la longueur du corps. Enfin, chez le mouton qui ne mange que de l'herbe, qui est herbivore ;

la digestion est beaucoup plus laborieuse, l'intestin a jusqu'à vingt-huit fois la longueur du corps.

ABSORPTION DU CHYLE. — VAISSEAUX CHYLIFÈRES. — Nous avons laissé le chyle dans le *duodenum*, et nous savons qu'il est destiné à se mêler au sang et à réparer les pertes que ce liquide subit en nourrissant le corps. Voyons donc comment se fait ce mélange.

L'intestin grêle est percé d'une multitude de petits canaux qui prennent naissance à l'intérieur de l'intestin dans des replis nombreux placés de distance en distance pour empêcher le chyle de circuler trop vite dans le tube intestinal. Ces canaux sont comme autant de bouches qui viennent sucer les gouttes de chyle à mesure qu'elles se forment. On les a nommés pour cette raison vaisseaux chylifères. Ces vaisseaux après s'être entrecroisés plusieurs fois traversent une série de ganglions contenus dans un repli de la peau, appelé mésentère, qui lie entre elles les circonvolutions de l'intestin, puis vont se jeter dans un conduit particulier appelé canal thoracique, lequel va s'ouvrir dans la veine sous clavière gauche et lance le chyle dans la masse du sang.

C'est là, comme vous le voyez, le résultat et le but final de la digestion. A notre prochaine leçon, nous parlerons des conseils hygiéniques et des moyens de préserver l'appareil digestif des maladies que l'ignorance et les passions font souvent contracter.

3° SOINS DE LA BOUCHE. — ALIMENTATION ET RÉGIME. — BOISSONS. — INFLUENCE PERNICIEUSE DE L'EAU-DE-VIE ET DU TABAC.

La digestion est l'acte principal de la vie physique, celui sans lequel la vie ne peut se soutenir, voyons donc quels sont les moyens de conserver dans le meilleur état de santé possible les organes chargés de cette importante fonction.

La bouche et les dents qu'elle contient exigent des soins particuliers qui ont pour but de raffermir les gencives, de nettoyer les dents, de prévenir la carie et de masquer la fétidité de l'haleine qui en est la conséquence. Il importe donc d'enlever après le repas les débris d'aliments qui s'y attachent et s'y corrompent et de détacher cet enduit limoneux d'un blanc jaunâtre appelé *tartre* qui déchausse la gencive et amène l'ébranlement des dents.

On choisira pour se nettoyer la bouche l'eau naturelle qui est le meilleur cosmétique. Si on veut faire usage de parfums on ne se servira que de préparations à base d'alcool et de poudre inerte comme le charbon, la magnésie; la poudre de corail et la pierre ponce devront être éloignées, car elles ne blanchissent les dents qu'en attaquant l'émail.

Vous avez vu combien le rôle des dents est indispensable pour le travail de la digestion, il importe donc d'éviter d'en compromettre la solidité, en les employant à briser des corps durs, car on détériore ainsi l'émail et on amène vite la perte des dents. Mais voyons le reste du canal digestif car il exige aussi des soins hygiéniques.

En premier lieu une alimentation suffisante, mais non pas excessive, car, dit un proverbe, *s'il faut manger pour vivre, il ne faut pas vivre pour manger.*

On a calculé que 13 ou 1,400 grammes de matières alimentaires solides et liquides suffisent pour la consommation journalière moyenne d'un homme adulte et bien portant, et c'est d'après ces chiffres qu'on a établi la ration du soldat français à qui on donne 150 grammes de viande et 750 grammes de pain. Mais il est facile de comprendre que cette quantité de nourriture varie avec le travail, la constitution, e climat, la qualité des aliments, etc.

A l'ouvrier des champs qui est obligé de déployer une grande force musculaire il faudra une plus grande quantité d'aliments qu'à celui dont le travail consiste à écrire dans un bureau.

A un tempérament sanguin, il faudra beaucoup de légumes et peu de viande, à un tempérament lymphatique au contraire, il faudra une nourriture fortifiante: viandes grillées ou rôties et une boisson tonique.

D'un autre côté, la quantité des aliments est en raison inverse de l'élévation de la température. Plus la chaleur est forte, moins l'homme a besoin de nourriture; c'est ce qui explique pourquoi l'Indou qui vit sous la zone torride peut apaiser sa faim avec une poignée de riz, tandis que l'Esquimau des régions polaires absorbe dans un seul repas 12 ou 15 litres d'huile de baleine.

En général c'est la sensation de la faim qui indique le besoin de nourriture, c'est en consultant ce guide qu'il faut s'arrêter.

L'excès dans l'alimentation fatigue l'estomac et cause des désordres très graves pour la santé. Un corps que l'on gorge d'une quantité surabondante d'aliments, dit Diogène, est comme un grenier où on accumule les victuailles, elles y pourrissent.

La sobriété est la condition indispensable pour conserver la santé et vivre longtemps. Je ne vous parle pas de l'excès dans la boisson qui est bien autrement grave encore car l'ivrognerie est un grand fléau, elle fait périr un nombre considérable d'hommes.

J'espère bien que vous aurez le sentiment de votre dignité et que jamais vous ne vous laisserez aller à ce vice honteux et dégradant.

L'homme, avons-nous dit, est omnivore, c'est-à-dire qu'il se nourrit de substances animales, végétales et minérales ; il ne peut, comme les animaux, vivre exclusivement ou d'herbe ou de viande ; il lui faut une nourriture composée de substances diverses prises dans le règne animal, végétal et même minéral.

Ne vous étonnez pas d'être obligés de digérer des minéraux, car nous ne pourrions pas vivre sans l'eau et l'eau fait partie du règne minéral ; il est une autre substance minérale non moins indispensable c'est le *sel* qui relève le goût de nos aliments et facilite la digestion.

Le règne végétal nous offre une profusion d'aliments, mais, ils n'ont pas tous les mêmes qualités nutritives, la plante la plus indispensable est le *blé* parce qu'elle renferme une substance, appelée gluten, très importante pour la composition du sang, puis viennent les haricots, les pois, les lentilles, les choux qui nous procurent une nourriture fortifiante, excellente pour les personnes qui se livrent à un travail pénible ; mais les légumes herbacés, salades, épinards, oseille, nourrissent peu.

Les aliments tirés du règne animal, viande, lait, fromage,

beurre, œufs, etc., renferment la plupart des éléments du sang, c'est pourquoi de toutes les substances alimentaires, elles sont les plus nutritives.

L'homme doit associer dans son alimentation environ trois parties de substances végétales et une partie de substances animales. Les repas devront être faits toujours à la même heure, la régularité des repas rend les digestions régulières elles-mêmes et plus faciles.

On ne doit jamais dormir que deux heures après le dîner du soir.

Boissons. — Comme le but final de la digestion est de rendre liquides les principes alimentaires, la formation du sang n'est pas possible sans eau. L'eau est donc la meilleure de toutes les boissons, à la condition qu'elle soit potable, c'est-à-dire qu'elle soit sans couleur, sans odeur, claire, fraîche et limpide. L'eau de pluie est la meilleure qu'on puisse rencontrer.

Les buveurs d'eau mangent ordinairement beaucoup et parviennent à une grande vieillesse, mais les propriétés bienfaisantes de l'eau n'excluent pas l'utilité du vin et des boissons fermentées cidre, bière, etc., qui sont stimulantes et toniques et conviennent aux individus qui se livrent aux travaux pénibles, aux sujets faibles et aux vieillards.

Le cidre est une boisson généreuse et saine qui délecte le Normand à la robuste et plantureuse constitution.

La bière que prisent si fort l'Alsacien et le Flamand est une excellente boisson, elle engraisse et rafraîchit, disent les campagnards; mais le vin réchauffe et fait du sang; c'est la boisson française par excellence, celle qui doit tenir le premier rang.

Les infusions de café et de thé stimulent doucement l'estomac et facilitent la digestion, il est à désirer que l'ouvrier puisse un jour en compagnie de sa femme et de ses enfants déguster sa demi-tasse, comme devrait le faire tout bon citoyen en s'intéressant au mouvement des idées et des choses de son temps.

INFLUENCE PERNICIEUSE DE L'EAU-DE-VIE ET DU TABAC. — Le matin avant de se mettre à l'ouvrage beaucoup d'ouvriers ont l'habitude de prendre un verre d'eau-de-vie. C'est le coup du réveil, disent-ils, cela *tue le ver*; en réalité cela perd l'estomac. Le matin au moment où l'estomac se repose vide de tout aliment, y jeter soudain ce liquide brûlant, c'est le dessécher et changer la membrane interne en une sorte de parchemin qui ne pourra plus secréter le suc gastrique sans lequel, comme nous l'avons dit, la digestion est impossible.

L'abus de l'alcool, des eaux-de-vie mal préparées produit un véritable empoisonnement dont les symptômes sont: la diminution des forces, le tremblement des pieds et des mains, la paralysie, le délire et enfin la perte de l'intelligence.

Le matin, il est une chose bien préférable au verre d'alcool, c'est une bonne soupe mangée à la maison, en famille.

Le tabac, quelle que soit la forme sous laquelle on l'emploie, est presque toujours nuisible. Non-seulement il est contraire à la bourse de l'ouvrier qui sacrifie ainsi chaque année une somme assez importante dont la place serait beaucoup mieux à la caisse d'épargne, mais il est aussi contraire à la santé.

Mâché, il communique aux dents une couleur noire et à la bouche une odeur désagréable. Il pervertit le goût et si la salive qui en est imprégnée est avalée, il peut donner lieu à des symptômes d'empoisonnement due à la présence dans le tabac d'un poison violent, la *nicotine*. Ce poison est si énergique qu'il suffit d'une goutte de cinq milligrammes pour tuer un chien de taille moyenne.

Fumé, il produit la diminution du goût et de l'appétit, rend les digestions imparfaites, donne naissance à l'ivresse, engourdit l'intelligence, affaiblit la mémoire et entraîne à l'oisiveté. L'action de fumer conduit à l'esclavage d'une habitude qui pousse parfois des malheureux à acheter du tabac plutôt que du pain.

Vous qui devez aspirer à l'indépendance et à la liberté, gardez-vous donc de vous exposer à une pareille servitude.

III. — ORGANES DE LA CIRCULATION.

SANG. — CŒUR. — ARTÈRES. — VEINES. — VAISSEAUX
CAPILLAIRES. — PULSATIONS.

Nous avons vu comment la bouche reçoit les aliments à l'état brut et comment l'estomac et le tube intestinal les préparent et les transforment en chyle pour les faire passer dans la masse du sang. C'était là l'histoire de la préparation du sang; nous allons parler maintenant de sa distribution. C'est ce qu'on appelle la circulation, parce que le sang, ce coureur infatigable, circule constamment en décrivant un cercle, ou plutôt deux, à travers le corps, c'est-à-dire qu'il sort du cœur pour y revenir, y rentre pour en sortir de nouveau et toujours ainsi jusqu'à la mort.

D'abord qu'est-ce que le sang ?

Du Sang. — Le sang a justement été appelé fluide nourricier parce que c'est lui qui entretient la vie dans les organes. Chez l'homme le sang est rouge. Si vous l'examinez au microscope, vous verrez qu'il est formé de deux parties bien distinctes: d'un liquide jaunâtre presque incolore nommé sérum et de milliers de globules rouges. Ces globules ont la forme de petits disques d'un diamètre égal à six ou sept millièmes de millimètre, ils sont très nombreux. Ce sont eux qui donnent au sang sa couleur et sa force d'action. Le sang dépourvu de globules est incapable d'entretenir la vie. C'est leur nombre plus ou moins grand qui fait sa richesse ou sa pauvreté. Un tempérament est dit lymphatique, quand il est pauvre en globules, c'est-à-dire quand le sérum ou liquide jaunâtre est en trop grande quantité; si au contraire les globules sont en excès, le tempérament est dit sanguin.

La belle couleur rouge du sang est due au fer. On lui reproche assez de rougir la terre de sang, sachez qu'il rougit le sang lui-même par compensation. Quand il arrive que l'appareil de la digestion néglige d'utiliser le fer contenu dans nos aliments, le sang se décolore et la figure devient d'une pâleur de cire. Si cela vous arrive, vous ne serez pas étonné d'entendre dire au médecin qu'il faut vous donner du fer, car ce serait la partie qui manquerait à votre sang. Mais tranquillisez-vous, vous ne l'avalerez pas tout cru, en l'envoyant aux globules vous leur rendrez leur énergie et leur éclat.

La quantité de sang qui se trouve dans le corps humain représente en moyenne le dixième de son poids. Un homme qui pèse 70 kilogrammes a à peu près 7 kil. de sang ou 7 litres.

Le sang décrit deux cercles : 1° un grand qui va du cœur aux extrémités et des extrémités au cœur; 2° un petit, qui va du cœur aux poumons et des poumons au cœur. En circulant dans les poumons, il rencontre l'air que nous respirons et là se passe entre l'air et lui une des choses les plus curieuses qu'on puisse imaginer, c'est la transformation du sang noir en sang rouge, c'est-à-dire du sang usé en un sang généreux et vivifiant. Sans cette transformation, le sang ne pourrait pas nourrir le corps cinq minutes. On a donné à ce phénomène le nom de respiration, nous y reviendrons plus tard.

Ainsi digestion, circulation, respiration sont les trois actes principaux de la nutrition.

Nous allons parler de la circulation et commencer par le cœur qui est l'organe principal de cette fonction.

Cœur. — Le cœur est une poche musculeuse de la grosseur du poing, logée entre les deux poumons. Il a la forme d'un cône renversé et présente quatre cavités. Il est d'abord séparé par une mince cloison membraneuse en deux parties : cœur droit, cœur gauche, parfaitement distinctes, n'ayant entre elles aucune communication. C'est le cœur gauche qui reçoit le sang rouge ou artériel et le cœur droit qui reçoit le sang noir ou veineux. Chacune de ces moitiés du cœur est ensuite partagée en deux par une cloison, mais cette fois il y a communication, car la cloison est munie d'une valvule ou soupape qui laisse entrer le sang mais qui ne l'en laisse plus sortir. La partie supérieure de chaque moitié du cœur est désignée sous le nom *d'oreillette droite* et *d'oreillette gauche* et la partie inférieure porte le nom de *ventricule droit, ventricule gauche*.

Artères et Veines. — Les tuyaux de distribution qui partent du cœur pour aller par tous les organes, s'appellent les *artères*; les tuyaux de retour qui ramènent le sang au cœur portent le nom de *veines*. La structure des veines est différente de celle des artères. Dans les artères, l'enveloppe est épaisse, résistante et reste béante, si on la coupe. Dans les veines, au contraire, l'enveloppe est très mince et s'affaisse dès qu'elle n'est plus distendue par le sang.

Si une artère est rompue, le sang jaillit, le danger est très grand, le sang vient du cœur ; il faut au plus vite faire une ligature au-dessus de la blessure. Si c'est une veine, le sang s'écoule uniformément, le danger est moins grand, on comprime la veine au-dessous de la blessure.

Mais comme les artères redoutent les accidents, la nature les a placées assez profondément dans l'épaisseur des organes tandis qu'elle a laissé les veines, qui peuvent mieux supporter un malheur, se promener sous la peau.

Essayons maintenant d'expliquer le mouvement de circulation. Regardez la figure que je viens de faire au tableau, elle représente les quatre cavités du cœur, avec les veines et les artères qui y aboutissent ou qui y prennent naissance.

Tout le sang veineux, c'est-à-dire le sang qui vient des organes augmenté du chyle qui n'est pas encore purifié, arrive par deux veines principales à l'oreillette droite qui se distend, s'élargit puis se resserre pour le faire passer par la valvule dans le ventricule droit, lequel à son tour chasse le sang dans les artères pulmonaires pour aller le distribuer aux poumons et le mettre en contact avec l'air où il subira la transformation nécessaire pour en faire un beau sang rouge capable d'entretenir la vie.

Quand cette transformation est achevée, le sang revient au cœur, mais il arrive dans l'autre partie où il débouche dans l'oreillette gauche et passe ensuite dans le ventricule correspondant. Dès que les ventricules sont remplis de sang, ils se resserrent et tout le sang du ventricule gauche passe dans une seule grande artère nommée aorte. Ce mouvement de dilatation et de contraction est ce qu'on appelle les battements du cœur.

Pulsations. — Quand un médecin tâte le pouls à un

malade, il constate le nombre de battements du cœur, ou les pulsations, en terme de médecine.

Cherchez bien à votre poignet un peu au-dessous du pouce, vous trouverez l'endroit et vous sentirez quelque chose qui bat sous le doigt, c'est une artère qui passe là, et ce petit battement que vous sentez c'est le contre-coup des battements du cœur. Chaque fois que le ventricule gauche chasse le sang dans les artères, celles-ci se gonflent tout-à-coup, puis se dégonflent pour recommencer, quand il arrive un nouveau jet de sang, de sorte que ce mouvement se règle sur celui du cœur.

Les battements du pouls renseignent le médecin sur la nature d'une maladie. Si le sang n'arrive ni trop vite, ni trop lentement c'est que le cœur fonctionne bien. Chez l'enfant au berceau, le cœur bat 130 ou 140 fois par minute; à l'âge de 9 à 10 ans il bat à peu près 90 fois. Chez l'adulte le nombre des pulsations est en moyenne de 65 et il diminue encore chez les vieillards.

Le cœur est pour le médecin un confident bavard qui vend le secret des maladies. Quand le médecin met le doigt sur le poignet de son malade, c'est absolument comme s'il lui mettait la main sur le cœur.

Mais n'allez pas croire que l'artère du poignet soit la seule qui puisse donner ces renseignements : toutes les autres sont dans le même cas, mais elles sont la plupart logées à l'intérieur et il n'est pas facile d'aller les y chercher.

L'artère du pied est également à la surface, mais figurez-vous comme cela serait agréable de donner le pied au médecin. Il en est de même de celles des tempes; mais tout posé il vaut mieux prendre son malade par la main que par la tête, pure affaire de convenance comme vous voyez.

Mais revenons à notre cœur. Tout le sang qui est chassé du ventricule gauche, avons-nous dit, passe dans une seule et grande artère nommée *aorte* qui s'en va d'abord en montant puis elle se recourbe sur elle-même ainsi que fait la crosse d'un évêque; à droite, à gauche, partent des rameaux qui portent le sang dans les deux bras et de chaque côté de la tête. L'aorte redescend ensuite et se met à l'abri de tout accident, car l'artère aorte coupée c'est la mort sans rémission. C'est pourquoi elle se glisse sous la colonne vértébrale qui la protège. Arrivée aux reins, elle fait la fourche et se partage en deux gros rameaux qui descendent jusqu'à l'exmité des pieds.

Vaisseaux capillaires. — Ainsi, comme vous le voyez, c'est très simple; mais il en serait tout autrement si je voulais entrer dans le détail des ramifications, car elles sont tellement nombreuses et déliées qu'il vous serait impossible de vous y reconnaître.

Choisissez sur votre corps la place que vous voudrez et enfoncez-y l'aiguille la plus fine et vous êtes certain que du sang sortira. Cela veut dire qu'il n'y a pas sur votre corps une place de la largeur d'une pointe d'aiguille qui n'ait son petit canal rempli de sang.

Ces imperceptibles canaux ont été appelés *vaisseaux capillaires*, mot qui veut dire délié comme un cheveu, mais vos cheveux qui sont bien fins cependant sont des câbles en comparaison de ces canaux déliés.

Ces petits canaux sont la continuation des grands et c'est en les traversant que le sang dépose dans les organes la partie qui leur est nécessaire pour leur fonction. C'est donc dans les vaisseaux capillaires que s'accomplit le phénomène de la nutrition.

Mais il s'agit pour le sang de revenir à son point de départ.

Immédiatement après les vaisseaux capillaires arrivent les veines capillaires aussi fines que les autres: elles s'emparent du sang partout à la fois et le remettent en route pour retourner au cœur. C'est donc le même canal qui en se prolongeant d'artère en artère devient veine sans qu'il y ait interruption.

Mais le sang des veines n'est pas le même que celui des artères, il a servi, il a déposé les matières nutritives dont il était chargé et de plus il s'est emparé de tout ce qu'il a pu trouver dans les vaisseaux capillaires, il est noir et impropre à la nutrition. Il retourne au cœur pour que celui-ci le renvoie aux poumons, afin qu'il se revivifie et se tranforme en un beau sang artériel. C'est le phénomène de la respiration que nous expliquerons dans notre prochaine leçon.

Je ne veux pas finir l'histoire de la circulation du sang sans apporter un juste tribut de reconnaissance à l'Anglais Harwey, médecin du roi Charles Ier.

C'est lui qui le premier osa enseigner publiquement que le sang circule sans cesse d'un bout à l'autre du corps en revenant toujours sur ses pas.

Comme tous les novateurs, on le traita d'extravagant et, s'il avait vécu à Rome au lieu de vivre à Londres, je ne voudrais pas jurer que l'Inquisition ne l'aurait pas fait mettre en prison comme son contemporain Galilée qui avait eu le front de prétendre que la terre tourne autour du soleil contrairement à l'opinion de tous les honnêtes gens de son temps. C'est l'histoire de tous les grands savants qui ont eu les vues plus grandes que leur siècle, mais le temps, qui est un grand vengeur, remet les choses et les gens à leur place.

IV. — ORGANES DE LA RESPIRATION.

COMPOSITION DE L'AIR. — JEU DES POUMONS. — DIAPHRAGME. — CHANGEMENT DU SANG VEINEUX EN SANG ARTÉRIEL. — CHALEUR ANIMALE. — QUALITÉS DE L'AIR ET CONSEILS HYGIÉNIQUES.

Dans notre leçon précédente, nous avons vu que le sang artériel se transforme en sang veineux en traversant les vaisseaux capillaires et qu'il devient impropre à l'entretien de la vie, mais nous avons vu aussi qu'au contact de l'air ce sang veineux reprend ses propriétés vivifiantes en repassant à l'état de sang artériel.

Tous les animaux et tous les végétaux sans exception ont besoin pour vivre de l'influence atmosphérique, aucun d'eux ne peut rester dans un milieu complètement dépourvu d'air. Mettez un oiseau sous une cloche en verre il ne tardera pas à périr; les poissons ne font pas exception à cette règle, ils respirent au moyen de l'air que l'eau contient en dissolution.

L'Air dans lequel les animaux et les plantes vivent est un gaz qui, comme tous les corps, est pesant et qui enveloppe la terre d'une couche de quinze lieues d'épaisseur. Réputé simple dans l'antiquité et au moyen âge l'air est réellement composé et on a depuis longtemps démontré qu'il était formé de vingt-une parties d'oxygène et de soixante-dix-neuf parties d'azote.

L'oxygène est le gaz indispensable à la combustion et à la respiration. C'est l'oxygène qui, en s'unissant au morceau de charbon, produit de la lumière et de la chaleur et en même temps un autre gaz appelé acide carbonique ; c'est encore l'oxygène qui, en s'unissant lentement au fer, produit la rouille qui n'est autre chose qu'une combustion lente du fer, et c'est aussi l'oxygène qui, en s'unissant au sang veineux, le transforme en sang artériel.

Expliquons maintenant comment se fait la respiration.

La *poitrine* ou thorax est une espèce de cage ou de boîte limitée en avant par un os appelé *sternum*, en arrière par la colonne vertébrale, de chaque côté par les côtes et les muscles intercostaux. Elle est séparée de l'abdomen par une grande peau musculeuse appelée diaphragme qui joue un grand rôle dans la respiration.

C'est dans l'intérieur de la poitrine que sont logés les poumons et le cœur.

C'est le diaphragme qui en s'abaissant ou en se soulevant augmente ou diminue la cavité de la poitrine et par conséquent permet à l'air d'entrer ou le force à en sortir.

Rien n'est si facile que d'expliquer le mouvement du diaphragme. Priez un de vos camarades de tenir deux coins de votre mouchoir, prenez les deux autres et tournez le mouchoir du côté du vent. Les quatre coins resteront bien en place n'est-ce pas ? mais le milieu gonflé par le vent va se courber et s'arrondir en avant. Ramenez le mouchoir fortement en à vous, il reviendra sur lui-même et se mettra à plat.

Cette manœuvre-là, le diaphragme l'exécute continuellement seize à vingt fois par minute et son dernier effort sera votre dernier soupir.

Quand vous vous endormez insoucieux de ce qui va se passer jusqu'au réveil, le diaphragme est là qui veille à votre vie et qui continue toujours son travail.

Il prend part à vos peines et à vos joies ; les sanglots et le rire sont causés par des secousses ou des sautillements du diaphragme. Il en est de même du hoquet produit par une fatigue du diaphragme qui finit par se révolter et produire ce mouvement saccadé que vous connaissez bien.

La poitrine joue le rôle d'un soufflet qui s'agrandit ou se resserre suivant que le diaphragme s'abaisse ou se lève et sous cette influence les poumons s'emplissent d'air ou le chassent, c'est *l'inspiration* ou *l'expiration*.

Mais parlons maintenant des poumons. Je voudrais pouvoir vous en montrer, mais votre mère vous en fera voir quand vous voudrez. Le mou qu'elle donne au chat, c'est un morceau de poumon. Risquez le petit bout d'un doigt pour y toucher, vous sentirez quelque chose de mou qui plie sous le doigt et se relève ensuite comme une éponge. De fait, le poumon comme l'éponge est composé d'une infinité de petites cellules dans chacune desquelles l'air et le sang entrent chacun de son côté pour se dire bonjour.

Que le mou du chat provienne d'un bœuf, d'un porc ou d'un mouton, vous pouvez le regarder de confiance, votre poumon est fait absolument de même.

Les poumons ont la forme de deux grands paquets allongés aplatis en dedans et portant au milieu le cœur qui est suspendu entre les deux.

Les poumons communiquent avec l'air extérieur, au moyen d'un conduit appelé *trachée-artère*, lequel fait suite au *larynx*, organe où se forme la voix et dont nous avons parlé lorsqu'il s'agissait d'avaler de travers. La partie saillante que vous sentez à la gorge et que vous appelez vulgairement *pomme d'Adam*, c'est le larynx.

Le larynx à son tour communique avec la bouche et les fosses nasales, de sorte que l'air peut entrer dans le larynx par deux ouvertures, le nez et la bouche.

La trachée-artère se divise en deux branches appelées *bronches* dont l'une se rend au poumon droit et l'autre au poumon gauche.

Vous entendez quelquefois parler de *bronchite*, c'est une inflammation de ces bronches qui sont à deux doigts des poumons. Cette inflammation est le plus souvent due à un changement brusque de température extérieure. Il faut alors prendre bien garde, parce que un doigt de plus et l'inflammation gagne des bronches dans les poumons avec lesquels il n'est pas prudent de plaisanter.

Arrivées au poumon, les bronches se divisent et se subdivisent en une infinité de petites ramifications qui deviennent de plus en plus étroites et qui finissent par se terminer en autant de petits culs-de-sac. C'est par ces ramifications que l'air arrive.

Sur les parois minces et transparentes des petits culs-de-sac, viennent se répandre les ramifications de l'artère pulmonaire qui apportent le sang veineux lancé par la partie droite du cœur.

C'est alors qu'a lieu entre l'air et le sang ce commerce mystérieux à la suite duquel le sang noir devient rouge, ou de veineux devient artériel.

Ce phénomène a été considéré par Lavoisier comme une véritable combustion dans laquelle l'oxygène de l'air inspiré se combinait avec le *carbone* provenant du sang veineux.

Le mot carbone veut dire *charbon* et vous vous étonnez peut-être que votre sang contienne du charbon. Mais vous ne verrez là rien de surprenant, quand vous saurez que le charbon est un des corps les plus répandus et qu'il entre pour moitié dans la composition de nos aliments.

Dans le sucre que vous croquez, dans le vin que vous buvez, dans le pain que vous mangez il y a du charbon, et la preuve, c'est que si vous faites griller de trop près la petite tranche de pain que vous mettez le matin dans votre tasse de café au lait, qu'arrive-t-il ?

Elle devient toute noire, n'est-ce pas ? vous dites qu'elle est charbonnée, c'est-à-dire réduite en charbon. Or ce charbon n'est pas sorti du fourneau ; croyez bien qu'il était dans vos tranches de pain quand vous les avez mises sur le feu.

Vous n'allez pas dire maintenant que vous ne mangez pas de charbon et qu'il ne peut y en avoir dans notre sang.

Voici donc ce qui arrive. Le sang artériel chargé d'oxygène circule dans nos organes pour porter aux tissus les principes nutritifs dont ils ont besoin, et là l'oxygène se combine avec le carbone que lui cèdent les tissus vivants et le sang lui-même, de sorte qu'il se fait ainsi une combustion sans flamme mais avec dégagement de chaleur dans toutes les parties de notre corps : nous brûlons dans toute l'acception du mot. C'est la cause de la *chaleur animale.*

Nous avons vu qu'en brûlant un morceau de charbon, il se dégageait un gaz qui non seulement est incapable d'entretenir la vie, mais qui pourrait au contraire donner la mort, ce gaz, c'est l'acide carbonique. Il se produit également dans la combustion qui a lieu dans l'intérieur de nos organes et il se trouve absorbé par le sang, c'est pourquoi le sang artériel devient noir ou veineux et incapable d'entretenir la vie.

C'est dans cet état qu'il revient au cœur : celui-ci le chasse dans les poumons et là, en traversant les dernières ramifications de l'artère pulmonaire, il se trouve en contact avec l'air inspiré. C'est alors que se fait ce commerce dont nous avons déjà parlé ; le sang veineux cède l'acide carbonique et la vapeur d'eau qu'il renferme et prend en échange l'oxygène de l'air. Grâce à cet échange, le sang veineux de noir qu'il était devient rouge, brillant et retourne au cœur pour recommencer sa course perpétuelle. C'est bien un commerce, comme vous voyez, le sang cède à l'air et l'air prend au sang. Aussi l'air expiré a-t-il changé de composition, il renferme moins d'oxygène, mais il contient une plus grande quantité d'acide carbonique et de vapeur d'eau.

Du moment qu'il y a en nous un feu toujours allumé, il n'est pas difficile de comprendre que pour entretenir ce feu, il faut des combustibles, c'est-à-dire des aliments. Il est bien entendu que le feu devra être plus vif en hiver qu'en été, mais on n'a pas besoin d'être averti, la nature y a pourvu. Elle nous donne plus d'appétit quand il fait froid que quand il fait chaud.

Puisque c'est l'oxygène de l'air qui entretient la combustion, il est clair que l'homme ne peut pas se passer d'air ; s'il en était privé pendant deux minutes seulement, le sang aurait le temps de revenir au cœur à l'état veineux et ce serait assez pour causer la mort, on mourrait *asphyxié.* L'homme peut encore mourir pour avoir respiré un air qui ne convient pas à ses poumons. L'acide carbonique qui se dégage du moût du raisin à l'époque des vendanges peut occasionner de graves accidents.[1]

Il est donc très important de respirer un air pur, un air vivifiant dont la fraîcheur vienne donner au sang cette belle teinte rose, indice certain d'une personne en bonne santé.

L'air des montagnes, imprégné de l'arôme des plantes et sans cesse renouvelé par les grands courants de l'atmosphère, passe pour être le plus favorable à la santé.

Il n'en est pas de même de l'air des villes, toujours chargé d'émanations malsaines qui altèrent sa pureté.

L'air confiné dans un endroit clos ne tarde pas non plus à s'altérer, car nous avons vu que l'air qui sort de nos poumons contient une certaine quantité d'acide carbonique. Or, quand l'air contient seulement quatre parties de ce gaz sur mille, il est rare qu'on ne ressente pas sa funeste influence qui se manifeste au début par la pesanteur de tête et des malaises nerveux, indices de l'asphyxie commençante.

On a calculé que l'homme fait passer dans ses poumons sept à huit mètres cubes d'air dans vingt-quatre heures, mais cette quantité, suffisante quand l'air est pur, ne l'est pas dans un espace clos, car l'air de la chambre, vicié par l'haleine, ne tarde pas à devenir malsain. Un homme a besoin de huit à dix mètres cubes d'air par heure. C'est pour cela que nous ouvrons toutes grandes les portes et les fenêtres pendant les récréations, afin de renouveler l'air de la salle.

V. — FONCTIONS DE RELATION : ORGANES DE LA LOCOMOTION

SQUELETTE. — MUSCLES. — TENDONS. — CARTILAGES. — THÉORIE DU MOUVEMENT. — DÉVELOPPEMENT DES MUSCLES. — LA PEAU, SES FONCTIONS. — SOINS HYGIÉNIQUES.

Nous venons d'étudier les fonctions de nutrition, c'est-à-dire celles qui ont pour but d'entretenir la vie ; nous allons maintenant parler des fonctions de relation qui mettent l'homme en rapport avec ses semblables, c'est-à-dire qui lui donnent le pouvoir de se mouvoir, de se transporter d'un lieu dans un autre et de prendre connaissance de ce qui l'entoure.

Les fonctions de relation présentent deux ordres de phénomènes distincts : le mouvement volontaire et la sensibilité.

Le mouvement volontaire est la faculté dont jouissent l'homme et les animaux, de déplacer certaines parties de leur corps suivant leurs desirs ou leurs besoins ou bien encore de se transporter d'un lieu dans un autre.

Les organes qui jouissent de cette propriété sont appelés *organes de la locomotion*.

La sensibilité est la faculté de sentir, c'est-à-dire de recevoir les impressions des objets qui nous environnent, et les organes qui sont chargés de cette délicate fonction sont appelés *organes des sens*, auxquels préside le système nerveux.

Nous étudierons séparément chacune de ces parties en commençant par les premières.

Les organes du mouvement sont de deux ordres : les organes *passifs* qui reçoivent la force motrice et lui obéissent, ce sont les os dont l'ensemble forme le *squelette*, et les organes *actifs* qui transmettent ou qui produisent la force motrice, ce sont les *muscles* et le *système nerveux*.

Etudions d'abord les os et le squelette.

Les os forment la charpente du corps humain ; ce sont des substances blanches et insensibles, très solides, formées de phosphate de chaux et de gélatine.

La gélatine est ce que les cuisiniers vous servent sous le nom de *gelée de viande*, on devrait dire gelée d'os. Le phosphate de chaux est une sorte de pierre formée par l'union de la chaux et du phosphore. Vous connaissez tous la chaux, mais le phosphore vous est moins familier, cependant vous savez qu'il y en a un peu à l'extrémité des allumettes chimiques et leur odeur d'ail est là pour le dire. Eh bien, vos os contiennent du phosphore, et la meilleure preuve que je puisse vous en donner, c'est que le phosphore des allumettes chimiques a été fait avec des os achetés à la boucherie.

Et ce phosphore d'où vient-il ? me direz-vous. Est-il aussi renfermé dans nos aliments, comme le charbon ?

A cela, je répondrai oui. Quand un petit morceau de sucre est dissous dans un verre d'eau, vous pouvez l'avaler sans vous en apercevoir, sans même vous douter que vous avez mangé du sucre. Eh bien, le phosphore se trouve ainsi dissous en petite quantité, il est vrai, dans certains aliments, et le sang, qui ne laisse rien perdre, sait bien le retrouver pour aller le distribuer aux os. L'état des os n'est pas le même à toutes les époques de la vie. Chez les enfants, ils contiennent beaucoup de gélatine, sont élastiques, et par conséquent peu sujets à se fracturer; chez les vieillards, les os ont perdu leur élasticité et se dépouillent de leur gélatine pour se surcharger de matières calcaires qui les rendent très durs et disposés à se rompre facilement.

Mais comme tout s'enchaîne dans les phénomènes de la vie! Chez l'enfant, les os fracturés se consolident en peu de temps; ce sont des rameaux pleins de sève dont la partie ligneuse est à peine développée; chez l'adulte, la guérison est plus longue, mais généralement facile et complète; chez le vieillard, la réunion des fragments ne s'opère qu'avec lenteur ou même ne peut s'obtenir. Le rameau délicat, devenu plus tard branche, n'est plus qu'un bois desséché presque entièrement et que doit atteindre une décomposition prochaine.

On distingue les os en os longs, en os courts et en os plats. L'humérus ou os du bras est un os long, les os du poignet et des doigts sont des os courts, les côtes sont des os plats.

On compte cent quatre-vingt-dix-huit os dans le squelette à l'époque où son développement est complet.

Le squelette des animaux se compose de trois parties distinctes : la tête, le tronc et les membres.

La *tête* comprend le *crâne* et la *face*. Le *crâne* est une espèce de boîte osseuse de forme ovalaire, servant à loger le cerveau et le cervelet; il est formé par la réunion de huit os plats. La face sert à loger et à protéger les organes de la vue, de l'odorat et du goût; elle est formée de deux parties distinctes appelées mâchoires et de plusieurs petits os.

Le tronc se divise en colonne vertébrale, en poitrine ou thorax et en bassin.

La *colonne vertébrale* ou le *rachis*, vulgairement appelée épine du dos, est formée par la réunion de trente-trois pièces osseuses nommées vertèbres, percées dans toute leur longueur par un canal qui renferme un prolongement des membranes du cerveau et la moelle épinière. Le sommet de la colonne porte la tête ; sa base repose sur la partie postérieure et moyenne du bassin.

La *poitrine*, nommée aussi *thorax*, est une sorte de cage osseuse, spécialement destinée à renfermer le cœur et les poumons. Cette cage est formée en avant par un os appelé *sternum*, en arrière par la colonne vertébrale et sur les côtés par les côtes, au nombre de douze paires, dont sept paires appelées vraies côtes parce que ce sont les seules qui s'articulent avec le sternum ; les cinq autres paires se réunissent simplement aux côtes précédentes.

Le *bassin* est situé à la partie inférieure du tronc dont il forme la base ; il est destiné à loger les viscères contenus dans l'abdomen : on y remarque les os iliaques, les plus larges du squelette.

Les *membres*, au nombre de quatre, se subdivisent en membres supérieurs et en membres inférieurs.

Les membres supérieurs se composent de l'épaule, du bras, de l'avant bras et de la main.

L'épaule prend son point d'appui sur la partie supérieure du thorax ; elle est composée de deux os, la *clavicule* en avant et l'*omoplate* en arrière. Le bras est formé par un seul os nommé humérus.

L'*avant-bras* est composé de deux os qui sont, en dedans le *cubitus* et en dehors le *radius*. La main se divise en *carpe* ou poignet, en *métacarpe* ou partie située entre le poignet et les doigts, et en *doigts* qui eux-mêmes se divisent chacun en trois *phalanges* à l'exception du pouce qui n'en a que deux.

Les doigts, au nombre de cinq, prennent les noms de *pouce*, *index* ou indicateur qui sert à indiquer, *majeur* celui qui est le plus grand, *annulaire* celui qui porte l'anneau et *auriculaire* ou petit doigt.

Mais arrêtons-nous un peu sur la main car elle a une importance considérable sur la destinée de l'homme.

Sans la main toutes les industries qui font l'honneur de la civilisation seraient encore à créer et nous ne serions guère supérieurs aux autres animaux. Sans doute ce n'est pas dans la main que réside l'intelligence, mais la main est la servante fidèle de la volonté et l'auxiliaire indispensable de l'esprit.

Ce qui distingue une main d'un pied, c'est d'avoir le pouce opposable aux autres doigts, cela nous permet de tenir ferme, comme une pince, tous les objets petits ou gros. Cette bienheureuse disposition n'a pas été donnée aux autres animaux, sauf au singe notre plus proche voisin qui a des mains au bout des jambes comme au bout des bras. Mais rassurez-vous il n'en est pas plus avancé que nous pour cela.

Dans la classification générale des êtres on a appelés *bimanes* les animaux à deux mains c'est-à-dire l'homme, et *quadrumanes* les animaux à quatre mains comme les singes.

Les membres inférieurs, se composent de la hanche, de la cuisse, de la jambe et du pied.

La hanche représente l'épaule, elle est formée de chaque côté par l'os iliaque qui fait partie du bassin.

La *cuisse* n'a qu'un seul os appelé *fémur*, c'est le plus long et le plus volumineux de tous les os du squelette.

La *jambe* comprend deux os, le *tibia* et le *péroné*; au devant de l'articulation de la jambe avec la cuisse se trouve la *rotule* qui a pour but de consolider le genou.

Le *pied* présente comme la main, trois régions : le *tarse*, le *métatarse*, et les *orteils* divisés en phalanges de la même manière que les doigts. La seule différence entre un pied et une main, c'est que le gros orteil est sur le même plan que les autres orteils et qu'il ne peut venir leur faire face.

THÉORIE DU MOUVEMENT. — Nous avons dit en premier lieu que les os du squelette n'étaient que les organes passifs du mouvement, c'est-à-dire qu'ils ne font qu'obéir à la force motrice dont le point de départ est dans le cerveau.

Les os du squelette sont reliés par des ligaments blancs et résistants que vous avez pu remarquer en séparant les os d'un poulet. L'assemblage de deux os qui se touchent, porte le nom d'articulation ou de joint, comme on dit.

Vous avez pu voir que dans les machines, les outils, les couteaux fermants, les parties destinées à glisser les unes sur les autres, sont polies avec soin, pour diminuer le frottement et que pour favoriser le glissement on a l'habitude de verser un peu d'huile sur les parties sujettes au frottement.

Eh bien ! les articulations des os sont dans le même cas. Quand les extrémités qui composent une articulation sont destinées à glisser les unes sur les autres, les parties frottantes sont recouvertes d'un cartilage élastique et poli, lubrifié par un liquide visqueux et filant qui favorise leur glissement. Le squelette n'est qu'un ensemble de pièces articulées. Autour des os sont groupés les muscles, ce que nous appelons ordinairement la viande, la chair. Si vous avez examiné de près du bœuf bouilli, vous avez vu que la chair est formée de fibres faciles à séparer, surtout quand la viande a bien bouilli. Chaque fibre a la propriété de s'allonger ou de se raccourcir comme le ferait un fil de caoutchouc, de sorte que vous pouvez vous représenter un muscle comme un écheveau gros et court de fils de caoutchouc ayant la forme d'un fuseau et terminé à chaque extrémité, par d'autres fibres très fortes, d'un blanc éclatant, non contractiles qu'on appelle *tendons*, c'est-à-dire qui sert à tendre, à tirer.

De plus, les muscles sont traversés par les nerfs, espèces de filaments qui communiquent avec le cerveau, centre de la volonté.

Examinons donc comment se fait le mouvement et prenons le bras pour exemple.

Un muscle nommé *biceps* inséré d'une part à l'épaule et de l'autre à l'avant-bras, est destiné à faire mouvoir ces deux parties. Or, si vous voulez plier l'avant-bras sur le bras, le muscle élastique se contracte, devient plus gros, comme vous le sentez sous votre main et en devenant plus gros il se raccourcit. Mais en se raccourcissant, il tire sur les tendons. L'un attaché à l'épaule ne peut bouger, l'autre attaché à l'avant-bras cède au muscle qui le tire et entraîne avec lui l'avant-bras qui se plie en tournant autour de l'articulation du coude comme autour d'une charnière. Ainsi, c'est le gros muscle du bras qui, en se contractant, fait mouvoir l'avant-bras. De même les muscles de l'avant-bras font mouvoir les doigts par l'intermédiaire des tendons.

Mais rien ne se meut tout seul ; pour qu'un mouvement

se produise, il faut une force. Si un polichinelle lève le bras, c'est que l'on tire la ficelle qui correspond à ce membre. De même pour qu'un homme lève et plie le bras, il faut que quelque chose agisse et ce quelque chose, c'est la volonté qui se transmet du cerveau au muscle par l'intermédiaire des nerfs. Aussitôt que nous voulons qu'un muscle se contracte, les nerfs vont porter la nouvelle, le muscle obéit et le mouvement s'accomplit, comme la pensée l'a commandé.

Développement de la force musculaire. — Les muscles étant les organes de la force matérielle, développer les muscles, c'est donc augmenter la force du corps. Or, l'exercice d'un organe en accroît toujours le volume et par suite la puissance ; ainsi, toute la force qu'un boulanger est obligé de déployer réside dans les bras, aussi trouverez-vous chez cette classe d'ouvriers les muscles du bras plus développés que chez un bureaucrate qui ne fait pour ainsi dire pas d'efforts musculaires.

Pour vous, enfants, qui n'êtes encore que dans votre période de développement, il y aurait danger à vous laisser assis sur les bancs de l'école, à ne soigner que votre intelligence, sans penser à votre corps.

Vous serez pour la plupart des ouvriers et des pères de famille et, pour la majorité d'entre vous, le travail sera votre seule ressource, il importe donc de développer en même temps qu'un esprit juste et éclairé, un corps robuste et fort.

C'est pour cela que chaque jour vous vous livrez à des exercices gymnastiques destinés à développer la force de vos muscles, à redresser vos attitudes vicieuses, à fortifier votre constitution et à donner à votre corps la vigueur, l'agilité, la souplesse.

Ainsi les exercices des haltères et des barres parallèles, des échelles de corde, des perches, fortifient les muscles de votre organisation, ceux des bras en particulier ; les exercices du trapèze fortifient presque tous les muscles.

La peau. — Ses fonctions. — Soins hygiéniques. — Les intervalles laissés par les muscles sont comblés par du tissu cellulaire dans lequel se dépose la graisse, et la peau recouvre le tout.

"La graisse est pour ainsi dire la Caisse d'épargne du sang ; c'est là que ce liquide dépose ce qu'il a de trop pour l'entretien ordinaire de la vie afin de faire une réserve pour les mauvais jours. Pendant les maladies, l'estomac ne fonctionnant plus comme à l'ordinaire, le sang va chercher dans la graisse les matériaux nécessaires à la combustion, et à la figure décharnée des gens, nous nous apercevons que la provision de graisse est épuisée.

Lorsque vous vous êtes échauffés aux jeux de votre âge, vous voyez perler le long de votre corps des gouttes de sueur. D'où viennent donc ces gouttes d'eau qui ruissellent ainsi sur vos joues. Si vous examiniez votre peau à l'aide d'un microscope, vous y verriez une infinité de petits trous appelés pores, c'est par là que s'échappe la sueur et en même temps des vapeurs grasses et des gaz irrespirables qui enlèvent au sang toutes les parties impures dont le séjour dans notre corps pourrait occasionner du danger pour la santé. De plus, ces petits orifices sont encore le siège d'une respiration particulière appelée respiration *cutanée*, c'est-à-dire du cuir ou de la peau, et nous ne respirons pas moins par les pores de la peau que par la bouche et les poumons.

L'expérience a démontré qu'en couvrant le corps d'un lapin d'un enduit visqueux de manière que tous les pores de la peau soient fermés, l'animal meurt en peu d'heures comme s'il avait été asphyxié.

Cette expérience, l'enfant malpropre la renouvelle malheureusement sur lui-même. En laissant s'accumuler sur son corps la crasse et la poussière, il ferme les pores de sa peau et s'expose à toutes sortes de maladies.

Il est donc indispensable de faire disparaître tous les jours la couche de poussière et de sueur qui obstrue les pores. On a très justement appelé la propreté la santé visible, on peut avec la propreté lutter contre les plus mauvaises conditions hygiéniques.

Ainsi, ce n'est qu'avec des soins excessifs de propreté que les Hollandais sont parvenus à rendre habitable la contrée la plus insalubre de l'Europe. A Constantinople et au Caire, c'est dans les quartiers les plus sales qu'éclate la peste.

Il serait donc utile qu'une fois par semaine au moins indépendamment du nettoyage quotidien du visage et des mains vous puissiez vous donner un bain frais et l'accompagner de vigoureuses frictions avec le savon noir de ménage qui achève le nettoiement de la peau.

VI. — SYSTÈME NERVEUX.

CERVEAU. — MOELLE ÉPINIÈRE. — NERFS.

Nous allons parler aujourd'hui du système nerveux et dès les premiers mots je me vois embarrassé pour bien vous faire comprendre le rôle de ces organes d'une importance tout autre que ceux dont nous avons parlé jusqu'à ce jour.

Le système nerveux, en effet, est le principal instrument de la machine animale. C'est le siège des sensations et de l'intelligence, il préside au mouvement et aux fonctions des actes de la nutrition.

Vous expliquer comment l'homme a la faculté de penser, de juger, de conserver ses sensations et ses perceptions sont des choses qui n'ont pu encore être exposées clairement, les savants eux-mêmes n'ont pas encore approfondi ce mystère.

Tout ce que je puis vous dire, c'est que le système nerveux est le siège de l'intelligence qui fait de l'homme un être supérieur à tous les autres animaux.

Mais si mon rôle peut se borner là pour ce qui concerne les fonctions du système nerveux, il n'en est pas de même de la partie matérielle de ce système, on connaît la disposition et la composition des parties nerveuses et c'est ce que je vais essayer de vous expliquer.

Le système nerveux chez l'homme se compose d'une partie centrale qui comprend le cerveau, le cervelet et la moelle épinière; de cette partie centrale partent une foule de filaments blancs allongés et ramifiés que l'on désigne sous le nom de *nerfs*.

Le *cerveau* occupe la partie supérieure du crâne; c'est la masse la plus volumineuse du système nerveux, il présente chez l'homme la forme d'un ovoïde plus effilé en avant qu'en arrière. Il se compose de deux moitiés semblables nommées hémisphères du cerveau et il est enveloppé et protégé par trois membranes.

Le cerveau est composé de deux substances différentes : l'une blanche qui forme l'intérieur de sa masse et l'autre de couleur grise qui occupe sa surface. Ces deux substances sont molles et pulpeuses; la substance grise semble être le siège de la volonté, du sentiment et de la pensée : la substance blanche qu'on retrouve dans les nerfs semble plutôt un agent de transmission.

Le *cervelet* est beaucoup moins volumineux que le cerveau, il est situé dans la partie inférieure du crâne et se divise également en deux hémisphères et comme le cerveau, il est recouvert par trois membranes.

La *moelle épinière* est un long cordon de substance nerveuse qui fait suite au cerveau et au cervelet et qui est logé dans la colonne vertébrale. Comme le cerveau et le cervelet elle est composée de subtance grise et de substance blanche.

Les *nerfs* sont des cordons formés d'une matière blanche identique à la substance blanche du cerveau et de la moelle épinière. On les a longtemps confondus et le vulgaire les confond encore avec les tendons, mais ce sont deux organes distincts et faciles à reconnaître, la matière des nerfs est molle et pulpeuse tandis que celle des tendons est dure et résistante, ce qu'on appelle un nerf de bœuf est un tendon que les bouchers font sécher pour servir à certains usages.

Les nerfs sortent du cerveau et de la moelle épinière symétriquement par paires, vis-à-vis les uns des autres et vont se distribuer aux parties semblables, les uns à droite, les autres à gauche. Les nerfs qui pénètrent dans les muscles se divisent et se subdivisent en fibrilles tellement fines qu'elles échappent bientôt à la vue, ceux que reçoivent les viscères dégénèrent aussi en filets si déliés et si mous qu'il est presque impossible de les suivre dans le tissu de ces parties.

Indépendamment de ce système de nerfs, il existe chez l'homme un autre appareil nerveux désigné sous le nom de grand sympathique ou système ganglionaire. Cet appareil, composé d'un certain nombre de petites masses nerveuses appelées ganglions, fournit une multitude de nerfs qui se répandent dans tous les organes de la nutrition tels que le cœur, l'estomac, les intestins, etc. C'est sous l'influence de ces nerfs que fonctionnent ces organes dont l'action n'est pas soumise à l'empire de la volonté.

Les nerfs se divisent en nerfs *moteurs* et nerfs *sensitifs*. Les premiers sont ceux qui déterminent les contractions musculaires que nous avons expliquées en parlant du mouvement; les seconds sont ceux qui ne servent qu'à transmettre les sensations; tels sont les nerfs optiques et auditifs, dont nous parlerons en vous expliquant la vue et l'ouïe. Les nerfs qui prennent naissance dans la moelle épinière sont formés par deux racines distinctes et il résulte des recherches de plusieurs savants qu'une partie des fibres est destinée au mouvement musculaire et l'autre à la sensibilité.

On a vu que si on coupait la racine sensitive d'un nerf se rendant à un membre quelconque celui-ci devient complètement insensible sans perdre en rien la faculté de se mouvoir. Si au contraire, on coupe la racine destinée au mouvement le membre conserve sa sensibilité mais il y a une paralysie complète du mouvement.

FONCTION DU SYSTÈME NERVEUX. — Maintenant essayons d'expliquer comment fonctionne ce système de nerfs : c'est le cerveau qui en est la partie principale ; c'est à la fois l'organe de la sensibilité, de la volonté et de l'intelligence.

Il suffit que notre pensée et notre volonté agissent sur le cerveau pour que les nerfs, semblables à des fils électriques, aillent transmettre nos ordres à travers toutes les parties du corps.

Le cerveau, comme tous les organes s'accroît et se développe par l'exercice ; le crâne des hommes distingués par l'esprit et par les mœurs et de ceux qui pensent et imaginent beaucoup, est en général plus grand et surtout plus beau que le crâne des hommes pris au hasard.

La pensée a donc une certaine influence sur le développement du cerveau, c'est pourquoi il est très important de développer en vous la faculté de penser. L'ignorance est une cause de dégradation à la fois morale et physique au détriment de la dignité humaine.

VII. — SENSIBILITÉ.

Nous avons dit que les fonctions de relation sont celles qui ont pour objet de mettre les animaux en rapport avec le monde extérieur.

Ces fonctions présentent deux ordres de phénomènes distincts : le mouvement volontaire et la sensibilité. Nous avons traité dans les leçons précédentes, la première partie, il nous reste à étudier ce qui a rapport à la sensibilité.

Pour cela il nous sera nécessaire, pour suivre le programme que nous nous sommes tracé dès le début, de diviser la sensibilité en cinq chapitres qui comprendront : 1° la vue, 2° l'ouïe, 3° l'odorat, 4° le goût et enfin 5° le toucher. Puis nous parlerons de la voix.

1° LA VUE.

ORGANE DE LA VISION. — MÉCANISME DE LA VISION. — ORGANES ACCESSOIRES.

Le premier chapitre (la vue) nous donnera le sujet de deux leçons d'égale importance ; dans la première nous étudierons le globe de l'œil et ses annexes qui sont les paupières et les sourcils, les muscles moteurs et l'appareil lacrymal.

Dans la seconde je vous ferai comprendre comment il ne suffit pas d'avoir de bons yeux pour bien voir, comment on s'habitue à bien apprécier les impressions qui viennent des sens, de la vue par exemple.

Pour rendre cette première leçon plus attrayante, et aussi pour vous mettre à même de comprendre plus facilement toutes les explications que je vais faire d'après le dessin que j'ai préparé au tableau noir, je me suis procuré cet objet dont Ernest va nous dire le nom, j'en suis sûr.

Ernest. — C'est un œil de bœuf ou de vache.

Le Maitre. — Vous avez raison, c'est un œil de bœuf. Comme vous le voyez c'est un organe de forme sphéroïdale, composé de plusieurs enveloppes membraneuses et de milieux transparents à travers lesquels la lumière se réfracte.

Regardez avec attention le dessin représentant la coupe verticale de cet œil vous y compterez quatre enveloppes que nous allons étudier sur l'organe que je tiens entre mes doigts.

En procédant du dehors au dedans nous voyons une tunique blanche, opaque, très résistante comme vous pouvez l'apprécier puisque mon canif ne la coupe pas facilement, c'est la *sclérotique*.

Ses bords sont taillés en biseau à la partie antérieure et présentent une ouverture dans laquelle s'emboîte comme le ferait le verre d'une montre une autre membrane d'une épaisseur assez considérable qui est la cornée transparente. J'enlève cette première membrane, que voyez-vous maintenant Albert?

Albert. — Je remarque une seconde tunique dont la face interne semble couverte d'une matière noire.

Le Maitre. — En effet, c'est la choroïde ou membrane vasculaire de l'œil; sa face interne est recouverte d'une matière noire destinée à absorber les rayons lumineux inutiles à la vision. Il arrive quelquefois que cette matière noire manque chez certains individus que l'on désigne sous le nom d'*albinos*; aussi ces derniers supportent-ils difficilement toute lumière intense.

J'ai enlevé en partie la choroïde, que trouvons-nous maintenant Louis?

Louis. — Une troisième membrane semblable à la première.

Le Maitre. — Oui, comme couleur, elle est blanche en effet, mais remarquez combien elle se déchire facilement. On l'appelle la rétine; c'est par elle que l'œil est sensible à la lumière; on peut donc la considérer comme la partie essentielle de l'organe de la vision. C'est sur elle que viennent se peindre les objets que nous voyons.

Elle joue le rôle de l'écran que place le photographe dans la chambre noire et de même les objets extérieurs viennent s'y peindre dans une position renversée. Elle paraît constituée par l'épanouissement du nerf optique que nous voyez ici à la partie postérieure de notre œil; c'est ce nerf qui transmet au cerveau l'impression produite par l'image pour y donner la sensation de l'objet.

Dites-moi maintenant, Jules, ce que renferme notre œil?

Jules. — Il renferme de l'eau assez pure, puis une lentille de forme bi-convexe et enfin un liquide plus épais que le premier, de consistance gélatineuse.

Le Maître. — C'est bien et la réponse est complète. Il nous reste en effet à étudier encore trois choses que nous appellerons les milieux réfringents qui sont : l'humeur aqueuse, le cristallin et l'humeur vitrée.

La première est, comme vous l'avez dit, un liquide parfaitement incolore, composé d'eau tenant en dissolution une petite quantité d'albumine et quelques sels. Elle est placée entre la cornée transparente et le cristallin.

Le cristallin est une lentille bi-convexe, transparente, à courbure postérieure plus forte que l'antérieure; il est séparé de l'humeur vitrée par l'iris, cloison verticale percée dans son milieu d'une ouverture circulaire appelée pupille. La face antérieure de l'iris est colorée de nuances différentes suivant les individus, ce qui fait dire de Jules qu'il a les yeux bleus et de Louis qu'il les a gris.

C'est par la pupille que les rayons lumineux s'en vont traverser le cristallin. Elle se dilate dans l'obscurité et se rétrécit au contraire sous l'influence d'une lumière intense pour ne laisser entrer dans l'œil que la quantité de lumière nécessaire à la vision.

Vous avez pu remarquer toute cette dilatation et ce rétrécissement en regardant les yeux de votre chat, n'est-ce pas Henri !

Henri. — Oui, monsieur, les pupilles de Minet ne semblent former qu'une ligne à la lumière de la lampe, et, dans l'obscurité, au contraire, elles brillent comme des escarboucles.

Nous n'avons plus à dire que quelques mots sur les parties accessoires de l'appareil de la vision.

Ces parties accessoires sont : les orbites, les paupières, les sourcils et les glandes lacrymales. Louis, dites-nous ce qu'on appelle orbite?

Louis. — Les orbites sont les cavités osseuses creusées dans la face et destinées à loger le globe de l'œil.

Le Maître. — Très bien. Les paupières sont des muscles qui recouvrent l'œil dans le sommeil; leur bord est garni d'une ligne de cils qui protègent l'œil et ajoutent singulièrement à sa beauté.

La paupière supérieure est surmontée du sourcil destiné aussi à protéger l'œil comme une visière et dont les mouvements jouent un rôle important dans l'expression de la physionomie.

Enfin les glandes lacrymales placées à la partie supérieure de l'œil secrètent les larmes qui, en coulant sur le globe oculaire, entretiennent sa souplesse et en facilitent les mouvements en adoucissant les frottements et sont ensuite absorbées et conduites dans l'intérieur du nez. Lorsque sous l'influence de causes morales ou physiques, leur secrétion est augmentée, les conduits lacrymaux ne suffisent plus à en débarrasser l'œil et elles coulent au dehors des paupières.

IMPRESSION DES RAYONS LUMINEUX SUR LA RÉTINE. — IRRADIATION. — AURÉOLES ACCIDENTELLES. — ARC-EN-CIEL. — AFFAIBLISSEMENT DE LA VUE. — DÉVELOPPEMENT ET PERFECTIONNEMENT DE LA VUE. — PORTÉE DE LA VUE.

Quand vous regardez la roue d'une voiture lancée à toute vitesse ou le volant d'une machine à vapeur, pouvez-vous distinguer les rayons de ces deux circonférences dans leur rotation ?

Non, les rayons semblent se rapprocher et former une surface continue, comme si la roue était pleine.

En effet, et il en est de même quand on imprime un mouvement de rotation rapide à un charbon ardent, l'œil voit une circonférence lumineuse.

Cependant il est facile de comprendre que le charbon, comme les rais de la roue, ne peuvent occuper au même instant qu'un seul point de l'espace. Que se produit-il ? C'est que l'impression causée par les rayons lumineux sur la rétine persiste pendant un certain temps, puis s'efface graduellement.

Quand nous regardons un globe de lumière assez intense comme un lustre de becs de gaz ou mieux encore comme le soleil, que se passe-t-il Armand ?

Armand. — D'abord on éprouve comme une sensation douloureuse qui ne permet pas à l'œil de soutenir l'éclat de cette lumière, puis l'impression produite reste, devant les yeux, longtemps encore après qu'on a cessé de la regarder.

Le Maitre. — Oui, ce fait est encore dû à la persistance des impressions sur la rétine.

Regardez maintenant ces deux disques l'un à gauche blanc se détachant sur le fond d'un carré noir, l'autre noir au centre d'une surface carrée également, mais blanche. Faites passer cette figure à l'autre table et Henri, qui a de bons yeux, va nous dire quel est celui des deux dessins qui lui semble le plus grand.

Henri. — Le carré blanc et le cercle blanc sont plus grands que les deux surfaces noires.

Le Maitre. — Je vous avais bien dit dans la leçon précédente qu'il ne suffisait pas d'avoir de bons yeux pour bien voir. Comme preuve, Henri, prenez votre double-décimètre et mesurez bien exactement les deux figures que vous avez entre les mains.

Henri. — Le carré blanc a 0^m 06 de côté et le noir 6 aussi ; les deux cercles ont tous deux 0^m 03 ; je me suis trompé.

Le Maitre. — Ainsi chaque fois que vous serez en présence de deux objets d'égale dimension, mais de couleurs différentes, le plus clair semble plus grand que le plus foncé. Il faut donc tenir compte de l'illusion produite et si l'objet noir ou foncé me paraît mesurer 0^m 018 j'en compterai 19.

L'ensemble des phénomènes de ce genre porte le nom d'*irradiation*.

C'est à une cause analogue qu'est due l'apparition d'une auréole de couleur complémentaire autour de l'image imprimée sur la rétine par un objet coloré. Ainsi, prenez, Jules, ce carré de drap rouge que j'ai placé à dessein sur un carton blanc, regardez-le un certain temps, vous nous direz ensuite ce que vous avez remarqué.

Jules. — Je vois se former autour du drap rouge une bordure d'un vert pâle.

Le Maître. — C'est vrai et vous pourriez voir autour d'un carré jaune sur fond blanc une couronne bleuâtre.

Le fait visuel se produit sans que la chose existe. C'est ce qu'on appelle les *auréoles accidentelles*.

Je vous ai dit déjà que l'arc-en-ciel était produit par la décomposition de la lumière blanche du soleil à travers un nuage saturé de vapeur d'eau. Alors, comme vous le remarquerez, l'arc-en-ciel a forcément paru avec le soleil, et Noé et le déluge ne sont donc pour rien dans son apparition.

Pour bien vous convaincre de cette décomposition, faites-la vous-même en plaçant sur une table éclairée par le soleil un verre de cristal rempli d'eau, vous verrez bientôt sur la table elle-même un ou plusieurs arcs-en-ciel selon la taille du cristal.

Plus tard, quand vous étudierez la physique, vous répéterez la même expérience en décomposant la lumière blanche par le prisme.

— Combien comptez-vous de couleurs différentes dans ce bel arc ?

Henri. — Quatre, je crois.

Jules. — Je me rappelle que vous nous avez dit qu'il y en avait sept.

Le Maître. — Oui, et ce sont le violet, l'indigo, le bleu, le vert, le jaune, l'orangé et le rouge. Ces différents tons se confondent entre eux si bien que Henri n'a pu en compter que quatre. Cependant, en étudiant la réunion de ces teintes, on peut les compter facilement.

Il faut distinguer ce qui tient à l'appareil visuel et ce qui procède de l'intelligence. L'œil perçoit les teintes que lui offre la nature dans leur délicatesse et leur variété presque illimitée ; l'intelligence les compare et reconnaît les couleurs élémentaires dont elles sont formées. Quand on visite les Gobelins, on voit, rangées par ordre de nuances, les laines qui servent à la fabrication des tapisseries. Le nombre des teintes dépasse vingt-huit mille et pourtant, dit M. Le Pileur, lorsqu'on en compare deux qui se suivent, on les distingue facilement et l'on sent l'intervalle qui les sépare :

Maintenant, mes amis, quelle est la distance approximative de la portée de l'œil pour la lecture des caractères ordinaires d'écriture ? C'est d'environ 25 à 30 centim. Cependant certaines personnes, par un défaut de l'œil qui dépend de la courbure du cristallin ne peuvent voir que des objets très-rapprochés. Ce sont les *myopes*.

Les *presbytes* au contraire ne voient que les objets éloignés. La vue s'affaiblit avec les années, le cristallin s'aplatit, ce qui fait que beaucoup de personnes âgées sont presbytes. L'habitude de lire en regardant de trop près fait qu'on peut devenir myope. Des verres bien préparés peuvent remédier à l'affaiblissement de la vue.

Il nous reste à étudier s'il est possible de développer ou de perfectionner le sens de la vue.

Sans assimiler exactement les effets de l'exercice sur l'œil à ceux qu'il produit sur les muscles, on peut penser que l'habitude de chercher à distinguer de loin les objets donne aux yeux une puissance qu'ils n'acquièrent pas en fonctionnant toujours dans un horizon restreint.

Ce qui est certain, c'est que les habitants des campagnes d'abord, les montagnards et surtout les marins et les peuples qui vivent à l'état sauvage, jouissent d'une vue dont la portée est de beaucoup plus considérable que chez les habitants des villes.

Un navire paraît à l'horizon : l'homme étranger à la mer distingue à peine des voiles dans ce nuage blanc qui sort des eaux : le matelot vous dira si c'est un brick, un trois-mâts, souvent même il indiquera le tonnage et une bonne vigie dira sa nationalité, son nom. L'Arabe reconnaîtra au milieu des sables du Sahara un chameau où l'Européen ne pourrait voir qu'un point noir sans forme.

Comment peut-on perfectionner la vue? C'est en s'exerçant souvent à mesurer approximativement les distances pour les contrôler ensuite avec le mètre.

Ainsi, Louis, dites-moi quelles sont les dimensions de cette règle à dessin ?

Louis. — 25 c. de long sur 6 c. de large.

Le Maitre. — Vérifiez avec le mètre et vous verrez que vous avez fait une erreur de 2 cent. sur la longueur et d'un seulement sur la largeur.

Henri, quelle est la surface de cette feuille de papier ?

Henri. — 54 centimètres carrés, parce que je compte 9 c. de long sur 6 c. de large.

Le Maitre. — Après vérification, vous voyez que la longueur n'est que de 8 c. et la largeur de 6, par conséquent, vous avez commis une erreur de 6 centimètres carrés sur la surface.

Tous les jours, le soldat est exercé de même à calculer les distances approximatives entre deux points éloignés. Il vérifie par le calcul et on l'habitue ainsi à déterminer exactement la distance de l'objet qu'il doit viser.

Vous voyez que nous avons besoin de nous exercer souvent, afin de ne plus commettre d'erreur. Nous reviendrons à l'occasion sur ces exercices.

D'après ce que nous venons de dire, ce serait donc à des notions acquises et à leur habitude de regarder plutôt qu'à la portée de leur vue que le marin et l'Arabe doivent cette faculté de distinguer les objets à de grandes distances.

Wrangel, général suédois, qui vivait dans le XVIIe siècle, dans son voyage à la mer glaciale, parle d'un Yakoute qui lui racontait avoir vu une grande étoile en avaler de plus petites et les vomir ensuite.

Cet homme, dit Wrangel, avait vu, à l'œil nu, les éclipses des satellites de Jupiter ; un tailleur de Breslau, d'après Humboldt, voyait aussi les satellites de Jupiter à l'œil nu. On n'a pas d'exemples d'une plus grande portée de la vue.

2° L'OUIE.

TRANSMISSION DU SON. — ORGANE DE L'OUIE. — PROPRIÉTÉS DU SON. — L'AIR NÉCESSAIRE POUR LA PRODUCTION DU SON. — PARALLÈLE ENTRE L'ŒIL ET L'OREILLE.

En voyant le dessin que j'ai fait préparer au tableau noir, chacun de vous a pu deviner que notre leçon traitera du mécanisme de l'audition : Ce sera l'étude du sons que nous avons appelé l'ouïe.

Je vous expliquais ces jours derniers que l'air de la classe s'élevait de température, parce que les différentes couches viennent tour à tour s'échauffer à la surface du poêle et des tuyaux. Eh bien, les différents sons produits dans l'atmosphère viennent également frapper l'appareil de l'audition, ce qui nous en permet la perception. Mais ce phénomène, au lieu de se produire d'une manière analogue à la transmission de la chaleur, c'est-à-dire par couches se remplaçant continuellement près du foyer, se produit par la formation d'ondes d'air qui s'entrepoussent et rebondissent venant frapper notre oreille.

L'oreille est donc l'organe de l'ouïe : c'est pourquoi avant de parler de la durée, de la hauteur, de l'intensité et du timbre des sons nous allons étudier l'appareil de l'ouïe chez l'homme.

Cet organe n'est pas placé à la face comme ceux de la vue, de l'odorat et du goût, mais dans l'épaisseur de la base du crâne. Toutefois on peut dire qu'il se rattache à la face, comme élément de la physionomie, par son appareil extérieur qui contribue à l'expression de la tête.

L'oreille se divise en trois parties distinctes : l'oreille externe, l'oreille moyenne et l'oreille interne.

Comme vous le voyez, chez l'homme et chez tous les animaux mammifères, l'appareil de l'ouïe est très compliqué.

L'oreille externe se compose de la *conque* ou pavillon et du *conduit auriculaire*.

Le pavillon que son nom assimile à la partie évasée des instruments à vent ou d'un porte-voix, est un cornet acoustique qui recueille les sons et les conduit dans les profondeurs de l'appareil auditif.

Il consiste en une lame cartilagineuse élastique qui vibre au choc des sons et les vibrations se transmettent de proche en proche à tout l'organe ; de plus cette lame est capricieusement modelée. Savary fait observer que le modelé très accidenté du pavillon a pour effet de présenter toujours sous un angle convenable une partie de la surface aux ondes sonores, quelle que soit leur direction.

Le conduit auditif est un canal osseux, tapissé par une membrane muqueuse qui secrète cette matière jaune et épaisse connue sous le nom de *cérumen* et que vous devez enlever chaque matin sous peine de rester malpropres.

De plus l'accumulation du cérumen nuit à la transmission des sons.

L'oreille moyenne fait suite au conduit auriculaire dont elle est séparée par une cloison membraneuse fortement tendue, ayant toute ressemblance avec la peau du tambour et qu'on appelle membrane du *tympan*.

De petits osselets reçoivent les vibrations de cette membrane et les transmettent à l'oreille interne.

Cette troisième partie de l'oreille est d'une importance capitale; au contraire, l'oreille externe et même l'oreille moyenne ne sont que des parties accessoires ou de perfectionnement du sens de l'ouïe. On observe en effet, chez l'homme, que la perte du pavillon, la rupture de la membrane du tympan, la carie des osselets de l'ouïe peuvent avoir lieu sans faire disparaître complètement la sensibilité auditive. Tandis que la moindre altération dans l'oreille interne amène presque fatalement la surdité.

C'est qu'en effet cette partie de l'organe qui nous occupe renferme les cavités où s'épanouit le nerf auditif ou acoustique dont le rôle est de transmettre au cerveau les impressions des vibrations de l'air.

Maintenant il nous reste à étudier ce que sont ces bruits. On peut les diviser en deux classes: le son musical et le bruit; l'un et l'autre ont la même origine, la vibration d'un corps transmise à l'air.

Ainsi, l'explosion de la poudre, un coup de fouet, le sabot de Jules qui vient de tomber sur le parquet, font du bruit et ne donnent pas un son musical.

Le son a, comme nous l'avons dit en commençant, quatre propriétés fondamentales: la durée, la hauteur, l'intensité et le timbre.

Un son dure autant de temps que vibre le corps dont il émane.

Ainsi, écoutez le son que va produire mon diapason qui donne le ton quand nous chantons, vous entendez d'abord un son relativement fort et qui graduellement diminuera. Pourquoi?

Parce que dans la première partie l'amplitude des vibrations était considérable, puis petit à petit elle a diminué et le son est devenu faible jusqu'à ce qu'il eût cessé de se faire entendre, c'est ce qu'on appelle la durée du son.

Si vous voulez la preuve qu'il vibre réellement, écoutez. Pendant qu'il donne le son clair, je l'approche doucement de la vitre, vous entendez une série de petits bruits mêlés au son. Chaque petit bruit est produit par le choc du diapason contre le verre. L'intensité, vous le comprenez, est la force à l'aide de laquelle vous percevez l'étendue des vibrations, c'est-à-dire un son très distinct d'abord, s'affaiblissant de plus en plus pour devenir nul. C'est ce que vous entendiez tout à l'heure, quand j'ai donné le *la* du diapason.

Le timbre, c'est cette résonnance particulière à chaque instrument, à chaque voix, qui fait que nous distinguons sans peine les sons d'un violon, d'une clarinette ou d'une flûte, et que nous reconnaissons les personnes en les entendant parler ou chanter.

Si vous avez compris tout ce que nous venons de dire, peut-être ne comprenez-vous pas bien que ce soit l'air qui produit le bruit. Cependant il serait facile de vous démontrer dans un cabinet de physique que si l'on plaçait dans un ballon en verre muni d'un robinet une clochette et que l'on aspirât tout l'air de ce ballon, on aurait beau agiter la clochette, on n'entendrait plus aucun son.

La finesse de l'ouïe a plus d'influence sur la délicatesse des impressions auditives que la portée de la vue sur les impressions visuelles; une vue perçante n'est pas indispensable au peintre pour qu'il juge exactement des couleurs, l'oreille du musicien doit être d'une exquise sensibilité pour qu'il puisse apprécier la justesse des sons; mais une fois acquise cette notion reste ineffaçable et lui suffit pour créer des chefs-d'œuvre que son oreille ne peut entendre. Beethowen, le grand compositeur, devenu sourd à quarante ans composa toutes ses œuvres immortelles dont l'exécution n'eut jamais lieu pour lui que dans sa pensée.

Pour terminer, en faisant le parallèle entre l'oreille et l'œil, nous dirons que la vue est certainement plus utile à l'homme que le sens de l'ouïe; cependant on remarque que les aveugles sont généralement gais et communicatifs, tandis que les sourds paraissent disposés à la tristesse. D'autre part, l'éducation des sourds est longue, mais peut être complète, celle des aveugles est assez rapide au contraire mais presque toujours très bornée.

3° LE GOUT.

SIÈGE DU GOUT. — IMPRESSION DU GOUT. — DÉGUSTATION.

Dans l'une de nos précédentes leçons, en décrivant la bouche, à propos de l'appareil digestif, nous avons vu quelles sont les fonctions de ses différentes parties et des organes qui remplissent sa cavité.

Nous avons dit que la langue reçoit trois nerfs, le grand hypoglosse qui lui donne le mouvement, le nerf lingual et le glosso-pharyngien qui sont les nerfs sensitifs du goût. Sous l'influence du premier elle prend part aux fonctions digestives et à l'articulation des sons; douée par les autres d'une sensibilité spéciale, elle est l'organe principal du goût.

Comment les corps nous transmettent-ils leur saveur? Il est difficile de l'expliquer. Cependant on peut dire que c'est par une dissolution complète qui volatilise les particules insaisissables des principes sapides. Nous reconnaissons ainsi la saveur acide ou salée, sucrée, amère, etc., mais la nature même des corps ne peut nous en expliquer à l'avance la sapidité. Vous connaissez le proverbe: « Sur les goûts et les couleurs, il ne faut pas discuter. » En effet, les individus et les peuples diffèrent singulièrement de goût. Le Lapon et l'Esquimau boivent à longs traits l'huile de poisson, qui leur est un aliment précieux et le mieux approprié aux exigences du climat polaire; les Abyssins mangent la viande crue et y trouvent une saveur excellente, tandis que les Occidentaux ne l'acceptent qu'avec répugnance et comme un médicament, enfin les huîtres, si généralement appréciées dans nos pays, n'ont pour quelques personnes qu'un goût désagréable. Il en est ainsi de presque tous les produits alimentaires, recherchés par les uns, dédaignés par les autres.

Voyons maintenant où est chez l'homme le siège du goût. Les auteurs ne sont pas d'accord sur ce point, plusieurs l'ont étendu à presque toute la surface de la langue, à la voûte du palais et au pharynx. Il est démontré aujourd'hui que la pointe de la langue serait douée des plus grandes facultés gustatives.

Dans tous les cas, pour que la saveur soit perçue, il est de toute nécessité que les molécules qui doivent être goûtées soient dissoutes par la salive et qu'elles soient mises en contact immédiat avec la langue. Vous avez remarqué que c'est en appuyant à l'aide de la langue les aliments sur la voûte du palais que se produit dans toute sa force l'impression gustative. C'est ce qui a fait croire à quelques-uns de vous que le palais était le siège principal du goût. Il n'en est rien cependant. On le démontre en couvrant la voûte palatine d'une pellicule imperméable et insipide, la gustation s'opère complètement dans ces conditions; si, au contraire, on recouvre la langue de la même pellicule, en découvrant le palais aucune saveur n'est perçue.

Il est de fait que les joues et les lèvres concourent à la gustation en ramenant sur la langue les aliments que la mastication désagrège.

Les impressions du goût durent assez longtemps, ce qui est dû probablement à la présence des molécules sapides sur la langue. Pour que ces impressions se produisent, il est nécessaire que les aliments séjournent un certain temps dans la bouche, c'est pourquoi lorsqu'une personne goûte un liquide, le vin, par exemple, elle a soin de l'agiter dans sa bouche, tout en se gardant bien d'avaler cette gorgée, quand elle l'a ainsi dépouillée de son bouquet. Elle la rejette après avoir bien humecté toute la surface de la bouche et c'est alors qu'elle peut connaître le cru et l'année de la récolte.

Vous comprendrez que si les dégustateurs buvaient le vin qu'ils dégustent, le goût, qui joue ici le principal rôle, serait bientôt émoussé.

Le goût est peu développé chez les enfants, il l'est plus chez l'adolescent, mais il n'acquiert une grande délicatesse qu'à l'âge mûr. Loin de s'affaiblir avec les années, il conserve toute sa finesse et console le vieillard de l'affaiblissement de ses autres sens. Il se perfectionne par l'exercice et arrive chez quelques personnes à une délicatesse remarquable, ainsi qu'on le voit chez les dégustateurs.

Cependant si l'on veut conserver au goût toutes ses qualités, il ne faut user qu'avec modération des aliments de haut goût et des liqueurs alcooliques et surtout du tabac qui affaiblissent et émoussent très vite le sens du goût. Ce sens est certainement plus développé chez les peuples cultivés que chez les peuples sauvages.

Ses fonctions dans leur rapport avec la nutrition disposent à la gaieté, à la bienveillance. Placé à l'entrée des fonctions digestives, il nous guide dans le choix des aliments qui nous font plaisir. Il nous avertit aussi de la plénitude de l'estomac par son indifférence pour les saveurs les plus appréciées au début du repas; enfin il nous dédommage, par une sensation agréable, de la faim, cette dure nécessité de notre organisation.

4° L'ODORAT.

ORGANE DE L'ODORAT. — PERCEPTION DES ODEURS. — GOUTS DIVERS.

L'odorat est le sens qui nous permet de percevoir les odeurs. Il a son siège dans les fosses nasales ou le nez.

Le dessin figuré au tableau noir nous représente une coupe verticale du nez, ce qui nous permet de voir l'intérieur des fosses nasales du côté droit du visage. Ces fosses sont deux cavités osseuses creusées dans la face et séparées entre elles par une cloison médiane et verticale. Ces deux cavités s'ouvrent au dehors par les narines et communiquent en arrière avec le pharynx. Leurs parois latérales présentent des lamelles osseuses, recourbées sur elles-mêmes et tapissées sur toute leur surface comme le reste de l'organe par une membrane muqueuse appelée pituitaire. Cette membrane présente à sa surface une foule de petites saillies qui lui donnent un aspect velouté. Elle est toujours maintenue à l'état humide par un mucus assez consistant et reçoit à sa partie supérieure des ramifications nombreuses du nerf qui transmet les sensations odorantes au cerveau et qu'on appelle nerf olfactif.

En parlant des sens de la vue et de l'ouïe, nous avons dit qu'il était toujours possible de mesurer le degré d'intensité de la lumière, que le musicien discerne les vibrations des corps sonores. D'après cela, on peut voir dans la lumière comme dans le son, non des particules de matière traversant l'espace, mais un mouvement imprimé aux milieux qui l'enveloppent.

C'est ce qui a fait croire d'abord à plusieurs savants que les odeurs résultaient aussi d'un mouvement vibratoire transmis à l'air par les molécules des substances odorantes.

Il est démontré aujourd'hui que les odeurs sont produites par des particules d'une extrême ténuité que certains corps laissent dégager dans l'air et qui viennent se mettre en contact avec l'organe de l'odorat.

Ces particules sont insaisissables, volatilisées dans l'atmosphère; ainsi un chimiste peut extraire l'huile essentielle d'un corps sans pouvoir isoler de cette huile son principe odorant.

La chaleur, la lumière, l'humidité et d'autres influences, modifient la production des odeurs et en même temps leur transmission dans l'espace.

Vous avez tous pu remarquer, en effet, que certaines plantes ne sont odorantes que la nuit et surtout le soir et le matin. Les fleurs perdent leur parfum après la pluie. Les violettes et le réséda deviennent inodores après avoir été froissés; d'autres plantes comme la menthe, la citronnelle, le bois de Sainte-Lucie, au contraire, ne développent beaucoup de principes odorants que par le frottement. Je vous ai dit avec le proverbe à propos du goût, qu'il ne fallait pas discuter des goûts ni des couleurs, on pourrait même ajouter ni des odeurs. En effet, telle personne ne pourra supporter l'odeur de la benzine quand cette même odeur plaira à une autre. Les Russes aiment beaucoup l'odeur des choux aigres, aliment dont ils font usage, tandis que la plupart d'entre nous s'en trouveraient incommodés.

Pour que la perception des odeurs atteigne son plus haut degré d'intensité, il est de toute nécessité que la membrane pituitaire soit constamment humide; aussi remarque-t-on, lorsque cette membrane se dessèche, comme au début d'un rhume de cerveau ou coryza, que le sens de l'odorat perd plus ou moins de ses facultés. Ce sens est très inégalement développé chez différentes personnes. On raconte que les nègres distinguent à l'odeur les traces d'un nègre et celles d'un blanc et qu'ils peuvent suivre le gibier à la piste. Il serait peut-être plus juste de dire que ces faits peuvent se rapporter au sens de la vue aussi bien qu'au sens de l'odorat.

Le développement et la perception de l'odorat sont toujours en rapport avec l'étendue des surfaces qui recouvrent la membrane pituitaire.

Certains animaux parmi les mammifères, tels que les carnassiers (le lion, le loup); les ruminants (la vache, la chèvre); les pachydermes (l'éléphant, le cheval, l'âne), sont sous ce rapport beaucoup plus favorisés que nous.

5° LE TOUCHER.

TACT. — TOUCHER. — SIÈGE DU TOUCHER. — DÉVELOPPEMENT ET PERFECTIONNEMENT DU TOUCHER.

Nous avons à faire aujourd'hui l'étude du cinquième et dernier sens de l'homme, c'est-à-dire du toucher.

Cherchons ensemble une définition complète de ce sens et pour cela faisons quelques petites expériences. Bien entendu celui qui sera appelé à les faire devra abandonner le sens de la vue pour un instant en se laissant bander les yeux par son camarade.

Autrement, tous nous pourrions croire que la vue seule agit en nous faisant découvrir ce qui appartient en entier au sens qui nous occupe.

— Henri, approchez-vous ? maintenant, vous nous ferez part des impressions que vous pourrez ressentir.

— Donnez votre main, bien ; que sentez-vous sur sa face interne ?

Henri. — Je sens un objet qui me semble plat, mais il m'est impossible d'en connaître la nature.

Le Maitre. — C'est une règle à dessin.
— Maintenant ?

Henri. — J'ai éprouvé une sensation de froid sur ma joue gauche, je ne puis savoir qu'est-ce qui l'a produite.

Le Maitre. — C'est une lame d'étain. Ainsi, jusqu'à présent, vous voyez que vous éprouvez une sensation qui appartient à presque tous les organes et particulièrement à toute la surface de la peau. Vous êtes instruit par elle de la présence immédiate d'un corps, mais il ne donne aucune notion précise sur sa nature. C'est ce qu'on appelle le tact ou sensibilité tactile.

Il va vous falloir une attention plus grande encore maintenant, car vous aurez à nommer les objets qui vous seront présentés.

— Qu'avez-vous entre les doigts ?

Henri. — Je sens un corps en bois plus long que large, taillé sur quatre faces, c'est certainement un prisme en bois.

Le Maitre. — C'est vrai, et ceci ?

Henri. — Il n'est pas difficile de deviner que c'est une sphère creuse en verre.

Le Maitre. — Vous avez deviné juste. Reprenez votre place et définissons ce qui s'est produit chez vous en dernier lieu.

Vous avez ressenti d'abord une impression que vous comparez à la première ; c'est le tact qui vous a dit que vos doigts étaient en présence d'un corps qui vous a semblé du bois, d'un autre que vous avez reconnu pour être du verre à la sensation de froid que vous avez éprouvée ; de plus, à l'aide de l'extrémité de vos doigts, vous avez pu apprécier la forme, la grandeur et toutes les autres qualités du prisme de bois et de la boule de verre. C'est ce que nous appelons le toucher.

Maintenant nous pouvons dire que le sens du toucher est celui qui nous avertit du contact des corps extérieurs et qui nous permet d'apprécier les diverses qualités de leur surface, leur grandeur, leur forme, leur consistance, leur température, etc.

Comme nous l'avons vu tout à l'heure, le tact a pour siège la peau dans toute son étendue et quelques membranes muqueuses.

Par lui, nous percevons trois impressions distinctes : celle du contact d'un corps extérieur, celle de la pression qu'il exerce sur la peau et celle de sa température relative.

Loin d'être comme la sensibilité tactile, répandu sur toute la surface du corps, le toucher proprement dit ne réside que dans certaines parties d'une sensibilité plus parfaite et qui sont disposées de manière à pouvoir s'appliquer exactement sur les objets soumis à leur examen. Ainsi, chez l'homme, c'est la main ou plutôt l'extrémité des doigts qui est l'organe spécial de ce sens.

Chez certains animaux, tels que le chat, le tigre, le lion, le cheval, etc.; ce sont les lèvres ; chez l'éléphant, le bout de la trompe ; chez les insectes, les palpes et les antennes, etc. Ainsi vous voyez combien est important pour tous la délicatesse du toucher, elle est très précieuse pour l'artiste et surtout pour le médecin ; c'est elle qui lui fournit des indications qu'il ne peut demander aux autres sens. C'est par le toucher qu'il arrive à connaître l'état de la circulation, l'existence d'un liquide dans les tissus, leur consistance normale ou morbide, etc. Ce sens peut arriver par exercice à une extrême délicatesse. On sait que les aveugles peuvent lire assez rapidement en suivant du doigt les caractères imprimés en relief ; ils parviennent aussi à exécuter des ouvrages de menuiserie.

Saunderson, aveugle dès le berceau et qui fut professeur de mathématiques à l'Université de Cambridge, avait acquis une telle perfection dans le toucher, que dans une suite de médailles, dit Le Pileur, il put distinguer les pièces authentiques d'avec les pièces fausses, quoique celles-ci eussent été assez bien contrefaites pour tromper un connaisseur qui en jugeait par les yeux. Il sentait, à l'impression sur son visage, quand il passait près d'un arbre.

Vous avez lu dans la *Morale* de Barrau qu'à Armagh, ville d'Irlande, vivait un aveugle, nommé William Kennedy, qui faisait l'admiration de tout le pays par son adresse. Il fabriquait toutes sortes d'instruments à cordes, des pendules, des meubles, des métiers pour manufactures et surtout d'excellentes cornemuses. On s'émerveillait qu'un homme privé de la lumière pût exécuter des ouvrages aussi compliqués.

La sensibilité tactile comme le toucher peuvent quelquefois être modifiés, suspendus ou complètement abolis. C'est ce qui peut se produire dans les maladies nerveuses.

Si la peau est sèche, si elle est couverte de saleté, si les travaux manuels l'ont rendue épaisse et calleuse, elle perd de sa sensibilité, elle n'apprécie plus les impressions délicates.

Aussi les aveugles prennent-ils instinctivement le plus grand soin de leurs mains, qui sont leurs yeux.

6° LA VOIX ET LA PAROLE.

DÉFINITION. — ORGANES DE LA VOIX. — LARYNX. — CORDES VOCALES. — MÉCANISME DE LA VOIX. — LARYNGOSCOPE. — VOIX DE SIFFLETS. — VOIX PARLÉE. — LA LANGUE COMME ORGANE DE LA PRONONCIATION. — CHANT. — DIAPASON DES VOIX. — VENTRILOQUIE.

La voix est un son produit dans le larynx par le passage, à travers la glotte, de l'air chassé par les poumons. Elle est forte et grave chez l'homme, douce et plus élevée chez la femme; elle varie suivant les âges. Dans l'enfance, elle est la même pour les deux sexes, mais, pendant l'adolescence, elle se modifie. On dit alors que la voix mue. Chez la jeune fille elle baisse d'une ou de deux notes et devient plus forte. Chez le jeune homme elle devient rauque et inégale, comme chez votre camarade Albert; les notes hautes ne peuvent plus être émises tandis que les sons graves apparaissent et que le timbre masculin s'établit. La voix peut se développer jusqu'à 25 ans.

Comme nous l'avons dit en ne faisant que le mentionner, le larynx est l'organe de la voix; il est placé au-dessous du pharynx.

C'est un tube cartilagineux comme le représente le dessin au tableau noir; il est composé de pièces mobiles et articulées entre elles.

Au nombre de ces membranes cartilagineuses, l'épiglotte joue un grand rôle, car c'est elle qui couvre exactement le larynx pendant la déglutition de manière à empêcher l'introduction des matières dans les voies aériennes. Vous savez combien il est douloureux de laisser entrer dans le larynx que vous appelez vulgairement le trou à la galette, dans cette occasion, la plus petite miette de pain. La douleur est si grande qu'on peut en perdre la respiration, ce qui amènerait très promptement la mort.

Les cartilages qui forment le larynx laissent entre eux une ouverture linéaire elliptique ou triangulaire suivant le moment où on l'observe. Cette ouverture donne passage à l'air qui pénètre dans la poitrine ou qui en sort. On l'appelle *glotte*; les replis qui la circonscrivent s'appellent cordes vocales.

La question de l'émission de la voix a été diversement résolue. Cependant la plupart des physiologistes sont d'accord pour dire que le son est produit par la vibration des cordes vocales mises en mouvement par l'air chassé par les poumons. On pourrait alors comparer cet organe à l'anche du hautbois, ou encore aux cordes d'un violon, les cordes vocales mises en vibration par l'air faisant office d'archet.

C'est à l'aide d'un instrument appelé laryngoscope qu'on a pu, dans ces derniers temps, observer l'intérieur du larynx.

Les sons produits par les vibrations des cordes vocales peuvent se diviser en voix parlée et voix de chant.

Dans la parole, les sons, trop courts pour être facilement appréciables, ne sont pas séparés comme ceux du chant par des intervalles finis et réguliers.

Cependant, les personnes bien douées au point de vue musical, peuvent mesurer et noter la voix parlée. On raconte en effet que le grand musicien Grétry s'amusait à noter aussi exactement que possible le « bonjour monsieur » des gens qui lui faisaient visite.

L'intonation est soumise aussi à la forme de la voûte du palais qui complète et modifie le timbre de la voix.

De toutes les parties qui servent à l'articulation des sons, la langue semble paraître jouer le principal rôle, c'est pour cela qu'elle a donné son nom à l'ensemble des modulations de la voix qu'on appelle langage.

Cependant il est démontré aujourd'hui que la langue peut diminuer de volume ou ne pas exister sans que la parole devienne impossible.

De Jussieu a vu à Lisbonne une fille âgée de quinze ans, née sans langue et parlant si distinctement qu'on ne pouvait soupçonner l'absence de cet organe. Les Annales de la Société royale de Londres (année 1742) contiennent le rapport d'une commission chargée par la Société d'étudier un cas du même genre. Il s'agissait d'une femme chez qui n'existait aucun vestige de la langue et qui cependant buvait, mangeait, parlait aussi distinctement qu'une autre personne et articulait les mots en chantant comme tout le monde.

Pour la production de la voix de sifflet, les lèvres se rapprochent en laissant entre elles une ouverture qui joue le rôle d'une véritable glotte; l'air inspiré ou celui des poumons produit les modulations par le rapprochement de la langue sur les incisives inférieures.

Le timbre de la voix dépend de l'ouverture de la glotte; dans la voix grave elle est assez grande, tandis que dans la voix de fausset ou aiguë elle est presque fermée.

On divise les voix d'hommes en basse, baryton et ténor. Les voix de femmes sont le contralto, qui correspond au baryton, le mezzo-soprano et le soprano.

La voix de poitrine est ce qu'on appelle encore la voix de fausset. La voix est autant susceptible de se développer que de se perfectionner. Elle arrive à la perfection par l'étude continuelle des modulations musicales et elle se développe par l'exercice. L'histoire ancienne nous apprend que les Grecs se servaient de la voix comme moyen de télégraphie.

Les mieux doués d'entre eux étaient postés sur le sommet des collines et transmettaient à l'aide de la voix les ordres qu'ils devaient faire parvenir au camp à une autre sentinelle vigilante.

Démosthène, le grand orateur grec, avait beaucoup de difficulté naturelle à parler, aussi ses débuts à la tribune furent malheureux. Plutarque raconte que pour façonner son geste et développer sa voix, il montait d'une course rapide une montagne en récitant des vers; ou bien sur le bord de la mer, la bouche remplie de petits cailloux pour forcer sa langue à se délier, il luttait de la voix avec le fracas des vagues. Après de tels efforts, vous devinez que les orages de la place publique n'étaient plus redoutables pour un tel homme.

Il ne nous reste plus à parler que de la ventriloquie qui vous a tant amusés certaines fois dans les cirques qui ont fait séjour ici ; on a cru longtemps que c'était une voix produite par un organe autre que le larynx. Il n'en est rien. Ce qu'on a nommé l'art du ventriloque consiste à dissimuler l'origine et la nature de la voix. Le ventriloque parle la bouche presque fermée ; il sait modifier le timbre des sons de manière à imiter la voix d'un enfant, d'une femme, à faire croire que sa voix sort d'une cheminée ou d'une cave. C'est surtout à l'incertitude de la direction des sons que les ventriloques doivent leurs succès. Ils ont pu tromper les gens ignorants et crédules ; mais de nos jours, ils se contentent d'amuser leur auditoire et ils y réussissent.

Les Rapporteurs :
NALOT, SINGLAS,
Instituteurs publics à Châteaudun.

NOTES ET EXPLICATIONS.

Nous avons eu dans les Grecs des maîtres pour qui nous ne saurions avoir trop de reconnaissance : littérature, statuaire, architecture, patriotisme, amour de la liberté, que de modèles admirables ne nous ont-ils pas fournis ! chez eux quel sentiment exquis et profond de la mesure, de la proportion, de l'harmonie ! Ni l'âme n'était sacrifiée au corps, ni le corps à l'âme : leur développement réalisait, il y a déjà plus de deux mille ans, dans les jeunes gens qui fréquentaient l'Académie et le Lycée, la façon dont notre Bossuet concevait l'homme, ce *tout naturel*, entre les parties duquel existe une parfaite et nécessaire communication. « Le corps
» est comme l'instrument de l'âme ; il ne se faut pas étonner si le
» corps étant mal disposé, l'âme en fait moins bien ses fonctions.
» La meilleure main du monde avec une mauvaise plume écrira

» mal. Si vous ôtez à un ouvrier ses instruments, son adresse natu-
» relle ou acquise ne lui servira de rien. » (*Bossuet*. — *Traité de l'existence de Dieu et de soi-même.*)

Nous croyons faire plaisir au lecteur en reproduisant un entretien dans lequel Socrate recommandait à Epigène les exercices gymnastiques, utiles pour tous les actes de la vie, puisqu'ils donnent la force et la santé. « Il voyait qu'Epigène, l'un des jeunes gens qui le
» fréquentaient, était d'une mauvaise complexion : « Epigène, lui
» dit il, que vous avez l'air d'un homme ordinaire ? — Aussi ne
» suis-je que cela. — Pas plus pourtant que ceux qui doivent com-
» battre dans les jeux Olympiques. Regardez-vous d'ailleurs comme
» peu de chose d'avoir à disputer sa vie contre des ennemis, à la
» première guerre que déclareront les Athéniens ? Cependant que
» de gens qui, à cause de leur mauvaise constitution, périssent dans
» les combats ou se déshonorent par la fuite ! Plusieurs, par la
» même raison, sont faits prisonniers, passent misérablement le
» reste de leurs jours dans la plus dure captivité, ou se voient sou-
» mis à de tristes nécessités, payent une rançon supérieure à leur
» fortune, et languissent toute leur vie dans la douleur et dans une
» profonde misère. D'autres se font une mauvaise réputation parce
» qu'ils manquent de vigueur; on les prend pour des lâches. Etes-
» vous donc indifférent à ces punitions? avec une constitution faible
» croyez-vous pouvoir aisément les supporter ?

« Pour moi, je trouve bien plus doux et bien plus faciles les
» exercices auxquels doit se soumettre celui qui s'applique à fortifier
» son corps. Pensez-vous qu'une constitution délicate soit plus
» saine et plus utile dans tous les évènements qu'une constitution
» robuste ? ou méprisez-vous les avantages que procure un bon
» tempérament? Cependant les hommes bien constitués et ceux qui
» le sont mal ont un sort bien différent. Les premiers se portent
» bien et sont robustes : aussi plusieurs d'entre eux se tirent hono-
» rablement des combats et de tous les périls; plusieurs secourent
» leurs amis, rendent à la patrie des services qui leur procurent de
» la reconnaissance, de la gloire et les plus grands honneurs. Jus-
» qu'à leurs derniers moments, ils vivent plus heureux, plus con-
» sidérés, et laissent à leurs enfants de plus grands moyens pour
» subsister. Si l'on ne fait pas publiquement les exercices militaires,
» ce n'est certainement pas une raison pour les particuliers de les
» négliger et de s'y appliquer moins assidûment.

« Sachez que dans aucune lutte, dans aucune entreprise, vous
» n'aurez à vous repentir d'avoir exercé vos forces : dans toutes les
» actions, le corps nous est utile, et il nous importe fort qu'il soit
» bien constitué. Même dans les fonctions où vous croyez que le
» corps a moins de part, dans celles de l'intelligence, qui ne sait
» combien l'on commet de fautes parce que le corps est malade?
» L'oubli, le découragement, la mauvaise humeur, la folie même,
» effet d'une disposition pénible de nos organes, attaquent l'esprit
» jusqu'à lui faire perdre même les connaissances acquises. Le corps
» est-il sain, l'homme vit dans une grande sécurité, loin qu'il ait à
» redouter les infirmités, suite d'une mauvaise complexion, il se flatte
» qu'une santé vigoureuse produira les effets contraires : or, que
» ne fera pas un homme de bon sens pour éviter ces malheurs dont
» nous venons de parler? D'ailleurs quelle honte que, par son
» indolence, on vieillisse sans savoir jusqu'où l'on aurait pu porter
» sa force et son adresse! C'est ce qu'on ne peut connaître sans
» travail; car ces qualités ne se produisent pas d'elles-mêmes.»
(Xénophon).

D'après Platon, la négligence des exercices corporels, jouerait un rôle assez important dans la décadence du gouvernement oligarchique ou ploutocratique et ne serait pas étrangère à la naissance du gouvernement démocratique.

« Lorsque les gouvernants et les gouvernés se trouvent ensemble
» en voyage ou dans quelque semblable rencontre, dans une théo-
» rie, à l'armée, sur mer ou sur terre, et qu'ils s'examinent mu-
» tuellement dans les occasions périlleuses, les riches n'ont alors
» aucun sujet de mépriser les pauvres; au contraire, quand un
» pauvre maigre et hâlé, placé dans la mêlée à côté d'un riche
» élevé à l'ombre et chargé d'embonpoint, le voit tout essoufflé et
» embarrassé de sa personne, ne crois-tu pas qu'il se dit à lui-même
» que ces gens-là ne doivent leurs richesses qu'à la paresse des pau-
» vres. Et lorsqu'ils se rencontrent ensemble, ne se disent-ils pas
» les uns aux autres : En vérité, nos riches, c'est peu de chose! »
(République.)

La gymnastique arrive dans nos écoles, tant mieux; les jeux s'en vont, tant pis. Ne les laissons pas du moins partir sans essayer de les retenir; lesplaisirs qu'ils ont procurés à nos pères, qu'ils les procurent encore à nos enfants, qu'ils concourent avec leur sœur cadette, en honneur aujourd'hui, à former des générations saines et fortes ; la gymnastique a pour elle la méthode, mais c'est un art un peu sérieux. Elle n'a pas pour elle la gaîté comme les jeux d'autrefois, l'entrain, l'ivresse de la lutte, les cris, le rire éclatant, qui retentit d'un camp à l'autre. Laissons M. le docteur Bouchut exprimer avec toute l'autorité de sa science, les regrets que lui inspire l'abandon de ces jeux.

« Courir, sauter, glisser, patiner, boxer, jouer aux barres, au
» cheval fondu, à colin-maillard, au cerceau, à l'arbalète, et à l'arc,
» au volant, au sabot, au billard, aux boules ou aux quilles, lancer
» la balle et manœuvrer les raquettes de la paume, nager, soulever
» des poids, faire de l'escrime, monter à cheval, sont une gymnas-
» tique bien suffisante, lorsqu'on s'y livre avec ardeur tous les
» jours et pendant longtemps. Il n'y en aurait pas besoin d'autre,
» si dans les collèges les maîtres réglaient les jeux comme on règle
» le travail et apprenaient forcément à jouer aux élèves de façon
» que tous fissent un exercice corporel suffisamment actif. Ces jeux
» sont trop négligés, sinon délaissés par la génération actuelle, soit
» faute de place dans les maisons d'éducation, soit pour tout autre
» motif, et cependant quoi de mieux que ces jeux intelligents
» de la barre ou de la paume, où en même temps que s'exercent
» les muscles, l'esprit animé d'une émulation plus ou moins vive,
» cherche à triompher des adversaires d'un instant qui simulent le
» camp ennemi et apprennent de bonne heure à l'homme que la vie
» n'est qu'une suite de combats où le plus hardi et le plus habile
» remporte toujours la victoire. » (*De l'hygiène de la première enfance*).

Conclusion : Ne pourrait-on pas ressusciter quelques jeux de nos pères ? Ne pourrait-on pas en importer soit des autres contrées de la France, par exemple le jeu de balles si en vogue dans le Nord ; soit des pays étrangers, par exemple le jeu de *golf*, de *Rounders*, (voir la *Vie de collège en Angleterre*, par André Laurie, librairie Hetzel.) leur accorder le droit de cité, les acclimater peu à peu, les encourager en leur faisant l'honneur de se produire sous les yeux du public à la fête du 14 juillet par exemple, et en accordant aux vainqueurs les prix que l'on donne si libéralement, après de sots amusements, à de ridicules triomphateurs ; ces jeux ne doivent-ils pas avoir leur place dans notre éducation nationale ?

T. Tunor.

CHAPITRE II

L'AME

§ 1ᵉʳ. — **L'Intelligence : Moyens de la développer, de la rendre pénétrante, souple et vive.**

I.

Qu'est-ce que l'intelligence ? Est-ce la faculté de connaître un grand nombre de faits, de pouvoir aborder n'importe quel sujet dans une conversation variée, de parler de tout à propos de tout ?

Chez un enfant, en particulier, l'intelligence réside-t-elle dans une certaine instruction superficielle qui se manifeste par des réponses stéréotypées sur l'ensemble des connaissances primaires ? Ce ne serait là que de la mémoire, et cet enfant pourrait rester un esprit borné avec son bagage de mots, si considérable qu'il fût.

Nous trouvons dans M. Paul Janet une définition qui nous plaît. Selon lui, « l'intelligence n'est autre chose que l'ouverture de l'esprit, l'aptitude à recevoir des idées. »

Pour la développer, que faut-il ? Faire naître chez l'enfant le goût de l'observation attentive et réfléchie, lui donner, avec le bon sens, quelque chose de la sagacité de Zadig, lui apprendre à raisonner sur les phénomènes matériels et psychologiques qui sont à sa portée, en le conduisant « de la perception à l'idée, du concret à l'abstrait » (1).

Nous le savons tous par expérience, nos enfants n'observent pas assez; leur nature mobile les porte à glisser sur les

(1) Ch. Delon.

faits au lieu de les approfondir. Qui d'entre eux répondrait comme Emile à la fameuse question du cerf-volant? Cette inattention regrettable est pour beaucoup notre faute : nous les nourrissons d'abstractions qui les rebutent. Eh bien ! c'est la *méthode intuitive* qui corrigera ce défaut ; c'est elle qui aura ce grand résultat de rendre la réflexion familière et de faire servir les yeux au profit du jugement.

Nous ne nous attarderons pas à définir autrement cette méthode, ne pouvant qu'affaiblir en l'essayant, les belles paroles que M. Buisson a prononcées sur cette matière, et que nos collègues ont toujours présentes à la mémoire (1).

Nous aimons mieux dire comment nous nous y prendrons pour la mettre en usage dans nos écoles ; aussi bien, c'est là le point capital qui est soumis à nos réflexions.

Dans un temps qui n'est pas éloigné, espérons-le, les enfants qui nous viennent auront déjà reçu à l'asile et à l'école enfantine une préparation première selon les admirables procédés de Frœbel ; notre tâche sera de continuer cet enseignement en en faisant la base de nos travaux quotidiens. Nous nous heurterons, dans la pratique, à plus d'une difficulté, privés, comme nous le sommes encore pour la plupart, d'un matériel pédagogique convenable.

Pourtant il faut dès aujourd'hui nous mettre à l'œuvre, c'est une nécessité qui s'impose ; tous les peuples marchent dans cette voie ; le pays de Montaigne et de Rousseau serait-il le seul à rejeter des moyens d'éducation dont ils ont montré, les premiers, les précieux avantages ? Cela n'est pas possible.

Dans notre école, l'*intuition* revêtira ces deux aspects : elle sera *sensible* et *intellectuelle*.

L'intuition sensible consistera dans les *leçons de choses*, qui prendront le contre-pied de l'enseignement synthétique : le musée scolaire, les promenades, les cartes géographiques, les vignettes de l'atlas et du livre, les images, les dessins, les visites aux établissements industriels et aux monuments historiques, les tracés au tableau noir, constitueront autant de sources fécondes où nous puiserons sans crainte de les

(1) Conférence de 1878 à la Sorbonne.

voir tarir. Pellissier, Mme Pape-Carpantier et tant d'autres auteurs estimés seront nos guides. Nous hasarderons-nous à tracer, après eux, le canevas d'une leçon de choses telle que nous la comprenons? Essayons, puisqu'il nous est demandé dans ce travail des appréciations et des vues personnelles.

C'est un jeudi; nous conduisons nos élèves à la promenade; nous partons pour un point déterminé du territoire.

Que de questions à poser ! Dans quelle direction marchons-nous ? — Les points cardinaux dans la plaine. — Le temps est beau, nous parcourons une lieue. — Ce que c'est que la lieue; sa mesure par les bornes kilométriques qui sont examinées au fur et à mesure de leur apparition. — Les hectomètres, points intermédiaires. — Chemin faisant, cueillette des fleurs les plus communes : voici la *Stellaire* à la corolle étoilée; la *Flouve odorante* qui parfume les foins; la *Ciguë* ou poison violent; l'humble *Violette*, symbole de la modestie; la *Petite-Marguerite* ou *Pâquerette* qui orne les gazons; la *Campanule* ou *Clochette*. — Faites-en des bouquets, vous nous redirez les noms à la halte. — Nous gravissons une pente assez raide, regards en arrière : la vallée avec la rivière au fond. — (Enfant, je confondais la vallée avec le ruisseau, mes élèves ne commettront pas cette méprise). — La lieue faite, le point culminant est atteint; son altitude : 100 ou 200 mètres au-dessus du niveau de la mer. — Comparaison avec le Mont-Blanc, les pics des Pyrénées, la cime de l'Himalaya. — Énormité des montagnes. — Nous voici à la limite du département; rien qui l'indique. — Étonnement. — Les limites administratives sont conventionnelles et marquées d'un pointillé noir sur les cartes. — (Cela me rappelle encore une erreur d'autrefois : ce mot de bornes éveillait dans mon esprit l'idée d'un obstacle infranchissable, j'y voyais une sorte de muraille de Chine qui s'interposait). — Le repos. — Les enfants rangés en cercle autour du maître. — Le rappel des explications précédentes, qui pourraient être — nous en convenons — ou mieux choisies ou plus nombreuses. — Le compte rendu qui sera fait le soir, à la maison. — Le retour en chantant. — La rentrée joyeuse au foyer.

Que d'observations propres à ouvrir l'esprit dans cette

excursion où tout le monde a trouvé son compte, le professeur qui a vivifié ses poumons et l'enfant qui s'est instruit en jouant !

Car, remarquez que je ne me suis pas fatigué et que le jeudi est resté pour moi reposant et récréatif : les sujets de leçons ont surgi d'eux-mêmes; j'ai mis les enfants de la partie, en les questionnant, en avivant leur curiosité, en les faisant raisonner sans effort comme les *conductrices* d'Oberlin. Cette initiative, que je leur ai abandonnée, que j'ai provoquée, c'est même une des nécessités de l'exercice : le maître qui parlerait sans cesse réduirait son auditoire à un rôle purement passif et le lasserait vite, si intéressant qu'il pût être. Or, l'enfant doit être excité, encouragé à parler, à questionner, à résoudre les problèmes, en portant son jugement sur tout ce qu'il voit.

On me reprochera probablement de prendre un exemple de leçons de choses en dehors du programme obligatoire ; à cela je répondrai que je l'ai fait à dessein, la leçon de choses usuelles étant connue de tous et figurant dans beaucoup d'ouvrages faciles à consulter. J'ai voulu montrer aussi que les promenades scolaires seraient on ne peut plus instructives, si l'on pouvait éloigner les mille obstacles qui empêchent chacun de nous de les diriger régulièrement.

L'imagination, qui est une partie de l'intelligence, se donnerait carrière, dans une sage mesure, devant ces beaux tableaux de la nature, autrement imposants que les jardins de Frœbel.

Si cette éducation par les sens a été bonne, elle conduira naturellement à l'*éducation intellectuelle* dont nous devons maintenant parler; après en avoir été la préparation, elle en deviendra la force.

Nos élèves ont acquis des idées ; ils ont comparé leurs sensations successives et ont porté des jugements sur elles; comprendre n'est plus pour eux une difficulté insurmontable. N'est-ce pas le temps de donner un caractère différent à la méthode intuitive ? Conviendrait-il de matérialiser indéfiniment la science et de la rendre si attrayante que son acquisition ne coûtât plus d'efforts ? Bannirons-nous de l'école le travail sévère qui aguerrit et trempe pour le combat de la vie ? Telle n'est pas l'opinion de M. Buisson, qui s'est formellement prononcé pour la négative; ni de M. Ambroise Rendu qui a écrit ces lignes : « Le travail personnel est pour l'enfant comme pour l'homme une condition essentielle d'amélioration et de progrès. »

En dehors de cette considération d'ordre moral, il en est une autre qui touche plus directement les maîtres : le programme a ses exigences ; le certificat d'études, ce point de mire qui luit à l'extrémité de la période scolaire comme une espérance, ne se conquiert pas seulement avec des leçons orales; il suppose autant ces connaissances techniques que procurent les livres.

Nous serons donc forcés de faire apprendre des leçons par cœur; mais de ce côté encore le champ sera vaste pour l'intuition. Les moyens démonstratifs, pour être en quelque sorte moins tangibles, conserveront cependant une grande puissance que nous ne manquerons pas d'utiliser.

Nos enfants n'apprendront rien qui ne leur ait été commenté d'avance : le sens des mots et des phrases sera soigneusement déterminé; l'ordre des questions, souvent interverti, chassera la routine; la récitation empruntera le ton de la lecture et de la conversation. L'intelligence secourant la mémoire, nous n'aurons point de ces leçons balbutiées qu'on entend avec peine et qui paraissent sortir de « machines à réciter », comme disait le père Girard.

S'agit-il d'une fable à répéter, par exemple? nous la lirons d'abord le mieux possible, imitant de loin M. Legouvé, le lecteur par excellence; nous en ferons ressortir l'affabulation et les beaux vers ; les mots étrangers au lexique usuel seront relevés au dictionnaire avec leur acception particulière.

Ces précautions prises, la fable sera bien débitée par les enfants, car elle aura cessé d'être inintelligible pour eux.

Un exemple est-il nécessaire ? Choisissons ce chef-d'œuvre de La Fontaine intitulé : *Le Vieillard et les trois jeunes hommes*. Le maître s'efforcera de donner le ton qui convient à ce morceau.

Le début : *Un octogénaire plantait,* aura le caractère simple d'une exposition.

Le langage des jouvenceaux : *Passe encore de bâtir...* empruntera la moquerie et la présomption familières à l'enfance et ces sentiments se réfléteront sur le visage même du maître; il est bon que la physionomie du lecteur et sa parole se prêtent un mutuel secours.

La répartie du vieillard : *Il ne convient pas à vous-mêmes*, sera grave et ferme comme la sagesse.

Pour la fin de l'apologue : *Le vieillard eut raison*, l'accent reprendra l'inflexion du début, en s'abaissant progressivement pour maintenir l'attention.

Voilà pour l'expression générale, susceptible de se modifier, dans les détails, en nuances infinies.

Le maître s'attachera ensuite à montrer la moralité de la fable : la folie de cette jeunesse qui raille toujours, l'incertitude de ses destinées, la majesté des âges vénérables dont les actes devraient être pour tous des exemples, et les paroles des leçons, autant de points qui fourniront la matière de saines exhortations morales.

Pourquoi ne ferait-il pas remarquer aussi ces vers dont la beauté s'impose :

>   Quittez le long espoir et les vastes pensées.....
>   Nos termes sont pareils par leur courte durée.
>   Qui de nous des clartés de la voûte azurée
>   Doit jouir le dernier ?
>   Je puis enfin compter l'aurore
>   Plus d'une fois sur vos tombeaux.

L'influence esthétique de ce magnifique langage est plus grande qu'on ne pense : elle ouvre sur le beau, sur le vrai, des horizons étendus dont les enfants se souviendront toujours ; les impressions qui en naissent fortifieront leur esprit dans plus d'une occasion, en même temps qu'elles seront pour leur âme un aliment salutaire.

On prendra maintenant le dictionnaire ; ces mots : *octogénaire, jouvenceaux, labeur, patriarche, enter*, y seront recherchés, ce sera l'instant de débattre les acceptions propres et figurées des mots. Cet exercice pourra même s'étendre aux phrases ou portions de phrases comme celles-ci, dont le sens sera défini :

> La main des Parques blêmes
> De vos jours et des miens se joue également.
> Voûte azurée. — Les emplois de Mars.....

Et nous nous arrêtons là. Il ne conviendrait pas d'allonger démesurément ces explications par des remarques grammaticales qui ont leur place dans d'autres exercices. Le temps ferait défaut, et « qui ne sut se borner, ne sut jamais *enseigner* ».

En procédant d'une manière analogue pour les autres leçons, nous aurons fait atteindre à l'intuition son double but, qu'un homme distingué précise ainsi : « Une notion particulière à faire pénétrer dans la mémoire de l'enfant et la formation de l'intelligence, à laquelle cette notion doit contribuer pour une certaine part (1) ».

II.

Il nous reste à exposer le rôle de l'intuition dans la pratique de l'enseignement primaire ; pour plus de clarté, nous suivrons l'ordre du plan d'études.

La *Lecture*, pour les commençants, sera précédée de courtes leçons de choses, dans lesquelles les mots seront rattachés à des faits intéressants et connus. Ces mêmes mots, l'enfant les écrira ensuite sur l'ardoise ou le cahier, avec d'autant plus de goût qu'il sait les lire et qu'il en comprend le sens. C'est ainsi que la lecture et l'écriture marcheront de front, comme dans la méthode Schüler, s'aidant réciproquement et se rendant, l'une par l'autre, amusantes et faciles, but qu'il est indispensable d'atteindre avec le jeune âge.

Mais où la lecture prendra son grand caractère, c'est dans le Cours supérieur ; là, elle donnera à l'enfant les connaissances accessoires qui ne sont pas l'objet de cours spéciaux telles que l'histoire naturelle, l'hygiène et la morale.

Là aussi, le maître multipliera les exercices intuitifs dont nous avons parlé plus haut : il lira beaucoup, exigera des comptes rendus oraux et écrits, cultivera la raison de son petit monde par des interrogations sur les faits, leurs causes,

(1) Levasseur.

leurs conséquences, et finalement, par le développement général de l'esprit, rendra durable le goût de la lecture, si peu répandu jusqu'à ce jour dans les campagnes.

La leçon d'*Écriture* au moyen des cahiers à modèles imprimés peut être considérée comme perdue pour l'intelligence de nos élèves.

Ces modèles devenant forcément dissemblables, le maître n'en peut expliquer le sens à chacun. Il y a lieu de réagir contre cette fâcheuse habitude par l'inscription au tableau noir, d'un texte unique qui serait le plus souvent un proverbe ou une pensée de nos bons auteurs.

Ce modèle, expliqué quant à la calligraphie, le serait de plus au point de vue des idées, ce qui motiverait la leçon d'intuition intellectuelle que nous avons recommandée. Inutile d'ajouter que ce commentaire religieusement écouté au milieu du calme de la leçon d'écriture, aurait une valeur éducative incontestable.

Le *Calcul* formera « une discipline incomparable pour l'intelligence » si la numération, les quatre opérations, le système métrique sont enseignés à l'aide d'objets réels; si les petits problèmes sont pour ainsi dire *mis en action*, c'est-à-dire si l'on a soin de faire exécuter *matériellement* les opérations auxquelles ils donnent lieu.

C'est ainsi que les enfants s'habitueront à concevoir, à raisonner, et qu'ils vaincront les difficultés d'une démonstration en règle dans les solutions plus compliquées.

Nous nous arrêterions longtemps à l'étude de la *Langue française* — tant la question en vaut la peine — si nous ne nous souvenions que notre tâche est d'indiquer à grands traits comment l'intuition, intervenant partout, poussera en quelque sorte les enfants dans le chemin du progrès.

Nous laisserons les grammaires étendues à ceux qui veulent continuer leurs études; la nôtre, plus modeste, sera réduite à sa plus simple expression, allégée des règles subtiles de l'orthographe, des analyses prétentieuses et interminables. Nous l'enseignerons sur les exemples : jamais une leçon ne sera apprise sans que le maître, par sa parole, lui ait donné la vie.

Les *dictées* seront courtes, bien choisies, commentées sous le rapport de la grammaire et des idées, corrigées devant les élèves et non en dehors de la classe.

Ce qu'on appelle emphatiquement le *style*, demandera des soins tout particuliers; dans les cours inférieurs, des exercices d'invention et de composition, auxquels chaque enfant collaborera, augmenteront le vocabulaire des élèves, initieront aux secrets de la proposition et de la phrase et conduiront naturellement à ces rédactions du certificat d'études qui, grâce à cette préparation, réuniront non pas sans doute l'abondance et la richesse, mais au moins la simplicité correcte et la clarté.

Nous éliminerons de l'*Histoire de France*, comme de la grammaire, les détails secondaires qui encombreraient la mémoire.

La leçon du livre, lue, expliquée par les images, les vignettes et les cartes historiques, animée par de nombreuses interrogations, sera résumée par le maître dans une causerie chaude et colorée. Ce résumé aura surtout de l'importance.

Le passé ne se prête pas à l'observation directe comme les autres études; il nous semble cependant que si l'instituteur possède convenablement son sujet, il se fera écouter en émaillant son récit d'anecdotes intéressantes, de mots célèbres, en mettant habilement en parallèle les temps d'autrefois et ceux d'aujourd'hui, en tirant de cette comparaison des conséquences qui ne peuvent être qu'à l'avantage de notre époque.

S'il raconte le siège d'Alésia, ne peut-il dire un mot de ceux de Paris et de Belfort en 1870?

Quand il parlera du meurtre des fils de Clodomir, n'ajoutera-t-il pas que, de nos jours, les mœurs sont adoucies et que les parents ou l'État se rendent les protecteurs des orphelins?

Quoi donc l'empêcherait de mettre en regard de la belle conduite d'Eustache de Saint-Pierre, le patriotisme de ce préfet de la République, M. Valentin, le dévouement de cette directrice de télégraphe, Mlle Juliette Dodu, qui risqua sa vie en dérobant aux Prussiens le secret de leurs opérations militaires, le courage de tant d'autres que je pourrais nommer?

Au nom de Bayard, ne joindra-t-il ceux des Hoche et des Marceau?

Les guerres atroces qui ont rougi notre sol seront, à n'en pas douter, flétries pour le mal qu'elles ont causé à nos pères; mais l'instituteur manquerait-il l'occasion de déclarer qu'elles ne s'engageront plus à la légère, grâce au système représentatif que le pays s'est enfin donné?

Et quand il dépeindra dans le sombre moyen âge les souffrances du serf qu'on appelait ironiquement « Jacques Bonhomme » ne reviendra-t-il pas naturellement à la condition actuelle du paysan, condition qui lui permet de goûter les avantages de la justice et de la liberté, ces belles et durables conquêtes de la Révolution de 1789?

Ainsi présentée et modernisée, l'histoire perdrait sa sécheresse habituelle; les enfants s'y adonneraient avec plaisir, tout en s'appropriant les éléments d'une bonne éducation civique.

Nous ne nous arrêterons pas à la *Géographie*, ayant indiqué dans un précédent rapport comment il convenait de l'enseigner. D'ailleurs chacun de nous sait que l'étude du territoire de la commune est la base de cette science, que l'emploi de la carte murale est de rigueur, mais qu'il vaudrait encore mieux dessiner soi-même au tableau noir, devant les enfants, les cartes de circonstance, en rattachant à ce tracé des notions de géographie physique, politique et économique.

Dans les écoles de Suisse, les compositions de géographie prennent la forme de voyages. Excellente manière que nous ferions bien d'adopter en France.

Le *Dessin*, le *Chant*, la *Gymnastique*, ont des rapports peut-être moins directs avec la culture de l'intelligence proprement dite; pourtant n'est-il pas vrai que le dessin conduit à bien voir et à bien juger; que le chant, en inspirant le goût de l'harmonie, fait aimer l'école et la science qu'on y propage; que la gymnastique, en fortifiant le corps donne de la vitalité à la pensée.

Il y a donc lieu d'examiner aussi quelle sera la part de l'intuition dans ces divers exercices.

Nous avons abusé longtemps dans l'enseignement du dessin, de la copie du modèle graphique ; sous le vain prétexte de faire grand et beau, nous nous absorbons dans les reproductions de maisons et de machines superbement lavées. Le résultat, on le connaît : les élèves nous quittent sans être en état de dessiner de mémoire les objets les plus simples. Ils seront embarrassés pour se faire comprendre de leur maçon, s'ils veulent un hangar, ou de leur menuisier, s'ils lui commandent une table.

Menons donc de front le dessin géométrique aux principes solides ; un peu d'ornement et surtout le dessin à vue, qui mettra plus en jeu la pensée et développera les aptitudes professionnelles.

La musique ne sera pas apprise par la théorie, ainsi que cela se pratique généralement ; nous chanterons d'abord, puis nous ferons noter le morceau appris, et c'est dans cette dernière étude que les enfants s'assimileront, comme accidentellement, les quelques notions musicales que nous avons à leur donner.

La gymnastique se pratiquera conformément au Manuel et aux programmes qui sont notre règle.

III.

Résumons-nous.

Nous venons de démontrer que l'intuition, renouvelant notre pédagogie qui flotte encore, incertaine entre la routine et le progrès, donnera l'essor aux facultés natives de l'enfant ; qu'elle exercera une influence heureuse sur sa mémoire, son imagination, son jugement, ces différentes formes de l'activité intellectuelle.

N'est-ce pas un pléonasme d'ajouter qu'elle développera du même coup les qualités de l'esprit ? qu'elle le rendra *pénétrant* à force de lui faire creuser, traiter à fond les choses ? qu'elle le fera *souple* par la diversité des études et la variété des leçons, tour à tour graves ou douces, plaisantes ou sévères ? qu'enfin elle lui donnera la *vivacité* par des interrogations répétées, d'où naîtront de promptes réponses, de naïves saillies ?

Ces nouveaux résultats découlent inévitablement des premiers, et nous ne pensons pas qu'il faille nous y arrêter plus longuement.

Une dernière considération nous préoccupe : Maintenant que nous avons meublé le cerveau de nos écoliers d'une foule de notions utiles, devrons-nous nous croiser les bras dans la persuasion que notre œuvre est complète ? Non, certes, et nos confrères qui ont reçu en partage les questions d'éducation morale nous diront certainement que l'instruction constituerait un présent funeste, si elle n'était réglée par l'amour du devoir envers la famille et la société. L'instruction passe plus ou moins, tandis que l'éducation demeure et suit l'homme partout dans la vie.

Écoutons plutôt à cet égard la voix éloquente d'un de nos chefs éminents, M. Gréard : « Bien des choses s'effacent du souvenir plus ou moins vite parmi celles que l'on apprend sur les bancs des classes. Ainsi en est-il, à tous les degrés, des études de la jeunesse. Mais ce qui reste des études bien faites, ce que nous voulons espérer qu'il restera pour les élèves de nos écoles d'une éducation où la culture intellectuelle qui forme l'esprit sera unie à la culture morale qui forme le cœur, c'est un jugement éclairé et sain, un cœur ouvert aux sentiments élevés, l'amour du travail et des vertus domestiques, force et sauvegarde des familles et des nations. »

Le Rapporteur :
F. BLAY,
Instituteur à Nogent-le-Rotrou.

NOTES ET EXPLICATIONS.

« Les enfants savent eux-mêmes qu'en prononçant le mot *je* ou
» *moi*, ils parlent d'autre chose que de leur corps. Si l'un d'entre
» eux vient à dire : *je me souviens*, demandez-lui si c'est avec la

» main ou avec quelque autre partie du corps qu'il se souvient, il
» se mettra à rire. Ajoutez que c'est avec l'âme ; vous lui donnerez
» le mot, mais il avait déjà l'idée ; c'est-à-dire qu'il connaissait
» déjà ce *moi, entièrement distinct du corps,* bien qu'il ne sût pas le
» nommer. Un enfant entendait pour la première fois parler de
» l'âme, il interroge sa mère ; elle lui répond que c'est avec l'âme
» qu'il se souvient, qu'il espère..... « Oui, interrompit-il, je com-
» prends : c'est avec l'âme que je t'aime. » (*Adolphe Garnier.—Traité
» des facultés de l'âme.*)

« Tous ceux qui ont réfléchi sur la nature et les effets de l'ensei-
» gnement sont d'accord pour reconnaître qu'en toute leçon don-
» née à la jeunesse, le maître peut se proposer deux objets. D'un
» côté, notre intention peut être d'ouvrir l'intelligence de l'enfant,
» d'éveiller ses facultés, de l'habituer à se rendre compte des choses
» et de le mettre en état d'apprendre plus tard par lui-même ; d'un
» autre côté, nous pouvons avoir directement en vue la transmis-
» sion de certaines connaissances, abstraction faite de leur influence
» sur l'esprit. Nos voisins de l'Est qui ont tant écrit sur l'éducation,
» ont deux termes pour caractériser les deux sortes d'enseignement :
» ils appellent le premier *formel*, et en effet il tend à former l'esprit
» plutôt qu'à l'enrichir de notions nouvelles ; quant au second, ils
» l'appellent *matériel* parce qu'en le donnant on s'attache surtout à
» la matière ou au contenu des leçons. Il est clair que l'une ou
» l'autre sorte d'enseignement est également nécessaire, puisqu'une
» intelligence exercée, mais vide de connaissances sérieuses, n'est
» pas moins inutile à la société qu'une tête restée oisive, dont la
» mémoire seule aurait été cultivée. » (*Michel Bréal. — Quelques mots
sur l'instruction publique en France. — L'école*).

Ainsi les maîtres doivent poursuivre un double but : 1º mettre autant que possible l'élève en possession de l'héritage intellectuel des ancêtres, lui enseigner les vérités déjà trouvées. C'est l'objet de l'enseignement matériel ; la *méthode synthétique* est la méthode qui convient le mieux pour verser à grands flots des idées toutes faites dans l'intelligence de l'enfant ; 2º développer l'intelligence de l'enfant, lui apprendre à former des idées, à en trouver de nouvelles, à juger celles qui lui sont transmises, à penser d'après lui-même : c'est l'objet de l'instruction formelle ; la *méthode analytique* doit être préférée dans cet enseignement.

La distinction de ces deux méthodes n'est pas nouvelle. Les

Français sont parfois assez naïfs pour admirer comme une invention du génie allemand ce que nos voisins se sont donné la peine de renouveler des Grecs ou..... de nous emprunter à nous-mêmes. Il y a trois siècles, Montaigne opposait déjà les deux méthodes et recommandait la seconde. « Il vaut mieux avoir la tête bien faite que bien pleine », disait-il, et cette parole semble être devenue le mot d'ordre des partisans de la réforme dans l'enseignement universitaire. Nicole voulait aussi que les sciences fussent plutôt des moyens d'instruction que des branches d'instruction. « On se sert » de la raison comme d'un instrument pour acquérir les sciences, » et l'on devrait au contraire se servir des sciences comme d'un » instrument pour perfectionner la raison. » En Angleterre, un philosophe contemporain qui certes se place à un point de vue bien différent de celui où l'on se plaçait à Port-Royal, arrive à des conclusions à peu près semblables. D'après M. Herbert Spencer, l'instruction doit se transformer en muscles du cerveau et non en graisse.

A l'école primaire du village l'enseignement matériel doit l'emporter sur l'enseignement formel. Ici le temps presse ; les bras chaque jour plus vigoureux de l'enfant rendent le père impatient de les employer d'une façon lucrative aux travaux de l'industrie ou des champs. Les procédés les plus expéditifs, les méthodes les plus abréviatives conviennent le mieux : le chemin le plus court est le meilleur ; la méthode analytique exige qu'on se hâte lentement ; elle est du reste très difficile à employer ; elle demande une grande connaissance des facultés et des opérations intellectuelles, une grande expérience, une préparation très longue des leçons.

L'instruction formelle doit avoir le pas sur l'enseignement matériel dans l'enseignement primaire des lycées et collèges. Là, les études dureront douze ou quatorze ans. Avec un bail aussi long et une terre qui n'a encore connu ni la charrue ni la herse, on doit songer d'abord à préparer le sol, à le défricher ; sans quoi cette terre qui préalablement remuée, cultivée, aurait pu porter les plus belles moissons, semble frappée de stérilité : la perte de la semence est en général le résultat le plus clair d'une méthode aussi vicieuse ; le reste des études peut en être compromis.

Le maître, dans l'instruction matérielle, ressemble à un homme qui amène dans une citerne les eaux de pluie qu'il a rassemblées de toutes parts ; dans l'instruction formelle, il ressemble à Moïse qui, la baguette magique à la main, frappe le rocher et en fait jaillir une source d'eau vive. L'interrogation, voilà la baguette dont nous devons frapper, dans cette méthode, l'esprit de l'enfant, pour faire appel à sa spontanéité et en tirer une pensée qui d'abord coulera goutte à goutte et un peu trouble, mais qui deviendra de plus en plus abondante et de plus en plus limpide.

Ce dernier procédé n'est pas nouveau : c'est la méthode de Socrate, la maïeutique, l'art d'accoucher les esprits, de les amener à mettre au jour la vérité cherchée. Dans le Ménon, Socrate interroge un jeune esclave sans instruction et avec le secours de ses seules questions, l'intelligence de Ménon s'élève peu à peu à la vérité et trouve la solution du problème qu'on lui avait posé : construire un carré qui soit le double d'un carré donné.

Voici par exemple comment Socrate s'y prenait pour faire comprendre à un de ses disciples les funestes effets de l'intempérance :

« Dis-moi, Euthydème, penses-tu que la liberté soit un bien
» précieux et honorable pour un particulier et pour un Etat ? —
» C'est le plus précieux des biens. — Celui donc qui se laisse
» dominer par les plaisirs du corps, et qui est mis par là dans
» l'impuissance de bien faire, le considères-tu comme un homme
» libre ? — Pas le moins du monde. — Peut-être appelles-tu liberté
» le pouvoir de bien faire, et servitude la présence d'obstacles qui
» nous en empêchent ? — Justement. — Justement alors les intem-
» pérants te paraîtront esclaves ? — Oui, par Jupiter, et avec raison.
» — Crois-tu que les intempérants soient seulement empêchés de
» faire ce qu'il y a de mieux, ou qu'ils soient aussi forcés de faire
» ce qu'il y a de pis ? — Je les crois tout à la fois poussés au mal et
» détournés du bien. — Que penses-tu donc de ces maîtres qui
» empêchent de faire le bien, et qui obligent à faire le mal ? —
» C'est par Jupiter, la pire espèce possible. — Et quelle est la pire
» des servitudes ? — Selon moi celle qui nous soumet aux pires des
» maîtres. — Ainsi les intempérants subissent la pire des servi-
» tudes. » (*Xénophon. — Mémoires.*)

Ainsi, dans la méthode analytique, la plus propre à développer l'intelligence de l'enfant, le maître doit faire appel à la spontanéité de son élève ; qu'on ne croie pas cependant qu'il suffit de provoquer son activité intellectuelle et de l'abandonner à elle-même ; se déployant au hasard, elle n'aboutirait à aucun résultat ou risquerait de s'égarer étrangement ; cette activité doit être excitée, redressée, dirigée. Par des interrogations bien choisies, bien graduées, le maître irrite dans l'âme de l'enfant une curiosité féconde ; la perspective qu'il lui présente au bout de chacune des questions qu'il lui pose, l'attire, l'enflamme du désir de s'envoler vers ces échappées sur un monde de lumière. Dans cette méthode, chaque interrogation nouvelle provoque un nouveau coup d'ailes et chaque nouveau coup d'ailes est suivi d'un repos qui prépare un nouvel essor. Ainsi excitée, dirigée, soutenue, avec ces haltes bien ménagées, l'intelligence de l'enfant graduellement et sans fatigue, parvient à des hauteurs qui lui donneraient le vertige, si elle s'y était trouvée tout-à-coup transportée ; elle se complaît sur ces sommets de la pensée d'où elle aspirerait bien vite à descendre si elle y était arrivée par un autre chemin. Peu à peu son vol sera plus sûr, plus rapide, plus indépendant jusqu'à ce que, réussissant à s'orienter elle-même, sans guide, sans soutien, elle plane en toute liberté et en toute sécurité dans l'espace.

Qu'on ne se fasse pas illusion cependant sur la méthode analytique ; nous le répétons, elle suppose une grande expérience, une habileté extrême, beaucoup de préparation. « Elle est dans l'ensei-
» gnement très difficile à manier. On a dit mille fois que le maître
» doit pratiquer la méthode socratique, mais cela est plus facile à
» dire qu'à faire. Il n'y a jamais eu qu'un Socrate. » (*P. Janet. — Morale.*)

Il s'agissait dans cette conférence de chercher les moyens de rendre l'intelligence *pénétrante, souple* et *prompte*.

L'intelligence est *pénétrante* quand elle trouve la raison, le *pourquoi* d'un fait, quand elle développe le vrai caché sous l'apparence, comme le dit La Fontaine. M. Blay, dans son rapport, a entrevu, sinon vu bien nettement, comment la leçon de choses devait être faite pour conduire à ce résultat.

« Pourquoi la voiture qui vient de passer allait-elle lentement?
» — Parce que le chemin montait, que la voiture était chargée. »

Nous voilà, je crois, dans la bonne voie : voyons si en poursuivant notre route, nous n'arriverons pas à un point de vue nouveau dans les leçons de choses.

Pour faire une leçon de choses, on recommande le plus souvent aux maîtres de faire connaître les usages d'un objet, usages que l'élève doit trouver lui-même dans l'enseignement formel, qui lui seront indiqués par le maître dans l'enseignement matériel.

Soit une leçon de choses sur le couteau à papier en buis qui est là devant moi.

D. A quels usages emploie-t-on le buis?

R. On en fait des couteaux à papier, des cuillers et des fourchettes pour la salade, on l'emploie pour la gravure sur bois ; on porte des branches de buis le jour des Rameaux ; on en fait des bordures pour les parterres.

Allons plus loin encore. Exerçons l'intelligence de l'enfant à trouver la *raison* de ces usages. Demandons-lui à quelles propriétés le buis doit d'être employé dans ces différents cas.

Pourquoi les couteaux à papier sont-ils en bois plutôt qu'en acier, en buis plutôt qu'en sapin ?

Pourquoi se sert-on d'une cuiller et d'une fourchette en buis pour faire la salade ?

Pourquoi plutôt en buis qu'en tout autre bois ?

De même après avoir trouvé que le verre sert à faire des vitres, des glaces, des bouteilles, des lunettes, des lustres, des cloches pour les jardiniers, l'enfant cherchera à quelles propriétés le verre doit d'être employé à ces usages divers.

Le plomb sert à faire des balles, des tuyaux, on l'emploie à souder d'autres métaux. Les pourquoi doivent là encore assiéger l'esprit de l'enfant, piquer sa curiosité. Rien n'égalera le profit qu'il retirera de cet exercice, rien... si ce n'est le plaisir qu'il aura à trouver les raisons. C'est ainsi que l'Emile de J. J. Rousseau ne se laisse pas duper par les apparences, mais devine le moyen par lequel le canard de verre est attiré dans la direction du morceau de pain qu'on lui tend.

La *souplesse* de l'esprit est, dans le cas particulier qui nous préoccupe, la facilité à comprendre ce qui est demandé, sous quelque forme que se présente la question qui est faite, et à trouver à cette question une réponse adaptée aux circonstances dans lesquelles elle est produite.

L'intelligence de quelques élèves ressemble à ces navires qui ne marchent que si un vent de poupe gonfle leurs voiles; que le vent vienne à changer, le navire s'arrête. Un bon élève doit savoir se retourner, disposer ses voiles de manière à avancer par tous les vents.

Demandez à certains élèves ce qu'est la justice, ils vous répondront immédiatement « le respect des droits ». Peut-être n'en auriez-vous obtenu aucune réponse, si vous leur aviez demandé quelle est la vertu de l'homme qui s'abstient de faire du tort à ses semblables, ou bien que devons-nous respecter dans les autres hommes ?

Quand le chemin direct qui conduit à la réponse se trouve fermé, il faut encore à l'esprit une certaine souplesse pour se glisser par les plus petits sentiers, faire un détour, recourir aux systèmes des parallèles, s'approcher peu à peu de la place et y pénétrer en suivant les chemins en zigzag. Nous demandions un jour à un élève à quelle époque vivait Démocrite : après un instant de réflexion, il nous répondit : « vers 430. » Tout d'abord cette date lui était inconnue, mais la fable de La Fontaine *Démocrite et les Abdéritains* lui apprend que Démocrite était un comtemporain d'Hippocrate; or Hippocrate existait au moment de la peste d'Athènes, époque de la mort de Périclès, en 430.

» Un esprit *prompt* », dit M. Janet, « est celui qui comprend » rapidement et qui trouve à propos ce dont il a besoin. » Il y a certaines intelligences paresseuses et lentes qui, s'attardant à tous les accidents de la route, ont besoin d'un long temps pour s'acheminer au but qui leur est proposé. Ces esprits musards qui ne savent pas se presser, se laissent souvent distancer par des rivaux moins intelligents qu'eux. Ce qui leur manque, c'est un aiguillon qui les tienne sans cesse en haleine, une excitation qui tende les ressorts de leur esprit et qui, en augmentant la force de l'attention, leur permette d'atteindre en quelques secondes une vérité que peut-être, en se hâtant lentement, ils auraient inutilement poursuivie pendant une heure.

On pourra rendre l'esprit prompt : 1° en ne laissant aux élèves qu'un court espace de temps pour faire leurs devoirs ; 2° en adressant une question à toute une classe et en félicitant, en récompensant l'élève qui aura trouvé le premier la réponse : l'amour-propre, l'émulation joueront ici le rôle des stimulants dont nous parlions plus haut. Ainsi éperonnée, l'intelligence peut, dans une conception rapide comme l'éclair, s'habituer à trouver presque immédiatement la réponse dont l'élève aura besoin le jour d'un examen.

Mais prenons garde : la fuite d'un mal peut nous conduire dans un pire : il y a le revers de la médaille, l'enfant est exposé à juger avec précipitation et l'on sait à quelles erreurs ce défaut nous expose. Avant de songer à développer l'intelligence de l'enfant, il faut veiller à ce qu'elle ne contracte pas des habitudes vicieuses qui s'opposeraient à son développement.

Malheureusement, il y a dans l'air de nos écoles un poison fort subtil, provoquant, si l'on n'y prend garde, dans l'esprit de l'élève une maladie d'autant plus dangereuse que l'enfant est d'un âge plus tendre et que l'œil d'un maître inexpérimenté ne s'en aperçoit pas toujours. Dès que le germe de mort a pénétré dans les profondeurs de l'âme et s'est attaché aux racines mêmes des facultés, les branches se couvrent bien encore de verdure, mais les sources de la vie sont taries, l'activité se retire de l'intérieur pour se porter au dehors; on dirait un arbre qui, pour se nourrir, se soutenir, n'a plus que les éléments empruntés à l'air ambiant.

Cette maladie est le *psittacisme* autrement dit le *perroquetisme*; elle consiste dans l'impuissance pour l'élève à aller du mot à l'idée, de l'idée à la chose. Peu à peu, dans le demi-jour de la pensée, l'intelligence de l'enfant s'abandonne à une sorte de somnolence sur le mol et doux chevet que l'incuriosité lui prépare avec une complaisance extrême. Au dehors, le cliquetis des mots, la sonnerie et la batterie du langage, le déroulement gracieux de la période, la paillette qui jette en passant son étincelle; au dedans, aux lueurs incertaines qui flottent dans la pénombre de l'esprit, glissent des formes indécises auxquelles l'imagination et la passion prêtent l'apparence qui leur plaît, de vagues réminiscences se réveillent à demi, d'insaisissables échos arrivent en mourant de je ne sais quel lointain vaporeux. La leçon de choses est le remède prescrit par Pestalozzi à cette sorte de maladie : Est-il question en géographie, des basaltes de l'Auvergne, du granit de la Bretagne? Parle-t-on de lignite, d'anthracite? La cigale, le héron, l'escarbot entrent-ils en scène avec les Fables de La Fontaine? qu'un échantillon de ces objets ou, à défaut de la chose, qu'une image permette à la pensée de l'enfant de prendre pied sur la réalité et de se fixer à une forme précise. Que la leçon de choses mette, autant que possible, l'enfant en présence de l'objet lui-même, que le grand jour se fasse dans son esprit, que les fantômes de la pensée crépusculaire prennent un corps ou s'évanouissent, que la lueur devienne lumière, que la réminiscence se complète et se transforme en souvenir, que l'écho fasse place à la voix véritable : sans cela, l'enfant s'habitue de bonne heure à se payer de mots vides de sens, à battre l'air de vains souffles de voix.

Cette maladie, endémique en Allemagne, sévissait spécialement à l'Académie de Nuremberg. C'est là que Leibnitz put faire, d'après Fontenelle, la curieuse expérience que voici :

« Quand Leibnitz eut été reçu docteur en droit à Altorf, il alla » à Nuremberg pour y voir des savants. Il apprit qu'il y avait dans » cette ville une société fort cachée de gens qui travaillaient en » chimie et cherchaient la pierre philosophale. Aussitôt le voilà » possédé du désir de profiter de cette occasion pour devenir chi- » miste, mais la difficulté était d'être initié dans les mystères. Il prit » des leçons de chimie et rassembla les expressions les plus obscures » et qu'il entendait le moins, en composa une lettre inintelligible » pour lui-même, l'envoya au Directeur de la Société secrète, » demandant à y être admis sur la preuve qu'il donnait de son grand » savoir. On ne douta point que l'auteur de la lettre ne fut un » adepte ou à peu près. Il fut reçu avec honneur dans le laboratoire » et prié d'y faire les fonctions de secrétaire. On lui offrit même » une pension. »

L'histoire est plaisante, mais prenons garde qu'en changeant le nom ce ne soit là parfois notre propre histoire. Quelque Leibnitz, avec intention ou non, pourrait bien renouveler sur nous une expérience où notre amour-propre aurait cruellement à souffrir. Dans les fables de Florian, il y a aussi un certain personnage bien connu qui croit voir quelque chose, quoique la lanterne ne soit pas allumée. Florian avait des modèles autour de lui. Depuis le XVIIIe siècle, la maladie a fait des progrès en France ; veillons à ce que nos enfants n'en soient point atteints.

T. Turot.

§ II. — La Mémoire, son utilité : Moyens de la développer.

Pour faciliter l'étude de ce sujet : *La Mémoire*, nous examinerons :

Ce qu'est cette faculté ; son rôle dans la vie individuelle et dans la vie sociale ; son rôle dans l'école ; les moyens de l'utiliser et de la développer ; les mauvais procédés ; les bons procédés ; l'historique ; enfin les exemples d'application aux différentes branches de l'enseignement.

LA MÉMOIRE

La mémoire est une faculté grâce à laquelle on conserve ou on retrouve les sensations et les idées antérieures. Elle a une importance très grande, puisque nous avons besoin de conserver le souvenir de ce que nous avons acquis, sans quoi les notions recueillies seraient inutiles. Supposons que quelqu'un perde complètement la mémoire, alors il n'y a plus de passé pour lui, il est comme s'il venait de naître.

Elle est une des premières facultés qui se développent chez l'homme, elle contribue à son éducation, et elle l'aide à acquérir des connaissances qui doivent servir au développement intellectuel, lequel doit tendre à le rendre meilleur, à élever ses sentiments et à le faire mieux obéir à la loi du devoir.

1° DE SON ROLE DANS LA VIE INDIVIDUELLE ET DANS LA VIE SOCIALE.

La mémoire fournit les éléments nécessaires aux opérations de l'esprit. Grâce à elle, l'homme a le sentiment de sa durée par le souvenir de la série des faits dont il a été témoin ou auxquels il a participé.

Qu'est-ce qui nous rappelle nos premières impressions du jeune âge, nos joies d'enfance, nos petits chagrins et nos espérances d'autrefois ? Qu'est-ce qui, encore, fait revivre en nous l'idée des efforts que nous avons faits pour nos études, l'objet même de ces études que nous sommes heureux de posséder aujourd'hui ? N'est-ce pas la mémoire ?

C'est sur elle que s'appuient les relations sociales. Le souvenir des soins des parents, celui des caresses d'un père et d'une mère créent l'affection des enfants. Celui des services échangés donne naissance à l'amitié, aux sentiments de patriotisme, d'humanité.

La mémoire est spontanée ou volontaire. La mémoire spontanée trop développée peut être une gêne par la multiplicité des idées; elle rend les gens distraits, passant trop facilement d'une idée à l'autre. La mémoire volontaire accrue et fortifiée par l'exercice devient un puissant moyen d'acquisition des connaissances, de sûreté de jugement, de création d'œuvres de toutes sortes.

2° DE SON ROLE DANS L'ÉCOLE. — DES MOYENS DE L'UTILISER ET DE LA DÉVELOPPER.

Nous savons que la mémoire a une importance très grande au point de vue de l'éducation de l'enfant, nous devons donc rechercher quels sont, à l'école, les moyens de l'utiliser et de la développer.

Un fait nous frappe tous les jours et nous prouve le rôle essentiel de cette faculté.

N'est-il pas vrai que, dans nos classes, les meilleurs élèves sont presque toujours ceux qui ont une bonne mémoire? — Le développement de l'intelligence considérée dans son ensemble, est généralement en rapport avec la puissance de la mémoire. — Nous en avons une preuve dans les efforts souvent infructueux, que nous sommes obligés de faire auprès des enfants qui sont mal doués sous ce rapport. Que de fois n'avons-nous pas dit la même chose dans le langage qui convient aux jeunes esprits, avec toutes les explications désirables; et rejetant toute abstraction, sans obtenir aucun résultat ? Et quand nous avions le bonheur d'être compris, de voir nos efforts couronnés de succès, ne nous est-il pas arrivé maintes fois, dès le jour même ou le lendemain, d'être complètement désillusionnés en voyant que certains enfants n'avaient rien conservé de ce que nous leur avions appris ? Quelle est la cause de cet insuccès ? Il vient généralement d'une mémoire insuffisamment exercée.

Doit-on employer la mémoire pour apprendre des morceaux de prose ou de la poésie, et doit-on la dédaigner complètement pour les autres études ? La raison se refuse à une pareille supposition.

Donc cette faculté est indispensable, et elle doit être cultivée chez les enfants.

Elle est différente pour chaque élève : les uns apprennent volontiers toutes les leçons qu'on leur donne, même ce qui ne devrait être confié qu'à leur intelligence. Ils paraissent plus redouter les efforts nécessaires pour comprendre que ceux qu'ils sont obligés de faire pour se fixer ces leçons dans la mémoire.

Les autres, au contraire, ont en aversion tout travail de mémoire et lui préfèrent celui de l'intelligence. Quand ils ont saisi une explication, ils croient que cela suffit et qu'ils ne peuvent plus l'oublier.

Nul doute que ces dispositions tiennent beaucoup au caractère de l'enseignement, et aux habitudes que le maître contribue à faire prendre aux élèves, mais elles n'en existent pas moins.

Une question se pose naturellement ici : Doit-on faire réciter les leçons ?

Avant de répondre, nous dirons une fois pour toutes, que nous entendons par récitation, non la lettre que nous rejetons absolument, mais la reproduction du sens, s'il ne s'agit pas d'un morceau de littérature.

Nous savons que la récitation textuelle a ses partisans ; mais encore plus ses détracteurs.

La question pour nous n'est pas dans l'emploi unique ou dans le rejet absolu de cette pratique, deux extrêmes que nous n'admettons pas, mais dans la mesure avec laquelle on doit l'employer.

On sait que l'abus de la mémoire se fait au détriment de l'intelligence. On sait aussi que les élèves dont la mémoire est insuffisamment exercée, paraissent quelquefois ignorer beaucoup de choses : tous les examens le prouvent.

Nous ne doutons pas que si l'exercice de l'intelligence et celui de la mémoire eussent été menés de front, on n'aurait pas l'exemple de ces défaillances que nous déplorons.

Que conclure ? C'est que la récitation est nécessaire.

Maintenant, que doit-on réciter ?

Nous n'entrerons pas ici dans des détails qui trouveront leur place quand nous étudierons l'application de la récitation aux différentes branches de l'enseignement ; pour le moment, nous pensons être dans le vrai en rejetant complètement les leçons, autres que les morceaux de littérature, apprises par cœur à cause des mauvais résultats qu'elles donnent et de la fatigue inutile qu'elles imposent aux enfants. Les explications, les démonstrations qui sont du domaine de l'esprit, ne doivent être jamais apprises, mais comprises. Nous n'admettons pour la récitation textuelle, et seulement lorsqu'ils auront été compris, que les principes, les règles essentielles et les formules qui doivent être gravées profondément et sûrement dans la mémoire, de manière qu'elle nous les rappe fidèlement si nous en avons besoin.

Ainsi donc nous utiliserons la mémoire en tirant d'elle tout le parti possible, mais sans la surexciter au détriment de l'intelligence et des autres facultés.

La mémoire se développe par l'exercice. Si on la néglige, elle est comme les champs mal cultivés, elle donne peu, et ne répond plus à nos besoins lorsque nous sommes obligés d'y faire appel.

Mais, il ne faut pas l'oublier, elle empièterait bientôt si l'on ne savait la renfermer dans de justes limites, surtout chez les jeunes enfants dont les autres facultés sommeillent encore.

En général, le souvenir est d'autant plus fidèle que l'impression a été plus vive, et que ce qui en fait l'objet offre plus d'intérêt.

Ce fait a une importance très grande dans l'éducation des enfants. Ce qui frappe le plus, surtout dans le jeune âge, c'est ce qui parle aux sens ; de là, l'emploi de la méthode intuitive. Ce qui les intéresse, c'est la variété dans les exercices, le choix judicieux des sujets, un enchaînement rationnel dans le travail, un langage qui soit le leur sans descendre au trivial, une parole amie qui les encourage et les dirige.

On développera donc d'abord la mémoire volontaire par les moyens intuitifs ; la vue des objets, rendant la perception plus vive, forme dans l'esprit des idées plus nettes, et fixe mieux dans la mémoire le souvenir de ces objets et les notions qui ont été données.

Il sera bon ensuite de remplacer autant que possible « la science livresque » par la parole du maître. Celle-ci est toujours préférable au livre ; elle vivifie le travail par le regard, par l'accent de la voix, par le jeu de la physionomie ; elle captive l'attention, si l'on sait intéresser, et le succès pour développer la mémoire est presque toujours assuré.

Les moyens mnémoniques que nous aurons à étudier dans l'usage des divers procédés, devront être employés dans des limites restreintes. C'est ainsi que l'on pourra faire la substitution d'un genre de mémoire à un autre plus rebelle ; appliquer, par exemple, la mnémonique à la mémoire plus rare des nombres et des dates, par la substitution aux nombres abstraits, d'idées offrant un rapprochement avec celles dont on veut garder le souvenir, conjointement avec ce nombre ou avec une date, et étant exprimées par des mots dont les lettres peuvent, par un procédé quelconque, se traduire en chiffres.

Quant aux diverses variétés de la spécialisation de la mémoire, il faut éviter de surexciter une de ces spécialisations, et ramener, s'il est nécessaire, l'équilibre en développant les côtés les plus faibles.

Ce qu'il importe surtout pour acquérir une heureuse mémoire, c'est d'avoir des idées nettes, précises, rangées dans un ordre systématique et conforme autant que possible à celui de la nature ou aux lois de la raison. Il est indubitable, dit l'auteur de la logique de Port-Royal, qu'on apprend avec une facilité incomparablement plus grande, et qu'on retient beaucoup mieux ce qu'on enseigne dans le vrai ordre, parce que les idées qui ont une suite naturelle s'arrangent beaucoup mieux dans notre mémoire, et se réveillent plus aisément les unes les autres.

3° MAUVAIS PROCÉDÉS

Nous avons déjà dit que la mémoire est une des premières facultés qui se développent chez l'enfant. C'est pour lui une nécessité impérieuse d'en user, puisqu'il ne connaît rien en venant au monde, et qu'il a besoin de se souvenir de tout. Elle est aussi une des plus actives, et une de celles qui répondent le plus facilement à l'appel qui lui est fait. De là, autrefois dans l'enseignement, cette tendance à s'adresser de préférence à la mémoire, à la cultiver spécialement, à l'exclusion des autres facultés. Mais de là aussi les conséquences naturelles d'une pareille direction donnée à l'enseignement : la mémoire seule développée et se substituant trop souvent à l'intelligence, les enfants apprenant sans comprendre et contractant la déplorable habitude de se payer de mots, c'est-à-dire de croire qu'ils savent quelque chose lorsqu'ils répètent des mots ou des phrases sans signification pour leur esprit.

Aussi cette manière de ne faire retenir que des mots, des formules, des squelettes conduisait à ceci : une fois le fil perdu, l'esprit était aussi complètement perdu et vide.

Signalons encore un des graves inconvénients de n'exercer que la mémoire, c'est que les enfants, lorsque des questions leur sont posées dans d'autres termes que ceux que le maître emploie habituellement, ne répondent pas, ou ce qui est pis encore, donnent des réponses déraisonnables.

A quoi cela tient-il ? A ce que la mémoire est seule en jeu chez l'élève ; la réponse pour lui est simplement un écho de la question ; si celle-ci ne réveille aucun écho, la mémoire est silencieuse ; si elle réveille mal à propos un écho, la mémoire fournit une réponse hors de propos et ne s'adaptant nullement à la question.

Le même inconvénient subsiste pour les livres rédigés par demandes et par réponses, et pour ceux qui sont accompagnés de questionnaires placés au bas des pages ou à la fin des chapitres. C'est alors que l'enfant, confondant une question avec une autre à laquelle elle ressemble, donne de ces réponses incroyables qui n'ont pas le sens commun.

Indiquons encore quelques-uns de ces procédés mécaniques admis plus ou moins dans l'enseignement.

Le rhythme et la rime offrent un secours précieux pour l'étude de la poésie; mais ce moyen doit être rejeté lorsqu'il s'agit de développer la mémoire par l'étude de vers parfois ridicules. Le bon goût et le bon sens ne doivent jamais être sacrifiés.

Quant aux casiers historiques, ils peuvent présenter quelque avantage aux mémoires rebelles, en permettant à la vue de servir d'auxiliaire; mais le plus souvent, ils demandent, pour être dressés et sus plus de temps qu'il n'en faudrait pour apprendre les choses elles-mêmes.

Les nombres sont quelquefois employés comme aides; nous pensons qu'il est bon de ne pas abuser de ce moyen qui a les mêmes inconvénients que le précédent.

Enfin, nous croyons qu'il est sage de rejeter tout procédé mnémonique qui demande un effort et un temps aussi considérable que le travail direct de cette faculté, et qui ne contribue en rien au développement de l'intelligence.

4° BONS PROCÉDÉS.

Une réaction s'est produite contre l'emploi exclusif de la mémoire. On a compris qu'il n'y a d'utile que ce que l'intelligence s'est approprié, qu'il ne faut pas surcharger la mémoire sans profit pour l'esprit, et que la mémoire et l'intelligence, comme nos autres facultés, doivent se prêter un mutuel appui et non s'exclure.

A l'intelligence de comprendre d'abord, puis à la mémoire de se souvenir ensuite.

Les procédés dont nous nous occupons ne demandent que la conservation des notions nettement conçues, s'appuyant sur des rapprochements qui, nés de la nature des choses, permettent de retrouver le fil un moment perdu, un détail d'abord oublié dans un ensemble.

Nous admettons comme principe général que l'enfant ayant surtout la mémoire des choses, et encore peu celle des idées, on doit accumuler les faits en les classant peu à peu, et employer des procédés concrets.

Aussi, dès le début, devra-t-on s'adresser aux sens des élèves en leur montrant les objets ou les gravures qui les représentent. Ce sera la leçon de choses, si intéressante, et dont les enfants se souviennent toujours avec plaisir. Ils attacheront ainsi une idée à l'objet sensible qui a frappé leurs sens.

Un des procédés qui favorisent le plus le développement de la mémoire, c'est l'explication de la leçon avant l'étude.

En effet, quel attrait peut-il y avoir pour l'enfant qui ne comprend pas ce qu'il étudie? Le même, nous l'avons dit dans un autre sujet, que nous éprouverions si nous lisions une langue que nous ne comprendrions pas; c'est-à-dire qu'il aurait à faire un travail machinal et rebutant. Si au contraire l'élève a saisi le sens des mots, des pensées, du sujet, comme l'on retient mieux ce que l'on comprend, la leçon se gravera beaucoup plus aisément, plus sûrement dans sa mémoire.

La méthode socratique sera aussi employée avec avantage, elle permettra de s'assurer si l'enfant possède suffisamment ce qui lui a été enseigné.

Nous avons dit que la mémoire, pour se développer, a besoin d'être exercée; un des meilleurs procédés pour cela, c'est de revoir souvent ce qui a été appris. Non seulement l'esprit saisit mieux alors, mais la mémoire en garde un souvenir plus fidèle. Les compositions hebdomadaires ou mensuelles permettent ce genre de travail qui donne d'excellents résultats.

On sait que le souvenir est en raison de l'impression produite sur l'esprit. Or l'émotion qui est la conséquence de cette impression, contribue nécessairement à fixer le souvenir. L'émotion de peine ou de plaisir produite par l'émulation, la crainte d'une punition ou par l'espérance d'une récompense, est toujours un grand secours pour la mémoire.

L'émotion de surprise qui rend le souvenir plus vif et plus profond peut être produite par des gravures, des tableaux, des objets qui frappent les yeux, par les consonnances qui frappent les oreilles.

Le meilleur procédé pour se rappeler une leçon, c'est l'attention qui permet à la mémoire de s'appliquer utilement, de s'exercer et de se perfectionner. Un bon élève sait mieux et plus vite parce qu'il s'applique plus sérieusement et apporte plus d'attention à son travail.

L'attention dépend surtout de la volonté, mais elle peut être provoquée, tenue en éveil et encouragée par divers moyens tels que la simplification, la comparaison et l'emploi des tableaux synoptiques.

La simplification qui comprend les résumés, abrégés, sommaires, permet de concentrer la pensée sur un point et le rend plus facile à retenir.

La comparaison donne lieu à des ressemblances et à des contrastes qui frappent l'esprit, et produit une impression favorable pour le souvenir. Les tableaux synoptiques parlent à la fois aux yeux et au jugement, et facilitent par leur disposition, l'étude d'un sujet qui se grave alors aisément dans la mémoire.

L'étude des vers, dont la cadence et la rime frappent l'oreille, est encore un bon procédé pour graver le souvenir dans l'esprit, on ne saurait trop prendre l'habitude de cette récitation.

5° HISTORIQUE

La mémoire a joué un grand rôle dans les premiers âges, alors que par la tradition orale seule pouvaient se transmettre aux générations successives les faits composant l'histoire de la famille, de la tribu.

L'homme a dû faire de bonne heure des efforts pour soulager sa mémoire qui était sans doute inégale selon les individus, et devait avoir des intermittences, des différences d'application chez le même individu.

Tel a été le point de départ de la mnémotechnie.

Les premiers moyens mnémoniques ont consisté en caractères symboliques, en images, en signes hiéroglyphiques, en procédés de rappel comme ceux dont on use encore dans la vie familière : nœuds à une corde, crans à un bâton, etc.

L'unité de l'être humain fait que les souvenirs des détails d'un fait se réveillent les uns les autres, de manière à ramener l'impression totale éprouvée primitivement, ou que des faits ayant été simultanés, la pensée se reportant sur l'un, le souvenir de l'autre se trouve évoqué.

Les gens attentifs ont la mémoire plus exacte parce qu'ils retrouvent plus facilement l'impression totale primitive.

Les gens distraits ne se rappellent que certaines faces d'un fait, celles qui les ont les plus frappés au moment de leur attention intermittente.

La mémoire s'appliquant soit aux mots, soit aux localités, soit aux formes, les moyens mnémoniques ont été cherchés dans diverses voies.

On a cherché dans la mémoire des mots ou du rhythme des vers un moyen de faciliter le souvenir.

Claude Buffler a mis, en 1719, l'histoire universelle en vers.

De nos jours, M. Demoyencourt, chef d'institution, disciple de l'abbé Gauthier, fondateur de cours pour les jeunes personnes, a mis l'histoire de France en vers. M. Guillon a mis la géographie de la France en vers pour faire retenir le nom des préfectures et des sous-préfectures, en y rattachant un fait qui caractérise chacune d'elles. Il y a dans le souvenir de l'enchaînement des mots cadencés, quelque chose d'analogue à l'effort qu'on fait pour retrouver les paroles d'un chant en en fredonnant l'air.

On emploie encore trop souvent dans les salles d'asile de petits chants pour apprendre les lettres de l'alphabet. Le rapprochement à l'aide d'idées qu'on associe, est préférable à ces moyens qui ne font appel qu'à des associations de sensation. Il est vrai que l'oreille est particulièrement bien douée sous le rapport du souvenir, ce qui tient à ce qu'on peut aisément répéter la même sensation en reproduisant soi-même à haute voix les sons qui l'ont frappée.

On s'est appuyé aussi sur les moyens de localisation. On raconte que les anciens orateurs romains préparaient leurs discours dans leur habitation en rattachant chaque partie à un endroit d'une pièce, à un meuble, et qu'ils les retrouvaient en reportant leurs souvenirs sur leur habitation.

Le polonais Jazwinski et le hongrois Bem'ont appliqué ce moyen à l'aide de ce qu'on appelle le carré polonais.

Aimé Paris a cherché des rapprochements entre des idées et des nombres en attribuant à chaque chiffre une valeur particulière conventionnelle, et aux chiffres entrant dans un nombre, une valeur totale résultant de la combinaison des idées attachées à chacun des chiffres.

M. Augustin Grosselin, après d'autres, a cherché à faciliter l'étude de la chronologie en fondant le souvenir des dates sur le rapprochement entre le fait accompli à cette date et le nombre qui l'exprime, ce nombre se transformant en mots à l'aide d'une valeur numérale attribuée aux lettres.

Ce ne sont là que des adjuvants, des sortes de remèdes appliqués à un état maladif ou anormal de l'esprit; le mieux est l'étude directe et attentive des choses qu'on veut connaître et retenir. La mémoire ne retient en définitive que ce qu'on lui a confié; si on lui confie des mots, elle garde des mots, si on lui confie des idées, elle les conserve pour les rappeler selon les besoins.

6° APPLICATION DE LA MÉMOIRE AUX DIFFÉRENTES BRANCHES DE L'ENSEIGNEMENT.

Dans cette dernière partie, nous étudierons l'application de la mémoire aux différentes branches de l'enseignement, savoir : la Lecture, la Langue, le Calcul, l'Histoire, la Géographie et le Dessin.

Lecture.

La lecture est un des meilleurs instruments d'instruction, puisqu'elle permet le développement de l'esprit, du jugement et de la mémoire, par le recours fait aux idées des autres exprimées dans les livres.

L'étude des lettres faite directement et sans aucun moyen accessoire, est chose abstraite et difficile, ne mettant en jeu que la mémoire. Aussi tous ceux qui ont vieilli dans la carrière de l'enseignement et qui ont employé cette méthode sèche et sans attrait, en connaissent-ils les labeurs et tout ce qu'elle a d'ingrat au point de vue des résultats.

Un grand nombre de maîtres ont, avec raison, rejeté cette manière de faire, et recherché les méthodes qui, facilitant à la fois le développement de l'intelligence et de la mémoire, accélèrent les progrès.

Pour nous, la méthode phonomimique est une de celles qui aident le mieux à graver le souvenir des lettres, puisqu'au lieu d'une étude machinale, elle lui substitue des faits, des récits, des gestes qui ont toujours beaucoup d'attrait pour l'enfant, provoquent son attention, et mettent en action les diverses mémoires de la vue, de l'ouïe et du tact.

Quant à l'étude des mots, dont il importe de garder le souvenir, cette méthode a encore nos préférences à cause de la rapidité avec laquelle elle amène les enfants à les lire. Elle permet de leur faire comprendre presque immédiatement « que ce n'est pas une simple énonciation de sons qu'ils font, que c'est une expression d'idées qu'ils retrouvent sous une autre forme que la forme parlée à laquelle seule ils étaient habitués jusque-là. »

Il est certain qu'avec la plupart des méthodes de lecture que l'on emploie aujourd'hui, l'ordre de l'alphabet n'est pas suivi. Cependant, il est bon de connaitre la succession des lettres dont on peut avoir besoin, soit pour les recherches à faire dans un dictionnaire, soit dans beaucoup d'autres circonstances où l'ordre alphabétique est observé. Il sera donc utile de confier l'alphabet à la mémoire, choisissant pour cela le moment opportun, lorsque les élèves en seront à la lecture courante.

Le moyen de faire servir la lecture au développement de la mémoire, c'est qu'elle soit faite lentement, de manière que l'enfant puisse saisir le sens des mots et des phrases. Il est bon de lui faire chercher dans ses souvenirs, les détails qui lui ont été donnés.

La ponctuation sera d'un grand secours, si l'on sait bien indiquer en lisant la valeur des signes.

Des résumés oraux ou écrits faits habituellement, sont aussi de très bons exercices, parce qu'ils éveillent l'attention, exercent le jugement, fortifient la mémoire et développent l'intelligence.

S'il importe que l'enfant conserve le fruit de ses lectures comme acquisition de connaissances, il est encore plus nécessaire qu'elles contribuent à son éducation. C'est là le but *essentiel* de l'enseignement. Aucune branche d'ailleurs ne s'y prête mieux.

Les bons livres de lecture abondent et l'on n'a que l'embarras du choix. Il est donc toujours possible de trouver des sujets intéressants dont la lecture non seulement appelle l'attention, mais provoque encore le plaisir. On aime ces belles pages qui traitent de l'amour filial, du dévouement pour ses semblables, pour la patrie, pour l'humanité.

On est certain que de telles lectures expliquées, commentées, ne s'oublieront pas, et contribueront puissamment à l'éducation en faisant naître le désir d'imiter les beaux exemples que l'on a appris à connaître.

Langue.

L'étude de la langue est une de celles qui aident le plus à développer la mémoire.

L'usage des mots exerçant continuellement cette faculté, le meilleur exercice préparatoire est de reprendre les enfants chaque fois qu'ils n'emploient pas le mot propre, soit dans leur langage, soit dans leurs devoirs écrits.

Nous connaissons des maîtres qui profitent souvent et avec raison de la lecture pour apprendre à leurs élèves la manière d'écrire les mots et d'en conserver le souvenir en leur demandant comment s'écrivent ceux que l'on voit moins fréquemment et qui ont été lus. L'attention éveillée pendant cet exercice par l'attente des questions qui doivent être posées, aide à conserver le souvenir de la forme des mots.

Cette étude offre au début des difficultés à cause de l'abstraction qu'on y rencontre, si l'on suit les errements des anciennes méthodes. Mais, si au lieu de mettre une grammaire entre les mains des enfants, on continue ce que la mère a commencé, et que pour cela, on emploie la même marche, les mêmes procédés concrets, les difficultés que l'on croyait si grandes disparaissent ; l'enfant, au lieu de se rebuter de définitions qu'il ne comprend pas, s'intéresse aux choses qui ne frappent d'abord que ses sens. Aussi importe-t-il de commencer cette étude par les procédés intuitifs.

« Au premier âge scolaire, à l'âge de la salle d'asile ou de la petite classe, l'intuition, et surtout l'intuition sensible, est presque le seul instrument de la connaissance. Montrons à l'enfant des objets, faisons-les lui sentir, toucher, manier, regarder, entendre : c'est le point de départ de l'éducation, c'est l'objet de la leçon de choses, et c'est de là que l'abstraction doit sortir. »

On appellera donc l'attention de l'enfant sur les objets qu'il voit : la table, la muraille, sa blouse, etc., on les lui fera nommer et on lui apprendra qu'il y a pour désigner chaque objet un mot spécial, qui sert à le distinguer des autres, et que cette espèce de mot s'appelle *nom*, parce qu'il sert à nommer.

On n'apprendra d'abord que des noms concrets, les noms abstraits ne seront employés que plus tard.

Si l'enfant commence à écrire, il sera bon de lui faire écrire ces mots au tableau noir ou sur l'ardoise. Les yeux en conserveront la forme, et la mémoire des mots, toujours si précieuse pour l'orthographe, se développera par ces exercices.

Veut-on arriver à la définition du nom? On pourra employer un procédé tel que le suivant.

Le maître s'adressant aux enfants leur demande : Avec quoi laboure-t-on? — Avec une charrue. L'un d'eux écrit au tableau noir le mot charrue. — Pour la traîner, de quoi se sert-on? — Du cheval. — On écrira aussi ce mot. — Et comment s'appelle celui qui dirige le cheval? — Quelques-uns diront un homme, les autres spécifieront et répondront, un charretier. On fera encore écrire ce mot.

Alors on demandera aux enfants, comment s'appellent ces mots? — Des noms.

Continuons les questions :

Qu'est-ce qu'un charretier? Une personne. — Et un cheval? Tous répondront : un animal. — Et une charrue? — Une chose. — On écrira ces mots à côté des mots, charretier, cheval, charrue.

Eh bien, mes enfants, vous avez dit que le mot charretier, désigne, nomme une personne; le mot cheval, un animal, et le mot charrue, une chose; et que ces mots charretier, cheval, charrue sont des noms; qu'est-ce donc que le nom? — Le nom est un mot qui nomme une personne, un animal ou une chose.

Il est évident qu'en procédant ainsi on passera sans peine de l'idée concrète à l'idée abstraite, et qu'on fixera dans la mémoire et l'esprit des enfants des mots et des définitions qu'ils auront compris.

Et puis, quel champ ouvert aux réflexions du maître pour donner de la vie à ses leçons et de sages conseils à ses élèves. Cet « enseignement qui a placé et qui tient sur leurs lèvres des mots qu'ils comprennent, leur inspire pour l'un ou l'autre, un amour ou une aversion qu'ils s'expliquent.

Et voilà comment l'enseignement de la langue maternelle, dès ses débuts, contribue, quand il est bien conduit, à former des êtres intelligents et moraux. »

Le but de ce travail étant d'indiquer les moyens de développer la mémoire, nous avons dû ne toucher qu'aux points les plus saillants de cet enseignement pour montrer comment il contribue au développement de cette faculté.

Il est une partie de la grammaire qui aide beaucoup à atteindre ce but, c'est la conjugaison des verbes. Il est vrai qu'on a abusé de cet exercice, mais chacun sait combien sont embarrassés les élèves chez lesquels on a négligé cette étude. Au lieu de copies interminables de verbes, ou d'une récitation qui ne dit rien à l'intelligence, voici, il nous semble, ce qu'il convient de faire : ne pas exagérer ce genre de travail qui doit être presque toujours oral, et peut être commencé chez les plus jeunes enfants; le rendre attrayant soit par des explications, soit en ajoutant au verbe à conjuguer ou en faisant trouver par les élèves un complément qui lui donne alors un sens plus précis; pour les élèves plus avancés remplacer la conjugaison par un choix judicieux d'exercices sur les temps.

Cette étude qui ne sera plus mécanique, facilitera alors le travail de la mémoire. De plus, on la rendra instructive en faisant rendre compte des propositions ainsi formées et de leurs rapports, ce sera un moyen de cultiver la réflexion et le jugement. La méthode socratique qui est employée avec succès dans l'étude de la langue, et les révisions qui doivent être fréquentes, aideront à fixer le souvenir des principales règles.

Les exercices d'invention et de composition aident beaucoup aussi à développer la faculté qui nous occupe.

Chacun sait combien ce genre de travail est important par ses résultats, mais aussi combien la tâche est laborieuse.

Nous avons tous remarqué dans nos classes, dans les concours, dans les examens du certificat d'études, des compositions bien faites, et d'autres n'ayant aucun sens.

Cela tient assurément à la manière dont l'enfant a compris le sujet. « S'il s'agit de faits qu'il ait appris par cœur, il les récite sur son papier ; si sa mémoire ne lui fournit rien, ne sachant où se prendre, il s'évertue à mettre tant mal que bien sur leurs pieds quelques phrases banales. » Si au contraire, il a été préparé et dirigé convenablement ; si on lui a appris à observer, à réfléchir, à trouver des idées et à leur donner l'ordre et la forme qui leur conviennent, la mémoire se souviendra, et l'intelligence et le raisonnement auront les éléments nécessaires pour faire une bonne rédaction.

Un autre auxiliaire important, ce sont les exercices de récitation des œuvres de littérature, fables, morceaux de poésie et de prose qu'on fait apprendre aux enfants pour meubler la mémoire de sujets destinés à former le goût, à orner l'esprit et à faire sur le cœur une salutaire impression. Mais on ne peut atteindre ce but qu'autant que les sujets sont expliqués, de manière que l'idée soit *retenue* dans ses détails et qu'il ne reste plus à faire qu'un léger effort pour que la mémoire conserve la forme complète. Il est bon que ces morceaux soient lus par le maître et par quelques élèves, jusqu'à ce qu'on se soit assuré que ceux-ci ont donné à leur lecture le ton convenable, qui devra être observé dans la récitation.

Les textes que l'on fera apprendre doivent être intéressants et instructifs : ils seront courts d'abord, formeront un tout complet et bien à la portée des enfants. Les sujets de poésie abondent : citons les fables choisies de Florian et de notre immortel La Fontaine, l'Ange et l'Enfant de Reboul, et tant d'autres destinés aux enfants. Les sujets en prose se trouvent dans la plupart des ouvrages de lecture, et surtout dans le livre de *Morale pratique* de Barrau, si précieux pour développer les sentiments moraux et patriotiques.

Il est essentiel que tout morceau appris par cœur soit su imperturbablement et récité sans faute. Il est préférable qu'il soit moins long et que la mémoire ne bronche pas. Sans cela, outre l'inconvénient de dénaturer le sens du sujet, il ne reste bientôt plus rien de ce qui a été insuffisamment appris.

L'émotion, nous le savons tous, est une des sources de la mémoire ; il est donc utile de profiter des diverses circonstances qui peuvent se présenter dans la vie pour éveiller dans l'esprit des enfants un bon sentiment ou leur montrer les tristes conséquences de certains vices. S'accomplit-il dans leur entourage un acte de dévouement, de bienfaisance, de générosité, ou un acte de méchanceté, de lâcheté, il est avantageux de leur donner comme exercices de récitation, des sujets touchant ces vertus ou ces vices ; de faire un rapprochement entre l'acte accompli et le morceau appris, et de profiter de cette occasion pour leur faire une leçon de morale pratique et inculquer, dans leurs jeunes cœurs, l'aversion du mal et l'amour du bien.

Calcul.

L'arithmétique doit être enseignée par des procédés concrets afin de faire intervenir la mémoire des yeux.

Rien n'est plus abstrait en effet que les nombres pour les jeunes enfants ; leur intelligence encore trop peu développée, ne saisit pas ce qu'on entend par unité, nombre et surtout les combinaisons qu'on peut leur faire subir.

La mémoire des yeux existe chez tous avec une puissance plus ou moins grande ; il faut donc l'utiliser pour enseigner le calcul.

La première chose qu'il importe de faire, c'est de donner à l'élève l'idée des nombres en lui montrant les objets et on les lui faisant compter.

On pourra lui demander :

Combien avez-vous de nez, de bouche ? — Nous avons un nez, une bouche.

D'yeux, d'oreilles, de bras ? — Nous avons deux yeux, deux oreilles, deux bras.

Quel est le nombre de pieds qu'a le trépied sur lequel votre mère met les vases sur le feu ? — Il a trois pieds.

Dites le nombre de pattes qu'ont le chien, le chat ? — Ces animaux ont quatre pattes.

Combien avez-vous de doigts à chaque main ? — Nous en avons cinq.

Comment s'appelle ce petit animal que vous voyez sur ces tableaux ? — C'est une mouche. — Quel est le nombre de ses pattes ? — Elle en a six.

Connaissez-vous le nombre de jours de la semaine ? — La semaine se compose de sept jours.

Comptez les pattes de cette araignée ? — Elle en a huit.

Dites combien cette carte contient de points noirs ? — Elle contient neuf points noirs.

Les enfants parviendront ainsi par l'intuition à se faire une idée précise des premiers nombres, et ils s'en souviendront. De plus, cette leçon leur montrera l'utilité d'avoir des mots servant à désigner combien un même objet se répète de fois.

Ce point de départ est extrêmement important, et il est nécessaire que le maître n'aille plus loin que lorsqu'il sera parfaitement possédé.

Alors l'enfant ne sera plus une machine à compter, mais une intelligence qui aura compris l'idée attachée à un nombre. La mémoire n'aura plus à se rappeler des chiffres qui ne lui disent rien, mais des chiffres qui auront pour elle un sens, puisqu'ils seront l'image d'une quantité connue.

La numération sera réalisée à l'aide de menus objets isolés ou groupés. L'enfant verra d'abord dix objets séparés appelés chacun unité, puis réunis pour former une dizaine, ensuite dix collections de dizaines donnant une centaine. Ce que l'esprit n'aurait pas saisi, les yeux le voient, l'intelligence se l'appropriera mieux, et la mémoire en gardera plus fidèlement le souvenir.

Quant à la lecture et à l'écriture des nombres, il n'existera pas pour lui de difficultés sérieuses s'il se rappelle bien leur formation. D'ailleurs, on devra faire continuellement appel à la vue de l'enfant, c'est le seul moyen pour lui de comprendre cette partie difficile et importante de l'arithmétique et de s'en souvenir.

Il en sera de même des fractions si difficiles à comprendre par les élèves.

Pour les fractions ordinaires, par lesquelles nous commençons parce qu'elles permettent de partir de la division la plus simple de l'unité, c'est-à-dire en deux parties égales, il est indispensable, surtout au début, de mettre sous les yeux des enfants des objets qui peuvent être divisés, ou au moins de les indiquer au tableau noir par un dessin.

Il est facile alors de saisir le rapport qui existe entre l'unité et le nombre de parties dont elle se compose. Un fruit peut servir d'exemple, d'autant plus facilement que l'on pourra distribuer les parties fractionnaires aux élèves qui auront le mieux répondu. Bonheur pour les enfants, et moyen facile pour le maître de fixer une leçon souvent abstraite, en mettant à contribution pour cela un nouveau sens qui aidera à rappeler en temps utile les connaissances acquises.

On peut encore, pour faciliter cette étude, mettre en regard des bandes de carton d'égale longueur, divisées en 2, 3, 4, 5, 6, etc., parties égales à l'aide de lignes de couleurs différentes, de manière à faire voir, par le rapprochement, l'identité par exemple de 3/6 et 1/2, 9/12 et 3/4.

Quant aux changements que l'on peut faire subir à ces fractions, il est nécessaire, autant que possible, qu'ils soient tangibles afin d'être plus aisément compris.

Pour les fractions décimales, on devra montrer aux enfants un objet partagé en dix parties égales; ils ne confondront plus avec l'unité chaque partie qui n'en est qu'un dixième; de même si l'on divise 1/10 en dix parties, ils remarqueront les nouvelles divisions qui ne pourront plus être confondues non plus avec le dixième et l'unité. Le mètre avec ses divisions de dix en dix fois plus petites, pourra servir d'exemple.

L'addition devra être enseignée par les mêmes procédés. Si l'on commençait par des opérations sur les chiffres, l'enfant pourrait ne remarquer dans les nombres que ces chiffres, et ne pas se rendre compte que deux nombres réunis doivent en donner un troisième. Si au contraire, il ne voit plus des chiffres, mais une certaine quantité d'objets représentés par ces nombres, il opère sur ces unités qui sont concrètes pour lui, et il les réunit aisément pour obtenir le résultat cherché.

Nous avons connu un enfant de 8 ans qui ne pouvait ajouter mentalement deux nombres d'un seul chiffre, c'était pour lui une abstraction qu'aucun raisonnement ne pouvait faire saisir. Lui montrait-on avec les doigts les mêmes nombres, l'opération était immédiatement résolue. Preuve que la mémoire des yeux, que nous appellerons mémoire locale, lui était indispensable.

Quant à la soustraction, la multiplication et la division, elles devront aussi être réalisées à l'aide des objets antérieurement à leur exécution à l'aide des chiffres.

Ces procédés conduisent facilement au calcul mental et aux combinaisons qui doivent être faites sur chaque opération. Les tables d'addition, de soustraction, de multiplication et de division sont mieux comprises et plus tôt sues.

L'exercice et le développement intellectuel viendront naturellement, avec le temps, compléter ce qui aura été commencé avec les moyens intuitifs. Pour ce qui est des définitions, nous répéterons ici ce que nous avons dit précédemment. Quand l'élève les aura trouvées lui-même après les explications du maître, il devra les apprendre pour bien se les graver dans la mémoire.

Quant au mécanisme des opérations, la pratique raisonnée les fixera mieux dans l'esprit que toute espèce d'étude.

Les démonstrations ne seront jamais récitées, mais retenues en vertu de la suite logique des idées qui contribuera au développement de la faculté du raisonnement.

La conséquence de ce que nous venons d'exposer, c'est que la mémoire des yeux aidant à présenter plus rapidement les résultats à l'esprit, le calcul sera fait avec plus de rapidité et de sûreté.

Le système métrique devrait toujours être enseigné avec les mesures effectives. Autrefois nous avions les tableaux pour aider par les gravures la mémoire des yeux. Ajourd'hui quelques instituteurs ont, et tous devraient avoir, ce qui est de beaucoup préférable, un nécessaire métrique contenant une partie des mesures réelles qu'on peut montrer aux enfants, qu'ils voient, qu'ils touchent et dont ils se souviendront toujours.

Il est bon que les problèmes se rapportent le plus souvent aux choses puisées dans le milieu où ils vivent. Il sera nécessaire aussi d'enrichir leur esprit d'idées utiles d'épargne, de connaissances qu'ils seront heureux de retrouver plus tard. Le système métrique principalement se prête admirablement à ce genre d'application d'où l'on tirera des réflexions morales.

En terminant le calcul, nous dirons qu'il faut toujours employer pour l'enseigner des procédés concrets : c'est le seul moyen d'intéresser l'enfant, de développer son intelligence et de fixer dans ses souvenirs des notions qu'il devra utiliser un jour.

Histoire.

L'étude de l'histoire ne peut pas, comme certaines autres branches, être aidée par le raisonnement : c'est la connaissance de faits bien déterminés qu'il s'agit d'acquérir.

Aussi la mémoire joue-t-elle un rôle important dans cette étude.

Avec les élèves du Cours élémentaire, on débutera par des anecdotes isolées, qui ne demandent pas aux enfants le souvenir d'un enchaînement de faits impossible à saisir par eux.

On se servira avec avantage de gravures représentant les hommes célèbres et les faits importants, de cartes contenant l'indication des lieux où les faits se sont accomplis.

La vue de ces objets en fixera d'autant mieux le souvenir que l'on aura soin de les accompagner d'explications et de questions. C'est ainsi que telle gravure représentera certain personnage dont on fera connaître le dévouement et le patriotisme, ou l'influence bienfaisante qu'il a exercée sur les événements auxquels il a pris part ou sur l'époque à laquelle il a vécu.

On pourra mettre entre les mains des enfants quelques-uns de ces excellents livres d'Histoire de France que nous avons, et qui ont remplacé si avantageusement ceux d'autrefois, pour la plupart dépourvus de tout intérêt. Ces ouvrages appropriés à chaque cours, contiennent, surtout dans le cours élémentaire, des gravures que nous désirions depuis longtemps, et qui permettent de fixer le souvenir des personnages et des faits dans la mémoire.

Au moyen de récits anecdotiques, il sera facile aussi de donner une idée des mœurs aux diverses époques de notre histoire.

En procédant ainsi, on n'aura pas fait de l'histoire proprement dite, mais on aura préparé les jeunes enfants à cette étude, si surtout on a eu soin de donner aux leçons cet intérêt, ce charme, cette vie que peut seule communiquer la parole aimée et persuasive d'un maître. De telles leçons seront un excellent exercice pour développer la mémoire.

Dans les deux autres cours, on pénétrera de plus en plus dans cette étude, en suivant d'ailleurs les programmes, et en indiquant le rapprochement et l'enchaînement des faits par leur lien logique. On montrera l'origine, les causes des grands événements historiques ainsi que leurs conséquences.

Ce qu'il importe de confier à la mémoire et à l'intelligence des enfants, « c'est la trame solide des grands événements et des idées génératrices, sans se perdre dans le détail des faits accessoires et des considérations secondaires ».

La leçon d'histoire à apprendre doit toujours avoir été préparée dans la leçon précédente; mais pour qu'elle soit profitable, il faut que l'élève, par un travail personnel, en retienne la substance. Ce n'est pas une récitation de la lettre du livre qui doit être demandée, elle ne laisserait dans l'esprit qu'une idée vague et sans profit, mais un compte rendu oral ou écrit reproduisant ce qu'il importe de retenir du sujet.

Quant aux livres, ils n'auront pour objet que de venir en aide à la mémoire, mais ne constitueront pas le fond de l'enseignement.

On a dit avec raison que la géographie et la chronologie sont les deux yeux de l'histoire. La première, en effet, apprend à connaître les lieux où se sont accomplis les faits qui constituent l'histoire, et à comprendre les modifications du territoire des États ; la seconde fait saisir tout à la fois la succession des faits et leur simultanéité sur des points divers ; elle est essentielle au synchronisme.

On devra donc faire dessiner, toutes les fois qu'il sera possible, des cartes retraçant l'objet de la leçon, et les exiger toujours aux principales époques de notre histoire. Les enfants se rendront compte ainsi, non seulement de la position exacte des lieux célèbres, mais pourront suivre la transformation successive du territoire de notre pays.

La chronologie n'est pas moins nécessaire pour jalonner les faits historiques dans la suite des temps ; mais elle est peut-être ce qu'il y a de plus difficile à retenir dans cette étude.

Nous avons vu des élèves employer des comparaisons, des rapprochements pour mieux fixer le souvenir des dates.

Ainsi, ils se rappellent que le nombre 48 termine trois dates célèbres : 1648, le traité de Westphalie sous Louis XIV : abaissement de la maison d'Autriche et prépondérance de la France ; 1748, traité d'Aix-la-Chapelle sous Louis XV : la France perd ses conquêtes dans les Pays-Bas ; 1848, révolution à Paris, chute de Louis-Philippe : la monarchie constitutionnelle est remplacée par la République.

Nous approuvons tout ce qui peut faciliter le travail des enfants, et nous sommes loin de blâmer ce procédé, cependant il ne faudrait pas en abuser. Que le maître l'indique, bien ; mais que ce soit plutôt un travail de recherche, personnel à l'élève, qu'au maître. D'ailleurs ce procédé mécanique ne favorise que la mémoire et ne dit rien à l'intelligence.

L'aide-mémoire par excellence pour l'étude de l'histoire, ce sont les tableaux synoptiques qui s'adressent aux yeux, exercent le jugement et apprennent à voir et à comprendre l'ordre logique des événements. On devra donc l'employer pour résumer chaque leçon d'histoire.

Cet enseignement doit concourir à l'éducation morale de l'enfant et éveiller chez lui les sentiments patriotiques.

Au lieu d'un mot à mot stérile, montrons-lui les grandes pages de notre histoire ; elles lui feront voir la marche progressive de notre Patrie, ses luttes, ses revers et ses gloires. Faisons-lui connaître les grands hommes qui l'ont illustrée par leurs talents et leurs vertus civiques. La mémoire s'enrichira d'exemples et de souvenirs qui porteront leurs fruits.

« Que le maître parle de la Patrie à ses élèves comme un père parle à ses enfants du patrimoine de la famille ; il l'a reçu de ses aïeux, il l'a gardé, il l'a augmenté ; que ses fils auxquels il le transmettra un jour, connaissent bien le prix de cet héritage qui représente le travail et l'honneur de plusieurs générations ; qu'ils y mettent, eux aussi, la marque de leur labeur et de leur vertu, avant de le léguer à leurs descendants. »

Géographie.

La géographie est une branche de notre programme qui contribue le plus facilement à développer la mémoire.

On a substitué avec raison à la mémoire des mots, celle des idées. Au lieu d'une nomenclature apprise péniblement par cœur comme autrefois et qui est bien vite oubliée, on emploie aujourd'hui toutes les ressources de l'intuition.

Aussi faut-il montrer avant de démontrer, faut-il dire aux enfants : Regardez et dites ce que vous voyez.

D'après la méthode suivie pour cet enseignement, la vue joue le principal rôle.

Ainsi on montre à l'enfant les objets qui l'environnent : classe, cour, lieux avoisinants, et on lui fait reproduire dans un petit dessin ces objets, qui frappent d'abord les yeux pour en fixer le souvenir ; ensuite on exige la reproduction au moyen de la mémoire. C'est le moyen de s'assurer si l'enfant a compris et retenu. On fait marcher ainsi de pair la topographie et la géographie.

Lorsqu'on étendra la leçon un peu plus loin, on suivra le même procédé ; on lui fera voir les chemins qui conduisent aux différents hameaux de la commune et qu'on lui apprendra à connaître, s'il ne le sait déjà. Encore de nouveaux croquis à tracer.

Une chose qu'il importe surtout de faire, c'est d'apprendre aux enfants, dans ces leçons données sur les lieux, les termes employés pour désigner les accidents physiques que peut présenter la localité.

Ainsi, je leur demanderai : Comment s'appelle cette partie du terrain qui est sur notre droite et beaucoup plus basse que l'endroit que nous occupons ? Une vallée. — Qu'y a-t-il au fond de cette vallée ? Une rivière. — Comment s'appelle-t-elle ? L'Aunay. — D'où vient l'eau de cette rivière ? Les uns répondent : C'est la pluie qui est tombée ; les autres, c'est l'eau des fontaines. — Vous avez raison, mes enfants ; l'eau tombée sur les pentes qui existent de chaque côté de la vallée ainsi que celle fournie par les fontaines que vous connaissez ont alimenté cette rivière. Où commence-t-elle ?

À Aunay. — Comment s'appelle l'endroit où commence ce cours d'eau ? Un élève me répond, la source. — Savez-vous pourquoi cette rivière s'appelle ainsi ? Ils semblent l'ignorer. Alors je leur demande le nom d'une espèce d'arbre que nous voyons et qui pousse vigoureusement et en grande quantité sur ses bords. — Un grand nombre me disent des aulnes. — Eh bien, mes petits amis, voilà l'origine du nom de cette rivière, Aunay, vallée où poussent les aulnes. — Comment s'appellent les pentes que nous voyons de chaque côté de la vallée ? L'un répond : C'est la côte. — C'est presque cela, mon ami, mais le vrai nom c'est versant, coteau. — Que serait-ce donc qu'une côte ? Plusieurs répondent un coteau plus élevé. — En avez-vous déjà vu ? Quelques élèves disent : les côtes de la Voise, près Oinville. — C'est très bien. — Maintenant si nous supposions la côte deux ou trois fois plus élevée, qui pourrait me dire quel nom on lui donnerait ? Les enfants hésitent. Alors je leur apprends que ce serait une colline, et qu'une colline très élevée serait une montagne.

Nous nous arrêtons un moment pour revoir par quelques questions si ce que nous venons de dire est compris.

Descendons, mes enfants, de notre montagne, et dites comment s'appelle ce terrain que nous voyons là-bas au milieu d'une grande étendue d'eau ? Plusieurs : On l'appelle une île. — Qu'est-ce donc qu'une île ? Une terre entourée d'eau de tous côtés. — Qui pourrait dire comment se nomme le lieu où l'Aunay rencontre la Voise, et que nous apercevons un peu plus loin devant nous ? Après diverses réponses qui prouvent que les enfants ignorent ce nom, je leur apprends que c'est le *confluent*. Je leur fais connaître en même temps que l'Aunay est un *affluent* de la Voise.

Cet exercice, mes enfants, est suffisant pour aujourd'hui. Vous aurez dans votre première leçon de géographie, à me présenter le cours de l'Aunay depuis sa sortie de notre ville jusqu'à son confluent avec la Voise. Vous indiquerez les côteaux par un coup d'estompe, ou quelques traits de plume que l'on vous montrera à tracer ; puis vous n'oublierez pas notre île ainsi que le confluent de nos deux rivières.

Nous n'avons pas besoin d'insister sur les avantages d'une telle leçon ; les enfants se rappelleront toujours les accidents physiques qu'ils ont vus et dessinés. Les mêmes termes qu'ils retrouveront plus tard auront pour eux un sens qu'ils n'auraient sans doute pas saisi, s'ils les avaient appris par cœur ou même vus seulement sur une carte.

Ce qui nous serait bien utile au point où nous en sommes de l'étude géographique de la commune, ce serait d'en avoir un plan en relief. On ferait comparer ce plan avec les petits dessins de la localité que l'enfant a dressés. On lui montrerait comment sont représentés les accidents physiques du sol, les cours d'eau, les voies de communication, les chemins de fer, etc. Il pourrait comprendre comment la carte représente sur une surface plane tous les reliefs du sol ; il apprendrait ainsi à lire la carte des lieux qu'il habite.

Ceci est d'une importance très grande pour l'avenir de cette étude, car si l'enfant saisit bien ces premières notions, il comprendra mieux ce qu'il devra étudier plus tard, puisqu'il ne pourra plus se rendre compte des objets à la vue, mais seulement par les cartes. De plus, il n'aura pas ces idées fausses que se créent parfois les enfants. N'en avons-nous pas vu qui, lorsqu'ils avaient un certain âge, nous avouaient qu'étant jeunes, ils croyaient que la terre ressemblait à un palet et non à une sphère, parce qu'ils l'avaient vue ainsi sur les atlas. Un globe seul avait pu les convaincre de la forme réelle de la terre.

Lorsqu'on étendra l'horizon de l'élève, et qu'on arrivera à l'étude du canton et plus tard à celle des différentes parties de la terre, la préparation devra toujours se faire sur la carte afin que l'enfant voie les objets qu'il étudie, et qu'il les fixe bien dans sa mémoire, de manière que quand il n'a pas de carte, il lui semble encore voir ce qu'il étudie.

Ajoutons que les enfants devront toujours faire la carte qui a rapport à la leçon : ces cartes ne devront jamais être calquées mais copiées ou reproduites de mémoire.

Ce que nous avons dit lors de l'étude de la commune sur les connaissances diverses qui doivent faire partie d'une leçon de géographie doit nécessairement se retrouver dans toutes ; ces notions que ne donnent pas les livres, le maître seul peut les faire connaître.

Au lieu, par exemple, d'une nomenclature sèche des départements situés sur le littoral d'une mer, que de choses à dire et surtout à montrer sur la carte pour ce qui concerne les villes maritimes : commerce d'importation et d'exportation avec telle ou telle puissance, routes suivies avec la longueur de leur parcours, pêche ; productions de ces départements, leur industrie ; faits historiques, grands hommes qui ont illustré leur pays ou fait honneur à l'humanité par leurs découvertes ou les services qu'ils ont rendus. Voilà autant de choses qui orneront la mémoire plus que les feuillets inertes d'un volume, développeront l'intelligence et inculqueront dans le cœur des sentiments élevés.

Dessin.

Le dessin aide beaucoup au développement de la mémoire. Il a pour but de faire acquérir la connaissance des formes par le tracé d'objets avec des lignes simples d'abord, puis de plus en plus compliquées.

En général, le dessin plaît aux enfants, et ils sont disposés dès leur jeune âge à tracer des lignes un peu partout. Il s'agit de mettre à profit ces dispositions et de les diriger convenablement.

La méthode intuitive doit être exclusivement employée au début.

Veut-on enseigner aux enfants le tracé des lignes droites ? prenons les bûchettes, les brins de paille, ou les roseaux qui nous servent surtout dans le Cours élémentaire. Distribuons aux élèves quelques-uns de ces objets. Puis demandons-leur d'en placer un dans une position horizontale ; la surface de l'eau dormante leur fera connaître cette direction ; ensuite que l'un d'eux trace cette ligne au tableau noir. Pour la ligne verticale dirigée dans le sens du fil à plomb, faisons de même.

Afin de leur donner une idée exacte de la ligne oblique, ils mettront une bûchette dans la position horizontale, une autre dans le sens de la verticale, une troisième joignant les deux autres à leur rencontre prendra toutes les positions intermédiaires entre les deux premières. Ils comprendront par là qu'il ne peut y avoir qu'une seule espèce de ligne horizontale et verticale, mais qu'il peut y avoir plusieurs sortes d'obliques, et qu'elles peuvent occuper des positions plus ou moins inclinées.

On fera de même copier cette ligne au tableau noir.

Après chacun de ces exercices qui ont frappé les yeux des élèves, et les explications fournies par eux et complétées par le maître, ils pourront donner la définition de ces trois sortes de lignes qu'ils reproduiront ensuite sur leurs ardoises, passant ainsi du concret à l'abstrait.

Les figures tracées au tableau noir et sur les ardoises seront alors effacées, et les élèves devront reproduire de mémoire l'objet de la leçon, retournant par la pensée à l'idée concrète, le dessin représentant l'idée abstraite. Ils fixeront ainsi dans leur esprit des formes qu'ils n'oublieront plus.

Il est bien entendu que les tracés se font à la main sans le secours de la règle, du compas, ou d'autres instruments dont l'usage ne viendra que plus tard.

Comme on peut le remarquer, la mémoire des yeux joue un rôle important dans ces leçons. L'esprit saisit parfaitement les formes, conçoit plus aisément leur raison d'être.

Les mêmes procédés concrets seront employés pour le tracé des figures géométriques formées de lignes droites: carré, triangle, rectangle, etc., ainsi que pour les lignes courbes et leurs combinaisons, la formation des solides, etc.

Quant au dessin d'ornement et au dessin d'imitation, on conservera la même marche, en suivant le programme tracé par l'arrêté ministériel du 21 mai 1878.

Comme application de ce que nous venons de dire, peut-être un peu succinctement, nous donnerons à nos élèves une leçon sur les règles élémentaires de la perspective.

Dites-moi, mes enfants, quelle figure représente le tableau placé en face de vous? — Il représente un rectangle. — Pourquoi est-ce un rectangle? — Parce que les côtés opposés sont parallèles puis égaux seulement deux à deux.

Portons le tableau sur notre droite. — A quelle figure ressemble-t-il maintenant? — Les élèves hésitent; l'un d'eux répond cependant: à un trapèze? — Pourriez-vous me dire pourquoi il a l'air d'un trapèze? — C'est parce que les lignes du bas et du haut ne paraissent plus parallèles. — Comment vous semblent-elles? — La ligne inférieure est horizontale parce qu'elle est à la hauteur des yeux, tandis que la ligne supérieure est en biais. — Oui, vous voulez dire qu'elle est inclinée. En connaissez-vous le motif? Cette ligne est inclinée vers le bas parce qu'elle est au-dessus de l'horizontale qu'elle doit rencontrer en un point. — Quelle direction ont les deux autres côtés du tableau? — Ils sont placés dans le sens de la verticale, donc ils sont parallèles. — Bien.

Si nous descendions maintenant le tableau sur le plancher, quelle figure auriez-vous à reproduire? Plusieurs élèves répondent: Encore un trapèze. — Et pourquoi? — Parce que les deux côtés sont parallèles, tandis que la ligne supérieure placée au-dessus de l'horizontale descend comme on l'a dit tout à l'heure, et que le côté qui touche le parquet étant situé au-dessous de l'horizontale, remonte vers celle-ci pour la rejoindre en un point avec la ligne supérieure.

Qui d'entre vous pourrait m'indiquer les principes sur lesquels vous vous êtes appuyés pour tracer les diverses lignes de vos trois dessins?

C'est que les lignes verticales du modèle doivent toujours être tracées dans cette direction sur le dessin; l'horizontale placée à la hauteur des yeux doit être indiquée comme horizontale; tandis que les lignes supérieures à cette dernière doivent s'incliner plus ou moins du haut en bas et les lignes qui lui sont inférieures remonter de bas en haut allant toutes concourir à l'un des deux points de distance situés sur la ligne d'horizon; l'inclinaison de ces lignes sera vers la droite si le modèle est à droite, tandis qu'elle devra être à gauche si le modèle est de ce côté. — Bien, mes enfants, je vous félicite de vos réponses.

Un moyen très bon pour exercer la mémoire au moyen du dessin serait de montrer aux élèves un objet quelconque, puis de le retirer, et d'en demander le croquis, ou encore de dessiner au tableau noir une figure qu'ils seraient invités à regarder attentivement, puis de l'effacer, et d'en exiger la reproduction.

Une chose excellente pour compléter ces leçons serait de faire dessiner après chaque explication, non seulement des modèles comme application pour guider les élèves, mais surtout de les obliger à exécuter des exercices d'invention dans lesquels ils appliqueraient les principes qu'ils connaissent. Nous ne savons rien de meilleur pour développer la mémoire, l'intelligence et le goût des enfants, donner de l'intérêt aux leçons, régler l'imagination et tirer parti, dans les diverses conditions de la vie, des notions qu'ils ont acquises sur le dessin.

Notre tâche est achevée. Cependant, permettez-nous de vous dire avant de la clore :

Consultons les maîtres qui ont employé la méthode intuitive dans leurs classes, qui ont donné leurs leçons au moyen d'explications les précédant toujours, qui ont laissé de côté la lettre pour ne s'occuper que de l'idée, qui ont obligé les enfants à raisonner sur le sens des mots et les formes qu'ils appliquent, et cela dans toutes les matières de l'enseignement, tous répondront que la mémoire s'est développée beaucoup plus facilement et que les résultats sont incomparablement meilleurs.

Le Rapporteur;
BENOIT,
Instituteur à Auneau.

NOTES ET EXPLICATIONS.

Les bonnes mémoires présentent quelques inconvénients ; la mauvaise réputation qu'on leur a faite est justifiée jusqu'à un certain point.

1° Il y a danger à ne pas *repenser* les pensées qui nous viennent du dehors ; notre mémoire est-elle docile, fidèle, nous nous bornons quelquefois à les lui confier : elles restent à moitié chemin de notre intelligence ; mal digérées, nous ne nous les assimilons pas, nous ne les faisons pas nôtres.

2° Une mémoire bien garnie favorise la paresse de l'esprit ; à quoi bon se donner la peine de chercher, de se creuser la tête, puisque notre mémoire nous offre, à peu de frais, des pensées meilleures que celles que nous trouverions en nous-même? Outre l'absence d'originalité, le défaut de jugement est un inconvénient qui peut en résulter pour nous dans cette vie; ne méritons pas l'épitaphe bien connue :

« Ci-gît un tel, homme d'heureuse mémoire, en attendant le
» jugement. »

3° Ces bonnes mémoires jouent souvent de bien mauvais tours aux personnes qui en sont douées. Il y a un désaccord choquant entre le niveau intellectuel auquel est arrivé celui qui parle, et la richesse de l'expression, la profondeur de l'idée que l'on produit en public avec toute l'orgueilleuse faiblesse d'un père pour sa progéniture. Il semble alors que l'on voie une belle pièce d'or briller entre les mains d'un mendiant ; on est toujours tenté de se demander : « Où diable a-t-il volé cela ? » Effectivement une pensée de Pascal, une phrase de Bossuet ou de La Bruyère sur certaines lèvres font l'effet d'une perle enchâssée dans un morceau de calcaire grossier.

L'acquisition plus ou moins complète de la science a lieu très rapidement, si l'acquéreur se contente de lui donner l'hospitalité dans sa mémoire. Pour qui n'a qu'à ouvrir les oreilles pour recueillir tout un héritage de science, sans connaître ni le travail de l'enfantement, ni l'examen, ni le doute, ni la discussion, les vérités brillent d'un éclat d'autant plus vif que la nuit dans laquelle elles scintillent est plus profonde. Alors les yeux du savant n'ont pas eu le temps de s'habituer à de telles richesses ; il en est ébloui, il veut en éblouir les autres. Il ne résiste pas au désir de les étaler : il a le défaut des parvenus.

Une bonne mémoire n'est pas cependant incompatible avec un grand développement intellectuel. Non seulement cette faculté est nécessaire à l'exercice des autres facultés mais une puissante mémoire est souvent une condition du génie. « Avoir du génie, dit M. P. Janet,
» c'est pouvoir relier un plus grand nombre de faits sous une idée
» générale. » Or c'est à la mémoire à nous fournir ce grand nombre de faits, c'est à elle surtout à les rendre présents à la fois à l'esprit, au moment où notre intelligence les tient rapprochés pour saisir le rapport qui les rattache les uns aux autres. Pascal, Leibnitz, Euler étaient doués d'une mémoire prodigieuse.

LA RÉPÉTITION ET LA VARIÉTÉ DES EXPÉRIENCES ÉMOUSSENT LES IMAGES.

« Les images s'émoussent par leur conflit, comme les corps
» s'usent par leur frottement. Si nous voyons une personne huit
» ou dix fois, le contour de sa forme et l'expression de son visage
» se trouvent à la fin bien moins nets dans notre esprit que le len-
» demain du premier jour. Il en de même d'un monument, d'une
» rue, d'un paysage, aperçus plusieurs fois, à différentes heures
» de la journée, au soir, au matin, par un temps gris, par la pluie,
» sous un beau soleil, si on les compare au même monument, au
» même paysage, à la même rue regardés pendant trois minutes,
» puis remplacés aussitôt par des objets tout différents.

» La première impression si précise devient la deuxième fois
» moins précise. Quand j'imagine le monument, je retrouve bien
» les lignes qui toutes les fois sont demeurées les mêmes; mais
» les coupures d'ombre et de lumière, les valeurs changeantes des
» tons, l'aspect du pavé grisâtre ou noirci, la bande du ciel au-
» dessus bleuâtre et vaporeuse dans un cas, charbonneuse et ternie
» dans un autre, tantôt d'une pourpre sombre, bref, toutes les
» diversités qui, selon les moments divers, sont venues se joindre
» à la forme permanente, s'effacent mutuellement.

» Pareillement quand je songe à une personne que je connais,
» ma mémoire oscille entre vingt expressions différentes, le sourire,
» le sérieux, le chagrin, le visage penché d'un côté ou d'un autre;
» ces différentes expressions se font obstacle; mon souvenir est
» bien plus net lorsque je n'en ai vu qu'une pendant une minute,
» lorsque, par exemple, j'ai regardé une photographie ou un ta-
» bleau. » (Taine. — *De l'Intelligence*).

Il y aurait lieu, croyons-nous, de faire quelques applications de cette loi à la pédagogie.

Nous voulons graver plus profondément dans l'esprit de nos enfants un fait historique, la description d'une contrée, la représentation d'un instrument de physique, d'un animal, d'une plante, et nous faisons lire dans plusieurs livres le même fait historique diversement raconté, nous multiplions les images de l'instrument de physique, de l'animal, de la plante, etc. Ces différentes impressions se recouvrent, dit M. Taine; tout se brouille, dit-on vulgairement:

on a voulu rendre le souvenir plus net, plus précis, plus durable et il ne reste plus que quelque chose de vague et d'insaisissable.

Prenons garde : sous la forme de leçons de choses, de livres de lecture, d'ouvrages de sciences expérimentales, la même loi, le même fait, la même vérité est enseignée à l'enfant sous plusieurs formes différentes : le résultat auquel on arrive par cette répétition est tout autre que celui auquel on s'attendait : la quatrième impression a des contours moins nets et s'enlève moins en relief que la première.

Bacon, dans son *Novum Organum*, recommande les moyens suivants comme étant propres à faciliter le souvenir : 1° « apprendre le soir plutôt que le matin » ; l'explication psychologique de ce fait bien constaté serait peut-être celle-ci : les idées qui nous ont préoccupés avant le sommeil, hantent notre cerveau pendant que nous sommes endormis ; elles y circulent à l'aise sans être troublées par de nouvelles visiteuses ; elles passent et repassent dans l'esprit et s'y frayent pour ainsi dire des sentiers qui leur permettront d'arriver plus vite à notre appel. Si l'on songe d'un autre côté que le matin est le moment le plus propice pour la réflexion, l'invention, on pourrait consacrer la soirée au travail en quelque sorte machinal exigé par les leçons à apprendre par cœur et réserver les heures du matin à la confection des devoirs écrits.

2° « On peut lire vingt fois un écrit sans le retenir aussi aisément » que si on ne l'avait lu que dix fois en essayant de le réci- » ter. »

3° « Réciter à haute voix peut rendre de grands services à la mémoire ; » l'ouïe vient au secours de la vue : les intonations de la voix, le mouvement de la phrase déclamée éveillent les mots écrits et les idées qui s'y trouvent attachées.

Nous avons deux *anses* pour repêcher le souvenir.

4° « Les accolades, les tableaux synoptiques, les synchronismes, les titres, les sous-titres, l'emploi de diverses écritures ronde, bâtarde, facilitent aussi considérablement les souvenirs : nous pouvons ainsi maintenir séparé dans notre esprit ce qui demande à être distingué, et réunir dans une même perception ce qui demande à être rapproché. »

Dans l'emploi des moyens mnémotechniques, nous ne devons pas perdre de vue les conseils donnés par Adolphe Garnier : « Quelques » personnes ont pensé que cet artifice donnait une double peine à

» la mémoire : celle de retenir par exemple, les noms des rois et de
» plus les lieux auxquels on avait associé ces noms.

» Mais elles n'ont pas fait attention que la mnémotechnie sup-
» pose un certain genre de mémoire naturelle qui ne coûte aucun
» travail ; c'est sur celui-là qu'on appuie celui qui a besoin de sou-
» tien. Seulement il faut avoir le soin de varier l'artifice de la mné-
» motechnie, suivant la nature de la mémoire à laquelle on s'adresse.
» Si un enfant n'a pas la mémoire verbale, vous le surchargerez,
» en effet, en mettant pour lui, sous la forme de vers, le récit des
» événements que vous lui faites apprendre. » (*Traité des facultés
de l'âme.*)

L'autorité de M. Legouvé donne une autorité plus grande à ces conseils de Bacon et d'A. Garnier :

« Pourquoi les pères n'imiteraient-ils pas les jardiniers? Pourquoi,
» dans l'éducation de nos enfants, ne chercherions-nous pas à écus-
» sonner leurs qualités débiles sur leurs qualités vigoureuses ? J'en
» ai fait deux fois l'essai pour la mémoire, et l'essai m'a réussi deux
» fois.

» Un jeune garçon de quatorze à quinze ans avait une mémoire
» doublement défectueuse : lente à saisir, prompte à perdre : s'a-
» gissait-il de recevoir une empreinte ? c'était du bronze ; de la
» conserver ? c'était du sable. Je me mis à chercher un sauvageon
» dans cette intelligence, et j'y trouvai une faculté de raisonne-
» ment, un esprit de logique assez rare.

» Voilà mon système trouvé : avait-il une heure pour apprendre
» une leçon? j'employais le premier quart d'heure à la lui bien
» analyser, à lui en faire sentir l'ordonnance, à lui montrer la
» suite et la progression des idées. C'était, ce semble, doubler son
» travail ; du tout, c'était l'abréger ; cette leçon, une fois saisie
» par son raisonnement, se gravait comme d'elle-même dans sa
» mémoire ; la faculté faible s'appuyant sur la faculté forte, deve-
» nait forte, comme elle, et en quatre ou cinq mois, l'instruction
» mnémonique de cet enfant avait doublé de souplesse et de fer-
» meté.

» Voici l'autre exemple : c'était un garçon d'une douzaine d'années ;
» mais j'eus affaire là à une disposition personnelle plus singulière
» encore. Soit qu'il parlât, soit qu'il lût, cet enfant, mal doué
» comme mémoire, faisait preuve d'une justesse et d'une finesse
» d'intonation qui auraient émerveillé Talma, lui qui écoutait

» toujours les enfants parler. Que fis-je alors? Je coupai court aux
» leçons apprises par cœur. Les fables de La Fontaine étaient son
» livre d'exercices; je les lui fis réciter tout haut, l'arrêtant sur
» toutes les variétés d'inflexions, lui faisant sentir toutes les nuances
» de l'articulation ou de l'accentuation, chargeant enfin sa voix et
» son oreille de faire l'éducation de la mémoire. Qu'arriva-t-il?
» Qu'il retint les mots, grâce aux sons; que la musique des paroles
» les lui grava dans l'esprit, et que je lui appris à apprendre par
» cœur en lui apprenant à lire. » (*Legouvé.* — *La greffe morale.* —
Magasin d'éducation, Hetzel.)

« Un père de famille s'adressa de la même façon à l'amour de
» la propriété pour aiguiser les mémoires de ses enfants; ne pou-
» vant fixer leur attention sur des leçons d'histoire naturelle, il
» imagina de leur donner les objets dont ils retiendraient bien les
» caractères. » (*Adolphe Garnier.*)

L'abus des recueils, des notes, des cahiers, des extraits rend la
mémoire paresseuse. A quoi bon loger dans son esprit ce que l'on
peut retrouver plus facilement et plus sûrement dans son pupitre ;
les élèves se font alors, comme dit Montaigne, une mémoire de
papier. « Les disciples des Druides apprennent par cœur un grand
» nombre de vers (quelques-uns restent vingt ans à leur école.) Il
» ne leur est pas permis, dit-on, d'écrire quoi que ce soit, bien
» qu'en toutes autres choses, pour les usages publics et privés, ils
» emploient les caractères grecs. Les Druides leur ont fait cette dé-
» fense pour deux raisons : ils ne veulent pas que leur enseigne-
» ment soit divulgué; ils craignent d'un autre côté que leurs disci-
» ples, comptant sur l'écriture, ne cultivent moins leur mémoire
» car le secours de l'écriture nous rend paresseux à apprendre; la
» mémoire se rouille alors. » (*César.* — *Guerre des Gaules.*)

T. TUROT.

§ III. — La Réflexion, le Jugement. — Suite et lien dans les idées.

1° LA PERCEPTION

Jules, voulez-vous me dire ce que c'est que cet objet?
— C'est un thermomètre.
Comment le savez-vous?
— Je le sais parce que je le vois.
Votre œil peut donc vous faire connaître les objets qui vous environnent?
— Oui, Monsieur, toutes les fois que ces objets ne sont, ni trop éloignés, ni cachés par d'autres objets plus grands et plus rapprochés de nous.
C'est bien. Voyons Edouard, pouvez-vous connaître les objets autrement qu'avec votre œil? ou si vous voulez, pouvez-vous reconnaître la présence d'un objet que vous ne voyez pas?
— Non, Monsieur.
Je m'en doutais, et vous répondez avec votre légèreté habituelle.
Savez-vous à quel objet je touche derrière ces livres?
— Non, Monsieur.
Et maintenant?
— Vous touchez à votre sonnette.
La voyez-vous?
— Non, Monsieur.
Savez-vous ce qu'il y a dans le clocher?
— Il y a une cloche.
L'avez-vous vue quelquefois?
— Non, Monsieur.
Et cependant vous savez que dans le clocher il y a une cloche; vous savez même que cette cloche est beaucoup plus grosse que la clochette que vous venez d'entendre. Pensez-vous encore que nous ne puissions nous rendre compte des objets qui nous environnent autrement que par la vue.

— Non, Monsieur, nous pouvons encore nous en faire une idée par le son qu'ils produisent.

Vous vous arrêtez avant d'avoir fini, car nous avons encore d'autres moyens de nous assurer de la présence des objets. Arthur, pouvez-vous nous les indiquer ?

— Nos cinq sens peuvent nous servir à cet usage.

Voulez-vous nous faire comprendre comment ?..... Vous êtes embarrassé ; approchez..... Bien ; fermez les yeux ; voyez-vous ou entendez-vous quelque chose ?

— Non, Monsieur.

Prenez ceci et dites ce que c'est ?

— C'est le décimètre cube.

Bien, continuez de fermer les yeux. Dites-moi ce que j'ai fait passer près de votre figure ?

— C'est une lampe.

Vous avez regardé, sans doute.

— Non, Monsieur, j'ai reconnu l'odeur du pétrole, et j'ai supposé que c'était la lampe.

Ouvrez la bouche. Qu'est-ce que ceci ?

— C'est une dragée.

Vous voyez donc bien que quelquefois chacun de nos cinq sens peut nous renseigner suffisamment pour nous faire connaître la nature d'un corps. Mais cela n'arrive pas toujours, et vous vous en souvenez, nous avons vu l'autre jour, que nous pouvons mal interpréter les données d'un sens, faire une fausse induction et tomber dans l'erreur.

A l'aide des données des sens, des sensations, notre intelligence se forme des idées des phénomènes physiques ou des objets extérieurs.

Mais, dites-moi, Daniel, pourquoi savez-vous que je tiens à la main un mètre ?

— Je le sais parce que je le vois.

Cette réponse m'a déjà été faite par un de vos camarades. Expliquons-la un peu.

Est-ce votre œil qui sait que je vous montre un mètre, ou bien est-ce votre intelligence ?

— C'est l'intelligence qui pense. L'œil ne sert qu'à l'avertir.

Vous avez raison. Je n'essayerai pas de vous expliquer com--ment une impression faite sur un organe matériel peut devenir une idée. Des hommes très savants ont essayé d'expliquer ce fait et ont écrit pour cela de gros livres sans pouvoir y parvenir.

Il y a ainsi dans l'homme bien des choses inexplicables et Fénelon, l'auteur des fables en prose que vous apprenez avec tant de plaisir, a eu raison de dire que : « L'esprit de l'homme porte en lui de quoi s'étonner et se surpasser infiniment lui-même. »

Je vous rappellerai seulement que tout objet extérieur, qui se trouve mis en rapport avec l'un quelconque de nos organes, produit sur cet organe une certaine impression. Cette impression est transmise au cerveau où elle donne lieu à une impression d'une autre nature; à la suite de la modification du cerveau a lieu la sensation qui est un fait de conscience, une modification de l'âme.

L'intelligence est alors avertie de la proximité de l'objet qui a produit l'impression primitive. L'esprit remarque cet objet et se livre à un travail spécial dont le résultat n'est autre chose que la formation d'une idée.

Ce travail a reçu le nom de perception.

On donne le même nom à la faculté au moyen de laquelle notre esprit peut ainsi acquérir des idées.

Paul, voulez-vous écrire sur le tableau ces mots que je viens de prononcer : *impression, sensation, perception*, vous les prendrez en note après la leçon : ils vous rappelleront mes paroles, et nous y reviendrons si cela est nécessaire.

Bien qu'il y ait une différence profonde entre l'impression produite sur les organes et l'idée que cette impression fait naître dans l'esprit, il n'en existe pas moins entre elles certaines relations faciles à constater : ainsi mieux l'impression aura été ressentie, plus l'idée que nous nous ferons de l'objet qui l'a produite sera parfaite.

Avez-vous bien compris ce que je viens de dire Hector et pourriez-vous nous le faire voir par un exemple ?

— Oui, Monsieur. Ainsi, pendant la nuit, ou en fermant les yeux, si je touchais avec ma main couverte d'un gant, un objet quelconque, je n'arriverais que très difficilement à m'en faire une idée exacte.

Vous avez raison, le gant qui recouvrirait votre main, rendrait votre toucher très imparfait et votre main ressemblerait assez bien à un organe mal exercé.

Est-il donc très important que les organes des sens soient exercés convenablement?

— Oui, Monsieur, puisque sans cela nous ne pourrions acquérir que des notions inexactes.

Il arrive fréquemment que le même objet impressionne à la fois plusieurs de nos sens. Alors les notions acquises se contrôlent l'une l'autre et l'idée que nous nous faisons de cet objet est d'autant plus parfaite qu'un plus grand nombre de sens ont contribué à sa formation.

C'est là un grand avantage auquel nous sommes si bien habitués que nous en jouissons sans y penser. Et vous êtes bien embarrassé n'est-ce pas, Emile, lorsqu'en jouant à Colin-Maillard, il faut faire l'aveugle pour quelques minutes.

— Oui, Monsieur, et nous ne réussissons pas toujours à reconnaître nos camarades.

Au moyen de quels sens cherchez-vous à les reconnaître?

— C'est au moyen du toucher.

Oui, et comme vous n'avez pas pris l'habitude de reconnaître les objets sans les voir, vos mains vous servent mal, et vous font commettre des erreurs qui font tant rire vos camarades.

Appliquez-vous, mes enfants, dans vos jeux, dans vos récréations, à faire l'éducation de chacun de vos sens en particulier, non pas seulement pour jouer à Colin-Maillard, mais en prévision de l'avenir.

Etes-vous certains de conserver toujours l'usage de vos cinq sens?

— Non, Monsieur.

Voulez-vous nous dire, Ernest, comment vous pourriez en être privé?

— La vieillesse affaiblit surtout la vue et l'ouïe. Puis une maladie, un accident peuvent nous priver d'un ou de plusieurs de nos sens.

Vous avez raison, cela est possible, et c'est pour cela qu'il faut que chaque organe, pris isolément, puisse fournir à notre esprit des renseignements aussi exacts que possible.

D'ailleurs, si son éducation était soigneusement faite, chacun de nos sens pourrait arriver à un degré de perfection dont on ne se rend peut-être pas en général un compte exact, et qu'on n'essaye pas d'atteindre, parce que cela n'est pas indispensable dans les conditions ordinaires.

N'avez-vous jamais entendu parler d'aveugles très habiles à toutes sortes d'ouvrages difficiles?

— Si, Monsieur, mon père m'a parlé souvent de l'aveugle d'Oisème qui exploitait, il y a peu d'années encore, un petit moulin qu'il avait installé lui-même sur la Roguenette, petit ruisseau qui se jette dans l'Eure, un peu au-dessous de Chartres.

Cela est vrai. Il conduisait même aux fêtes des environs un manège de chevaux de bois dont il était aussi le seul constructeur. Cela vous étonne n'est-ce pas? Vous ne comprenez pas comment de pauvres aveugles peuvent devenir si adroits.

— Ils s'habituent sans doute à se passer de leurs yeux.

Hélas oui! les pauvres malheureux, il le faut bien. Mais ce doit être une habitude bien difficile à prendre que celle de se passer de lumière.

— Il y a aussi des aveugles de naissance.

Oui, et ceux-là, sans être moins dignes de notre compassion, sont un peu moins malheureux. Ils ne comprennent pas toute l'étendue de leur malheur, puisqu'ils sont privés d'un bien qu'ils n'ont jamais connu et dont ils ne savent aucunement apprécier la valeur.

Les aveugles ne pouvant voir les objets avec leurs yeux s'habituent à les voir avec leurs doigts. Leur toucher est généralement très délicat. On en voit qui lisent des livres imprimés un peu en relief exprès pour eux.

Leurs autres sens sont généralement plus parfaits aussi que les nôtres : et il n'est pas rare d'en trouver qui se tirent très heureusement d'affaire dans des circonstances où nous serions nous-mêmes très embarrassés.

Vous savez que sous le ciel brumeux de l'Angleterre, les brouillards prennent, parfois, une intensité dont nous ne saurions nous faire une idée.

— Oui, Monsieur, l'autre jour encore on fut obligé, paraît-il, de fermer les marchés à cause de l'obscurité causée par le brouillard.

Par un de ces brouillards épais, un voyageur français, arrivé à Londres depuis quelques jours, s'était égaré à la tombée de la nuit, dans l'un des quartiers les plus fréquentés de l'immense ville. Après avoir failli vingt fois se faire écraser par les voitures dont on distinguait à peine les lanternes à quelques pas, il fit la rencontre d'un homme, presque un vieillard, qui marchait lentement, mais qui paraissait avancer avec assurance au milieu des ténèbres.

Après l'avoir suivi quelques instants, il s'approcha de lui et lui fit connaître son embarras.

Le vieillard proposa de le conduire à son hôtel qui se trouvait justement non loin de sa demeure. Le Français accepta sans se faire prier.

Chemin faisant, il ne se lassait pas d'admirer la facilité avec laquelle son guide trouvait les rues qu'il cherchait et l'habileté avec laquelle il évitait les voitures.

Le trajet dura plus d'une demi-heure, et grande fut la surprise du Français quand il apprit que son compagnon était aveugle, qu'il n'avait jamais vu la lumière et que c'était pour cette seule raison que les ténèbres profondes occasionnées par le brouillard le gênaient si peu.

Privé de la vue dès sa naissance, cet aveugle avait réussi à se faire une idée si exacte de l'étendue et de la direction de certaines grandes rues de Londres qu'il y marchait avec autant d'assurance que le premier passant venu.

Le bruit seul que faisait une voiture sur la chaussée, suffisait pour lui faire connaître parfaitement la direction qu'elle suivait et la distance à laquelle elle se trouvait. Je pourrais vous citer ainsi un grand nombre d'exemples prouvant que la perception, loin d'être imparfaite, chez certains individus privés d'un ou de plusieurs de leurs sens, atteint parfois un degré de précision vraiment extraordinaire par suite de la délicatesse et de la perfection des autres sens, au témoignage de chacun desquels il est nécessaire qu'ils fassent un appel plus fréquemment répété.

On pourrait en quelque sorte comparer ce perfectionnement des organes des sens au développement quelquefois démesuré que prennent les muscles auxquels on demande un travail rude et souvent répété.

Parmi les ouvriers que vous connaissez n'en voyez-vous pas quelques-uns qui demandent à leurs bras un travail pénible.

— Si, Monsieur, notre voisin le forgeron.

N'avez-vous pas remarqué quelquefois, pendant l'été, quand ses manches sont retroussées, combien ses bras sont gros et forts.

— Si, Monsieur, et cela nous a souvent fait rire.

Eh bien ! mes enfants, le forgeron n'a les muscles du bras si forts que parce qu'il les fait beaucoup travailler. De même les personnes que leur profession oblige à faire tous les jours de longues marches ont les muscles de la jambe très développés, chez les ouvriers qui sont obligés de tourner, soit à la main, soit au moyen du pied une roue ou bien une manivelle, il n'est pas rare de trouver le bras ou la jambe, qui exécute ce travail du matin au soir, plus gros et plus long que l'autre membre auquel on demande un travail moins actif. Il y a, je vous le répète, une grande ressemblance entre ce développement des muscles et le perfectionnement de nos sens. Profitez donc de toutes les occasions pour exercer votre œil, votre oreille, votre main et tous vos organes, partout et toujours. Habituez-vous à bien interpréter leur témoignage et à contrôler au moyen d'un sens compétent, les jugements que vous portez en interprétant les données d'un autre sens. Suivez avec la plus grande attention toutes nos leçons, nos leçons de choses, surtout, qui sont toujours si intéressantes, justement parce qu'elles vous donnent sans cesse l'occasion de vous livrer à cet exercice utile.

Nous allons terminer ici cette première leçon.

Notre âme possède encore bien d'autres facultés dont je vous parlerai bientôt.

Mais auparavant, vous tâcherez de vous rappeler ce que je viens de vous dire, vous en reparlerez ensemble et vous le résumerez de votre mieux en quelques lignes : ce sera le sujet de notre prochaine rédaction.

La correction de ce devoir me fera connaître ce qui aurait pu n'être pas bien compris et les nouvelles explications que je devrai donner à chacun de vous pour que la leçon ait été vraiment utile.

NOTA. — Une rédaction semblable sera demandée après chacune des leçons suivantes, sans que nous ayons besoin de le redire à chaque fois.

2° L'ATTENTION.

Jules, comment nommez-vous ceci ?
— C'est un sou.
Comment le savez-vous ?
— Je le sais parce que je le vois.
C'est exactement la réponse que vous m'avez déjà faite au commencement de notre dernière leçon. Pourriez-vous nous expliquer un peu comment la vue de cet objet vous fait connaître sa nature ?....
Vous hésitez ; voyons, voulez-vous nous dire quels sont les trois mots que nous avions écrits hier sur le tableau ?
— Ces trois mots sont les suivants : *Impression*, *Sensation*, *Perception*.
Eh bien pouvez-vous maintenant nous donner l'explication que je vous demande ?
— On appelle impression l'effet produit par un objet sur l'organe avec lequel il se trouve mis en rapport.
Ce n'est pas trop mal. Et cette impression, n'est-elle pas transmise au cerveau ?
— Si, Monsieur, elle est aussitôt transmise au cerveau par les nerfs, et notre esprit est averti de la présence de l'objet ; c'est là ce qu'on appelle une sensation.
De mieux en mieux ; continuez ? Que fait ensuite notre esprit ?
— Notre esprit remarque l'objet que nous avons vu, touché, entendu, senti ou goûté, et c'est alors que se forme en nous l'idée de cet objet.
Allons, c'est bien. La leçon d'hier n'a pas été perdue, ainsi que j'ai pu déjà m'en assurer par les rédactions que

vous avez faites tantôt. J'espère que celle de ce jour sera aussi profitable. Elle est d'ailleurs beaucoup plus importante, et va être encore plus intéressante.

Mais dites-moi, Alcide, est-ce la première fois que vous voyez un sou?

— Non, Monsieur. J'en ai vu souvent.

En avez-vous un dans votre poche?

— Oui, Monsieur.

Regardez-le... Apportez-le moi. Voulez-vous maintenant aller au tableau et nous dessiner votre sou tel que vous l'avez vu... Voyons, faites vite, ne perdons pas de temps. Je ne vous demande pas un modèle de dessin, mais un croquis indiquant que vous savez comment est faite la pièce de monnaie que vous venez de regarder...

Bien, voilà un cercle qui représente la forme générale, mais après...

— Il y a au milieu l'effigie de la République.

Oui, esquissez-la rapidement... Vous êtes déjà arrêté !.... Il vous manque pourtant encore bien des détails. Reprenez votre sou : regardez-le bien, et complétez votre dessin.

— Il y a des lettres : RÉPUBLIQUE FRANÇAISE, une date, en bas : 1872; deux petites étoiles, l'une à droite et l'autre à gauche, et un nom en lettres très fines, au dessus de la date : *Oudiné*.

Ce n'est peut-être pas fini ; regardez mieux encore.

— Il y a encore deux cercles que voilà.

Ne dites pas deux cercles, mais deux circonférences. Celles que vous venez de faire ne ressemblent peut-être pas à celles du modèle.

— En effet, celles du modèle sont formées par une suite de points placés très près les uns des autres et non par une ligne continue.

Bien, maintenant votre dessin est complet; mais voyez un peu comme il a fallu vous aider. Si j'avais voulu vous faire dessiner le revers de la pièce, ç'aurait été bien autre chose encore. Et pourtant, il est question en ce moment, d'un des objets que vous voyez le plus souvent. De plus, vous l'avez fréquemment touché et vous avez entendu bien des fois aussi le son qu'il produit quand il frappe un autre corps dur. Vous en avez pris connaissance par trois de vos sens, et encore faut-il ajouter que ce sont les trois plus importants.

Vous êtes forcé de reconnaître cependant que l'idée que vous vous en étiez faite jusqu'ici était loin d'être parfaite. Cela arrive bien souvent ainsi, malheureusement. Les objets que nous rencontrons le plus souvent sont ceux auxquels nous nous intéressons le moins. Nous nous contentons de les voir sans les regarder.

Si parfaite que soit l'éducation donnée à nos sens, et si précise que paraisse l'idée éveillée en nous par chacun des objets qui les impressionnent, la perception n'en reste pas moins un fait momentané, et ne nous donne des choses qu'une connaissance très superficielle, et quelquefois bien fugitive.

Pour être parfaite, comme pour se fixer d'une manière durable dans notre entendement, cette connaissance a besoin que nous nous y arrêtions un instant.

Sauriez-vous me dire pourquoi vous ne saviez pas exactement comment était fait le sou que je viens de vous faire dessiner ?

— C'est parce que ne sachant pas ce que vous alliez me demander, je l'avais regardé sans y faire attention.

Justement. Vous venez de prononcer le mot que je cherchais : attention. Voulez-vous l'écrire sur le tableau.

Suffit-il, Arthur, d'avoir de bons yeux, l'oreille fine et le toucher délicat pour bien connaître les objets qui nous environnent.

— Non, Monsieur, il faut encore faire attention.

L'Attention est en effet une des facultés les plus importantes de notre esprit. C'est par elle que, — écrivez-ci, — *Nous pouvons volontairement diriger nos organes vers les objets pour recevoir des sensations, et arrêter notre esprit sur ces mêmes objets pour préciser et compléter les notions fournies par la perception.*

A vrai dire, au lieu de considérer l'attention comme une faculté spéciale de notre âme, on pourrait presque la regarder comme un mode de développement commun à toutes nos facultés. Ces dernières en effet ne vivent que par elle, et ce n'est que par elle qu'elles peuvent nous être utiles.

Le travail est-il nuisible au corps de l'homme ?

— Non, Monsieur, au contraire, le travail est utile.

Vous avez raison. Eh bien! l'attention n'est pas moins nécessaire à notre intelligence que le travail ne l'est à notre corps. Elle entretient la santé de l'esprit comme le mouvement et l'activité entretiennent celle du corps.

Elle est d'ailleurs une condition indispensable pour l'acquisition des connaissances, car, comme nous l'avons vu tout à l'heure par un exemple, parmi nos impressions, comme parmi les sensations qu'elles produisent et les idées qu'elles font naître dans notre esprit, il en est bien peu, s'il en est, qui arrivent à une netteté parfaite et nous ne pouvons parvenir à une connaissance complète des choses avec lesquelles nous nous trouvons en rapport que par un examen prolongé.

Autant vaudrait prêcher dans le désert que de parler à des élèves inattentifs. Quel profit pourriez-vous tirer d'une leçon entendue sans attention ?

— Aucun, évidemment.

Quelle connaissance nouvelle rapporteriez-vous d'une promenade ou de la visite d'un établissement industriel, si vous vous contentiez de regarder toute chose indifféremment, et sans y apporter la moindre attention.

— Cette promenade et cette visite ne nous auraient rien appris de nouveau.

Savez-vous ce que c'est qu'un microscope, Edouard ?

— Oui, Monsieur, c'est un instrument d'optique qui grossit considérablement les objets.

Eh bien! on a souvent comparé l'attention à « un microscope qui grossit les objets et en découvre les plus fines nuances. » Cette comparaison est aussi exacte qu'ingénieuse, car les services rendus à l'œil de l'âme par l'attention ne sont ni moins grands ni moins importants que ceux qui sont rendus par les instruments d'optique aux yeux du corps. Pouvez-vous faire attention à plusieurs choses à la fois.

— Non, Monsieur.

Pourriez-vous nous le faire comprendre par un exemple?

— Oui, Monsieur, facilement. Ainsi, il m'est arrivé quelquefois, en étudiant mes leçons, le soir, de penser à autre chose, et pendant que mes yeux parcouraient les lignes du livre, mon esprit était occupé ailleurs. Quand j'en étais arrivé au bas de la page, je m'apercevais que je n'en avais pas retenu un mot. Pendant que notre attention est fixée sur un objet, que nous examinons avec soin, l'horloge peut sonner sans que nous l'entendions.

Parfaitement ; et il vous est arrivé plus d'une fois, n'est-ce pas, d'entendre quelqu'un demander quelle heure il était alors que le timbre venait de se faire entendre.

Il n'est pas jusqu'aux douleurs physiques qui ne paraissent entrer dans cet oubli général, et s'apaiser un instant. Ne vous est-il jamais arrivé, en effet, quand vous lisiez quelque passage intéressant d'un livre qui vous amusait, d'oublier un moment le mal de dents ou la douleur qui vous faisait beaucoup souffrir quelques minutes auparavant.

— Si, Monsieur, cela m'est arrivé plus d'une fois.

Quand, au contraire, vous ne pensiez qu'à votre mal, qu'arrivait-il ?

— La douleur que je ressentais était alors d'autant plus grande que j'y pensais davantage.

En effet, lorsque notre attention se fixe fortement sur un objet quelconque, l'importance de cet objet augmente considérablement. L'exercice de cette faculté absorbe toutes les forces de notre intelligence. Nous oublions pour un instant tout ce qui a pu nous occuper auparavant ; nous nous oublions nous-mêmes ; nous oublions enfin tout ce qui n'est pas cet objet ou ne s'y rapporte pas directement. Momentanément, notre âme peut pour ainsi dire se fermer à toutes les autres impressions.

C'est ainsi qu'Archimède, dont je vous ai l'autre jour raconté l'histoire, cherchant la solution d'un problème difficile, était si complètement absorbé par cette recherche, à laquelle il se livrait avec passion, qu'il avait cessé d'être sensible à tout ce qui se passait autour de lui. Il n'entendit ni le tumulte qui accompagna la prise de Syracuse, ni les clameurs que poussèrent les vaincus, ni les pas ni les menaces du soldat qui lui donna la mort.

Il est très important que vous appreniez à être attentifs. La plupart des grands savants n'ont dû leur supériorité qu'à leur application au travail et à la force de leur attention.

Le grand mathématicien anglais Newton a donné aux hommes l'exemple d'une application vraiment extraordinaire.

Ses biographes nous racontent que pendant tout le temps qui lui fut nécessaire pour la préparation du plus important de ses ouvrages, celui dans lequel il expose ses découvertes relatives au mouvement des astres, il semblait ne vivre que pour penser à cette importante question. Bien souvent, après une longue journée employée tout entière aux calculs les plus abstraits ou à des méditations profondes, il ne consentait à se coucher que sur les instances réitérées de ses domestiques, qui craignaient que la fatigue résultant d'un travail aussi opiniâtre ne détruisit rapidement la santé d'un maître qu'ils adoraient. Il se couchait alors, mais l'aurore se levait fréquemment avant qu'il eût pu réussir à s'endormir. Il n'était pas rare qu'il oubliât de se présenter à table à l'heure des repas. Ecoutez plutôt cette histoire :

« Un jour le docteur Stukeley, ami particulier de Newton, » étant allé dîner avec lui, attendit longtemps qu'il sortit de » son cabinet, où il était enfermé. Pressé par le besoin, le » docteur se résolut à manger d'un poulet qui se trouvait » déjà placé sur la table, après quoi il remit les restes sur » le plat, et y plaça aussi une cloche de métal qui servait » à le couvrir. Enfin, plusieurs heures s'étant écoulées, » Newton parut, et se mit à table, en témoignant qu'il avait » grand'faim. Mais lorsque, ayant levé la cloche, il vit les » restes du poulet découpé : « Ah ! dit-il, je croyais n'avoir » pas dîné, mais je vois que je me trompais. » — (*Loubens. — Encyclopédie morale.*)

Attribuée à des personnages ordinaires, une conduite aussi bizarre nous ferait rire aux éclats. Mais, ne l'oublions pas, mes chers enfants, s'il est sur la terre des hommes qui ont droit à notre admiration et à notre respect, ce sont bien ces chercheurs infatigables dont le nom est devenu si justement célèbre, et aux travaux desquels l'humanité doit les découvertes les plus utiles et en grande partie le bien-être dont elle jouit de nos jours.

3º LES DIFFÉRENTES FORMES DE L'ATTENTION.

Voulez-vous me dire, Hector, quel a été l'objet de notre dernière leçon?

— Nous avons vu dans notre dernière leçon combien l'attention est nécessaire; et vous nous avez montré que sans elle, il nous est impossible de nous faire une idée exacte des choses.

Nous n'en avons pas encore fini avec celle de nos facultés que l'on pourrait presque considérer comme la plus indispensable, puisque les autres n'ont d'utilité que par elle. On peut être plus ou moins attentif. L'attention est donc susceptible de plusieurs degrés de force ou d'intensité; aussi, a-t-elle reçu bien des noms différents, que nous allons chercher ensemble.

Voyons, comment nommez-vous le travail intellectuel auquel vous vous livrez, quand vous regardez attentivement un objet ou un phénomène qui se produit sous vos yeux?... Vous ne trouvez pas!... Que dit-on d'un homme ou d'un enfant que tout intéresse, qui est attentif à tout ce qui est ou se fait autour de lui? on dit que c'est un esprit?...

— Observateur!

Oui, vous avez trouvé. Et qu'est-ce qu'un observateur?

— C'est celui qui observe.

Oui, c'est bien cela; comprenez-vous maintenant que celui qui observe est nécessairement attentif, et que l'observation est une des formes de l'attention.

Edouard, écrivez ces mots sur le tableau : *observer* et *observation*.

Vous savez bien, n'est-ce pas, ce que c'est que des mots synonymes.

— Oui, Monsieur, ce sont des mots qui ont à peu près la même signification.

Ne pourriez-vous pas nous citer plusieurs autres mots qui signifient également être attentif!... Quand par exemple vous observez un objet en regardant avec soin chacune de ses parties, que faites-vous?

— Cela s'appelle *examiner*.

Et l'opération que vous faites se nomme ?...
— Cette opération se nomme *examen*.

Ecrivez donc ces deux mots au-dessous des deux premiers. En voyez-vous encore d'autres ?... qui en trouve ?...
— On peut aussi contempler un objet.
— On peut encore le considérer.

Très bien. Ecrivons encore ces mots nouveaux :
— *Contempler, contemplation*. — *Considérer, considération*.

En cherchant bien, nous pourrions peut-être encore en trouver d'autres, mais tenons-nous en à ceux-là qui sont les plus importants.

Dans les livres, comme dans l'esprit des savants, il y a une certaine différence entre la signification exacte de ces quatre expressions : observer, examiner, considérer et contempler. Mais comme nous n'avons point la prétention d'être des savants, et que notre intention n'est point de faire des livres, nous nous contenterons de dire que ces quatre mots signifient être attentif plus ou moins, et pendant un temps plus ou moins long.

Tout à l'heure quand je vous faisais chercher les mots qu'Edouard a écrits sur le tableau, étiez-vous attentifs ?
— Oui, Monsieur.

Vous étiez attentifs en effet, et sans cela, vous n'en auriez pu trouver aucun. Je ne vois cependant sur le tableau aucun mot qui puisse désigner le travail que faisait votre esprit. Avez-vous, par exemple, observé ou examiné quelque chose ?
— Non, Monsieur, on n'observe et on n'examine que des objets visibles qui peuvent tomber sous nos sens.

Vous avez raison et vous pouvez remarquer sans peine qu'on en pourrait dire autant des deux autres mots : contempler et considérer.

Vous avez été attentif, dites-vous, et vous avez raison, mais vous n'avez ni observé, ni examiné, ni considéré, ni contemplé. Qu'avez-vous donc fait ?...
— J'ai pensé. — J'ai réfléchi.

Vous avez raison tous les deux. *Penser* et *réfléchir* sont encore deux manières d'être attentif. Si à ces deux derniers mots, nous en ajoutons un troisième, *méditer*, nous aurons nommé les trois formes principales que revêt l'attention quand elle s'applique non pas aux objets matériels, mais aux notions ou connaissances acquises, c'est-à-dire aux idées qui sont entrées dans notre entendement par l'intermédiaire de nos organes des sens ou autrement.

Allons, Edouard, regagnez votre place ; j'allais vous dire d'écrire les mots que nous venons de prononcer, mais vous l'avez déjà fait, et je vois que vous avez compris. Séparez seulement par un trait horizontal les trois dernières lignes de celles qui précèdent.

Vous comprenez bien, mes enfants, que je ne veux pas prendre successivement chacun des mots que votre camarade vient d'écrire pour en faire une étude approfondie. Ce serait à la fois un travail inutile et le meilleur moyen de vous ennuyer. Je veux seulement appeler un instant votre attention sur les deux d'entre eux qui résument assez bien la série dans laquelle ils se trouvent compris : *l'observation et la réflexion*.

L'observation n'est que l'attention soutenue de l'esprit qui s'applique à l'étude des choses extérieures, dont il examine toutes les parties avec soin et à des points de vue divers.

Il y a des sciences, telles que la physique, la chimie et l'histoire naturelle, auxquelles on donne le nom de sciences des faits ou d'observation, parce qu'elles n'ont pas d'autre origine que l'observation. Elles ne peuvent s'enseigner que par l'observation, et tous ceux à qui elles sont redevables de quelques progrès ont été des observateurs infatigables.

Il n'y a pas, en effet, d'autre manière de bien connaître les faits que de les observer. L'esprit observateur tire parti de tout. Rien n'est insignifiant pour lui. Il ne voit rien qui ne soit capable d'attirer un instant son attention, et c'est en toutes circonstances un homme utile et pratique. Où les autres n'ont rien vu, il trouve de quoi penser et réfléchir ; un fait que d'autres n'ont pas cru devoir remarquer l'intéresse, et quelquefois le conduit aux plus importantes découvertes.

Au commencement du XVIIe siècle, vivait à Middelbourg un savant hollandais, nommé Jacques Métius. Il rencontre un jour un groupe d'enfants jouant ensemble sur la promenade. Bien des passants avant lui les avaient vus et aucun n'y avait fait attention. Lui cependant s'arrête et les voit fort occupés à regarder à travers des scories transparentes quelques petits objets qui leur apparaissaient ainsi avec des proportions beaucoup plus grandes. Bien lui en prit, car cette observation fit naître en lui l'idée du télescope.

Ne pourriez-vous pas trouver vous-mêmes quelques inventions dues ainsi à l'observation de faits que bien des hommes avaient regardés auparavant comme insignifiants et sans importance.

— C'est peut-être une feuille d'arbre flottant sur l'eau d'un fleuve qui a donné aux premiers hommes l'idée de construire un bateau.

— C'est sans doute la vue d'un tronc d'arbre jeté par la tempête en travers d'une rivière qui leur a donné celle de construire un pont pour passer d'une rive à l'autre.

— J'ai lu quelque part que ce fut un Chinois qui inventa la boussole, parce qu'il avait remarqué qu'une aiguille aimantée suspendue et abandonnée à elle-même dirige toujours l'une de ses extrémités vers le même point de l'horizon.

Il est probable que vous avez souvent entendu attribuer au hasard d'importantes découvertes.

— Oui, Monsieur ; ainsi, je lisais encore l'autre jour que c'est par hasard qu'un Anglais a trouvé, au commencement du XVIIIe siècle, le moyen de perfectionner les machines à vapeur qui n'avaient pas été très utiles jusque-là.

C'est faire beaucoup d'honneur au hasard que de lui attribuer une découverte aussi utile. On lui en attribue bien d'autres, d'ailleurs, et surtout celles dont l'origine n'est pas très connue.

Si vous voulez m'écouter un instant, je vais vous dire comment les Anglais ont appris à perfectionner leurs machines.

Primitivement, on opérait la condensation de la vapeur qui avait soulevé le piston en faisant arriver au-dessous de ce dernier une certaine quantité d'eau froide, au moyen d'un robinet qu'un ouvrier était chargé d'ouvrir et de fermer à chaque coup de piston. Un jeune garçon, Henri Potter, que son père avait chargé pour quelques instants d'ouvrir et de former ce robinet et à qui cette occupation plaisait d'autant moins qu'elle l'empêchait de prendre part aux jeux que ses camarades avaient organisés non loin de là, rechercha un moyen de faire exécuter mécaniquement ce travail. Il observa attentivement le mouvement des diverses pièces de la machine, puis relia le robinet au balancier par le moyen d'une ficelle. Le robinet s'ouvrit et se ferma sans qu'il eut besoin d'y mettre la main. Quand son père fut de retour, il le gronda, comme vous le pensez bien, mais il trouva l'idée bonne et fit immédiatement remplacer les ficelles par des tiges de fer articulées.

Croyez-vous encore que, dans cet exemple, c'est le hasard seul qui a tout fait?

— Non, Monsieur, le hasard n'eût rien fait si le jeune Potter n'avait été intelligent.

Intelligent est bien, mais j'aimerais mieux un autre mot; non seulement il était intelligent, il avait de l'esprit, mais il était encore attentif; il était?...

— Observateur!

Oui, il était observateur; et s'il y a du hasard en cette affaire, il me semble que le hasard s'appelle Henri Potter. Si l'on tient à faire une part au véritable hasard, laissons-lui seulement l'honneur d'avoir fait choisir ce jour-là cet enfant parmi tant d'autres.

Je crois donc que si l'on prenait un plus grand soin de mieux faire la part de l'observation dans l'histoire des inventions et découvertes, celle du hasard se réduirait de beaucoup.

Dira-t-on, par exemple, que c'est le hasard qui a conduit un savant américain à l'invention du paratonnerre? Savez-vous le nom de ce savant?

— C'est Franklin.

Quelqu'un sait-il dans quelles circonstances lui est venue l'idée de cette utile invention?... Non. Il faut encore que je vous raconte cette petite histoire, car je veux vous faire bien comprendre l'utilité et la nécessité de l'observation.

En 1752, la foudre était tombée sur le clocher de Carlisle (Pensylvanie). De nombreux curieux étaient déjà venus voir les dégâts occasionnés par elle. Tous avaient constaté qu'aucun mal n'avait été fait entre la sonnerie et l'horloge, mais aucun n'avait cherché la raison de cette particularité. Franklin ayant fait la même remarque, observa en outre que ces deux parties du clocher étaient reliées l'une à l'autre par un fil de fer et il pensa que le tonnerre n'eût peut-être occasionné aucun dommage si un fil de fer semblable avait été tendu depuis le sommet jusqu'au pied de la tour. Ce fut cette remarque qui lui fit inventer le paratonnerre.

Vous le voyez encore une fois, l'observateur ne voit rien qui ne mérite d'attirer son attention et c'est pour cela que souvent il découvre quelque chose où les autres n'ont rien vu.

Il y a une manière d'observer que les savants ont inventée, et qui mérite bien que nous en disions quelque chose.

Savez-vous, Arthur, comment vous paraît une règle bien droite dont une partie est plongée dans l'eau ?

— Oui, Monsieur ; on dirait que cette règle est brisée et la partie qui plonge dans le liquide semble faire un angle obtus avec celle qui est au-dessus.

Comment avez-vous appris cela ?

— Vous nous l'avez fait voir l'autre jour.

C'est vrai, mais vous auriez pu découvrir ce fait seul, un certain jour, en passant auprès de la mare, en jouant près du bassin qui est dans la cour, ou de toute autre manière ; c'est-à-dire que ce phénomène aurait pu se présenter à vous, un jour ou l'autre, sans que personne n'ait pris le soin de le préparer exprès pour vous le faire voir. Mais ce jour pouvait être plus ou moins éloigné ; peut-être même n'auriez-vous jamais eu l'occasion dans votre vie de faire cette observation. C'est à cause de cela que j'ai fait l'autre jour, devant vous, cette petite expérience, que vous pourrez refaire maintenant vous-mêmes, autant de fois que vous voudrez.

Il m'arrive souvent, vous le savez, d'avoir recours à des moyens semblables pour vous faire constater la vérité des choses que je vous explique. Vous comprenez pourquoi tous les phénomènes ne se produisent pas d'eux-mêmes, à des époques fixes et leur durée n'est pas indéfinie. D'un autre côté, il est rare que nous puissions tout voir et tout remarquer en une seule fois. L'homme qui est purement observateur se contente d'étudier les objets qu'il rencontre ou les phénomènes qu'il voit se produire naturellement. L'observation est un moyen sûr d'acquérir des notions certaines sur toute chose. Mais vous savez combien de choses nous devons apprendre dans un temps relativement très court. Nous ne pouvons donc ni ne devons attendre que le hasard nous fournisse les occasions d'étudier; nous devons au contraire faire naître ces occasions. C'est justement ce que font les savants toujours pressés d'apprendre ; c'est aussi ce que nous faisons nous-mêmes, lorsque, au lieu d'attendre que les phénomènes se présentent naturellement, nous les produisons artificiellement.

Vous savez le nom que nous donnons à ses petites démonstrations.

— Vous appelez cela des expériences.

Oui, et nous ne sommes plus alors de simples observateurs, mais des ?...

— Des expérimentateurs.

Bien. Croyez-vous que l'expérimentation soit préférable à l'observation proprement dite, comme moyen d'étude ?

— Certainement, car on peut, par son moyen, étudier les faits que l'on veut, quand l'on veut, et autant de fois que cela est nécessaire pour les bien connaître.

Le grand avantage de cette méthode est en effet de multiplier les occasions d'observer. C'est, si vous voulez, une sorte d'observation à volonté.

Nous aurions encore bien des choses à dire, mais cette leçon est déjà longue. Hâtons-nous de la finir. Nous n'avons plus d'ailleurs que quelques mots à dire de la réflexion.

Je vous ai dit tantôt ce que c'est que la réflexion. Qui pourrait me le redire ? Voulez-vous essayer, Hector ?

— Oui, Monsieur. C'est une des formes de l'attention s'appliquant aux idées dont nos sens nous ont donné la connaissance ou que nous devons à la conscience.

Ce n'est pas trop mal répondu. Pensez-vous que nous avons besoin de nos sens pour réfléchir ?

— Non, Monsieur, nos sens ne nous sont nécessaires que pour observer les objets extérieurs et matériels.

En effet, la réflexion est un travail auquel se livre notre intelligence pour examiner les idées en possession desquelles elle a été mise précédemment ; c'est, si vous voulez, une sorte d'observation intérieure, par laquelle elle considère ces idées en elles-mêmes, et comme indépendantes des objets ou des faits qui les ont fait naître. Nous n'avons donc nullement besoin de nos sens pour réfléchir.

N'avez-vous pas remarqué que souvent, quand vous réfléchissez, vos yeux sont fixés vers un objet ou un point de l'espace que vous regardez pour ainsi dire sans le voir, tout absorbé que vous êtes par l'examen de l'idée qui vous occupe ? Votre œil vous est donc tout à fait inutile pour penser.

— Oui, Monsieur, et ce qui le prouve bien, c'est que nous pensons tout aussi bien la nuit, au milieu des ténèbres, qu'en plein jour.

Croyez-vous que les aveugles soient capables de réflexion ?

— Oui, Monsieur, tout aussi bien que les autres hommes.

Vous pourriez même dire qu'ils réfléchissent généralement mieux et plus que nous, et cela se comprend. Ils sont privés de celui des cinq sens que nous regardons comme le plus important et au témoignage duquel nous devons le plus grand nombre de nos idées. Ils sont obligés de suppléer à cette imperfection de leur nature physique par une plus grande application d'esprit.

Supposez qu'un homme puisse devenir à la fois aveugle et sourd, et perdre en même temps la faculté de goûter, de sentir et de toucher. Cet homme serait bien à plaindre, n'est-ce pas : mais croyez-vous qu'il cesserait de penser?

— Il ne pourrait que très difficilement acquérir des notions nouvelles sur les objets extérieurs, mais rien ne pourrait l'empêcher de réfléchir.

Il est même supposable que la faculté de réfléchir atteindrait chez lui une puissance extraordinaire, puisque rien ne pourrait plus le troubler dans ses réflexions.

Vous serait-il possible de vous livrer à un travail sérieux, au milieu d'un grand bruit ou d'un mouvement continuel ? Pourriez-vous réfléchir profondément si quelqu'un s'efforçait sans cesse de vous troubler et d'attirer votre attention sur un autre objet.

— Non, Monsieur, cela ne nous serait pas possible.

Vous avez raison, car il vous faudrait, pour cela une force d'attention et de volonté qui ne se rencontre que chez les hommes de génie, comme Newton, dont je vous ai parlé l'autre jour : et vous savez que malheureusement ces hommes là sont rares.

Nous pouvons volontairement diriger notre attention vers un objet quelconque ; mais des causes étrangères, un bruit, une lumière, etc., peuvent momentanément l'en détourner. Or, comment nous arrive la connaissance de ces causes inattendues ?

— Elle ne peut nous arriver que par les organes des sens.

De sorte que, vous le voyez, nos sens sont quelquefois un obstacle à l'exercice de cette faculté. C'est pour cela que vous avez pu voir les personnes plongées dans une méditation profonde, se tenir la tête dans les deux mains, se cachant à la fois les yeux et les oreilles, afin de mieux se soustraire à toutes les influences extérieures qui auraient pu troubler la suite de leurs idées. Cela vous est peut-être arrivé à vous-même.

— Oui, Monsieur.

Vous faisiez alors les sourds et les aveugles pour un instant.

— Cela est vrai ; mais je n'y avais jamais pensé, et je n'aurais jamais cru que nos organes des sens pussent nous être nuisibles quelquefois.

Attention, n'allons pas si vite, et gardons-nous toujours de parler légèrement des choses. Nous avons dit tout à l'heure qu'un homme qui serait tout à coup privé de tous ses sens pourrait encore réfléchir ; mais que pensez-vous d'un homme qui, depuis sa naissance, n'en aurait jamais connu l'usage.

— Cet homme n'aurait pu se faire aucune idée des objets extérieurs que les autres peuvent au contraire connaître.

Justement, et, comme la réflexion s'applique précisément aux idées, celui qui n'aurait pas ces idées ne pourrait pas y réfléchir ; et vous le voyez, bien que la réflexion soit un travail purement intellectuel, notre intelligence aurait un domaine bien restreint, si les sens ne lui avaient préalablement prêté leur concours.

Pourriez-vous nous faire comprendre par quelques exemples, quand vous avez besoin de réfléchir?

— Nous avons besoin de réfléchir quand nous cherchons la réponse à une question que vous venez de nous adresser ; quand nous cherchons la solution d'un problème ou les moyens de mener à bonne fin un projet que nous avons formé.

Croyez-vous que nous ayons souvent besoin de réfléchir ?

— Oui Monsieur, car nous ne devons rien faire sans réflexion.

On pourrait presque dire que nous ne pouvons rien faire sans réfléchir. En effet, si nous mettons à part certains actes de la vie organique, comme la respiration et quelques mouvements irréfléchis de nos organes, qui se produisent naturellement et sans que nous nous en apercevions, toutes nos actions sont le résultat de la réflexion.

Toutes nos idées, qu'elles nous soient fournies par les sens, la conscience, la raison ou la mémoire, ne prennent une certaine précision qu'après avoir subi ce travail intérieur de la pensée.

La réflexion nous apprend à apprécier chaque chose à sa juste valeur, à nous occuper un peu de tout, et par conséquent à élargir sans cesse le cercle de nos connaissances.

« C'est comme la balance du jugement et de la volonté,
» c'est le conseil de la raison ; et, comme la mémoire, elle
» est la mère de la prudence et de la sagesse. » (Marmontel.)

Croyez-vous que l'homme oisif soit heureux sur la terre?

— L'homme oisif n'est pas heureux. Il doit s'ennuyer souvent.

Jouit-il de la considération publique, l'estime-t-on dans le monde; le regarde-t-on comme un honnête homme?

— Non, Monsieur; on dit au contraire que l'oisiveté est la mère de tous les vices.

L'oisiveté conduit au désœuvrement : « L'homme oisif est
» comme l'eau qui dort, il se corrompt » — et c'est avec raison qu'un poète a écrit :

Trop de loisir aux vertus est contraire ;
Qui ne fait rien n'est pas loin de mal faire.

Voudriez-vous devenir semblables à ces hommes qui traînent péniblement sur la terre une existence toujours inutile et souvent nuisible ; qui se montrent sans cesse à charge aux autres et à eux-mêmes, et ne rencontrent partout que la honte et le mépris.

— Non certainement.

Je vous crois sans peine, et c'est justement à cause de cela que je tiens à ce que vous preniez l'habitude de la réflexion, car qui sait réfléchir n'a point à craindre de se trouver oisif.

4° — LE JUGEMENT PROPREMENT DIT, OU COMPARAISON DES IDÉES.

Avez-vous entendu dire quelquefois d'une personne qu'elle a beaucoup de jugement?

— Oui, Monsieur.

De quelles personnes dit-on cela?

— Cela se dit des personnes qui se font des choses une idée très juste.

On dit en effet de quelqu'un qu'il a du jugement, quand il sait apprécier justement les choses, les personnes ou les actions des personnes.

Ecrivez ce mot au tableau.

N'avez-vous jamais entendu exprimer la même idée d'une autre manière ?

— Au lieu de dire d'une personne qu'elle n'a pas de jugement, on dit encore qu'elle est dépourvue de bon sens ou de sens commun.

Voulez-vous écrire ces deux mots à côté du premier; ils signifient exactement la même chose et on donne indifféremment ces trois noms à la faculté dont nous allons parler aujourd'hui.

Estime-t-on les personnes qui ont beaucoup de jugement ?

— Oui, Monsieur; elles jouissent de la considération et de l'estime de tout le monde.

Vous pourriez ajouter que dans les circonstances difficiles, on aime à demander leur avis, qu'on se laisse volontiers guider par elles, et qu'on suit généralement les conseils qu'elles ont donnés, parce qu'on sait qu'elles se trompent rarement. Tout le monde les respecte, et elles sont utiles à tous.

Vous comprenez, n'est-ce pas, combien cette courtoisie est importante, et avec quel soin nous devons la cueillir. Mais voyons d'abord en quoi elle consiste. Je vais essayer de vous le faire comprendre par quelques exemples.

Voyez-vous ceci, Jules?

— Oui, Monsieur, c'est du verre.

Comment est le verre?

— *Le verre est transparent.*

Voulez-vous écrire au tableau la dernière phrase que vous venez de prononcer.

Qu'est-ce que ceci, Edouard?

— C'est du fer.

Comment est le fer?

— *Le fer est dur.*

Ecrivez aussi cette phrase... sur une troisième ligne, voulez-vous écrire le nom qui est contenu dans la première phrase?... Bien. Un peu à droite, voulez-vous écrire l'adjectif qui se trouve dans la seconde.

Pouvez-vous, Daniel, me faire une troisième phrase avec ces deux mots.

— Oui, Monsieur, on peut dire *le verre est dur.*

Ainsi donc, on peut toujours faire une phrase semblable avec un nom et un adjectif.

— Oui, Monsieur, il suffit d'intercaler entre ces deux mots le verbe être, et l'adjectif devient l'attribut du nom.

Venez au tableau. Ecrivez sur une quatrième ligne le nom *fer* et l'adjectif *transparent*, et ajoutez le verbe *être*, comme vous le disiez tout à l'heure.... Lisez, maintenant.... Eh bien, lisez donc!

— Mais, Monsieur, on ne peut pas dire que le fer est transparent.

On ne peut donc pas toujours suivre la règle que vous nous avez indiquée?

— Non, Monsieur.

Allons, qui va nous tirer d'embarras..... Si nous ne pouvons pas dire que le fer est transparent, comment dirons-nous?

— J'y suis, Monsieur; on dit : *Le fer n'est pas transparent*. On ajoute le verbe *être* comme dans les autres phrases, mais on en modifie la signification par l'adverbe de négation *ne..... pas*.

Justement, c'est ainsi que l'on fait lorsque la qualité ne convient pas à l'objet désigné par le nom. Pourriez-vous, Paul, nous donner deux autres phrases semblables à la dernière?

— Oui Monsieur, par exemple: *le verre n'est pas opaque.*
— *Le fer n'est pas tendre.*

Supposez maintenant que nous faisons de la grammaire et que je vous demande d'analyser chacune de ces six phrases. La première est composée de trois termes n'est-ce pas?

— Oui, Monsieur, le sujet, le verbe et l'attribut.

Quel nom lui donnez-vous alors?

— C'est une proposition.

Et qu'est-ce qu'une proposition?

— C'est l'énonciation d'un jugement.

Nous y voilà donc. Oui, c'est l'énonciation d'un jugement. Donc, quand vous dites que le verre est transparent, vous énoncez un jugement. Essayons un peu de voir à quel travail a dû se livrer votre esprit avant de vous dicter cette phrase?

— J'ai dû réfléchir.

Oui sans doute, mais cela n'est pas suffisant.

Vous me paraissez confondre la réflexion avec le jugement. Il n'y a là rien de bien étonnant, car ces deux facultés, bien que tout à fait distinctes ne vont guère l'une sans l'autre.

Je vous ai montré le morceau de verre que voilà; votre œil l'a vu, et l'impression produite sur votre organe a été transmise à votre cerveau, puis dans l'âme a eu lieu une.....

— Une sensation.

Votre esprit averti a remarqué l'objet et la sensation est devenue perception. Et ensuite?

— Ensuite, j'ai regardé attentivement l'objet.

Oui, et comment cela s'appelle-t-il?

— Cela s'appelle observer.

Combien l'observation a-t-elle fait naître d'idées en vous?

— Une seule, celle de l'objet lui-même.

Vous vous trompez; elle en a fait naître plusieurs autres en même temps, car vous savez assez bien quelles sont sa nature et sa forme, et aussi jusqu'à un certain point quels peuvent être son utilité, les différents usages auxquels il peut servir, etc.

Si nous n'avions d'autres facultés que celles au moyen desquelles nous réussissons à acquérir et à conserver les idées, nos connaissances ne pourraient être que peu étendues. Mais lorsque les idées sont une fois entrées dans notre mémoire notre esprit s'en empare et peut les examiner l'une après l'autre, les comparer, voir leurs rapports ou leurs différences, constater qu'elles se conviennent ou ne se conviennent pas.

C'est ainsi que tout à l'heure, vous avez rapproché l'une de l'autre l'idée de l'objet et celle de la qualité qui vous avait le plus frappé, puis vous avez pensé que la qualité convenait à l'objet. Cette conclusion à laquelle vous vous êtes arrêté et que vous avez exprimée par cette phrase: *Le verre est transparent* n'est pas autre chose qu'un jugement; mais ce mot sert en même temps à nommer la faculté au moyen de laquelle nous pouvons ainsi rapprocher et comparer les idées que la perception nous a fournies et dont la réflexion nous a fait connaître la valeur et l'importance.

Pour me faire voir que vous m'avez bien compris, voulez-vous me dire ce que c'est que le jugement?

— On donne le nom de Jugement à l'acte intellectuel par lequel nous affirmons une idée d'une autre; l'affirmation est l'âme du jugement.

Comme vous le voyez, mes enfants, le jugement suit la réflexion, il ne va pas sans elle, et les personnes d'un grand jugement sont celles qui réfléchissent le plus.

Croyez-vous que nous ayons souvent besoin de cette faculté?

— Oui, Monsieur, nous en avons besoin sans cesse.

En effet, le jugement est le plus précieux et le plus utile de toutes nos facultés, et nous ne saurions la cultiver avec trop de soin.

Il résume toutes les autres puissances de notre esprit, et on peut dire que percevoir, avoir conscience, se souvenir, imaginer, c'est juger. Réfléchir, préférer, choisir, raisonner, c'est encore juger, et la vie intellectuelle tout entière n'est pas autre chose qu'une suite de jugements.

On dit de certaines personnes qu'elles n'ont pas de jugement ; faut-il prendre cette expression à la lettre ?

— On ferait peut-être mieux de dire qu'elles se trompent dans leurs jugements, c'est-à-dire qu'elles apprécient mal les choses.

— Monsieur, j'ai entendu dire l'autre jour d'une personne qu'elle avait le jugement très faux ; cela veut sans doute dire la même chose ?

Pas tout à fait. On dit des personnes qu'elles manquent de jugement, quand elles se trompent parce qu'elles ne réfléchissent pas assez ou qu'elles ne savent pas réfléchir : on dit qu'elles ont un jugement faux quand elles voient les autres autrement qu'elles ne sont. Il faut plaindre les premières, et se méfier des secondes.

Il importe essentiellement que nous donnions à cette faculté une bonne direction, car c'est en grande partie de la sûreté et de la justesse de notre jugement que dépendent nos succès dans les affaires et le bonheur de notre existence.

Le défaut de jugement nous expose à bien des mécomptes dans la vie ; qui pourrait nous en donner un exemple, ou nous citer une fable prouvant cette vérité ?

— Il me semble que c'était avoir peu de jugement que de vendre la peau de l'ours avant de l'avoir mis par terre. Si la reine des tortues en avait eu un peu plus, elle se fût certainement gardée de lâcher le bâton en desserrant les dents.

— La grenouille qui voulut se faire aussi grosse que le bœuf manquait aussi de jugement.

Oui, et vous savez qu'il lui en coûta la vie. C'est notre jugement seul qui peut nous faire discerner le bien du mal ; et ce sont les mauvais jugements qui sont le plus souvent la cause des mauvaises actions. S'il vous est arrivé quelquefois de laisser punir un de vos camarades pour une mauvaise action dont on l'avait accusé à tort et dont vous étiez vous-même l'auteur, vous avez, ce jour-là, manqué de jugement; si vous ne vous en êtes jamais repenti, si vous ne le regrettez pas, c'est que votre jugement est faux.

C'est aussi le défaut de jugement qui ouvre notre âme aux préjugés. Vous savez ce que c'est que le duel, n'est-ce pas ?

— Oui, Monsieur, c'est un combat singulier entre deux hommes.

Oui, ces deux hommes étaient peut-être bons amis hier. Une petite contestation s'est élevée entre eux; ils se sont mutuellement insultés, dans la chaleur de la discussion. Or, à leurs yeux, celui qui répond à l'injure par le mépris est un lâche : parce que leur jugement est faux, demain on les verra le fer à la main, et chose bien triste à dire, « ceux que » Dieu a créés frères, qu'il a mis sur la terre pour s'entr'ai-» der et se chérir, se disputeront l'un à l'autre une vie que » la justice leur a fait une loi de respecter. » (J.-J. Rousseau).

Eh bien ! mes enfants, c'est le défaut de jugement qui a le plus contribué à l'établissement de cette coutume déplorable; et les duellistes sont des gens qu'on peut classer dans la catégorie de ceux dont le jugement est faux.

Dites-moi, Daniel, ce qui nous arrive quand nous vieillissons ?

— Nos forces s'épuisent et nous perdons peu à peu l'usage de nos facultés.

Cela n'est pas vrai pour le jugement. A mesure que nous vieillissons, nos forces s'en vont et nous trahissent, nos sens deviennent moins délicats, nos autres facultés s'émoussent. Le jugement seul nous reste, et nous le sentons se fortifier sans cesse et s'enrichir, de même que notre expérience. Aussi, La Fontaine, qui s'est plu si souvent à déguiser les hommes en bêtes, nous le dit en plus d'une fable. Vous rappelez-vous, ce

« .... Vieux coq adroit et matois » qui jugea prudent de différer

« Le baiser d'amour fraternelle » que lui voulait donner compère le renard.

— C'était un vieux renard sans doute, que celui qui, étant venu jusqu'à l'antre du lion malade, jugea qu'il était prudent de s'en retourner sans entrer dans la demeure du roi des animaux.

La Fontaine ne le dit point, mais cela est supposable.

— Monsieur, j'ai lu l'autre jour, dans un livre de biographies, que Saint-François de Sales, le célèbre évêque de Genève, dut une partie de sa renommée à la rectitude de son jugement.

C'est vrai, en effet. On raconte qu'il était intimement lié avec J. P. Camus, évêque de Belley, autre personnage illustre du temps, doué par la nature d'une mémoire extraordinaire.

François de Sales se plaignait un jour de manquer de mémoire. — « Vous n'avez pas à vous plaindre de votre partage,
» répondit Camus, puisque vous avez la très bonne part,
» qui est le jugement. Plût à Dieu que je pusse vous donner
» de cette mémoire qui m'afflige souvent de sa facilité, et
» que j'eusse un peu de votre jugement, car de celui-ci, je
» vous assure, que j'en suis fort court ! »

« Saint-François de Sales se mit à rire, et, embrassant
» tendrement son ami, il lui dit : « En vérité, je connais
» maintenant que vous y allez tout à la bonne foi. Je n'ai
» jamais trouvé qu'un homme avec vous qui m'ait dit qu'il
» n'avait guère de jugement, car c'est une pièce de laquelle
» ceux qui en manquent davantage pensent être les mieux
» fournis. (*Encyclopédie morale.* — *Em. Loubens*). »

Les rencontres de cette nature sont en effet peu communes. « Nous reconnaissons aisément aux autres l'avantage du
» courage, de la force corporelle, de l'expérience, de la beauté;
» mais l'avantage du jugement, nous ne le cédons à per-
» sonne. (Montaigne.) » Et ce qui démontre le mieux peut-être l'importance et la nécessité du jugement, c'est cette rareté des gens qui se plaignent de n'en pas avoir.

Il est des personnes qui préfèrent au jugement l'imagination, autre faculté dont nous parlerons plus tard, qui est plus brillante, mais beaucoup moins utile; elles ont tort, car l'imagination sans le jugement pourrait peut-être faire un artiste ou un homme d'esprit fort goûté dans le monde où on lui fournira souvent l'occasion de se produire, mais c'est le jugement seul qui rend l'homme pratique, qui en fait un citoyen utile, et peut lui faire espérer ici-bas un peu de satisfaction, de paix et de bonheur.

L'esprit d'ailleurs peut s'emprunter, et bien des gens qui paraissent en avoir beaucoup, n'en ont guère. Il vous est certainement arrivé de vous y laisser prendre. Vous avez peut-être remarqué à la foire quelques-uns de ces saltimbanques dont le rôle est d'amuser la foule et de la faire rire. Vous aurez probablement trouvé qu'ils avaient beaucoup d'esprit.

Hélas! s'il se trouve par hasard un peu d'esprit dans leurs discours et leurs réparties, ce qui est assez rare d'ailleurs, l'honneur n'en revient pas à eux. Ces phrases qu'ils débitent avec tant d'entrain ont été composées par d'autres, leur seul mérite, à eux, est d'avoir pu les apprendre par cœur, et de les répéter comme le ferait un perroquet. Bien des gens qui passent pour avoir de l'esprit pourraient leur être comparés.

Le jugement, lui, ne peut s'emprunter, et qui n'en a point ne peut paraître en avoir. Si donc vous aviez à choisir entre l'imagination qui fait les hommes d'esprit et le jugement qui fait les hommes utiles, que prendriez-vous?

— Je prendrais le jugement.

Vous auriez raison, et la part que vous auriez choisie serait la meilleure, comme celle que la nature avait faite au célèbre et vertueux personnage dont nous parlions tout à l'heure.

5° RAISONNEMENT OU COMPARAISON DES JUGEMENTS.

Pourriez-vous me dire, mes enfants, à quoi sert l'horloge?

— L'horloge sert à indiquer l'heure.

Qu'est-ce qu'une heure?

— C'est la vingt-quatrième partie du jour.

Pourquoi dites-vous que l'heure est la vingt-quatrième partie du jour?

— Parce que le jour se compose de vingt-quatre heures.

Voulez-vous écrire cette phrase au tableau: *Le jour se compose de vingt-quatre heures?*

Savez-vous où se trouvait la grande aiguille à quatre heures au moment où nous sommes sortis ?

— Elle était placée verticalement et son extrémité occupait le point le plus élevé du cadran.

Quelle heure est-il maintenant ?

— Il est cinq heures.

Où se trouve la grande aiguille ?

— Elle occupe la même position qu'il y a une heure.

Est-elle restée là pendant toute la récréation ?

— Non, Monsieur, elle a fait le tour du cadran.

Et maintenant que va-t-elle faire ?

— Elle va commencer un autre tour, déjà même elle s'est un peu déplacée vers la droite.

Et quand elle aura achevé ce deuxième tour quelle heure sera-t-il ?

— Il sera six heures.

Il sera six heures, en effet, et nous sortirons.

Combien aura duré notre leçon ?

— Elle aura duré une heure comme la récréation qui l'a précédée.

Elle aura duré une heure, en effet, c'est-à-dire le temps qu'il faut à la grande aiguille ?...

— Pour faire une fois le tour du cadran.

Vous pensez donc que *la grande aiguille fait une fois le tour du cadran en une heure.*

— Oui, Monsieur.

Ecrivez cette seconde phrase au-dessous de la première.

Avec ces données, pourriez-vous calculer combien la grande aiguille fait de tours par jour ?

— Cela n'est pas difficile : *elle fait 24 fois un tour ou 24 tours.*

Ecrivez encore votre réponse......

Dites-moi maintenant de combien de propositions chacune de ces trois phrases se compose ?

— Chacune ne comprend qu'une seule proposition.

Qu'est-ce qu'une proposition ?

— C'est l'énonciation d'un jugement.

Qu'est-ce donc que ces trois phrases que vous avez écrites ?

— Ce sont trois propositions ; chacune d'elles est l'expression d'un jugement. Nous savons qu'en une heure l'aiguille fait un tour, nous savons encore que dans un jour il y a 24 heures et cela suffit pour nous faire connaître que l'aiguille fait 24 tours par jour.

— Il n'était pas nécessaire de faire un problème pour cela, car je le savais à l'avance.

Vous voulez dire que le problème étant très simple, vous auriez pu le résoudre, sans l'écrire, c'est-à-dire mentalement.

Une autre question tout à fait semblable sur des nombres un peu plus grands pourrait vous embarrasser davantage. Vous savez par exemple que la grande aiguille fait 24 tours par jour et qu'il y a 365 jours dans une année, combien l'aiguille fait-elle de tours en 1 an ?

— Une simple multiplication nous le fera savoir.

Faites-la.

$24 \times 365 = 8760$.

La grande aiguille fait donc par an 8760 tours.

Croyez-vous que pour le savoir vous n'ayez eu besoin que de faire une multiplication ?

— Oui, Monsieur.

Pourriez-vous me dire pourquoi vous avez fait une multiplication et pourquoi celle-ci plutôt qu'une autre ?

— J'ai multiplié 24 par 365, parce que en un an, ou 365 jours, l'aiguille fait 365 fois 24 tours.

Vous voyez donc bien que si vous n'avez pas écrit le problème, vous l'avez au moins raisonné mentalement.

Voulez-vous nous dire tout haut ce que vous avez pensé tout bas et écrire sur le tableau le raisonnement qui vous a conduit à faire cette multiplication ?

— J'ai fait le raisonnement suivant :

Puisque en 1 jour l'aiguille fait 24 tours, en un an l'aiguille fera autant de fois 24 tours qu'il y a de jours.

Or il y a 365 jours dans un an : l'aiguille fera donc 365 fois 24 tours ou $24 \times 365 = 8760$ tours.

Ne trouvez-vous pas une grande ressemblance entre ces phrases que vous venez d'écrire et les trois premières ?

— C'est tout à fait la même chose.

Et tout à l'heure vous avez appelé cela un raisonnement ?

— Oui, Monsieur.

Ecrivez ce mot au-dessus, tout en haut du tableau ?

— Je crois, Monsieur, que je me suis trompé, car nous écrivons habituellement à cette place le mot solution et non celui-ci.

Non, vous n'avez point fait d'erreur, car une solution est un raisonnement ; et on donne plus particulièrement ce nom aux raisonnements qui conduisent à la réponse aux questions posées sous forme de problèmes.

Pour plus de simplicité effacez la seconde solution, et ne gardons que les trois premières lignes. Elles composent, comme nous venons de le dire, un raisonnement et c'est justement du raisonnement que nous voulons parler aujourd'hui.

Tous les raisonnements déductifs ressemblent plus ou moins à celui que vous avez sous les yeux ; et celui-ci suffit pour vous donner une idée assez exacte du raisonnement en général.

Qui va pouvoir nous en donner une définition ?

Voyons, Hector : de quoi se compose un raisonnement ?

— Celui-ci se compose de trois propositions.

Gardons cette expression pour nos leçons de grammaire ; dites trois jugements. Tous les raisonnements déductifs peuvent être ramenés à cette forme ; mais ne voyez-vous aucune différence entre la manière dont vous êtes amené à formuler chacun de ces jugements ?

— La définition de l'heure nous a conduits au premier et l'observation au second.

Cela nous fait donc deux jugements de l'exactitude desquels nous sommes certains.

Mais le troisième ? Auriez-vous la patience de rester un jour devant une horloge pour compter le nombre de tours que fait la grande aiguille ?

— Non, Monsieur, et cela n'est pas nécessaire puisque nous pouvons le calculer.

Et quand, par le calcul, vous avez trouvé que l'aiguille fait 24 tours par jour, n'êtes-vous pas aussi certain de l'exactitude de ce troisième jugement que de celle des deux premiers ?

— Si, Monsieur.

Ne voyez-vous pas maintenant à quoi sert le raisonnement ?

— C'est par le raisonnement que nous pouvons étendre les connaissances qui nous sont fournies par l'observation.

Nous complèterons votre définition tout à l'heure. Mais auparavant, voyons quelle est la faculté qui se livre à ce nouveau travail intellectuel.

— C'est évidemment la raison.

La raison considérée à ce point de vue spécial prend le nom de raisonnement, de sorte qu'aujourd'hui, comme dans les leçons précédentes, nous désignerons par le même mot l'opération de notre intelligence dont nous devons parler ainsi que l'acte intérieur qui résulte de cette opération.

Le raisonnement diffère notablement des facultés que nous avons étudiées jusqu'à présent. L'observation nous donne, des choses qui nous entourent, des idées plus ou moins parfaites suivant qu'elle est faite avec plus ou moins d'attention ; la réflexion complète ces idées, et quand nous faisons un jugement nous affirmons la convenance ou le rapport qui existent entre plusieurs de ces idées.

C'est par le raisonnement que nous tirons des connaissances qui nous sont données par les autres facultés tout ce qui en découle logiquement, tout ce qui en est la conséquence.

C'est une sorte de chemin qui nous conduit d'une vérité connue à une autre que nous ne possédons pas.

Nos autres facultés font naître et perfectionnent en nous l'idée des choses ; le raisonnement nous fait pour ainsi dire inventer des connaissances nouvelles que ni l'observation, ni la réflexion n'auraient pu nous faire acquérir.

Croyez-vous, Jules, que cette faculté soit importante ?

— Oui, Monsieur, car il est bien des connaissances que nous ne pourrions acquérir par l'observation directe.

Elle est très importante, en effet, et elle est pour nous une des sources les plus fécondes de nos connaissances, puisque sans elle notre science se bornerait pour ainsi dire au souvenir des faits dont nous aurions été témoins et qui nous auraient impressionnés d'une manière ou d'une autre.

Il ne suffit pas d'ailleurs de bien raisonner pour arriver à une conclusion certaine.

Le raisonnement nous conduit à une vérité dont la certitude n'est que conditionnelle et un bon raisonnement ne peut que nous conduire à un résultat inexact si nous partons de données fausses. En voulez-vous un exemple? Reprenons le raisonnement qui est sur le tableau. Supposez que d'une manière ou d'une autre, nous ayons été amenés à croire que l'aiguille fait deux tours par heure, aurions-nous trouvé le résultat 24 qui est le seul véritable ?

— Non, Monsieur, nous aurions trouvé 48.

Ainsi, vous le voyez, l'erreur commise dans l'un des deux jugements considérés comme vrais, en entraîne une autre dans le troisième et la connaissance qui en résulte est nécessairement fausse.

Il ne pouvait en être autrement.

Ce troisième jugement étant le résultat ou la conséquence des deux premiers, la vérité du fait qu'il exprime est nécessairement subordonnée à l'exactitude de ceux dont il est la conséquence.

Il ne faudrait pas croire pourtant que le raisonnement n'est pas une faculté très nécessaire et qu'il importe peu de le cultiver avec soin, car une vérité nouvelle appuyée sur un mauvais raisonnement ne peut pas être d'une grande utilité.

Ainsi, « avant que Galilée eût démontré que la terre tourne,
» beaucoup de philosophes avaient également attribué à
» celle-ci un mouvement circulaire ; mais quelles pouvaient
» être l'autorité et la valeur de ce principe, lorsqu'il était
» établi sur des raisons de la nature de celles-ci :

» Le soleil est plus noble que la terre et le repos plus
» noble que le mouvement, donc le soleil est en repos et la
» terre se meut.

» Mais de tous les corps mobiles, le plus noble c'est la
» terre et le mouvement circulaire est le plus noble de tous
» les mouvements ; donc la terre se meut d'un mouvement
» circulaire. » (Loubens. — *Encyclopédie morale*.)

Vous comprenez sans peine qu'une vérité aussi importante avait besoin d'être établie par un raisonnement plus sérieux, et qu'il n'est pas étonnant qu'on ait si longtemps refusé de croire ces premiers savants.

— Oui, Monsieur, car les preuves devaient être d'autant plus convaincantes que toutes les apparences étaient contre l'opinion émise par eux.

En effet, et les autres hommes étaient alors si peu disposés à les croire que, même après que Galilée eut trouvé des preuves suffisantes, on ne voulut pas tout d'abord les admettre comme vraies et on le força de reconnaître publiquement qu'il s'était trompé et qu'il était tombé dans l'erreur.

Mais d'autres savants après lui ont repris ses idées et à force de raisonnements, ils sont enfin parvenus à en démontrer toute l'exactitude.

Il est heureux pour eux et pour nous qu'ils aient rencontré un public plus bienveillant et moins incrédule.

La réflexion toute seule pourrait d'ailleurs nous faire comprendre toute l'importance du raisonnement. Grâce à lui, chaque idée n'a plus de valeur limitée; elle devient, pour ainsi dire, un germe duquel naîtront sous l'effort de notre volonté un nombre indéfini d'autres idées, découlant toutes les unes des autres; grâce à lui, nous pouvons étendre indéfiniment notre domaine intellectuel et le cercle de nos connaissances.

Croyez-vous que sans le raisonnement, vous pourriez savoir combien de fois en un jour l'aiguille fait le tour du cadran?

— Oui, Monsieur, en comptant ces tours.

Passe encore pour un jour; mais pour un an, vous n'en auriez pas la patience et pour un siècle?

— Cela nous serait impossible.

C'est par le raisonnement, remarquez-le bien, que vous pensez que demain l'aiguille fera autant de tours qu'aujourd'hui.

Cet exemple seul suffit pour nous faire comprendre que sans le raisonnement nous ne pourrions rien prévoir. Quelle serait alors notre existence sur la terre?

— Nous serions exposés aux plus grandes privations et aux plus grands malheurs.

Vous pourriez ajouter que le nombre de ces privations et de ces malheurs est incalculable. Nous serions les plus misérables des êtres, nous ne pourrions acquérir aucune expérience de la vie. Ne supposant pas que les mêmes causes peuvent produire les mêmes effets, nous serions sans cesse en proie aux mêmes infortunes, nous en serions réduits à souffrir toujours, sans chercher jamais s'il existe des remèdes à nos maux présents ou des moyens pour nous préserver de ceux qui pourraient nous menacer dans un avenir que rien ne saurait nous faire prévoir.

Nous terminerions ici cette leçon s'il ne nous restait encore à examiner quelles sont les différentes manières de raisonner, c'est-à-dire de tirer une vérité inconnue d'une ou plusieurs vérités connues.

Nous avons déjà vu celle qu'on emploie surtout dans les sciences exactes ou mathématiques, telles que l'arithmétique et la géométrie.

On démontre une proposition ou un théorème.

On cherche la solution d'un problème.

Ecrivez ces mots sur le tableau.

La solution et la démonstration partent de principes généraux qui n'ont pas besoin d'être démontrés ; et que tirent-elles de ces principes ?

— Elles en tirent des conséquences.

Oui, c'est-à-dire des vérités qui y étaient pour ainsi dire renfermées et qu'il a suffi d'en faire sortir.

Nous avons vu aussi à quelle condition la conclusion à laquelle on arrive peut être considérée comme juste. Vous la rappelez-vous ?

— Oui, Monsieur, il faut nécessairement que les notions générales dont on est parti soient vraies.

Vous rappelez-vous quel nom on donne aux autres sciences, à celles qui ont pour but l'étude des phénomènes naturels et celle des êtres qui couvrent la terre ou qui remplissent son sein ?

— Ce sont les sciences physiques et naturelles et vous nous avez dit qu'on leur donnait le nom de sciences d'observation.

Dans ces sciences, on raisonne d'une autre manière et cela

se conçoit. Pour raisonner, nous ne pouvons partir que des faits connus. Et dans les sciences physiques et naturelles les faits connus sont surtout ceux que nous avons pu observer nous-mêmes. Ce n'est que par le raisonnement que nous arrivons aux faits généraux, aux lois, comme disent les savants.

Quelques exemples vous le feront mieux comprendre. Si vous mettiez de l'eau sur le feu, dans un vase, qu'arriverait-il ?

— Cette eau chaufferait.

Et en chauffant ?

— Son volume augmenterait et si le vase était presque plein, il ne suffirait bientôt plus à la contenir.

Si, au lieu d'eau, nous y mettions du lait ?

— La même chose arriverait.

Si nous y mettions de l'huile ?

— Le volume de l'huile augmenterait aussi.

Voyez-vous encore d'autres liquides sur lesquels nous pourrions faire la même observation ?

— Le vin, le vinaigre, le cidre.

C'est encore la chaleur qui fait augmenter le volume de l'alcool et du mercure dans le thermomètre.

La chaleur produirait le même effet sur tous les liquides.

Ainsi donc, quelques observations que vous avez faites vous font trouver cette loi générale (qui est vraie en effet), de la dilatation des liquides sous l'action de la chaleur.

Vous avez pris une abeille qui vous a piqué ; en prendrez-vous une autre sans plus de précautions ?

— Non, Monsieur, car je sais qu'elle me piquerait comme la première.

Une seule observation a donc suffi pour vous faire connaître ce fait général : Les abeilles ont toutes un aiguillon dont elles se servent pour se défendre quand elles se voient attaquées.

Et si quelqu'un vous disait qu'il connaît un pays où la chaleur ne fait pas augmenter le volume de l'eau, où l'on peut toucher le feu sans se brûler, et marcher sur l'eau comme nous marchons sur la route, le croiriez-vous ?

— Non, Monsieur.

Pourquoi ?
— Parce que j'ai vu arriver tout le contraire.

Vous croyez donc alors que dans tous les temps et dans tous les pays du monde, ces choses se sont passées et se passeront comme nous les voyons aujourd'hui ?
— Oui, Monsieur.

Oui, et vous avez raison.

Eh bien, quand vous étendez ainsi à tous les objets semblables, à tous les temps et à tous les lieux une propriété que vous avez observée sur un ou plusieurs de ces objets, vous raisonnez encore.

Vous trouvez mille fois par jour l'occasion de raisonner.

Si, par exemple, j'écris au tableau les phrases suivantes : *Les devoirs sont faits, — les enfants jouent, — les enfants aiment l'école*, et que je vous demande comment se terminent les verbes contenus dans ces phrases, que me répondrez-vous ?
— Ils se terminent tous les trois par *nt*.

Et que concluez-vous de ces exemples ?
— J'en conclus que tous les verbes se terminent par *nt* à la 3e personne du pluriel.

Comment arrivez-vous à cette conclusion ?
— J'ai pensé que puisque ces verbes se terminent par *nt* à la 3e personne du pluriel, tous les verbes se terminent de la même manière à la même personne.

Oui, et vous venez par ce raisonnement très simple de trouver une des règles les plus importantes de la grammaire.

Cette manière de raisonner est la meilleure pour l'étude, c'est-à-dire pour l'acquisition des connaissances.

Exercez-vous y sans cesse.

Voulez-vous maintenant que je vous fasse raisonner de l'autre manière ?

Venez vous-même écrire au tableau cette phrase : *Les oiseaux chantent*.

Pourquoi écrivez-vous le verbe de cette manière ?
— Parce que les verbes se terminent par *nt* à la 3e personne du pluriel.

Vous vous arrêtez avant d'avoir fini ; écrivez cette règle... Vous venez, sans vous en apercevoir, de commencer un raisonnement.

Qui le continue ?

Tenez, voyez, c'est à qui aura la parole.

Paul, à vous.

— *Le verbe* chantent *est à la 3ᵉ personne du pluriel. Il doit donc se terminer par* nt.

Vous le voyez, quand vous appliquez une règle d'orthographe, de calcul, etc., vous raisonnez encore.

Le raisonnement porte-t-il alors un nom particulier ?

— Dans ce cas, le raisonnement prend le nom de déduction. Lorsque, au contraire, le raisonnement, partant d'un ou de plusieurs exemples, fait trouver la règle, il prend le nom d'induction.

Ecrivez ces deux mots à côté de solution et de démonstration.

Ces noms sont pour nous sans importance.

Il n'est pas indispensable que vous les connaissiez ; ce qu'il faut surtout, c'est que vous sachiez raisonner juste et bien sur des idées et des jugements dont l'exactitude ne présente pas l'ombre d'un doute.

6° SUITE ET LIEN DANS LES IDÉES.

Quelle est la profession de votre père, Edouard ?

— Il est marchand de nouveautés et mercier.

Sauriez-vous nous dire toutes les marchandises différentes qu'il peut vendre à sa clientèle ?

— Ce serait bien long, car le magasin est grand et les articles sont très nombreux. Il vend des étoffes de laine et de coton, du fil, des aiguilles, des boutons, des épingles, des rubans, des bas, des chaussures, des vêtements, etc...

Parmi un aussi grand nombre de marchandises différentes il doit être bien difficile de trouver celle qui peut convenir à chaque acheteur et on ne doit pas toujours trouver immédiatement ce que l'on cherche.

— Si, Monsieur, car on a soin de réserver à chaque marchandise une place qui est toujours la même, et on est si bien habitué à l'y voir qu'on la trouve aussitôt qu'on en a besoin.

— Je comprends ; ainsi par exemple, on sait qu'à droite de telle pièce de drap se trouve une boîte de fil blanc et qu'au-dessus de telle pièce d'indienne se trouve une boîte de boutons.

— Non, Monsieur, on consacre à chaque sorte de marchandises un rayon ou une partie de rayon. Chaque rayon comprend plusieurs casiers et dans chaque casier on réunit les marchandises qui ont le plus de ressemblance.

Et grâce à cette précaution, n'est-ce pas? on sait que dans telle partie du magasin on trouvera des étoffes de telle ou telle nature, tandis que dans telle autre, on trouvera toutes les espèces de fils, que les fils blancs sont à droite, les noirs à gauche, etc... Les clients qui n'aiment pas à attendre sont servis tout de suite et s'en vont satisfaits. Ils reviendront certainement. Ils en amèneront d'autres peut-être et la clientèle deviendra de plus en plus importante.

Croyez-vous, Alcide, que c'est seulement chez le marchand de nouveautés que les marchandises doivent être ainsi parfaitement rangées?

— Non, Monsieur, cet ordre doit se rencontrer dans tous les magasins, quels qu'ils soient.

Oui, mes enfants, l'ordre doit exister partout, non pas seulement dans la boutique du marchand, mais à la maison, à l'école, dans vos pupitres, dans vos cahiers, dans vos vêtements, dans votre esprit surtout, et c'est là ce que je me propose de vous expliquer et de vous faire comprendre aujourd'hui.

Nous avons vu dans les leçons précédentes comment les idées se forment dans notre intelligence.

Mais croyez-vous que cette faculté de penser nous serait très utile si nous étions condamnés à oublier pour toujours ces idées, dès que nous cessons de nous en occuper?

— Non, Monsieur, car il nous faudrait souvent recommencer le même travail, faire les mêmes observations et nous livrer aux mêmes recherches.

Il est donc fort heureux pour nous que la nature nous ait donné à côté des importantes facultés dont nous avons parlé une autre faculté également très utile, à laquelle on a donné le nom de mémoire et par laquelle nous pouvons fixer en nous-même, d'une manière durable le souvenir des idées, ou plutôt les idées elles-mêmes.

Notre mémoire est donc pour ainsi dire une sorte de magasin où nous conservons les idées qui se sont formées en nous et où nous pouvons les trouver au besoin.

Croyez-vous que ces idées soient nombreuses, Edouard?

— Oui, Monsieur.

Croyez-vous qu'elles soient aussi nombreuses que les marchandises qui remplissent le magasin de votre père?

— Elles sont infiniment plus nombreuses.

En effet. Croyez-vous qu'il nous soit très facile de trouver ces idées quand nous en avons besoin?

Répondez, par exemple, à cette question : Quel est le fleuve qui passe à Paris?

— C'est la Seine.

Voyez, vous n'avez même pas hésité un instant et vous avez trouvé la réponse aussi facilement, plus facilement même que votre père n'eût pu trouver la boîte qui renferme les pelotes de fil algérien.

Il faut donc que vos idées soient aussi classées dans des rayons et des casiers spéciaux pour que vous trouviez aussi rapidement celle dont vous avez besoin?..... Cela vous fait rire, et pourtant cela est vrai, car si nos idées n'étaient pas rangées avec soin dans notre mémoire, il nous serait aussi difficile de les retrouver, qu'il le serait de trouver les articles demandés dans un immense magasin où les marchandises les plus diverses seraient entassées pêle-mêle et dans le plus grand désordre.

Mais nous avons reçu aussi la faculté de classer nos idées et cette classification s'opère le plus souvent à notre insu et sans que nous nous en apercevions, car, quand nous faisons usage de nos facultés, nous ressemblons beaucoup à M. Jourdain dont je vous parlais l'autre jour et dont vous avez tant ri.

Voyez-vous comment vous pouvez lui ressembler?

— M. Jourdain faisait de la prose sans le savoir et nous nous jugeons, nous raisonnons, nous classons nos idées le plus souvent aussi sans le savoir.

Cela n'empêche pas que quelquefois ce travail ne soit fait avec une précision étonnante et que nous ne réussissions assez bien à grouper les unes auprès des autres le plus grand nombre des idées s'appelant l'une l'autre.

Essayons, qu'est-ce que ceci ?
— C'est un porte-plume.
A quoi vous fait penser le porte-plume ?
— Il me fait penser à la plume, au cahier, au papier, au livre, aux chiffons, au linge, au corps, à la propreté, au bois, au fer, à tous les ouvriers qui travaillent le bois et le fer, aux outils qu'ils emploient, etc.

Vous en pourriez encore trouver beaucoup d'autres.

Ne pensez-vous pas que ce travail de rapprochement des idées, pour s'être fait pour ainsi dire tout seul, ne s'est pas trop mal fait ?

— Si, Monsieur, et probablement, cette faculté n'a pas besoin d'être cultivée avec beaucoup de soin.

C'est justement ce qui vous trompe. Vous oubliez que nous jugeons et que nous raisonnons aussi sans le savoir et que cela ne nous dispense point de cultiver avec soin les facultés qui président à ces opérations.

Nous devons au contraire nous efforcer de mettre dans nos idées le plus d'ordre possible. Chacune doit être à sa place, sans cela l'ordre général serait bientôt troublé dans notre esprit.

Ne croyez-vous pas, d'ailleurs, qu'il vous sera plus facile de vous reconnaître dans un ordre établi par vous que dans celui qu'établirait le hasard, si le hasard pouvait être capable d'un ordre quelconque ?

Tous les hommes sérieux se sont appliqués avec le plus grand soin à mettre dans leurs idées le plus d'ordre possible. Quelques-uns y ont réussi d'une manière surprenante.

A qui donc ai-je prêté l'autre jour un volume intitulé : *Voyage autour de ma chambre ?*

— C'est à moi, Monsieur.

— Je l'ai lu aussi.

Vous rappelez-vous le nom de l'auteur.

— Oui, Monsieur, c'est Xavier de Maistre.

Ce Xavier de Maistre avait un frère nommé Joseph de Maistre qui était doué d'une mémoire telle « que rien de ce » qu'il y avait déposé et classé ne s'effaçait plus. Il avait » coutume de comparer son cerveau à un vaste casier à ti-

11

» roirs numérotés, qu'il tirait selon le cours de la conversa-
» tion, pour y puiser les souvenirs d'histoire, de poésie, de
» philologie et de sciences qui s'y trouvaient en réserve. Cette
» puissance, cette capacité de mémoire, quand elle ne fait
» pas obstruction et qu'elle obéit simplement à la volonté est
» le propre de toutes les fortes têtes, de tous les grands es-
» prits. » (Sainte-Beuve).

Je vous parais sans doute attacher une bien grande importance à cette classification des idées. C'est qu'en effet rien autant qu'elle ne peut nous être utile toutes les fois que nous avons l'occasion d'écrire ou de parler.

Sauriez-vous me dire pourquoi nous parlons?

— C'est pour dire aux autres ce que nous pensons, c'est-à-dire pour leur communiquer nos idées.

En effet avec l'intelligence nécessaire pour rechercher et trouver ce qui est vrai et ce qui est bien, l'homme a reçu de l'auteur de toutes choses, la parole, autre don non moins précieux qui lui permet d'être utile à ses semblables en leur communiquant ses pensées ou les découvertes qu'il a faites. Il importe que l'enfant se familiarise de bonne heure avec l'usage de la parole, qu'il apprenne à choisir parmi les notions acquises celles qui sont relatives à un même sujet comme à les classer dans un ordre convenable afin de mieux les développer.

Tous les hommes parlent-ils avec la même facilité?

— Non, Monsieur, les hommes qui parlent le mieux sont généralement très instruits.

Quel nom leur donne-t-on ?

— On leur donne le nom d'orateurs.

Tout le monde n'est pas né pour devenir orateur et vous ne le serez probablement ni l'un ni l'autre.

Il n'est pas de leçon, cependant, qui ne vous donne, dès à présent, l'occasion de vous habituer à parler et quand vous serez plus âgés, vous trouverez sans cesse l'occasion de parler de choses plus sérieuses encore.

Tous les hommes sont doués de la parole, mais tous ne s'en servent pas aussi bien ni de la même manière.

Pensez-vous qu'il suffise d'avoir les instruments nécessaires pour exécuter un ouvrage quelconque ?

— Non, Monsieur, il faut encore savoir s'en servir.

Oui, et même parmi ceux qui ont appris à s'en servir, celui-là produira un travail plus parfait qui sera le plus adroit. Il en est de la parole comme des outils, elle est d'autant plus utile et puissante qu'on sait mieux s'en servir et bien des personnages dont le nom est devenu célèbre ont dû le rang élevé qu'ils ont occupé dans la société, à la facilité avec laquelle ils savaient exprimer leurs idées.

Quelle est la première condition, celle sans laquelle il nous serait tout à fait impossible de causer sur aucun sujet quel qu'il soit ?

— C'est évidemment d'avoir des idées nettes et précises sur l'objet dont il est question.

Cette condition est en effet la plus indispensable, mais elle ne suffit pas. Il vous est certainement arrivé quelquefois d'avoir fait une rédaction assez longue, dans laquelle vous aviez dit beaucoup de choses et qui cependant ne vous a valu qu'un *passable* ou un *assez bien*. Quel est donc le reproche que je vous fais le plus souvent en corrigeant vos devoirs de style ?

— C'est la confusion.

Et cette confusion vient justement de ce que vous ne prenez pas le soin de *classer* vos idées avant de les écrire.

Hector, que dites-vous donc à Jules, qui a l'air de si peu lui convenir ?

— Je lui rappelle qu'il commençait l'autre jour l'histoire de Jeanne d'Arc au siège d'Orléans et que vous l'avez arrêté pour lui dire de mettre un peu d'ordre dans ses idées.

C'est vrai. Vous souvenez-vous, Jules, de ce que je vous ai dit ?

— Oui, Monsieur, vous m'avez dit qu'il faut, quand nous voulons parler ou écrire, commencer par chercher, dans notre mémoire, les idées que nous allons développer, puis, en second lieu, voir dans quel ordre elles devront se succéder.

Oui, et sans cette dernière précaution vous ne réussiriez à faire rien de bien ni de convenable.

Il faut donc, premièrement, chercher les idées. Mais pour les trouver plus facilement, quel est le meilleur moyen ?

— C'est de les classer avec soin dans notre mémoire comme le marchand classe les différents articles qui font l'objet de son commerce.

Oui, car les classifications ont été inventées pour simplifier et faciliter les recherches.

Les idées qui constituent votre savoir sont nombreuses déjà et leur nombre doit encore s'accroître considérablement.

Quel ordre adopterez-vous pour les classer dans les tiroirs de votre mémoire, comme disait le comte Joseph de Maistre?...

Vous voilà bien embarrassé et cependant c'est là une nécessité importante, si vous voulez les trouver quand vous en aurez besoin.

Vos livres de classe parlent un peu de tout ce que vous aurez besoin de connaître et vous en avez un peu pour chaque branche d'études; aussi je vous conseille de réserver à chacun d'eux une place spéciale dans votre mémoire.

L'auteur n'a-t-il pas pris le soin d'y établir certaines divisions?

— Si, Monsieur, ils sont généralement divisés en chapitres ou en leçons.

Je vous conseille aussi d'apprendre, pour ainsi dire, par cœur, non pas tout ce qu'ils renferment, ce serait une tâche aussi lourde que peu utile, mais leurs divisions et l'ordre dans lequel on y a exposé les différentes parties de chaque enseignement: vous n'en sauriez inventer de meilleur.

A l'école cette classification générale de vos idées vous suffira; plus tard même, à moins de circonstances extraordinaires, elle vous suffira encore, et vous apercevrez que rien ne sera complètement nouveau et que toutes les nouvelles connaissances que vous pourrez acquérir se rapporteront plus ou moins directement à vos premières études. Ces notions nouvelles trouveront naturellement leur place à côté de celles qui les ont précédées et dans ces mêmes tiroirs dont nous parlions tout à l'heure.

Croyez-vous qu'il vous sera difficile de vous reconnaître dans un ordre aussi parfait quand vous aurez besoin d'y chercher quelque souvenir?

— Non, Monsieur, pas plus qu'au marchand dont les marchandises sont soigneusement rangées et étiquetées.

Comme je vous le disais il y a un instant, chaque idée principale en rappelle un certain nombre d'autres, avec lesquelles elle s'est trouvée associée, soit parce que nous l'avons voulu, soit naturellement ou même par un simple effet du hasard. Parmi ces idées secondaires il peut se faire que vous en trouviez quelques-unes qui méritent d'être groupées autour des idées principales qui en ont réveillé le souvenir.

Il y a donc là encore un choix à faire et ce choix ne laisse pas que d'être difficile. Il le serait moins si l'association de nos idées était toujours le résultat d'un acte de notre volonté et de notre réflexion. Mais diverses causes accidentelles peuvent associer dans notre esprit des idées que rien en réalité ne rapproche les unes des autres. Voulez-vous que je vous fasse comprendre cela par quelques exemples?

Vous savez ce qu'on dit du nombre 13.

— On dit qu'il porte malheur.

Le croyez-vous?

— Non, Monsieur.

Tant mieux, je vous en félicite, et vous avez raison, mais bien des gens le croient encore. On les a habitués à associer à l'idée de ce nombre celle de malheur et c'est en vain qu'on essayerait de les détromper. Il n'est pas rare de rencontrer certaines personnes que la croyance à ce préjugé stupide a rendues ridicules et fatalistes. J'en ai vu plus d'une se créer ainsi volontairement des maux imaginaires.

Ne pourriez-vous pas vous-mêmes trouver quelques exemples de ces associations d'idées qui ne sont basées sur aucun rapport sérieux et contre lesquels vous ne sauriez trop vous mettre sur vos gardes?

— Certaines gens croient que l'argent suffit pour procurer le bien-être.

Croyez-vous donc qu'ils se trompent?

— Oui, Monsieur, et La Fontaine nous le prouve dans la fable que nous avons apprise la semaine dernière: *Le savetier et le financier*.

Certaines personnes paraissent croire que le véritable bonheur se trouve dans l'inactivité.

D'autres croient que ceux qui occupent dans la société un rang élevé ou une haute position n'ont rien à faire.

N'auriez-vous pas une petite histoire à nous raconter pour nous faire voir combien tous ces gens-là se trompent ?

Voyons, qui trouve l'histoire ?

— Moi, Monsieur. Je suppose que vous voulez parler de la lecture de mardi dernier.

Qu'avons-nous donc lu mardi ?

Nous avons lu un morceau de prose qui nous a bien fait rire, intitulé : *Les oies du bon Dieu.*

Nous en pourrions trouver bien d'autres, mais tenons-nous en à celle-là, pour aujourd'hui.

Vous voyez donc combien il vous faudra réfléchir quand vous ferez le choix des idées qui vous auront été fournies par votre mémoire.

Quand enfin vous aurez trouvé les idées et terminé le choix dont nous venons de parler, les développerez-vous dans un ordre quelconque ?

— Non, Monsieur, il faudra les classer avec soin, car elles ne nous viennent pas toujours dans l'ordre où elles doivent être exposées.

Cela est vrai, mais ici, il est bien difficile de vous guider.

Cette nouvelle classification des idées relatives à un même sujet est le plus souvent une affaire de goût et dépend surtout de la nature de ce sujet.

Voyons cependant si en nous rappelant les différentes sortes de rédactions que nous avons faites, nous ne pourrions pas trouver quelques règles à observer.

Quelle était votre dernière rédaction ?

— C'était le compte rendu de la dernière leçon sur le raisonnement.

Pour celle-là, vous n'aviez pas d'ordre à établir, vous n'aviez qu'à vous rappeler de votre mieux celui que j'avais suivi pour faire la leçon.

Quelles autres rédactions vous souvenez-vous d'avoir faites ?

— Nous avons fait souvent des lettres.

Il y a des lettres qu'on appelle administratives et d'autres qu'on appelle lettres d'affaires : elles ont surtout besoin d'être claires et courtes, elles traitent souvent d'un seul objet et l'ordre à suivre est le plus souvent indiqué par le besoin auquel elles répondent.

Celles que nous faisons le plus souvent pourraient être désignées sous le nom de lettres familières. Ce sont celles qu'on écrit aux parents et aux amis. Vous aurez tous souvent besoin d'écrire de semblables lettres.

Mais que direz-vous dans vos lettres ?

— Cela dépend des circonstances qui nous auront donné l'occasion d'écrire.

En effet, vous pourrez par exemple vous trouver en voyage ou éloigné de votre famille pour un temps plus ou moins long.

Pourquoi alors écrirez-vous ?

— Pour donner de nos nouvelles.

— Pour raconter notre voyage.

— Pour décrire les lieux que nous avons visités et les monuments que nous avons remarqués.

C'est la ce qu'on appelle des narrations et des descriptions. Et vous savez qu'on peut traiter ces sujets autrement que sous forme de lettre. Quand, par exemple, vous racontez à vos camarades un fait que vous avez vu, ne faites-vous pas une narration ?

— Si, Monsieur.

Nous n'avons pas nommé tous les sujets de rédaction.

Essayons encore d'en trouver quelques-uns.

— Il y a encore les rédactions d'histoire et de géographie.

Ce ne sont en réalité que des narrations et des descriptions.

— Vous nous faites quelquefois comparer deux personnes, deux animaux ou deux choses.

— Nous avions l'autre jour à expliquer ce proverbe : *pierre qui roule n'amasse pas mousse.*

Quelquefois aussi je vous demande votre appréciation relativement à une action dont vous avez été témoins, à un fait que vous avez vu ou entendu raconter.

Je vous demande aussi de temps en temps de démontrer l'utilité et la nécessité des choses, la vérité d'une affirmation, c'est-à-dire d'un jugement que nous avons trouvé dans notre leçon de lecture, etc.

Voilà bien des sujets divers et nous n'aurions pas fini, s'il nous fallait étudier chacun en détail.

Disons seulement quelques mots des plus importants.

Hector, quel ordre vous paraît-il préférable de suivre dans une narration orale ou écrite?

— C'est évidemment l'ordre naturel des faits.

Dans ce cas, en effet, l'ordre chronologique est toujours le meilleur.

Et si vous faites une description?

— L'ordre dans lequel les parties de l'objet sont placées me paraît préférable.

Cela est vrai, si vous décrivez un ensemble d'objets. Si vous décrivez un objet unique, un outil, un fruit, un animal, un monument, un tableau, observez rigoureusement cet ordre naturel pour les parties principales, et, autour de chacune d'elles, groupez avec soin les détails d'une moins grande importance.

Et si vous avez à comparer plusieurs personnes ou plusieurs choses?

— Il faut nécessairement rapprocher les unes des autres les circonstances qui les font se ressembler ou qui les en empêchent.

Si vous voulez prouver l'utilité de quelque chose ou la vérité d'un fait, il faut surtout prouver cette utilité par des exemples et par le raisonnement.

Toutes ces dernières formes du discours parlé ou écrit ne constituent pour ainsi dire que des énumérations.

Or il existe une manière de grouper les termes d'une énumération qui est propre à augmenter l'intérêt du récit, c'est de disposer les idées par ordre de gradation croissante. Mais il faut être très adroit pour bien y réussir et je vous conseille de rester dans le naturel, cela est plus simple et beaucoup plus facile.

C'est aussi pour vous, qui n'êtes pas des artistes dans l'art d'écrire ou de parler, le moyen le plus sûr de n'être pas ridicules, car vous le savez, La Fontaine a dit:

> Ne forçons point notre talent,
> Nous ne ferions rien avec grâce:
> Jamais un lourdaud, quoi qu'il fasse,
> Ne saurait passer pour galant.

Voilà certes pour une leçon bien des choses auxquelles vous n'aviez pas beaucoup pensé jusqu'à présent.

Il nous faudra y revenir bien des fois sans doute, mais les occasions ne nous manqueront pas.

Nous rechercherons avec soin dans nos lectures l'ordre dans lequel les idées ont été classées par l'auteur.

Vous profiterez mieux aussi des observations que je vous ferai en corrigeant vos rédactions et nous en ferons souvent, car vous l'avez entendu répéter bien des fois : C'est en forgeant qu'on devient forgeron.

Les Rapporteurs :

DELACHAUME,   BIGOT,
Instituteur à Fresnay-l'Évêque.   Instituteur à Janville.

NOTES ET EXPLICATIONS.

Voici, d'après nous, le travail intellectuel qui prépare et constitue le jugement dans l'enfant : 1° La sensation est décomposée dans des éléments ; 2° Les différents caractères de la sensation analysée donnent naissance à des idées abstraites et générales qui serviront de termes de comparaison dans les jugements ultérieurs ; le jugement, affirmant les ressemblances et les différences, réunit à ces noyaux de groupement ou en exclut les sensations nouvelles.

ANALYSE DE LA SENSATION.

La sensation brute, dans sa complexité, est comme une masse indigeste que l'esprit ne peut s'assimiler. Il en est de même des aliments que nous prenons : pour qu'ils puissent céder à l'action mécanique et à la réaction chimique de l'estomac, ils doivent être préalablement divisés. La sensation doit donc subir un travail auquel l'éducation du premier âge ne doit pas rester étrangère. Voyez l'enfant au berceau : son esprit est comme noyé au milieu des flots de sensations qui lui arrivent de toutes parts ; il est impuissant à lutter contre l'envahissement simultané de tant de visiteuses : c'est la mère qui va et vient, c'est la lampe qui brille, le feu qui pétille ; un seul objet même l'occupe-t-il, sa couleur, son bruit, sa forme, son odeur se disputent son at-

tention et tiraillent en tous sens son intelligence. Quel service ne lui rend-on pas alors, en ne lui présentant qu'un seul objet à la fois ! en donnant à l'une des sensations que lui fait éprouver le même objet, une prépondérance telle que les autres, pour quelque temps, rentrent dans l'ombre et accordent un peu de liberté à son esprit ! Ne lui laissons arriver les sensations que l'une après l'autre. Soit une poire que vous lui présentez : montrez-la lui d'abord à quelque distance ; la couleur seule avec la forme le frapperont d'abord ; mettez-la lui ensuite entre les mains, pour qu'il en perçoive le poids, le degré de résistance, la forme tangible, puis faites-lui en connaître le son, puis l'odeur, puis la saveur. Son esprit qui était d'abord accablé sous le poids de ces impressions simultanées arrivera peu à peu à prendre le dessus sur chacune d'elles, à les dominer. En premier lieu, ses forces divisées avaient à lutter contre tous les éléments de la sensation arrivant à la fois. En second lieu, l'esprit concentre toutes ses forces contre un seul élément de la sensation, c'est l'histoire du combat des Horaces ; c'est l'histoire du laboureur donnant à ses enfants un faisceau de verges à briser : ils essayent vainement de le rompre ; le laboureur sépare les verges et les brise facilement l'une après l'autre. On raconte aussi qu'un enfant avait plongé sa main dans une amphore remplie de figues et voulait la retirer pleine. Il ne le pouvait et pleurait, désespéré. Un sage passa par là et lui dit : « Ne prends qu'une figue à la fois et
» tu les auras bientôt toutes. »

Le conseil était bon et réussit à l'enfant.

Ce commencement d'analyse est pour l'enfant une délivrance du chaos des impressions trop diverses qui l'accablent, comme l'a si bien observé Frœbel. « J'étais enveloppé d'un obscur et profond
» brouillard : Ne rien voir, ne rien entendre, c'est d'abord une
» liberté, mais à mesure que nos sens nous transmettent tant d'i-
» mages, tant de sons, la réalité nous opprime. Un monde de choses
» incomprises, sans ordre et sans suite nous arrivent à la fois sans
» consulter nos forces, nous sommes étonnés, inquiets, obsédés,
« trop excités. De tant d'impressions éphémères, la fatigue seule
» nous reste. C'est un secours, un bonheur, si une providence amie,
» de la foule de ces objets, en choisit, en ramène fréquemment tels
» et tels qui, devenant familiers, n'occupent qu'en délassant et nous
» délivrent de cette babel. » *(Passage rapporté par Michelet. — La femme.)*

JUGEMENT.

Une fois en possession de ces idées dues à l'analyse des premières sensations, l'esprit de l'enfant va pouvoir comparer, juger. Une nouvelle sensation arrive-t-elle au seuil de l'intelligence, elle y rencontre déjà installées des idées avec lesquelles elle a quelque point de ressemblance. Alors, contrairement à ce qui se passe dans les phénomènes d'électricité, les idées de même nom s'attirent : certains caractères de la sensation semblent obéir à une affinité élective qui les porte vers les idées dans lesquelles ils retrouvent comme un air de famille. Une sorte de reconnaissance a lieu ; un éclair de lumière, accompagné de plaisir, jaillit dans l'esprit ; à cette clarté une qualité se détache vivement des autres. L'opération qui met ainsi en vedette une qualité d'un objet, s'appelle le *jugement*. *La neige est blanche, le verre est transparent.* « Une petite fille de » deux ans et demi avait au cou une médaille bénite ; on lui avait » dit : « C'est le bon Dieu » et elle répétait : « C'est le bon Dieu. » » Un jour, assise sur les genoux de son oncle, elle lui prend son » lorgnon et dit: « C'est le bon Dieu de mon oncle. » *(Taine.)*

La vue d'un A majuscule appelle le mot *échelle* sur les lèvres d'un enfant de quatre ans. Les poils d'une barbe un peu rude deviennent les *épines* de la joue.

A cette première reconnaissance, en succède une seconde, puis une troisième. Chaque facette de la sensation brillera à son tour à la lumière de l'éclair que la reconnaissance provoquera. Peu à peu l'analyse se fera jour au milieu des éléments de l'unité complexe ; les différentes qualités du sujet sortiront l'une après l'autre de l'état d'enveloppement où elles se trouvaient confondues : *La neige est blanche; elle est froide; elle crie sous les pieds; elle fond dans la main.* Le démembrement de la sensation totale n'est possible qu'à la condition que nous retrouvions en nous la qualité que nous voulons étudier ; ce démembrement sera d'autant plus complet que notre esprit se trouvera en possession d'un plus grand nombre d'idées. Pour juger, pour reconnaître, il faut déjà être connaisseur ; sans l'attraction de ces connaissances de même nature, la sensation reste réfractaire à toute décomposition, elle se refuse à livrer ses secrets. Qu'un cultivateur expérimenté et un citadin dépourvu de connaissances en agriculture, examinent attentivement tous deux la plaine de la Beauce, vous serez étonnés de la multitude d'observations recueillies par le cultivateur; mille et mille détails auront sauté à ses yeux; il n'y aura qu'une vague et confuse image dans l'esprit du citadin : les champs ne lui auront rien dit.

Si l'éducation de notre vue n'a pas été faite, nous ne distinguerons que quatre ou cinq couleurs; nous serons incapables de saisir les nuances : le nombre des couleurs que nous pouvons remarquer est égal au nombre des modèles intérieurs auxquels nous les comparerons.

Un bon musicien sait reconnaître un dixième de ton; pour certaines personnes, il n'y a que des notes hautes et des notes basses. A l'exposition universelle de 1878 que de visiteurs, après avoir parcouru les galeries de machines, ne parvinrent pas à s'en faire une idée, pas plus qu'un sauvage du centre de l'Afrique ne pourrait se faire une idée d'une montre qu'il verrait pour la première fois.

SUITE ET LIEN DANS LES IDÉES.

Nos idées ne sont pas isolées dans notre esprit comme les étoiles dans le ciel; elles tiennent les unes aux autres : elles semblent s'appeler, s'éveiller, s'attirer et défiler sous le regard de l'esprit comme en se tenant par la main. Ce fait est *l'association des idées* qu'il ne faut pas confondre avec la *liaison des idées*. Dans le premier cas, elles ne tiennent qu'à un fil; dans le second, intimement soudées, elles font corps.

« Une idée ne nous apparaît alors que comme une fraction dont » il nous faut le tout. » (*Sophie Germain.*)

Dans l'association des idées, la vue du morceau de craie que j'ai sous les yeux éveille en moi l'idée de la Champagne, la Champagne évoque dans mon esprit les batailles de Napoléon, puis me voilà à Sainte-Hélène, puis dans le fond de mon imagination je vois s'arrondir la coupole des Invalides. C'est ainsi que nos idées se succèdent dans la rêverie et dans le rêve. Ce décousu, cette incohérence d'images n'a rien à voir avec la pensée.

Si nous n'y prenons garde, deux idées peuvent se souder de manière à nous paraître inséparables : la lune brille solitaire dans le ciel; quand la gelée détruit les fleurs de ses pommiers, les jeunes pousses de ses vignes, le paysan n'hésite pas : voilà la coupable! la lune est cause de la gelée. De là une source féconde en erreurs, en superstitions, en préjugés de toute espèce; de là le rôle considérable que joue l'association des idées en pédagogie.

« Par un effet de ces associations nous nous prévenons souvent
» jusqu'à l'excès en faveur de certaines personnes et nous sommes
» tout à fait injustes par rapport à d'autres.

« C'est que tout ce qui nous frappe dans nos amis comme dans
» nos ennemis, se lie naturellement avec les sentiments agréables
» ou désagréables qu'ils nous font éprouver ; et que, par consé-
» quent les défauts des uns empruntent toujours quelque agrément
» de ce que nous remarquons en eux de plus aimable, ainsi que
» les meilleures qualités des autres nous paraissent participer à
» leurs vices. Par là ces liaisons influent infiniment sur toute notre
» conduite. Elles entretiennent notre amour ou notre haine, fomen-
» tent notre estime ou notre mépris, excitent notre reconnaissance
» ou notre ressentiment et produisent ces sympathies, ces antipathies
» et tous ces penchants bizarres dont on a quelquefois tant de peine
» à rendre raison. Descartes conserva toujours du goût pour les
» yeux louches, parce que la première personne qu'il avait aimée,
» avait ce défaut.

« Locke a fait voir le plus grand danger des associations d'idées,
» lorsqu'il a remarqué qu'elles sont l'origine de la folie.

« Un homme, dit-il, fort sage et d'un très bon sens en toute autre
» chose, peut être aussi fou sur un certain article, qu'aucun de ceux
» qu'on renferme aux Petites-Maisons, si, par quelque violente im-
» pression qui se soit faite subitement dans son esprit ou par une
» longue application à une espèce particulière de pensées, il arrive
» que des idées incomparables soient jointes si fortement ensemble
» dans son esprit, qu'elles y demeurent unies. » (*Condillac*).

Bien penser, bien juger, c'est lier les idées, d'après des rapports
logiques.

Rapprocher des idées qui n'ont entre elles aucun rapport logique,
c'est rendre le discours inintelligible :

« César, dont le nom renferme cinq lettres, était ambitieux. »

Ne rattacher deux idées que par un rapport trop éloigné, c'est rendre le discours obscur :

« César, qui avait de l'ambition, fut tué par Brutus. »

La liaison des idées, est d'après Condillac, le principe qui explique
tout l'art d'écrire :

« Puisque cette liaison vous est si nécessaire pour concevoir vos
» propres idées, vous comprenez combien il est nécessaire de la
» conserver dans les discours. Le langage doit donc exprimer sen-

» siblement cet ordre, cette subordination, cette liaison. Par consé-
» quent le principe que vous devez vous faire en écrivant est de
» vous conformer toujours à la plus grande liaison : Les différentes
» applications que nous ferons de ce principe vous apprendront
» tout le secret de l'art d'écrire.

« Il faut que dans un discours les idées principales soient liées
» entre elles par une gradation sensible et par les accessoires qu'on
» donne à chacune ; et le tissu se forme lorsque toutes les phrases
» construites par rapport à ce qui précède et à ce qui suit, tien-
» nent les unes aux autres par les idées où l'on aperçoit une plus
» grande liaison.

« Mais il y a ici deux inconvénients à éviter : l'un est de s'appe-
» santir sur des idées que l'esprit suppléerait aisément, l'autre est
» de franchir des idées intermédiaires, qui seraient nécessaires au
» développement des pensées. C'est au sujet qu'on traite à détermi-
» ner jusqu'à quel point on doit marquer les liaisons et cette partie
» de l'art d'écrire demande un grand discernement.

« Rien ne nuit plus à la clarté que la violence que l'on fait aux
» idées lorsqu'on construit ensemble celles qui voudraient être sé-
» parées ou lorsqu'on sépare celles qui voudraient être construites
» ensemble. On lit, on croit entendre chaque pensée ; et quand on
» a achevé, il ne reste rien, ou du moins il ne reste que des traces
» fort confuses.

« Quand vous serez accoutumé à appliquer le principe de la plus
» grande liaison, vous saurez conformer votre style aux sujets que
» vous aurez à traiter, vous connaîtrez l'ordre des idées principales ;
» vous mettrez les accessoires à leur place ; vous éviterez les super-
» fluités, et vous vous arrêterez sur les idées intermédiaires qui
» mériteront d'être développées. »

Nous sommes déjà loin du temps où le style boursouflé et nua-
geux de Châteaubriand faisait les délices des Français du commencement de ce siècle. Aujourd'hui nous goûtons de plus en plus la
petite phrase de l'auteur de l'histoire de Charles XII ; cette phrase
si française, c'est-à-dire vive, alerte, rapide, ailée, lumineuse ; aussi,
nous croyons faire plaisir au lecteur en lui signalant le *Traité de l'Art
d'écrire*, de Condillac (*Librairie Delalain*), dans lequel se trouve
en quelque sorte la théorie de la construction de ces phrases d'une
élégance si simple.

La réflexion, à la lumière de laquelle nous tâchons d'apercevoir

les véritables rapports des choses et les rapports logiques des idées, nous montre parfaitement comment la liaison s'oppose à l'association des idées contre laquelle elle a souvent à lutter. L'association des idées déroule à nos yeux de flatteuses images, de séduisantes perpectives qui, comme d'indiscrètes amies, cherchent à nous écarter du but que nous poursuivons; si nous n'y prenons garde, notre pensée nous échappe, elle est entraînée par le torrent de l'association et coule dans le lit qui lui est habituel jusqu'à ce que la volonté ramène de force l'infidèle et la fixe à l'objet qui doit seul l'occuper.
« E est long dans *tempête* et bref dans *trompette*. »

Le moyen pour l'imagination, si on ne la surveille de bien près, de ne pas prendre la clef des champs pour aller rendre visite à cet endroit où la tempête a brisé tant d'arbres la semaine précédente! Le moyen pour l'élève, un peu sujet aux distractions, de ne pas suivre encore en idée le régiment dont les trompettes l'enivraient, le matin, de leurs accents entraînants!

T. Turot.

§ IV. — L'Imagination. — L'Emploi de cette Faculté. — En prévenir les Écarts.

―――――

1° — L'IMAGINATION.

Il y a quelques minutes, mes chères enfants, vous étiez dans la cour de l'école que vous remplissiez de vos rondes folâtres et de vos joyeuses chansons; et maintenant je vous vois, silencieuses et intriguées, votre regard fixé sur le mien pour tâcher d'y découvrir quel sera aujourd'hui le sujet de notre causerie..... Je crois qu'il vous intéressera, aussi n'ai-je pas besoin de vous recommander de m'accorder toute votre attention.

Voulez-vous, Marie, mettre la main sur vos yeux ? oubliez que vous êtes en classe et reportez-vous à votre récréation de tout à l'heure, ne voyez-vous rien au-dedans de vous-même?

— Pardon, Mademoiselle, je vois des petites filles qui jouent, je vois la cour avec ses beaux arbres sous lesquels nous nous mettons à l'ombre; puis, tout au bout, le jardin où il y a de jolies fleurs.

— Bien, mon enfant. Et vous, Louise, pensez à la promenade que vous avez faite jeudi dernier.

— Oh ! Mademoiselle, que je me suis amusée ! J'étais avec papa, maman et mon grand frère Paul ; nous avons pêché à la ligne et j'ai pris deux poissons..... Je les vois encore, ils brillaient au soleil et frétillaient sur l'herbe où nous les avions déposés.

— Allons, je reconnais à votre animation que vous avez eu beaucoup de plaisir ; vous revoyez la rivière et les poissons comme Marie revoyait tout à l'heure la cour, les arbres, le jardin. Mais ne pouvez-vous pas aussi vous représenter des sons ?

— Oui, Mademoiselle, il m'arrive quelquefois, lorsque j'ai entendu un air, de le chanter intérieurement; souvent même je fais des efforts pour n'y plus penser, mais, malgré cela, je l'ai toujours dans la tête.

— C'est vrai : on cite même un grand artiste allemand, Beethoven, qui composait des opéras étant sourd. Pour juger de l'effet que produisaient ses œuvres, il allait se promener à la campagne et se les chantait à lui-même ; il s'entendait.

Le souvenir des sensations du goût, du toucher, de l'odorat peut être assez vif pour qu'il nous semble que nous les éprouvons réellement. « *L'eau nous vient à la bouche,* » quand on nous parle de fruits que nous aimons beaucoup, et involontairement notre langue fait un mouvement, comme pour déguster. Si vous avez déjà pris des bains froids, vous n'avez qu'à y penser pour qu'un frisson coure sur votre corps comme si vous étiez véritablement plongée dans l'eau ; on vous parle de violettes, vous croyez en sentir l'odeur.

Et il n'y a pas que les sensations produites par des choses extérieures qui se renouvellent ainsi : lorsque, par votre bonne conduite, vous avez mérité les félicitations de votre maîtresse ou de vos parents, ne vous est-il pas arrivé d'y penser quelques jours après ? Oui certainement, et le noble orgueil dont vous avez été saisie à ce moment s'empare encore de vous pour vous faire éprouver le même sentiment de bonheur. De même, lorsqu'une enfant dont la conscience est délicate, a eu le malheur de commettre une faute, elle sent à ce souvenir, lors même que cette faute a été avouée et pardonnée, le rouge de la honte lui monter au visage.

Maintenant, voulez-vous regarder ce dessin, que représente-t-il ?

— Une rose.

— Et celui-ci ?

— Un arbre.

— En prononçant ces mots : une rose, un arbre, votre esprit voit-il ces objets comme vos yeux les voient sur le papier ?

— Non, Mademoiselle ; sur le papier nos yeux voient l'image, mais notre esprit se représente parfaitement une rose véritable avec ses belles couleurs et son suave parfum ; un grand arbre avec ses grosses branches, ses feuilles vertes, ses fleurs, ses fruits.

— Ainsi donc, votre esprit conçoit la chose réelle quand on lui en présente l'image ; il en est de même dans les exemples cités précédemment, mais avec une différence très sensible, laquelle ?

— C'est que l'esprit forme lui-même ses images.

— Et qu'appelez-vous images ?

— Une image est la représentation d'un objet.

— Aimez-vous les images ?

— Beaucoup, Mademoiselle ; elles aident l'intelligence et la mémoire : nous comprenons et nous retenons toujours très bien ce que vous nous enseignez au moyen des images.

— Oui, mes enfants, c'est vrai ; aussi, pour faciliter votre tâche et la mienne, vos livres en sont maintenant remplis, et les murs de votre classe sont ornés de tableaux de toute espèce.

— Vous m'avez dit tout à l'heure que l'esprit a le pouvoir de former des images ; ne pourriez-vous pas, maintenant, trouver le nom qu'on donne à cette faculté ?

— Mademoiselle, ce doit être l'imagination.

— Précisément vous aviez entendu déjà prononcer ce mot, sans trop savoir ce qu'il signifiait, maintenant vous commencez à le comprendre, aussi je vais vous en donner une petite définition que tout le monde s'efforcera de retenir : *L'imagination est la faculté de se représenter des objets en l'absence de ces mêmes objets.* Ainsi ce que vous avez vu, entendu, touché, goûté, odoré, ce que vous avez souffert, le plaisir que vous avez éprouvé, peuvent reparaître, devenir de nouveau présents dans notre esprit : ces représentations sont des images, c'est-à-dire des copies, des imitations de vos sensations et de vos sentiments, et le pouvoir de vous les représenter est la mémoire imaginative, ou l'imagination reproductive.

Mais l'imagination ne se borne pas à raviver nos sensations ; très souvent elle occupe notre esprit de choses qui n'existent pas, elle invente, elle crée. Quelle est celle de vous, mes enfants, qui n'a déjà songé quelquefois à l'avenir ? N'est-il pas vrai que lorsque des pensées de ce genre vous occupent, il se déroule devant vous des tableaux plus ou moins enchanteurs : l'une voit, à la campagne, une jolie maison séparée de la rivière par un beau jardin où croissent des arbres fruitiers, des légumes et des fleurs. A côté est la basse-cour : les poules, les canards, les oies accourent à sa voix quand elle les appelle pour leur jeter la provende accoutumée. Ses parents, déjà vieux, la regardent de loin et sourient de son empressement et de sa gaieté : ensemble ils passent des jours heureux et paisibles, et aucun nuage ne vient jamais troubler ce bonheur.

Une autre ne se contenterait pas de ce calme champêtre; c'est la ville qu'il lui faut, la grande ville, bruyante, étourdissante; elle a un superbe magasin dont les rayons sont remplis des marchandises les plus variées et les plus choisies; les chalands viennent; elle les reçoit avec son plus gracieux sourire; elle est si adroite et si aimable que tout le monde s'empresse de venir chez elle. Elle fait beaucoup d'affaires, elle gagne de l'argent, elle met de côté une petite fortune qui lui assurera, pour sa vieillesse, le repos et l'aisance.

Parfois aussi l'imagination nous entraîne hors des limites du possible; nous sommes plongés dans une rêverie profonde qui nous isole complètement du monde réel, et les tableaux qui passent devant nos yeux sont d'une telle vivacité que nous croyons déjà posséder l'objet de nos désirs : c'est alors que nous faisons ce qu'on appelle des *Châteaux en Espagne*, châteaux presque aussitôt écroulés que bâtis. Ecoutez ce joli récit de Collin d'Harleville.

Les Châteaux en Espagne.

On peut bien quelquefois se flatter dans la vie.
J'ai, par exemple, hier, mis à la loterie,
Et mon billet enfin pourrait bien être bon.
Je conviens que cela n'est pas certain, oh! non;
Mais la chose est possible et cela doit suffire.
Puis, en me le donnant, on s'est mis à sourire,
Et l'on m'a dit : « Prenez, car c'est là le meilleur! »
Si je gagnais pourtant le gros lot, quel bonheur!
J'achèterais d'abord une ample seigneurie.....
Non, plutôt une bonne et grasse métairie;
Oh oui! dans ce canton... j'aime ce pays-ci;
Et Justine, d'ailleurs, me plaît beaucoup aussi,

J'aurai donc à mon tour des gens à mon service ;
Dans le commandement je serai peu novice ;
Mais je ne serai point dur, insolent ni fier,
Et me rappellerai ce que j'étais hier.
Ma foi, j'aime déjà ma ferme à la folie.
Moi, gros fermier ! J'aurai ma basse-cour remplie
De poules, de poussins que je verrai courir ;
De mes mains chaque jour je prétends les nourrir.
C'est un coup d'œil charmant, et puis cela rapporte.
Quel plaisir, quand le soir, assis devant ma porte,
J'entendrai le retour de mes moutons bêlants,
Que je verrai de loin revenir à pas lents
Mes chevaux vigoureux et mes belles génisses !
Ils sont nos serviteurs, elles sont nos nourrices,
Et mon petit Victor, sur son âne monté,
Fermant la marche avec un air de dignité.
Je serai plus heureux que le roi sur son trône,
Je serai riche, riche, et je ferai l'aumône.
Tout bas, sur mon passage, on se dira : « Voilà
Ce bon monsieur Victor ! » Cela me touchera.
Je puis bien m'abuser, mais ce n'est pas sans cause,
Mon projet est au moins fondé sur quelque chose :
Sur un billet. Je veux revoir ce cher... Eh ! mais...
Où donc est-il ? tantôt encore je l'avais,
Depuis quand ce billet est-il donc invisible ?
Ah ! l'aurais-je perdu ? serait-il bien possible !
Mon malheur est certain : me voilà confondu,
Que vais-je devenir ? hélas ! j'ai tout perdu.

Pauvre jeune homme ! on regrette presque autant que lui de voir son beau rêve s'évanouir ; il fait un si bon usage de sa fortune ! De serviteur le voilà devenu maître et propriétaire d'une métairie ; il a des domestiques qu'il traite avec bonté ; il regarde ses moutons qui paissent dans la prairie, il voit ses chevaux, ses vaches... De plus il est marié à Justine et le voilà déjà père d'un petit Victor. Pour lui le temps passe vite, n'est il pas vrai ? Puis, désillusion complète ! il cherche son billet, et, ne le trouvant plus, c'est avec un accent de véritable désespoir qu'il s'écrie : « Que vais-je devenir ? hélas ! j'ai tout perdu ! »

Voyez-vous la différence qui existe entre les deux sortes d'imagination dont nous avons parlé ?

— Oui, Mademoiselle, dans l'une les sensations reparaissent, dans l'autre l'esprit donne une forme sensible à une idée, se fait un idéal.

— C'est cela, aussi nous avons appelé la première *mémoire imaginatrice*, et nous nommerons la seconde : *imagination créatrice*.

C'est encore l'imagination qui anime vos jeux, mes enfants ; c'est par elle que vous prenez plaisir à des choses insignifiantes, c'est par elle que « *l'existence entière des petits enfants est dramatique ; leur vie est un rêve riant, prolongé, entretenu à dessein.* » (M⁽ᵐᵉ⁾ Necker de Saussure.)

Ne vous ai-je pas vues bien souvent jouer au *Loup et à l'agneau*? La mère brebis défend ses petits avec une animation incomparable, et lorsque, malgré sa vigilance, vous êtes poursuivies, lorsque vous allez être atteintes, lorsqu'enfin la *main du loup* se pose sur votre épaule, pourquoi un cri involontaire s'échappe-t-il de votre poitrine, pourquoi, instinctivement, vous débattez-vous ? Parce que votre imagination est en jeu ; il semble que c'est véritablement un loup qui vous a saisies, et vous avez besoin d'appeler la raison à votre secours pour revenir à la réalité.

« Un enfant de deux ans et demi, de ma connaissance, passe une partie de ses journées à jouer le rôle de cocher. Les chevaux sont deux chaises, dont il fait un attelage au moyen de rubans. Lui-même, assis derrière sur une troisième, les rênes dans une main, un petit fouet dans l'autre, mène ses paisibles coursiers. Un léger balancement de son corps montre qu'il les croit en marche. Peu à peu, ce mouvement se ralentit, il tombe dans un repos voisin du sommeil, et pourtant l'illusion dure encore. Mais si quelqu'un vient à se placer devant les chaises, l'immobilité de l'obstacle, en le désabusant, détruit son plaisir. Alors il tempête, il se désole : *On empêche ses chevaux d'avancer.* » (M⁽ᵐᵉ⁾ Necker de Saussure.)

N'êtes-vous pas quelquefois revenue de voyage, le soir, assez tard ? La lune est cachée derrière les nuages, le ciel est sombre, on ne distingue que faiblement les objets placés à quelques pas. Vous marchez tranquillement, à côté de votre papa, la main dans la sienne, vous taisant par moments, causant de temps en temps, peut-être un peu qui sait? pour vous étourdir, car vous n'êtes pas très rassurée; il vous revient tant d'histoires dans l'esprit! Puis, tout à coup, votre main presse convulsivement celle de votre père, vous vous serrez contre lui, vos yeux s'ouvrent démesurément, vous regardez..... là-bas.... sur le bord de la route... Papa marche toujours, vous n'osez rien dire, vous tremblez!... Bien sûr, c'est un brigand avec son fusil tourné vers vous!... Comme il est grand! comme il a l'air terrible! ses yeux flamboient dans l'obscurité! vous allez entendre ces mots consacrés : « *La bourse ou la vie!* » Vous voulez parler, crier, la terreur vous en empêche... Vous arrivez enfin en face du géant... C'est un arbre de la route, plus petit que les autres!... Vous passez en riant et vous racontez votre frayeur à votre papa qui se moque un peu de vous. Qui vous faisait prendre ainsi un arbre pour un homme? Qui fait croire au petit garçon dont j'ai parlé plus haut que ses chaises sont des chevaux? Mes enfants, c'est encore l'imagination, et cet effet qu'elle produit s'appelle l'*illusion*. Retenez bien ce mot, car tout à l'heure, je vais y revenir afin d'établir une comparaison.

Mais avant de passer à un autre sujet, écoutez cette ballade d'un poète allemand, Gœthe; vous y verrez quelle intensité peut atteindre l'illusion, surtout chez les jeunes enfants que leurs nourrices ont bercés de contes effrayants.

Le Roi des Aulnes.

« Qui voyage si tard par la nuit et le vent? C'est le père et son fils, petit enfant qu'il serre dans ses bras pour le garantir de l'humidité et le tenir bien chaudement. — « Mon enfant, qu'as-tu à cacher ton visage avec tant d'inquiétude?

— Papa, ne vois-tu pas le roi des Aulnes... le roi des Aulnes avec sa couronne et sa queue?

— Rien, mon fils, qu'une ligne de brouillards! »

— « Viens, charmant enfant, viens avec moi!... A quels beaux jeux nous jouerons ensemble. Il y a de bien jolies fleurs sur les rives du ruisseau et chez ma mère des habits tout brodés d'or. »

— « Mon père, mon père, entends-tu ce que le roi des Aulnes me promet tout bas ? — Sois tranquille, enfant, sois tranquille, c'est le vent qui murmure parmi les feuilles séchées.

— « Beau petit, viens avec moi, mes filles t'attendent déjà ; elles dansent la nuit, mes filles : elles te caresseront, joueront et chanteront pour toi ! »

— « Mon père, mon père, ne vois-tu pas la fille du roi des Aulnes, là-bas où il fait sombre ? — Mon fils, je vois ce que tu veux dire, je vois les vieux saules qui sont tout gris. »

— « Je t'aime, petit enfant, ta figure me charme, viens avec moi de bonne volonté, ou de force je t'entraîne ! »

— « Mon père, mon père, il me saisit, il m'a blessé, le roi des Aulnes ! »

« Le père frissonne, serre contre lui son fils qui respire péniblement, atteint enfin sa demeure... L'enfant était mort dans ses bras. »

L'imagination est parfois tellement forte que, dans l'absence complète d'un objet réel qui puisse influer sur les sens, elle crée des images si vives qu'on ne peut s'empêcher de croire à une sensation extérieure : c'est le phénomène qu'on appelle *hallucination*. « Dans l'été de 1832, un gentleman de Glascow, d'habitudes dissipées, fut saisi du choléra, mais guérit. La guérison ne fut accompagnée de rien de particulier, excepté la présence de fantômes de trois pieds de haut environ, proprement habillés de jaquettes couleur de pois verts et de culottes de la même couleur. Cette personne étant d'un esprit supérieur et connaissant la cause des illusions, n'en prit aucune inquiétude, quoiqu'elle en fût souvent hantée. A mesure que ses forces revenaient, les fantômes apparaissaient moins fréquemment et diminuaient de grandeur jusqu'à ce que, à la fin, ils ne furent pas plus grands que son doigt. Une nuit qu'il était assis seul, une multitude de ces Lilliputiens parurent sur la table et l'honorèrent d'une danse. Mais comme il était occupé ailleurs et point d'humeur à jouir d'un tel amusement, il perdit patience, et, frappant rudement sur la table, il s'écria avec une violente colère : « Allez à vos affaires, impudents petits coquins ! Que diable faites-vous ici ? » Toute l'assemblée disparut à l'instant, et il n'en fut plus jamais incommodé.. » (Taine.)

Un grand romancier, après avoir décrit l'empoisonnement d'un de ses héros, avait si bien le goût d'arsenic dans la bouche qu'il se croyait lui-même empoisonné.

C'est sous l'impression de la crainte et de la frayeur qu'on est surtout sujet à des hallucinations : « Le braconnier qui, depuis quarante ans, chasse au collet ou à l'affût, à la nuit tombante, voit les animaux mêmes dont il est le fléau, prendre, dans le crépuscule, des formes effrayantes pour le menacer. Le pêcheur de nuit, le meunier qui vit sur la rivière même, peuplent de fantômes les brouillards argentés par la lune ; l'éleveur de bestiaux qui s'en va lier les bœufs ou conduire les chevaux au pâturage, après la chute du jour ou avant son lever, rencontre dans sa haie, dans son pré, sur ses bêtes mêmes, des êtres inconnus qui s'évanouissent à son approche, mais qui le menacent en fuyant. » (G. Sand.)

Comprenez-vous maintenant, mes enfants, la différence qui existe entre l'illusion et l'hallucination?

— Oui, Mademoiselle : dans l'illusion il y a un objet que l'imagination se représente sous une autre forme ou agrandit démesurément ; dans l'hallucination, au contraire, nous éprouvons des sensations qui ne sont causées par aucun objet extérieur.

— Pourriez-vous donner un exemple de ce que vous venez d'expliquer?

— Une personne près de laquelle aucune parole n'a été prononcée, en entend une clairement, c'est l'hallucination. Si elle entend une parole autre que celle qui a été dite, c'est l'illusion.

— C'est bien ; cela vient de ce que, dans le premier cas, son esprit est tellement absorbé, qu'elle croit, au milieu du silence le plus complet, entendre ce qui la préoccupe ; en second lieu, à l'instant où une parole frappait son oreille, elle pensait à autre chose et imaginait des sons répondant à ses espérances ou à ses craintes, à ses vœux ou à ses regrets.

Lorsque nous avons été émus par un beau spectacle ou par une action d'éclat dont nous avons été témoins, si nous voulons communiquer à d'autres cette même émotion, il est nécessaire que nous frappions leur imagination. Si nous racontons froidement ce que nous avons vu et éprouvé, assurément nos auditeurs resteront froids ; mais si notre récit est animé de vives peintures et d'expressions sur lesquelles se réflète notre enthousiasme, alors leur imagination, agissant sous l'influence de la nôtre, présentera à leur esprit un tableau vivant par lequel ils recevront les mêmes impressions. C'est ce qui explique la domination qu'exerce la parole d'un seul homme sur une foule immense suspendue à ses lèvres. Toutes vous connaissez Mirabeau, le grand orateur de la Révolution, dont l'éloquence subjuguait irrésistiblement ses amis et ses adversaires ; toutes vous avez entendu parler des ardentes proclamations de Napoléon Ier : « Soldats, du haut de ces Pyramides, quarante siècles vous contemplent !... Nous sortirons d'ici grands comme les anciens ! » Ces quelques mots suffisaient pour enflammer l'enthousiasme, aussi la valeur de la grande armée est-elle restée proverbiale.

Vous est-il quelquefois arrivé de vous lever avant le soleil et d'aller dans la campagne, sur une colline, assister au réveil de la nature? Ecoutez ce que dit Jean-Jacques Rousseau à ce sujet : « On voit le soleil s'annoncer de loin par les traits de feu qu'il lance au-devant de lui. L'incendie augmente, l'orient paraît tout en flammes : à leur éclat, on attend l'astre longtemps avant qu'il se montre ; à chaque instant on croit le voir paraître : on le voit enfin. Un point brillant part comme un éclair, et remplit aussitôt tout l'espace ; le voile des ténèbres s'efface et tombe, l'homme reconnaît son séjour et le trouve embelli. La verdure a pris, durant la nuit, une vigueur nouvelle, le jour naissant qui l'éclaire, les premiers rayons qui la dorent, la montrent couverte d'un brillant de rosée, qui réfléchit à l'œil la lumière et les couleurs. Les oiseaux en chœur se réunissent, et saluent de concert le Père de la vie : en ce moment, pas un seul ne se tait. Leur gazouillement, faible encore, est plus lent et plus doux que dans le reste de la journée ; il se sent de la langueur d'un paisible réveil ! »

— Oh ! Mademoiselle, que c'est beau ! et qu'on est heureux de pouvoir exprimer ses sentiments avec tant de charme !

— Ecoutez encore ce que dit Châteaubriand à propos d'un nid de bouvreuil : « Ce nid ressemblait à une conque de nacre, contenant quatre perles bleues : une rose pendait au-dessus tout humide; le bouvreuil se tenait immobile sur un arbuste voisin, comme une fleur de pourpre et d'azur. Ces objets étaient répétés dans l'eau d'un étang, avec l'ombrage d'un noyer qui servait de fond à la scène, et derrière lequel on voyait se lever l'aurore ! » Y a-t-il rien de plus gracieux que ce petit tableau ? Les objets sont peints avec une telle perfection que nous croyons les avoir sous les yeux; nous éprouvons une douce émotion à la lecture de ces lignes où se révèle le beau dans toute sa pureté, dans toute sa suavité.

Nous trouvons encore des peintures charmantes dans le livre de notre vieil ami La Fontaine; chacune de ses fables est un chef-d'œuvre de bon goût, de simplicité, de naturel ; le style en est d'une élégance exquise et sera toujours un modèle tant que la langue française existera. Pour n'en donner qu'un exemple, lisons ensemble la fable du *Renard et des raisins*.

> Certain renard gascon, d'autres disent normand,
> Mourant presque de faim, vit au haut d'une treille
>   Des raisins mûrs apparemment
>   Et couverts d'une peau vermeille.
> Le galant en eût fait volontiers un repas,
>   Mais comme il n'y pouvait atteindre :
> « Ils sont trop verts, dit-il, et bons pour des goujats ! »
>   Fit-il pas mieux que de se plaindre ?

Ne vous semble-t-il pas voir ce pauvre renard, maigre, presque inanimé, mais conservant encore, malgré tout, cette finesse, cette humeur railleuse qui forme le fond de son caractère ? Le voilà devant une treille où pendent des raisins *mûrs apparemment*.... cette expression ne suffit pas pour le fabuliste, l'image n'est pas assez vive, aussi ajoute-t-il: « *Et couverts d'une peau vermeille.* » Oh ! alors, nous les contemplons nous aussi, ces raisins! ils nous tentent comme ils tentaient le renard, et l'eau nous en vient à la bouche. Mais comment faire ? ils sont trop hauts! Va-t-il s'épuiser en gémissements et en regrets superflus ? certes non, il a trop d'esprit pour cela... Il se résigne vaillamment, et faisant taire sa convoitise et sa faim, il jette aux belles grappes appétissantes un regard de mépris : « *Ils sont trop verts, dit-il, et bons pour des goujats !* » Et il s'en va chercher ailleurs une proie plus facile.

Vous le voyez, mes enfants ; pour bien écrire, il ne suffit pas d'avoir des idées, il faut encore que l'imagination les embellisse. Une petite fille, si elle est sale, mal peignée, déguenillée, si elle se tient mal, si elle a l'air grognon, eût-elle les plus beaux traits du monde, n'inspirera aucune sympathie ; mais qu'elle ait au contraire une bonne tenue, une mise simple et soignée, un air gracieux, tout le monde l'aimera. Le style, c'est la *toilette* de la pensée : une pensée mal exprimée, mal *habillée*, si vous voulez, fût-elle d'une grande profondeur, ne sera pas comprise, ou du moins perdra la plus grande partie de sa beauté ; mais elle sera goûtée de tous, si l'imagination la revêt de belles couleurs, si elle est exprimée dans un style élégant et correct.

Parmi les branches de l'enseignement qui vous est donné, il en est une que vous aimez beaucoup, c'est l'histoire. Il y a quelques années cette étude semblait très aride aux enfants de votre âge, mais les choses ont bien changé depuis ; pourquoi donc cela ? C'est qu'autrefois vos aînées avaient entre les mains des livres qui racontaient sèchement les faits ; c'est que la parole du maître n'animait pas les leçons, c'est qu'on ne pensait pas à couvrir de tableaux et de cartes les murs de vos classes.

Autrefois le petit livre mis entre les mains des écoliers disait : « Charles Martel vainquit les Arabes à la bataille de Poitiers ! » Et ces trois noms s'échappaient bientôt de la mémoire. Vous, mes enfants, vous n'oublierez jamais ce qui s'est passé à la bataille de Poitiers, car votre imagination a été frappée par ce contraste qu'on vous a fait remarquer :

Les noirs Arabes, sous leurs burnous blancs, courbés sur le cou de leurs petits chevaux rapides, en face des Francs à la peau blanche, aux cheveux blonds, aux armures brillantes, se tenant droits et fiers sur leurs chevaux de haute taille ; vous vous représentez les flammes de l'incendie, et les cris sauvages des vaincus, et le vaillant Charles Martel, plus grand et plus brave encore que ses soldats, leur donnant l'exemple du courage, les entraînant sur ses pas au massacre des fuyards.

Et maintenant, mes enfants, voulez-vous me dire ce que vous pensez de l'imagination?

— L'imagination est une faculté précieuse et brillante qui peut cependant nous tromper et devenir notre ennemie.

— En effet, c'est par l'imagination que nous ravivons nos jouissances passées, mais c'est aussi par elle que les chagrins cuisants reparaissent dans toute leur amertume. Par l'imagination nous formons ces nobles et beaux rêves d'avenir, salutaires stimulants dans nos labeurs et nos chagrins, cet idéal que notre persévérance nous fait atteindre et qui nous dédommage de nos soucis et de nos fatigues; mais c'est par elle aussi que notre esprit crée ces folles chimères dont notre vie entière poursuit l'impossible réalisation, chimères qui nous conduisent de déception en déception jusque sur le bord d'un précipice affreux qui s'appelle: misère, déshonneur, remords!...

C'est l'imagination qui nous fait plus vivement compatir aux maux de nos semblables, qui nous émeut de pitié à la vue d'un pauvre enfant couvert de haillons, pâle, languissant, nous tendant la main en pleurant afin d'obtenir quelque secours pour sa mère qui va mourir; mais c'est elle aussi qui rend certaines personnes avares et égoïstes : elle leur représente une vieillesse triste et solitaire, la maladie toujours menaçante, la pauvreté avec son hideux cortège de misères, des maux de toutes sortes prêts à les accabler. Absorbées par ces pensées, elles n'ont qu'une préoccupation : accumuler pour plus tard; le moindre sacrifice en faveur de leurs semblables paraît dangereux ; elles contemplent d'un œil méchant et jaloux le bonheur des autres; l'avenir leur apparaissant toujours revêtu des plus sombres couleurs, tout sentiment de joie, de tendresse, d'espérance, s'éteint dans leur âme pour faire place à la tristesse, à la haine, au désespoir. C'est pourquoi un de nos grands philosophes, Malebranche, appelle l'imagination *la Folle du logis*; et Pascal, ce profond penseur dont vous aimez tant l'histoire, s'indigne contre elle en disant : « Folle qui fait la folle! »

Si l'imagination peut ainsi causer le malheur de l'homme, ne croyez-vous pas qu'il soit bon de l'étouffer dès qu'elle commence à paraître ?

— Oh non ! mademoiselle, car on se priverait en même temps de ses bienfaits.

— Cela est vrai, et loin de l'étouffer on doit chercher à l'exciter quand elle est languissante et inactive. Supposez quelqu'un dépourvu d'imagination : incapable de prévoir le résultat de ses actions ni les avantages que lui procurera la réalisation de ses projets, il n'entreprend rien, reste passif, n'a aucune énergie pour faire le bien, pour lutter contre le mal. Pour lui, il n'y a point d'avenir, le passé même laisse peu de traces, le présent seul est quelque chose et lui semble souvent désagréable, la promesse d'une récompense ou d'une punition le laisse indifférent : il ne se présente pas à l'avance le plaisir qu'on veut lui procurer ou la peine dont on le menace. Il ne s'intéresse à rien, de là naissent l'indolence et une inertie contre laquelle échouent les efforts du maître.

L'imagination est donc utile, nécessaire, et c'est à l'éducation qu'appartient la tâche de la développer quand elle est insuffisante, de prévenir ses écarts lorsqu'elle est active, féconde et brillante.

2° CULTURE DE L'IMAGINATION.

Vous êtes bien jeunes encore, mes enfants, et cependant toutes vous aimez les bois, la verdure, les fleurs ; pour voir vos visages s'épanouir, je n'ai qu'à vous proposer une leçon ou une étude à l'ombre des grands arbres du parc ; vous trouvez beau ce jardin dont l'horizon est cependant très borné ; mais lorsque vous faites une promenade à la campagne, vous êtes plus heureuses encore : rien n'élève le cœur, n'épure les sentiments comme la contemplation des beautés de la création ; aussi l'imagination est-elle plus développée chez les enfants des campagnes que chez ceux des villes, chez les montagnards que chez les habitants des plaines. C'est que, dans les pays de montagnes et sur les bords de l'Océan, la nature déploie toutes ses magnificences, et à chaque pas, on a sous les yeux un spectacle nouveau qui excite, presque à leur insu, l'admiration des moins enthousiastes. Les fatigues mêmes deviennent la source de nouvelles jouissances : après une marche pénible sous les rayons brûlants du soleil, on trouve plus délicieuse encore la fraîcheur du bocage, on se désaltère avec plus de bonheur dans l'eau de la claire fontaine à moitié cachée par les branches des saules et par les lianes entrelacées ; on trouve meilleur le morceau de pain bis qu'on a emporté avec soi pour goûter et qu'on savoure en contemplant, de la grotte séculaire où l'on est assis, la vallée qui s'étend au loin, la mer qui la borde, les voiles blanches qui glissent gracieusement sur l'eau ; le chant des oiseaux semble plus harmonieux, les parfums des fleurs plus odorants ; tout, en un mot, parle aux sens et à l'âme et on ne ressent jamais de telles émotions sans devenir meilleur. « *Pour la langue de l'imagination le premier vocabulaire est dans la nature.* » (Mme N. de Saussure.)

Il est encore un aliment pour l'imagination, c'est la lecture. Mais ici, mes enfants, que de précautions à prendre ! Pour vous il n'y a pas de danger, car vous n'avez entre les mains que les livres intéressants et instructifs de la bibliothèque de l'école, mais plus tard !... Oh ! plus tard, je vous en prie, revenez à cette bibliothèque, et ne lisez jamais ces feuilletons et ces romans que tant de jeunes gens et tant de jeunes filles dévorent avec avidité, quelquefois en cachette, pendant l'absence de leurs parents. Dans ces sortes d'ouvrages les passions humaines sont représentées sous les couleurs les plus séduisantes, les héros possèdent les vertus les plus extraordinaires ou les vices les plus odieux ; leurs aventures exaltent l'imagination, on se passionne pour l'un ou pour l'autre, on veut savoir le dénouement... Et pourtant on a autre chose à faire : la mère de famille compte sur sa fille aînée pour l'aider dans les travaux de la maison, pour les soins à donner aux plus jeunes enfants, pour la préparation des repas ; mais le livre est là, ce livre qui vous captive tout entière, et vous n'avez pas la force de vous en arracher... Cependant le temps passe : on travaille enfin, mais on a beau se presser, on est en retard ; la maman est triste, le père gronde, la paix du ménage est troublée. Et si c'était tout encore !... Mais l'esprit demeure préoccupé, on trouve monotone cette douce vie de la famille, on voudrait devenir aussi une héroïne de roman, et, l'imagination aidant, on se demande pourquoi non. Plus d'entrain désormais, plus de gaieté, plus d'ardeur à l'ouvrage, la pensée se nourrit de fictions, de rêveries inavouées, la santé devient languissante... On aurait honte de découvrir son mal, et par le fait ce mal reste sans remède. C'est alors qu'on se laisse séduire par des propos flatteurs, par des paroles trompeuses : on abandonne ses vieux parents qui en mourront de désespoir, on va chercher ailleurs ce bonheur qu'on avait sous la main et qu'on poursuivra toujours sans jamais l'atteindre.

Ne vous a-t-on pas parlé quelquefois de ces jeunes gens qui dédaignent la vie des champs et le foyer paternel ? Leurs occupations modestes semblent au-dessous d'eux, ils ne trouvent dans leurs plaisirs que monotonie et fadeur, et ils s'en vont à la ville chercher une existence plus agitée, des fêtes plus bruyantes, une fortune plus rapide. Puis, au bout de quelque temps, ceux qui reviennent au village (car, hélas ! ils ne reviennent pas tous), racontent leurs tribulations, leurs misères, les épreuves qu'ils ont subies, les tentations auxquelles souvent ils ont succombé, et finissent leur récit en disant : « Oh ! si j'avais su ! »

Aimez donc votre condition, mes enfants, et pour cela, ne nourrissez pas votre esprit d'aspirations insensées puisées dans les mauvaises lectures. Pour le choix des livres, consultez des personnes instruites, votre instituteur, votre institutrice : ils vous en procureront de bons que vous pourrez lire le soir, à la veillée, ou le dimanche, pendant vos promenades ; et ceux-là, au lieu d'égarer votre imagination, vous délasseront de vos fatigues, augmenteront vos connaissances, formeront votre jugement et élèveront votre cœur.

Surtout ne restez jamais inactives : c'est pendant vos heures d'oisiveté que toutes sortes de pensées malsaines viendront vous assaillir. Malheureusement les occupations ordinaires des femmes sont toutes manuelles ; une couture, une broderie qu'on fait sans y songer ne sont guère propres à tenir en bride cette *folle du logis* qui tend toujours à s'échapper ; mais dans ce cas il faut que la volonté s'en mêle et l'oblige à rester dans les bornes de la raison, d'ailleurs la jeune fille est l'ange du foyer, l'âme de la famille, c'est à elle qu'est confiée la charge d'embellir la maison, de la rendre à tous aussi agréable que possible; elle l'ornera de petits ouvrages d'agrément dont elle-même aura composé les dessins; elle cultivera des fleurs, disposera des bouquets, des corbeilles, etc. Si les meubles sont simples, du moins ils seront d'une éblouissante propreté, et ils offriront, par leur arrangement, un harmonieux ensemble qui réjouira les yeux et le cœur. Savez-vous, mes enfants, quel est le nom donné à la faculté par laquelle nous savons apprécier et sentir ce qui est beau, et le discerner de ce qui ne l'est pas?

— C'est le goût.

— Précisément, et rien n'est si rare que le bon goût; cette faculté aussi a besoin d'une culture spéciale : l'imagination en aplanit les difficultés. L'habitude de voir et de juger les belles choses forme déjà le goût; la facilité de se les représenter et de les comparer intérieurement avec d'autres qu'on a sous les yeux l'épure de plus en plus.

Lorsqu'on vous donne des leçons de dessin et de chant, lorsqu'on vous fait lire les chefs-d'œuvre de nos poètes les plus distingués; lorsqu'on vous emmène, le jeudi, faire des excursions à la campagne, soit pour vous montrer un joli paysage, soit pour visiter les ruines des anciens châteaux des environs; lorsqu'on vous fait entrer dans les plus remarquables monuments de la ville, savez-vous quel est le but qu'on se propose? Un seul: vous faire aimer ce qui est véritablement beau. Et ne croyez pas, mes chères enfants, que ce soit là du temps passé en vain ou une éducation utile seulement pour les garçons; comme je vous le disais tout à l'heure, la femme a la mission et le devoir de rendre la vie douce et agréable à tous ceux qui l'entourent. Lorsqu'elle sera mère de famille, c'est à la maison et en sa compagnie que son mari et ses enfants devront goûter les plaisirs les plus purs; et comment obtiendra-t-elle ce résultat, si ce n'est en déployant toutes les ressources de son imagination pour rendre sa conversation intéressante, pour varier les occupations, pour inventer des jeux, pour organiser des promenades, etc.? Et lorsque le temps est pluvieux, qu'il fait froid, que la neige tombe, quel charme trouvera-t-on dans la salle commune si toutes choses n'y sont disposées avec goût? Ce goût se fera remarquer jusque dans sa mise qui sera toujours irréprochable, mais d'une gracieuse simplicité : « *elle ne satisfera à la mode que comme à une servitude fâcheuse, et elle ne lui donnera que ce qu'elle ne pourra lui refuser.* » (Fénelon)

Vous comprenez maintenant, mes enfants, quels sont les services que peut rendre, même dans la vie ordinaire, une imagination bien dirigée; mais vous en apprécierez davantage encore les bienfaits quand je vous aurai dit que cette faculté, mise au service de la raison, docile à ses conseils et à ses ordres, et accompagnée d'une volonté persévérante, donne lieu au plus beau et au plus complet développement de l'intelligence humaine, c'est-à-dire au génie. C'est l'imagination vive qui crée un idéal et invente mille moyens pour contribuer à sa réalisation : voilà l'inspiration. La raison vient ensuite qui combine les meilleures idées, pèse les chances de succès et choisit les moyens les plus pratiques pour arriver au but. Enfin c'est la volonté qui donne le courage et la force d'accomplir l'œuvre conçue; sans elle, la moindre difficulté serait un obstacle et les conceptions des intelligences d'élite ne verraient jamais le jour. Buffon a dit avec raison : « *Le génie est une longue patience*, » et Newton, à qui on demandait comment il avait trouvé le système de la gravitation universelle, répondait : « *En y pensant toujours.* »

Si les hommes de génie nous ont fait profiter de leurs utiles découvertes, sachez-le, mes enfants, ce n'a pas été sans travaux, sans fatigues de toutes sortes; plus d'un même a ruiné sa santé en poursuivant avec acharnement l'accomplissement de sa tâche. Aussi dans le respect que montrent les peuples civilisés pour leurs grands hommes, il n'y a pas seulement ce genre d'admiration que l'on éprouve pour les belles œuvres de la nature, il y entre aussi un sentiment d'estime et de reconnaissance pour ce qu'il y a d'énergie, de liberté, de noble effort déployé dans leur vie et dans leurs œuvres. (Marion.)

Puisque nous avons parlé du génie, Jeanne va bien vouloir me nommer les grands hommes qu'elle connaît.

Corneille, Racine et Victor Hugo, pour la poésie; Mozart, pour la musique; Raphaël et Michel-Ange, pour la peinture et la sculpture; Newton, Laplace, Cuvier, pour les sciences; Napoléon, pour la guerre; Jacquart, pour l'industrie.

— Très-bien, Jeanne; je vois par vos réponses que vous écoutez toujours attentivement les leçons; qui sait? vous en serez peut-être récompensée en devenant vous-même une femme de génie !

Ce sont des choses bien sérieuses que je vous ai dites aujourd'hui, mes enfants, et cependant je ne vous ai pas vues distraites; aussi, pour vous témoigner ma satisfaction, je vais vous raconter une histoire dans laquelle vous verrez la force de la volonté triompher des obstacles en apparence les plus insurmontables.

Histoire de Bernard Palissy.

Vers l'année 1539 demeurait dans la petite ville de Saintes un modeste ouvrier potier : il travaillait depuis le matin jusqu'au soir afin de pourvoir aux besoins de sa nombreuse famille. Et pendant qu'il pétrissait l'argile ou en surveillait la cuisson, son large front s'inclinait dans l'attitude de la méditation et ses yeux au regard profond semblaient contempler une image invisible; on le voyait quelquefois plusieurs heures de suite plongé dans ses réflexions et complètement sourd aux bruits du dehors. Cet homme, vous l'avez deviné, c'était Bernard Palissy. Dans sa jeunesse, il avait appris le métier de peintre sur verre, et il avait beaucoup voyagé pour se perfectionner dans son art. Mais dans ses voyages, il avait vu les belles poteries admirées de toute l'Europe, que les Italiens seuls savaient émailler. Une fois établi, il n'eut plus qu'une pensée : trouver leur secret. Pour cela, il dut négliger son établissement de verrerie et apprendre d'abord à fabriquer régulièrement des vases de terre.

Une fois sa résolution prise, il se créa un idéal plus animé, plus saisissant que la réalité elle-même, et son esprit soumis, pour ainsi dire, à une hallucination énergique, eut toujours présent cet idéal dont il devait poursuivre la réalisation avec une persévérance peu commune.

Il fit un premier essai : après avoir pilé toutes sortes de matériaux, il en composa un enduit dont il recouvrit ses vaisseaux sculptés, puis il les soumit à l'action du feu. Je n'ai pas besoin de vous dire avec quelle anxiété il attendit pendant deux ou trois jours le moment favorable pour les retirer du brasier. Ce moment arrive enfin: il regarde, nulle trace d'émail !...

Il recommença bien des fois, et toujours ses recherches et ses efforts restaient infructueux : il dépensa ses économies, il vendit le peu qu'il possédait, et tomba bientôt dans le plus grand dénûment. Ses amis, ses parents, sa femme même l'accablaient de reproches et le faisaient passer pour fou; d'autres fois ils le suppliaient de renoncer à ses illusions et de penser enfin à l'avenir de ses enfants qui souffraient souvent de la faim et ne recevaient pas l'instruction nécessaire, faute d'argent pour payer les maîtres. Attendri par ces plaintes et ces prières, il sacrifiait ses espérances, et s'efforçait de se persuader qu'en effet il poursuivait des chimères ; puis, après quelques mois d'un travail assidu, l'inspiration le saisissait de nouveau, son idéal lui apparaissait plus lumineux que jamais, et plein de confiance, il recommençait ses tentatives.

Il lutta ainsi seize années, pendant lesquelles il fut abreuvé d'humiliations, de souffrances, de déceptions, de chagrins dont le plus sensible fut l'abandon de sa famille.

Mais laissons-le raconter : « Je me couchais de mélancolie et non sans cause, car je n'avais plus moyen de subvenir à ma famille. Au lieu de me consoler, on me donnait des malédictions... et étaient toutes ces nouvelles jointes avec mes douleurs... Aussi, en travaillant à telles affaires, je me suis trouvé l'espace de plus de dix ans, si fort écoulé en ma personne, qu'il n'y avait aucune forme ni apparence de bosses aux bras, ni aux jambes. Ainsi étaient mes jambes toutes d'une venue, de sorte que les liens de quoi j'attachais aux bas de chausses, étaient, soudain que je cheminais, sur mes talons avec le résidu de mes chausses. Je m'allais souvent promener dans la prairie de Saintes, en considérant mes misères et ennuis, et, sur toutes choses, de ce qu'en ma maison même je ne pouvais avoir nulle patience, ni faire rien qui fût trouvé bon; j'étais méprisé et moqué de tous. Toutefois l'espérance que j'avais me faisait procéder en mon affaire si virilement que plusieurs fois, pour entretenir les personnes qui me venaient voir, je faisais mes efforts de rire, combien que intérieurement je fusse bien triste. »

Puis vint un jour, jour de bonheur suprême où Palissy triomphant put enfin contempler son idéal réalisé, et faire admirer une superbe pièce d'émail, fruit de sa longue patience et de ses efforts multipliés. Il était temps ! Ses dernières ressources étaient épuisées; il n'avait même plus de quoi se procurer un morceau de pain, et ses créanciers le poursuivaient de leurs avides réclamations.

Pour les apaiser, il leur montre son travail, et leur promet, s'ils veulent attendre quelques jours encore, des pièces semblables autant qu'ils en voudront.

Immédiatement il se met à l'œuvre avec une activité fébrile; de nouveau le brasier s'enflamme, il le surveille, il l'anime avec une sollicitude incomparable... mais, ô désespoir !... la cuisson est à peine commencée, le bois manque... Palissy regarde autour de lui avec égarement; il cherche, il appelle, il supplie ses voisins de lui prêter quelques fagots, et s'engage à rendre le double... Supplications inutiles, vaines recherches ! Et déjà le feu pâlit, tout va être encore une fois perdu ! Palissy découragé s'affaisse sur lui-même; mais soudain il se relève comme poussé par une inspiration subite; il s'empare d'une hache et en frappe à coups redoublés le plancher de sa maison qui vole en éclats. Ce fut sa dernière épreuve. A partir de ce moment, Palissy réussit toujours et sa réputation grandit avec une telle rapidité que la reine Catherine de Médicis l'appela à sa cour et le nomma potier du palais du roi.

Les ouvrages de Bernard Palissy ont été conservés et on peut en voir un grand nombre au musée du Louvre.

Il faillit être brûlé vif pour avoir embrassé la réforme, et fut enfermé à la Bastille où il mourut en 1589.

N'est-ce pas, més enfants, que vous aimez toutes ce vieillard si énergique ?

— Oh! oui, Mademoiselle, et ils étaient bien méchants, ceux qui l'ont mis en prison.

— Quel est le passage qui vous a le plus frappées dans cette histoire ?

— C'est celui qui nous montre Bernard Palissy poursuivant la réalisation de son idée avec une persévérance de plusieurs années pendant lesquelles il brave les reproches et les injures de ses amis, de ses parents, de sa femme même. Nous retrouvons bien là, Mademoiselle, les éléments qui constituent le génie : l'idéal et la volonté.

— Bien, mon enfant. Comme vous le voyez, ses contemporains ont été ingrats envers lui, mais la postérité lui a rendu justice ; il y a une quinzaine d'années à peu près on lui élevait une statue sur la place de l'Arc-de-Triomphe dans la jolie petite ville de Saintes, théâtre de ses travaux, de ses déceptions, puis enfin de ses succès si bien mérités.

Résumons donc en quelques mots le bien et le mal que nous avons dits de l'imagination.

C'est elle qui procure à l'homme les jouissances les plus pures après celles de la vertu ; c'est à elle que nous devons les plaisirs des arts, ces plaisirs variés qui sont à la portée de l'enfance comme de l'extrême vieillesse. En créant une perfection bien supérieure à tous les avantages que nous possédons, elle devient un des ressorts les plus puissants de notre activité ; elle provoque ces entreprises téméraires auxquelles se livrent les esprits généreux pour assurer le bonheur de leur patrie ou de leurs semblables, elle donne l'enthousiasme pour accomplir de grandes actions ; en un mot, elle est le mobile de nos passions les plus nobles.

Qu'il en coûte d'assombrir ce brillant tableau !

Et cependant, pour rester dans le vrai, nous devons dire aussi que l'imagination accroît la somme de nos peines dans une proportion à peu près égale à celle de nos joies ; elle trouble notre sécurité par les inquiétudes, les vaines appréhensions, les factices terreurs. Elle entraîne hors des limites du bon sens l'âme qui cède trop facilement à ses fictions ; elle inspire parfois à l'homme le dégoût de sa condition et lui fait chercher le bonheur loin de toute réalité, dans un monde de rêves et de chimères.....

L'imagination, plus encore que toutes les autres facultés, doit être soumise à une culture éclairée, en même temps que placée sous la tutelle d'une droite raison et d'une énergique volonté.

Le Rapporteur :

Mlle FRUGIER,

Directrice de l'Ecole primaire annexée à l'Ecole normale des Institutrices de Chartres.

§ V. — Les Sentiments, les Passions. — Développer les bons sentiments, contenir les passions.

L'Ecole primaire n'a pas seulement pour but de développer l'intelligence, de l'orner de connaissances variées, de lui donner un vernis intellectuel; non, elle a une tâche plus noble, plus élevée, plus digne, une véritable mission, celle de développer chez l'enfant les sentiments généreux, de former le cœur, afin de préparer pour le pays des hommes utiles, des citoyens accomplis.

Elle ne doit donc pas craindre d'étendre son action bienfaisante, pour contribuer à l'éducation morale de la jeunesse.

Jusqu'à présent, il est vrai, l'Ecole a fait bien peu de choses pour l'éducation. Faiblement secondée de la famille qui délaisse souvent le rôle que lui a départi la Providence, son action devient très bornée; ou bien, si elle entre dans la voie des réformes, elle est abandonnée à ses propres forces; heureuse, si elle ne vient échouer contre des obstacles, sinon insurmontables, du moins très difficiles à vaincre, puisqu'elle est sans appui du côté des parents.

Une large part doit être faite à l'éducation, compagne inséparable de l'instruction. Toutes les deux sont comme le fond de la vie dans l'Ecole et les bases indispensables de la vie sociale. Il n'est pas permis de les détacher, de cultiver l'esprit sans cultiver aussi le cœur.

Les maîtres le sentent bien et reconnaissent qu'il est de toute nécessité de réagir contre une situation des plus défectueuses. Ils savent que l'âme est la partie la plus noble de l'être humain; que c'est elle qui reçoit les sensations; que c'est de l'âme que nous viennent tous les sentiments qui font de notre être la créature la plus parfaite, celle qui se rapproche le plus de son auteur. Ils savent aussi que, sans direction, cette âme ne peut rien et que, semblable aux jeunes arbustes abandonnés à eux-mêmes, elle prendra une mauvaise direction si une main sage ne la guide dès le jeune âge.

Les peuples anciens s'entendaient plus ou moins bien en fait d'éducation. Les Egyptiens regardaient comme sacrée la vie des enfants. Quelques notions de lecture et d'écriture suffisaient, selon eux, à les rendre sages et à développer leur mémoire. Les soins physiques étaient négligés.

En Perse, l'Etat prenait l'éducation sous sa haute direction et prononçait les peines les plus sévères contre l'enfant désobéissant. Etait digne de mort celui qui refusait trois fois d'obéir. L'élève était tenu d'honorer son maître plus que ses parents, attendu que le maître avait pour mission de cultiver l'âme, la plus noble partie de l'homme.

Chez les Grecs, on s'appliquait plutôt à l'éducation physique qu'à l'éducation morale. Des lois rendaient uniforme, commune et publique l'éducation des citoyens. A sept ans, commençait pour l'enfant une vie de privations et de souffrances. Il était vêtu très légèrement, allait nu-pieds; sa nourriture était peu abondante et mal assaisonnée. A mesure qu'il avançait en âge, la discipline était plus forte et les exercices plus variés. Le vieillard était l'objet de toute la vénération du jeune homme : c'était pour lui un modèle à imiter.

A Rome, l'éducation des enfants se faisait dans la famille et par la famille. L'Etat ne s'y intéressait qu'indirectement. Le père avait une autorité absolue sur ses enfants, et la subordination, l'obéissance de ceux-ci était en rapport avec cette autorité.

Les enfants devaient non-seulement respect à leurs parents, à leurs supérieurs, mais encore aux vieillards, ainsi que cela se pratiquait en Grèce, notamment à Sparte.

Les qualités auxquelles on tenait le plus chez l'enfant, étaient la modestie et l'obéissance. Les punitions corporelles étaient permises et la férule qui, il y a peu de temps, était encore en usage chez nous, était l'instrument le plus souvent employé chez les Romains, comme moyen de correction.

L'éducation morale n'était qu'ébauchée chez tous ces peuples païens. Il appartenait au Christianisme de relever l'homme de l'état d'abaissement où il était tombé sous l'autorité de maîtres durs et implacables.

Aussi, la face du monde va-t-elle changer avec cette religion pacifique et égalitaire qui accorde aux deux sexes une même attention et qui embrasse l'homme tout entier en favorisant le développement de toutes ses facultés morales et intellectuelles.

Néanmoins, il a fallu parcourir bien des siècles pour arriver à l'enseignement éducatif des Fénelon, des Rollin, des Pestalozzi et de tant d'autres grands écrivains qui, par leurs travaux, ont pénétré dans le fond même de l'Enseignement et de l'Éducation, préparant ainsi les assises des sociétés civilisées.

Le Gouvernement, dont la vive sollicitude s'étend à tous les détails de l'Enseignement et de l'Éducation, est entré dans la voie des améliorations et des réformes.

Par un arrêté du 22 janvier dernier, il a réglementé les programmes de l'Instruction morale et civique dans les Ecoles normales et la loi sur l'Enseignement primaire, si impatiemment attendue, renfermera probablement quelque dispositif semblable.

L'Ecole sera déchargée de l'Enseignement religieux et n'aura plus rien de commun avec un pouvoir absolu dont les empiètements lui ont toujours été funestes; elle marchera libre de toute entrave, et pourra poursuivre sûrement son but moralisateur.

Néanmoins, elle aura à ajouter à son programme l'Enseignement moral et civique, et, si cet enseignement ne peut guère être, dans l'Ecole primaire, l'objet de leçons proprement dites, surtout pour le cours inférieur, il sera facile, dans bien des circonstances, de profiter d'une lecture, d'un récit, d'un fait particulier, pour faire entrer dans l'intelligence des élèves des notions sur les qualités qui doivent orner leur cœur et des devoirs qu'ils ont à remplir envers Dieu, leurs parents, la Société et la Patrie.

L'Education dans l'Enfant doit préparer l'*Homme*, le *Citoyen* et le *Français*.

L'Homme, nous le savons, est composé de deux parties: le Corps et l'Ame.

Le Corps, enveloppe matérielle de notre être, est formé de membres et d'organes, qui, comme l'esprit et le cœur, ont besoin d'être développés d'après certaines règles fixes et invariables.

Il en est de même de l'âme, le principe de la pensée, la force intelligente et libre que nous désignons par les mots je, moi.

Les Maîtres doivent se préoccuper non seulement d'instruire, mais encore d'élever : c'est un devoir et une obligation de leur part, devoir qui leur est imposé par la conscience et obligation qui leur est faite par le bien qui doit en résulter ; car, si l'effet obtenu n'est pas infaillible, les efforts ne seront jamais sans quelque succès.

Heureux donc l'enfant qui aura été dirigé vers le bien et pour qui l'Ecole aura été comme un sanctuaire où il aura puisé de saines leçons !

Nous distinguons dans le cœur humain quatre mobiles ayant chacun une direction qui lui est propre et faisant naître dans l'âme des sentiments de nature différente.

Le premier se rapporte aux *sentiments de famille* par lesquels nous nous sentons liés à ceux à qui nous tenons par les liens du sang.

Des devoirs d'une tout autre nature s'imposent à nous, quand nous nous réunissons à nos semblables pour le bien commun. C'est de ces devoirs qu'émanent les *sentiments sociaux* et *patriotiques*.

Un troisième mobile développe en nous les *sentiments* du *vrai*, du *beau* et du *bien*.

Enfin, si nous sommes portés vers Dieu, et que nous éprouvions le besoin de nous attacher à lui, des sentiments nouveaux vivifient notre cœur : ce sont les *sentiments religieux*.

Telles sont les quatre grandes divisions établies pour l'éducation de nos Elèves, en ce qui concerne les sentiments généreux que nous devons chercher à faire germer dans leur cœur, tout en cherchant à déraciner les défauts, les passions contraires.

En leur présentant les principes de morale sous forme de leçons de choses, en les appuyant d'exemples, nous ferons en quelque sorte toucher du doigt ces notions que l'intelligence de l'enfant saisit difficilement à l'état abstrait. Nous aurons le bonheur d'être compris et notre travail portera ses fruits.

1° LES SENTIMENTS DE FAMILLE.

Mes enfants, vous le savez, on vous l'a dit bien des fois et sous toutes les formes, nous avons tous des devoirs à remplir, vous comme moi, et vos parents comme nous.

Le premier de ces devoirs est l'*amour filial*.

En aimant vos parents du plus profond de votre cœur, vous acquittez une dette sacrée que vous avez contractée dans la vie, dette qui s'accroît tous les jours: En effet, combien ne leur devez-vous pas? A votre mère qui vous entoure des soins les plus affectueux, qui veille sur vous dans vos maladies et dont la tendresse ne fait jamais défaut ! A votre père qui travaille, se fatigue pour vous nourrir, vous vêtir et vous entretenir !

Cet amour doit être non seulement intérieur, mais se manifester par des paroles, par des actes, ainsi que vous venez de le voir dans la lecture de ce matin : *Elisabeth Lopouloff*.

L'un de vous va nous faire le résumé de cette lecture.

Émile, qui me paraît avoir été attentif, se rendra à mes désirs.

Émile. — Oui, Monsieur. Je commence.

« Une famille russe, composée de trois personnes, le père, la mère et une enfant de 15 ans, avait été reléguée en Sibérie, par suite d'une condamnation qui avait frappé le chef de la famille. La misère la plus profonde l'accablait, et Elisabeth, c'est le nom de l'enfant, gémissait de voir ses parents s'abandonner aux accès du plus violent désespoir.

» Il lui vint une idée aussi extraordinaire que courageuse : c'était d'aller elle-même à Saint-Pétersbourg, demander la révision du procès de son père et par suite sa grâce.

» Elle parla naturellement de son intention à ses parents qui en rirent, tout en lui faisant apercevoir l'impossibilité matérielle de la réalisation d'un semblable projet.

» Pendant trois ans, elle fut tourmentée par cette idée qui la poursuivait partout et elle finit par obtenir de son père la permission de partir, permission qui lui fut accordée après bien des larmes répandues de part et d'autre.

» Comment franchir une route si longue, semée de tant de périls ! Armée d'un courage héroïque, transportée par l'amour filial le plus pur, elle ne recula devant aucun danger, et malgré son jeune âge, la faiblesse de sa nature et des fatigues inouïes, elle arriva au but tant désiré, quinze mois après son départ de Sibérie.

« Dieu ne l'abandonna pas, et lui envoya des secours qui lui permirent, une fois arrivée à Saint-Pétersbourg, de parvenir auprès de l'Empereur.

» L'innocence de son père fut reconnue; l'arrêt de sa délivrance fut proclamé. L'Empereur lui accorda une pension considérable, reversible sur sa femme et sa fille. »

— C'est très bien, mon ami; l'esquisse que vous avez tracée est aussi fidèle que possible et me prouve que vous avez apporté la plus grande attention à la lecture. Dieu veuille que vous soyez aussi bon fils qu'Elisabeth s'est montrée bonne fille !

Recherchons maintenant si les explications que j'ai données ont été bien retenues.

Jules, quelles sont les qualités que fait éclore l'amour filial ?

— Monsieur, vous nous avez dit que cet amour fait naître en nous, l'*obéissance*, la *reconnaissance*, le *respect*, l'*amour fraternel* et l'*amitié* pour les *camarades*.

— C'est très bien, mon ami. Pourriez-vous nous dire maintenant ce que vous entendez par ces mots et répéter les définitions que je vous ai données ?

Jules. — Oui, Monsieur, je vais essayer.

L'*Obéissance* est une action qui nous porte à nous soumettre à la volonté de nos parents ou de nos maîtres.

La *Reconnaissance*, c'est garder bon souvenir du bien reçu, de manière à nous acquitter envers nos bienfaiteurs.

Le *Respect* consiste à avoir pour nos parents la plus grande déférence et une sorte de vénération pour les vieillards.

Par l'*Amour fraternel* nous étendons notre amitié à nos frères et sœurs, à ceux qui nous sont égaux par le sang.

Quant à nos *camarades* qui partagent nos travaux et nos plaisirs, nous leur devons aussi une certaine marque de déférence et d'amitié, si, en échange, nous voulons être traités de même.

Jules a parfaitement réussi; je l'en félicite.

2° LE DEVOIR DE L'OBÉISSANCE.

Le *devoir de l'Obéissance* découle naturellement de l'amour filial; il est d'autant plus facile à remplir que nous savons qu'en désobéissant à nos parents nous les affligeons.

Du reste, la volonté de nos parents est conforme à notre intérêt, puisque les ordres paternels et maternels sont l'expression de la loi morale et de la loi civile.

Il faut donc que l'enfant écoute les ordres de ses parents et de ses maîtres, quand bien même ils contrarieraient ses goûts. Ce sont leurs guides et eux seuls savent ce qui convient à leur tempérament; ces ordres leur sont inspirés par leur expérience et surtout par leur bonté.

Tout jeune, l'enfant se laisse diriger facilement et si on lui signale le danger, il obéit aussitôt. Pourquoi n'en serait-il pas de même dans un âge plus avancé? On pourrait se repentir de n'avoir pas suivi ponctuellement le chemin indiqué: car il faut bien se le rappeler, la peine suit souvent la faute et si le châtiment tarde, c'est le jeune homme, c'est l'homme mûr qui est puni de l'ignorance de l'enfant.

Il est très utile de se plier à cette loi de l'obéissance. Quand nous perdons nos guides naturels, nous sommes abandonnés à nous-mêmes et si nous avons appris d'avance à obéir aux ordres de nos parents et de nos maîtres, nous sommes moins exposés à tomber, à faillir.

En outre l'obéissance doit s'étendre à tout : aux plus petites choses comme aux plus grandes. Lorsque votre mère vous demande un service quelconque, il faut obéir immédiatement et sans murmurer. A la classe, il doit en être de même.

Vous vous habituerez ainsi petit à petit à obéir pour des affaires plus importantes et l'obéissance vous sera d'autant plus facile que vous accomplirez ce devoir sans contrainte.

André, qui n'a pas encore été interrogé, va résumer ce que je viens de dire.

ANDRÉ. — Monsieur, je crains bien n'avoir pas saisi le développement que vous nous avez donné. Pourtant, je vais essayer de le faire en quelques mots. — Vous avez dit que l'obéissance découlait de l'amour filial ; — que désobéir, c'était affliger ses parents, ses maîtres ; — qu'il fallait obéir, même quand les ordres donnés nous contrariaient et qu'enfin on se repent toujours de ne pas se laisser guider, puisque les ordres paternels et maternels sont l'expression de la loi morale et de la loi civile. — Il faut encore que l'obéissance s'étende à tout et soit absolue, parce qu'il ne peut pas y avoir de désobéissance permise, quelque légère qu'elle soit.

C'est très bien dit ; je félicite André ; je ne m'attendais pas à avoir une aussi bonne réponse.

Alphonse pourrait-il nous rapporter un fait dont il a été témoin, nous offrant l'exemple d'une obéissance parfaite?

ALPHONSE. — Oui, Monsieur ; je pourrais en citer un, si je ne craignais de blesser la modestie de notre meilleur camarade Eugène. Mais, comme ce fait est tout à sa louange, je me permettrai, selon votre désir, de le rapporter en son entier.

« C'était le 1er novembre, jour de la Toussaint. Eugène m'avait invité à déjeuner et après le repas, nous examinions les cartes géographiques que nous avions faites la veille.

» Nous nous préparions à employer de notre mieux le reste de la journée lorsque la mère d'Eugène nous envoya dans un village éloigné de trois kilomètres porter une lettre très pressée chez un de ses oncles.

» Pour mon propre compte, je me sentais peu disposé à franchir cette distance. Eugène, au contraire, quitta les jeux sans murmurer, sans faire la moindre objection et obéit sur le champ.

» Je le suivis néanmoins. Arrivés à l'extrémité du village, des jeux de toutes sortes s'offrirent à nos regards. Cette fois, je ne pus résister à la tentation : j'eus la faiblesse de laisser mon camarade poursuivre seul son chemin.

» Eugène apporta peu d'attention aux curiosités plus ou moins drôles qui s'étalaient à nos regards : c'est qu'il avait hâte d'arriver au plus tôt au terme de son voyage.

» Une heure après, je le voyais revenir, accompagné de son oncle, l'air enjoué, heureux d'avoir mis la plus grande diligence à obéir aux ordres de sa mère. »

— Mes enfants, la conduite de votre condisciple est très

bonne à imiter. Il a rempli toutes les prescriptions d'une soumission sincère, partant du cœur, sans murmure, comme sans résistance. C'est ainsi qu'il faut agir dès le jeune âge.

3º LE DEVOIR DE RESPECT.

Le devoir de *respect* est intimement lié avec l'amour filial et l'obéissance : il en est la conséquence logique L'un et l'autre ne s'admettent pas sans le respect.

Qu'est-ce que le *respect?* Le *respect* est une sorte de vénération, de déférence qu'on ressent pour ceux qui conforment leur conduite à la loi morale, pour les supérieurs, pour l'autorité. C'est le sentiment que l'on a de son infériorité, à l'égard de ses parents. Ceux-ci seront toujours supérieurs à l'enfant par leur expérience, leur âge.

Si le devoir de l'obéissance diminue graduellement à mesure que l'enfant avance en âge, le devoir de respect dure et reste le même pendant toute la vie. La loi religieuse, la loi civile et la loi morale sont unanimes sur ce point, à savoir que l'enfant, à tout âge, doit honneur et respect à ses père et mère.

Par leur attitude, leurs manières, leurs actions, leurs paroles, les enfants témoigneront toujours le plus grand respect pour leurs parents, surtout, lorsque, arrivés au terme de leur course, ils ont besoin de plus d'attention et de sollicitude. Il est à craindre que le fils irrespectueux ne recueille pour lui le manque d'égards dont il s'est rendu coupable envers les siens.

Pierre nous dira si le manque de respect est un fait commun chez l'enfant,

PIERRE. — Oui, Monsieur, ce manque de déférence est plus commun qu'on ne le pense. Ainsi, l'enfant qui désobéit, manque de respect à ses père et mère. Ceux qui persévèrent dans cette voie, finissent par chasser de leur cœur tout sentiment d'amour.

— Connaissez-vous un trait qui nous dépeigne les suites funestes de cette conduite blâmable ?

PIERRE. — Oui, Monsieur. L'autre jour, vous nous avez raconté un fait qui a une certaine analogie avec ce que vous me demandez.

— Eh bien! racontez-nous ce que vous savez à ce sujet.

Pierre. — « Un bon vieillard, tout décrépit, pouvant à peine marcher, n'entendant et ne voyant presque plus, manquant de forces, était pour ses enfants un objet de dégoût. »

— Approuvez-vous cette conduite?

Pierre. — Oh! non, Monsieur; elle est très blâmable.

— Que firent ces enfants dénaturés?

Pierre. — « Ils lui interdirent leur table et le reléguèrent dans un coin. Ils lui présentaient des aliments dans une écuelle de terre et encore ne lui en offraient-ils qu'une faible ration.

» Le pauvre homme portait d'un air affligé ses yeux sur la table, où étaient assis ses enfants : de grosses larmes coulaient le long de ses joues ridées.

» Un jour, ses mains tremblantes laissèrent tomber l'écuelle qui se brisa. Le pauvre homme fut grondé durement par sa belle-fille : il gémit sur son triste sort. Alors, ses enfants ingrats, irrespectueux, achetèrent pour quelques centimes une petite jatte de bois dans laquelle il fut obligé de manger.

» Une dure leçon leur fut donnée. Leur propre fils, mu par des sentiments de pitié à l'égard de son grand-père, voyant avec peine la conduite indigne de ses parents, se mit à ajuster quelques petites planchettes. Son père, intrigué, lui demanda ce qu'il pensait en faire. « Je fais, dit-il, une petite auge. Papa et maman mangeront dedans quand je serai grand et qu'ils seront devenus vieux ! »

— C'est assez bien rapporté, mon ami. Et la conclusion?

Pierre. — La voici, Monsieur.

« La leçon porta ses fruits. Le père et la mère, vivement touchés, changèrent de conduite et à partir de ce jour, ils admirent le bon vieillard à leur table, l'entourèrent de tous les soins que réclamait son âge et par leur assiduité, leurs prévenances, firent oublier leur conduite passée. »

— Vous voyez, mes enfants, ce que peut produire un jeune cœur comme le vôtre : il fait revivre les bons sentiments éteints, renaître la vertu et rapproche des êtres qui n'auraient jamais dû se désunir.

4° LE SENTIMENT DE RECONNAISSANCE.

La *reconnaissance* est un sentiment naturel qui éclôt dès le premier âge, s'étend, s'ennoblit ensuite et s'élève même jusqu'au sacrifice.

A peine l'enfant voit-il, entend-il, reconnaît-il celle qui le nourrit et pourvoit à ses besoins, qu'il lui adresse des sourires et lui tend les bras, l'appelle par ses cris, lui marquant en quelque sorte sa reconnaissance.

La bonté de la mère a produit cette reconnaissance ou la bonté qui rend.

La reconnaissance peut se produire de deux manières : ou intérieurement, alors c'est un sentiment du cœur, la gratitude ; ou extérieurement, alors elle est effective, c'est-à-dire marquée par des actes.

La plus grande reconnaissance est pour nos bienfaiteurs naturels qui sont nos parents. Par l'amour que nous leur accordons, le respect que nous avons pour eux, nous pratiquons déjà à leur égard des sentiments de reconnaissance. Si, par suite de différentes circonstances inhérentes à notre nature, nos parents tombaient dans le besoin, ou que la maladie les atteignît, nous nous efforcerions d'améliorer leur position par les soins de la plus affectueuse amitié ; notre gratitude n'aurait pas de bornes ; nous nous dévouerions pour eux et nous nous prodiguerions à l'infini, nous rappelant les veilles, les fatigues que leur a coûtées notre existence si frêle. De la tiédeur, dans ces circonstances malheureuses, montrerait de l'ingratitude de notre part.

Dans notre société, le fils ingrat est réprouvé et moralement abandonné à lui-même ; heureux quand les lois ne viennent pas le punir de son action coupable.

La reconnaissance s'étend non seulement à la famille, elle se montre partout où il y a des hommes pour répandre les bienfaits et des hommes pour les recevoir.

Mes enfants, résumons ce que vous venez d'entendre sur le devoir de reconnaissance.

Julien nous dira ce qu'il a retenu de l'exposé qui vient d'être fait.

— 210 —

Julien. — Monsieur, vous nous avez dit que la reconnaissance consistait à garder bon souvenir des bienfaits dont on a été l'objet. — Vous avez ajouté qu'on devait rendre à ses bienfaiteurs des services au moins équivalents, sinon supérieurs à ceux que l'on a reçus d'eux. — Que nos premiers bienfaiteurs sont nos parents et que notre reconnaissance doit s'étendre non-seulement jusqu'à eux, mais encore aux aïeux qui sont comme les fondateurs de la famille. — Enfin, vous avez terminé en nous disant que la reconnaissance doit se montrer partout où il y a des hommes pour répandre les bienfaits et des hommes pour les recevoir.

— Mes félicitations à Julien qui, je n'en doute pas, saura mettre en pratique les sentiments de reconnaissance dont il est animé; car il est bon, respectueux, soumis, et son cœur saura rendre amour pour amour, bienfait pour bienfait, lorsqu'il en trouvera le moyen.

Julien, qui a si bien répondu, pourrait-il nous citer un exemple de devoir d'*assistance* et de *reconnaissance* envers les parents?

Julien. — Oui, Monsieur. Vous nous avez donné à traiter un sujet de ce genre, il y a quelques jours, sous forme de composition française.

Je pourrai, si vous le permettez, rapporter mon travail entier.

« Mon cher frère,

» Dans ma dernière lettre, je te dépeignais la position difficile dans laquelle se trouvaient nos bons parents. Cette situation, loin de s'améliorer, va toujours s'aggravant. Leurs faibles ressources ne suffisent plus pour leur entretien. Notre père ne peut plus tenir le poste qu'il occupait depuis si longtemps et notre mère doit garder la maison pour le soigner.

» Le moment est venu de rendre à nos bons parents une faible partie de ce qu'ils ont fait pour nous et par conséquent de leur prouver notre reconnaissance.

» Tu sais que leurs économies sont très faibles et cela parce qu'ils ont voulu que nous fussions instruits.

» Cette instruction a profité et aujourd'hui, grâce à ces sacrifices, nous sommes dans une assez belle position.

» Combien n'a-t-il pas fallu de soins, de dévouement, de dépenses de toutes sortes pour nous bien élever? Plus j'y pense, plus j'éprouve de respect et de vénération pour nos parents. Aussi, mon cher frère, assurons-leur, dès maintenant, une position convenable pour leurs vieux jours.

» Je m'engage à leur consacrer 40 fr. par mois. J'espère que tu prendras un pareil engagement, ce qui leur fera 960 fr. par an.

» Dès le premier janvier prochain, nous pourrons offrir un douzième pour étrennes à nos excellents parents.

» En attendant ta réponse affirmative, je t'embrasse bien affectueusement.

» *Ton frère,*
» JULIEN. »

— Votre lettre, mon cher ami, est le développement parfait des points principaux que nous avons établis sur le devoir d'assistance et de reconnaissance.

5° LE DEVOIR D'AMOUR FRATERNEL.

L'amitié fraternelle se développe en même temps que l'amour filial.

Les frères et sœurs sont comme les rameaux d'un même arbre; c'est sur eux que le père et la mère fondent leurs plus grandes espérances; ce sont eux qui doivent perpétuer dans les âges à venir, un nom honorable, une renommée acquise souvent par un dévouement généreux et patriotique.

Et, du reste, comment trouver chez les étrangers des amis fidèles, si on ressent de l'indifférence pour les amis que la nature nous a donnés?

C'est une joie bien vive pour les parents que de voir leurs enfants unis par des liens indissolubles, c'est la plus douce consolation qui puisse leur être accordée au milieu des tribulations de la vie.

Nos frères, nos sœurs ont les mêmes affections que nous; ils aiment le même toit, le même village, le même pays, les mêmes parents. Si donc nous sommes animés de bons sentiments, nous les aimerons, parce que alors nous serons bons fils et ensuite parce que nous voulons être bons frères.

En aimant les siens, la charge du malheur est plus légère, plus facile à supporter ; de même notre joie double naturellement, puisqu'elle est partagée par ceux qui nous sont chers.

Que la concorde la plus parfaite règne donc entre nous et nos frères ! Bannissons de notre cœur ces sentiments d'égoïsme et de basse jalousie qui mettent dans bien des circonstances la désunion entre les membres de la même famille.

Réjouissons-nous, au contraire, de tout le bien qui arrive aux nôtres ; prenons-en notre part et rien ne pourra ébranler la plus étroite de toutes les fraternités, celle qui naît de la communauté du sang.

Jules résumera les pensées qui viennent d'être émises sur le sentiment d'amour filial.

JULES. — Monsieur, vous nous avez dit d'aimer nos frères et sœurs. — D'abord, parce que, en les aimant, nous faisons plaisir à nos parents. — Ensuite, parce qu'ils forment avec nous comme les rameaux du même arbre ; — qu'ils ont les mêmes sentiments, les mêmes aspirations ; — qu'ils portent le même nom que nous et que nous leur sommes liés par la plus étroite de toutes les fraternités, celle qui naît de la communauté du sang. — Enfin que pour se maintenir dans les bornes de la plus étroite amitié fraternelle, il fallait éviter l'égoïsme, la jalousie, le manque d'égards.

— C'est très bien, mon ami ; je vous félicite de votre attention. N'auriez-vous pas à nous donner un exemple d'amitié fraternelle ?

JULES. — Si, Monsieur ; ces exemples abondent dans nos traités d'éducation. Pourtant, j'en connais un qui m'est pour ainsi dire personnel, puisqu'il s'est passé dans ma famille, je le raconterai si vous le permettez.

— Certainement, mon ami ; on aime toujours à recueillir des faits de cette nature ; on peut même en tirer profit dans certains cas. Nous vous écoutons : commencez.

JULES. — « J'ai deux cousins germains, deux frères, d'âge différent. L'aîné, Louis, est de six ans plus âgé que son frère André.

» Le premier, doué d'une grande intelligence, put faire son volontariat et obtint le grade de sous-officier, en sortant du régiment.

» André, le second, dont les facultés intellectuelles sont moins brillantes, quoique animé de la meilleure volonté, ne put jouir des mêmes avantages que son frère. Il fut refusé aux examens, et, par son numéro, incorporé dans la première portion du contingent. Ces faits se passaient l'an dernier. Que fit Louis ? Animé de l'amour fraternel le plus pur, voyant que son frère était en proie à la plus profonde douleur, et surtout craignant que sa santé assez frêle ne lui permît pas de supporter les fatigues de cinq années d'un service parfois pénible, il demanda, conformément à la Loi, à servir pour son frère. L'autorisation lui fut accordée. Aujourd'hui il paye pour lui la dette de sang qu'il devait à la Patrie ! »

— Quel bel exemple d'amour fraternel ! Merci, mon cher Jules, de votre communication. Nous eussions regretté d'ignorer ces faits. Vos camarades en feront leur profit.

Heureuses les familles qui ont de pareils fils et où se perpétuent des sentiments si nobles, si généreux !

6° LES DEVOIRS ENVERS LES MAITRES.
RECONNAISSANCE QUI LEUR EST DUE.

L'amour filial, mes enfants, fait encore éclore des sentiments de reconnaissance envers les Maîtres, envers l'Instituteur.

En effet, l'instituteur, vous ne l'ignorez pas, est un second père auquel vos parents vous confient, afin qu'il vous instruise et développe en vos cœurs le germe de toutes les vertus.

Vous devez donc l'honorer et le respecter, puisque c'est à lui que revient la plus large part de votre instruction et de votre éducation.

Si vous réfléchissiez aux peines, aux tourments de toutes sortes que votre conduite légère, votre paresse, votre inconstance dans le travail lui procurent, vous lui accorderiez plus d'attachement que vous ne le faites d'ordinaire.

N'oubliez pas qu'il est de votre devoir de lui témoigner non-seulement de l'obéissance, du respect, mais encore de la reconnaissance. Car, à part la science qu'il cherche à vous inculquer, ne vous donne-t-il pas tous les jours des marques de la plus vive affection? Sachez donc le récompenser quand vous êtes sous sa direction, par la plus grande obéissance, le plus profond respect. Plus tard, quand vous serez devenus hommes, ne l'oubliez pas non plus ; rappelez-vous les services qu'il vous a rendus et montrez-vous-en reconnaissants et affectueux.

Robert a-t-il bien compris ce qui vient d'être dit ?

ROBERT. — Je pense que oui, Monsieur.

— L'amour filial fait encore éclore chez les enfants des sentiments de reconnaissance à l'égard des Instituteurs. — Nous devons les aimer, les honorer, parce que c'est à eux que revient la plus large part de notre instruction, que nous leur donnons beaucoup de peines et de tourments et aussi à cause de l'affection qu'ils nous témoignent.

— Ce n'est pas mal pour Robert.

Robert sait-il quelque chose d'un général français devenu roi de Suède et dont la reconnaissance est toujours restée vive envers son premier Maître?

ROBERT. — « C'était Bernadotte. Son vieil Instituteur, dans le plus profond dénûment, osa se présenter à lui. Afin d'évoquer ses souvenirs, il lui remit une médaille qui lui avait été accordée comme récompense de son travail, alors qu'il était élève de l'Ecole primaire de Pau, sa ville natale.

» Bernadotte, chez qui les souvenirs d'enfance étaient restés vivaces, la reconnut et son cœur tressaillit. Il releva le vieillard qui la lui montrait : c'était son premier Maître. Il l'embrassa, le conduisit dans son palais où il le garda quelques semaines l'entourant des soins les plus assidus. Il n'en sortit que pour revenir vivre sous le ciel de France, d'une pension que lui assura son reconnaissant écolier. »

— Nous ne vous demandons pas autant bien entendu : ce que nous réclamons de vous, mes chers enfants, c'est un bon souvenir et quelques marques d'affection.

7° LES DEVOIRS ENVERS LES CAMARADES.

Nos camarades trouvent eux-mêmes une place dans notre cœur. Aussi ne les oublions pas.

La *Camaraderie*, dit M. Compayré, est le commencement de l'amitié. Tout camarade est comme un ami en espérance.

Sans doute, on ne peut aimer ses camarades également. Il y en a quelques-uns que l'on distingue particulièrement, parce qu'on a le même âge qu'eux, parce qu'on a les mêmes goûts, parce qu'on aime les mêmes jeux, parce qu'on est émule dans le travail.

Néanmoins, on doit rechercher toutes les occasions possibles de les obliger, de les servir également. S'ils sont malheureux, on doit les plaindre. Si on peut leur être utile sans faire tort à qui que ce soit, il faut les aider, les obliger et se montrer patient pour leurs défauts. Il faut voir dans les camarades des émules et non des rivaux.

Mille occasions s'offrent à vous pour montrer votre bonté, votre générosité à l'égard de vos camarades.

Jules, rapportez-nous ce que vous savez de la conduite élogieuse des enfants de l'Ecole primaire de Passy.

— « Un jeune garçon était venu du Morvan à Paris avec son père.

» Ces braves gens étaient dans le dénûment le plus complet. L'enfant se plaignait sans cesse à l'un de ses petits camarades auquel il confiait ses peines, qu'il se couchait souvent à jeun parce qu'ils n'avaient pas de pain. Alors, le confident, presque aussi pauvre, se laissa émouvoir, partagea chaque jour son déjeuner avec lui. Les autres enfants touchés de tant de misère s'apitoyèrent aussi sur son sort. Chaque jour, ils apportaient de quoi subvenir non-seulement à ses besoins, mais encore à ceux de son père que le mauvais temps empêchait de travailler. Ils apportaient jusqu'à des sous, des vêtements et des souliers. Leur bon cœur s'est soutenu tout le temps de la mauvaise saison, sans faiblir un seul instant, toujours avec le même empressement et la même effusion.

» Ces pauvres gens ne perdirent point le souvenir de cette

belle action dont ils avaient été l'objet, la racontèrent partout, les livres la répandirent et elle est restée comme légendaire dans leur pays. »

8° LES PASSIONS. — MOYENS DE LES COMBATTRE.

Mes enfants, nous ne nous sommes entretenus jusqu'à présent que des perfections du cœur, des vertus qui en sont l'ornement.

Malheureusement l'homme n'est pas toujours guidé par la raison. Faible de sa nature, il se laisse entraîner par les passions qui ne sont autres que des sentiments violents et mauvais. Alors naissent l'*envie*, la *jalousie*, la *colère*, la *haine*, la *vengeance*, voire même la *gourmandise*, l'*intempérance* et tant d'autres défauts qui finissent par nous aveugler, par régner en maîtres dans notre cœur.

Au lieu d'être animés du sentiment filial dont nous avons fait l'éloge, nous méprisons nos parents, nous faisons leur désolation ; l'*ingratitude* s'empare de nous et nous devenons de mauvais fils. Partant plus de *reconnaissance*, plus de *respect*; l'*amour fraternel* est un vain mot : nous n'avons plus de l'homme que l'enveloppe. L'habitude nous change complètement et une seconde nature s'est substituée à notre caractère primitif.

Est-ce à dire, mes enfants, qu'une fois entrés dans la mauvaise voie, il nous soit impossible d'en sortir? Non. Mais n'attendons pas que l'habitude du mal soit trop invétérée en nous, parce qu'alors les difficultés seraient plus difficiles à vaincre.

Rentrons souvent en nous-mêmes ; faisons un examen fréquent de notre conscience et petit à petit, nous finirons par extirper nos mauvaises inclinations, nos défauts, sinon totalement, du moins en grande partie. Surtout rejetons les mauvais conseils, fuyons les mauvaises compagnies et ne lisons jamais les mauvais livres.

Franklin à qui nous devons de précieuses découvertes, conçut le difficile et hardi projet d'arriver à la perfection morale.

Jules, quel était son désir ?

JULES. — « Monsieur, il désirait se préserver de toutes les fautes dans lesquelles un penchant naturel, l habitude ou la société pouvaient l'entraîner. »

— Que fit-il pour réussir dans son entreprise ?

JULES. — « Il avait réuni sous douze noms de vertus tout ce qui se présentait à lui comme nécessaire ou désirable. Au droit de chacune d'elles, il faisait une petite marque pour noter les fautes que, d'après son examen, il reconnaissait avoir commises. »

— Parvint-il au but qu'il désirait ?

JULES. — « Oui, Monsieur. Il exécuta ponctuellement le plan qu'il s'était tracé et eut le bonheur de voir diminuer ses défauts, après un examen journalier de plusieurs mois. »

— Ne voulut-il pas que cette ligne de conduite fût connue de ses descendants ?

JULES. — « Si, Monsieur. Il peut être utile, disait-il, qu'on sache que c'est à ce moyen que, aidé de la grâce de Dieu, j'ai dû le bonheur constant de toute ma vie jusqu'à ma soixante-dix-neuvième année. »

— Vous voyez, mes enfants, qu'avec un peu de bonne volonté il est toujours facile de se corriger de quelque mauvais penchant et d'arriver à la perfection.

Ne perdons pas courage : si la tâche est difficile, elle n'est jamais au-dessus de nos forces.

Commençons d'abord par combattre la passion qui domine le plus ; puis tâchons de vaincre successivement chacune des autres et la paix rentrera dans notre cœur.

Surtout, ne méprisons pas les conseils de l'expérience ; recherchons-les et nous n'aurons qu'à y gagner pour notre bien moral, notre bonheur.

9° LES SENTIMENTS SOCIAUX ET PATRIOTIQUES.

Vous connaissez maintenant, mes enfants, quelle est la mission de la famille, le rôle de l'Ecole. Toutes deux aspirent au même but : faire de vous de bons fils, des hommes intelligents et de cœur.

Et pourquoi ? Parce que tous vous êtes destinés comme nous à vivre dans la société, et appelés à y apporter les modifications réclamées par le progrès; car nous passons et vous avancez dans la vie.

La Société, vous le savez, est l'union des hommes entre eux, formée par la nature et par les lois ; c'est dans la société et par elle que l'homme peut développer ses facultés morales et ses facultés physiques.

Tous les hommes, dans une société, ont réciproquement besoin les uns des autres : le patron ne peut rien faire sans l'ouvrier et celui-ci dépend également du patron. Ainsi de toutes les positions sociales.

A côté de ces avantages matériels, il y a des avantages intellectuels dont nous lui sommes également redevables.

Qu'aurions-nous fait par nous-mêmes si d'autres n'avaient pris soin de nous ? De même, sans notre sollicitude, celle de vos parents, qu'auraient été votre instruction et votre éducation? Nulles et improductives.

Vous le voyez, les conditions sont toutes différentes pour les membres composant la société.

De là d'autres devoirs nous incombent, devoirs de *justice* et de *charité* ou de *bienfaisance*, devoirs d'*humanité*, de *dévouement*, de *générosité*.

Quel beau champ ouvert à une âme généreuse pour exercer les vertus qui l'ennoblissent !

Ici, c'est une personne tombée dans le malheur par suite de spéculations hasardeuses. Assistez-la non seulement de votre argent, si vous le pouvez, si vous la reconnaissez digne de vos bontés ; mais aussi de vos soins, de votre temps, de vos conseils ! Cette affection est souvent plus précieuse que le secours matériel.

Là, ce sont de pauvres orphelins qui ont perdu leurs soutiens naturels. Sans appui, que vont-ils devenir? Qu'ils trouvent en vous des guides sûrs à travers les hasards de la vie. Votre bonheur, si vous possédez les dons de la fortune, n'est pas dans ces biens, mais au contraire dans le bien que vous pourrez leur faire.

La *charité*, la *bienfaisance*, ne sont pas le lot seul des riches. Elles peuvent s'exercer par des personnes pauvres, envers d'autres plus pauvres encore ! Quelle grandeur d'âme dans de telles circonstances ! Les pauvres ont d'autant plus de mérite que pour donner, ils prennent sur leur nécessaire. Combien de traits de dévouement, de générosité pourraient être offerts à votre curiosité et proposés en exemples à vos jeunes cœurs ! Nous nous ferons un devoir de vous les présenter toutes les fois que nous en trouverons l'occasion.

Cette vie en commun, dont nous venons de parler, est aussi ancienne que le monde et c'est sur la vie sociale que repose la Nation, la Patrie !

La Patrie, c'est non-seulement le sol qui nous a vus naître ; c'est encore l'ensemble de tous nos concitoyens, de tous ceux qui portent le doux nom de Français ; ce sont les lois qui nous régissent, la communauté d'intérêts, de langage, de pensées et de sentiments.

A ce mot de Patrie, combien ne sentons-nous pas nos cœurs se dilater ou s'impressionner selon nos gloires ou nos revers ! C'est que tous nous l'aimons du même amour et qu'entre les membres d'une même Patrie, il y a non-seulement des rapports d'intimité et de sympathie, mais encore des devoirs réciproques d'assistance et une communauté d'efforts pour atteindre le même but, des sentiments de patriotisme.

Arrêtons-nous un instant.

Paul nous dira ce qu'il a retenu de ce qui vient d'être dit.

PAUL. — Monsieur, vous nous avez dit que nous sommes tous destinés à vivre en société. — Vous avez ajouté que la société est l'union des hommes entre eux ; que dans une société les besoins sont mutuels ; que le patron et l'ouvrier ne peuvent rien séparément. — Que des devoirs réciproques de *charité*, de *bienfaisance*, de *dévouement* incombent à chacun des membres de la société.

— Est-ce tout ?

PAUL. — Non, Monsieur. Vous avez encore dit que c'était sur la société que reposait la Patrie.

— Georges achèvera de répondre. Qu'est-ce que la Patrie ?

GEORGES. — La Patrie, c'est le sol qui nous a vus naître, où nous avons reçu le jour.

— Quel sentiment éprouvez-vous à ce mot de Patrie ?

GEORGES. — Un sentiment d'amour et du plus profond respect et surtout le vif désir de la servir un jour.

— Je vous félicite, Georges, des bons sentiments que vous manifestez, de l'amour que vous ressentez pour votre pays. Espérons que vous le servirez dignement et que vous serez un bon patriote.

La Patrie résume en elle seule toutes nos affections : amour filial, amour fraternel, amour de nos proches et de nos amis.

Aussi nos devoirs à son égard sont-ils immenses.

Elle a des droits imprescriptibles et sacrés sur nos talents, nos vertus, nos sentiments et sur toutes nos actions. En quelque état que nous nous trouvions, nous ne sommes que des soldats en faction, toujours obligés de veiller pour elle, de voler à son secours au moindre danger.

Tout jeunes, nous pouvons nous montrer patriotes en cherchant à comprendre ce que c'est que la Patrie ; ce qu'elle a été dans le passé, dans les temps modernes ; quels sont les événements glorieux qui marquent les différentes étapes de son histoire ; les grands hommes qui l'ont illustrée, ainsi que les revers, les humiliations qu'elles a subis.

Cette étude fait naître en nous des sentiments d'amour, d'affection, d'attendrissement.

Plus tard, d'autres sentiments plus élevés se développeront ; le véritable patriotisme s'emparera de nos cœurs et nous deviendrons patriotes à l'exemple de beaucoup de nos ancêtres qui ont versé leur sang pour la cause sacrée de la Patrie.

Les traits de patriotisme abondent en France. Paul ne sera pas embarrassé pour nous en citer un.

PAUL. — Non, Monsieur ; j'en connais une infinité. Mon père m'en a raconté un, accompli par un de mes frères, aujourd'hui en Tunisie.

« C'était pendant notre malheureuse guerre de 1870. Les ennemis avaient envahi notre pauvre France. Un jour de décembre, une *reconnaissance prussienne* poussa jusque dans notre village occupé par des mobiles postés en un endroit où l'on croyait voir déboucher l'ennemi.

» Mon frère, âgé de douze ans, observait de loin une masse noire qui s'approchait lentement, scrutant le terrain à droite et à gauche. Tout à coup, il reconnut le costume allemand et sans faire part à qui que ce soit de son émotion et de ses craintes, prit un sentier détourné et arriva haletant près du capitaine commandant le détachement. Il l'instruisit de ce qui se passait, demanda pour lui un mousqueton et servit de guide à la troupe qui arriva par des chemins détournés, assez à temps pour cerner la reconnaissance prussienne qui fut prise comme dans un piège.

» Mon frère fut loué de sa belle action par tout le monde et même par mon père et ma mère qui le blâmèrent cependant de sa témérité. »

— Paul, suffit-il pour se montrer bon patriote de prendre le fusil et d'attendre l'ennemi de pied ferme, quand il n'y a rien à craindre ?

PAUL. — Non, Monsieur. On est patriote à tout âge, dans toute condition ; parce que partout, on peut donner des preuves de son dévouement à la Patrie !

10° LES SENTIMENTS DU VRAI, DU BEAU, DU BIEN.

Il est un autre moyen d'élever les cœurs de nos jeunes enfants ; c'est de développer en eux les sentiments du vrai, du beau et du bien en les mettant en rapport avec les merveilles de la nature, de leur en faire contempler les beautés toutes les fois que l'occasion se présente, de leur faire remarquer la sagesse qui a présidé à l'ordre si parfait de la création.

Il est indispensable de les mettre en rapport avec nos bons écrivains ; de leur lire quelques morceaux de prose ou de poésie qui feront leur admiration en même temps qu'ils frapperont leur imagination vive et ardente. C'est ainsi que nous les habituerons à aimer le beau, à s'y attacher.

Quand, plus tard, devenus adolescents, ils voudront perfectionner leurs connaissances, ils s'inspireront à cette source pure et délaisseront les écrits d'un sérieux contestable dont la lecture détruirait le bien qui a germé dans leurs cœurs.

11° LES SENTIMENTS RELIGIEUX.

Ces sentiments, nous l'avons dit, viennent du besoin que nous avons de nous attacher à Dieu pour lui demander sa protection, son aide dans les difficultés de la vie et aussi pour le remercier du bien qui nous arrive.

C'est sur les genoux de la mère que naissent les sentiments religieux. A peine la langue de l'enfant commence-t-elle à se délier qu'on lui fait prononcer le nom de Dieu, qu'on appelle du nom de Père, nom qui est à la portée de son cœur. On s'empresse aussi de lui parler de l'enfant Jésus, de sa douceur, de sa bonté, de son obéissance. C'est ainsi que la mère amène doucement l'enfant au christianisme, essayant de le rattacher au Sauveur, qu'elle lui donne comme modèle à suivre, afin de former son cœur.

Il est du devoir de l'école de continuer à développer ces sentiments de premier ordre.

Avec l'amour filial, naîtra l'amour de Dieu; la reconnaissance envers les parents engendrera celle que nous devons à l'Auteur de nos jours; le respect dont nous sommes animés pour ceux qui nous sont chers fera naître le respect pour la Religion.

Tout s'entretient, tout s'enchaîne en fait d'éducation. Aussi rentre-t-il dans les attributions de l'Instituteur de ne rien laisser passer qui ne puisse profiter au perfectionnement moral et intellectuel des générations qui lui sont confiées.

Il ne doit pas oublier qu'il tient en main l'avenir de la Patrie, ses intérêts les plus chers, tout ce qu'elle a de plus noble : l'*Homme*, le *Citoyen*, le *Français*.

Le Rapporteur :
BIGOT,
Instituteur à Bonneval.

NOTES ET EXPLICATIONS.

Des profondeurs de notre âme, essentiellement active, émergent des mouvements naturels qui nous portent vers les différents objets qui doivent nous aider à accomplir notre destinée; ces inclinations sont-elles satisfaites, il en résulte du plaisir pour nous; sont-elles contrariées, nous souffrons.

Parmi ces inclinations, les unes sont *physiques* et ont pour objet le bien-être du corps; ce sont les *appétits* : la faim, la soif, l'amour de la vie. Les autres sont *morales* : ce sont les *sentiments*.

Parmi les sentiments, les uns sont relatifs à notre esprit : ce sont les *inclinations personnelles*, l'amour-propre, l'amour du pouvoir, le sentiment de l'honneur, le sentiment de notre dignité.

D'autres sont relatifs à nos semblables : ce sont les *inclinations sociales*; sympathie, amitié, affection, amour maternel, paternel, filial, etc.

D'autres nous portent vers le monde supérieur : le bien, le beau, le vrai, Dieu : ce sont les *inclinations supérieures*.

Les sentiments ont leur raison d'être, ils nous ont été donnés pour suppléer à la faiblesse de l'intelligence et aux défaillances de la volonté; c'est une sorte de *grâce naturelle*, a dit M. J. Simon.

« Le goût du plaisir, les passions mêmes ont leur raison dans
» les besoins de l'humanité. Supprimez les passions (1), plus d'excès,
» il est vrai, mais plus de ressort : faute de vents, le vaisseau ne
» marche plus et s'enfonce bientôt dans l'abîme. Supposez un être
» auquel manque l'amour de lui-même, l'instinct de la conservation,
» l'horreur de la souffrance, surtout l'horreur de la mort, qui n'ait
» de goût ni pour le plaisir, ni pour le bonheur, en un mot destitué
» de tout intérêt personnel, un tel être ne résistera pas longtemps
» aux innombrables causes de destruction qui l'environnent et qui
» l'assiègent; il ne durera pas un jour. Jamais une seule famille,
» jamais la moindre société ne pourra se former ni se maintenir.

« Celui qui a fait l'homme n'a pas confié le soin de son ouvrage
» à la vertu seule, au dévouement et à une charité sublime : il a
» voulu que la durée et le développement de la race et de la Société
» humaine fussent assis sur des fondements plus simples et plus
» sûrs, et voilà pourquoi il a donné à l'homme l'amour de soi,
» l'instinct de la conservation, le goût du plaisir et du bonheur,
» les passions qui animent la vie, l'espérance et la crainte, l'amour,
» l'ambition, l'intérêt personnel enfin, mobile puissant, permanent,
» universel, qui nous pousse à améliorer sans cesse notre condition
» sur la terre. » (*Cousin*.)

Ces inclinations sont bonnes en elles-mêmes, mais non également bonnes, égales en dignité; il y a des inclinations basses et des in-

---

(1) Passions, dans ce passage, a le sens de sentiments.

clinations élevées, c'est à la raison à assigner à chacune d'elles le rôle qu'elle doit jouer dans l'accomplissement de notre destinée. Quand toutes ces inclinations se déploient harmonieusement et concourent, chacune dans la mesure qui lui convient, à atteindre une même fin, l'*ordre*, le *bien* est réalisé. Il y a dans cet ordre, dans cet accord parfait, la beauté par laquelle s'annonce la santé de l'âme.

Il peut arriver que l'une de ces inclinations devienne violente, impétueuse, qu'elle acquière une énergie extrême, qu'elle absorbe en quelque sorte l'activité de l'âme; dans son développement elle empêche les tendances supérieures de se satisfaire; il y a alors dans l'âme rupture d'équilibre : l'harmonie est détruite.

Cette tendance excessive et exclusive, sourde à la voix de la raison qu'elle aveugle, rebelle au frein de la volonté dont elle brise les ressorts, est la *passion* : son image, c'est le gourmand que le jardinier négligent laisse croître en pleine liberté; il ne tarde pas à absorber toute la sève de l'arbre, pendant que les autres branches dépérissent.

Son image, c'est encore le ruisseau paisible qui, au milieu de la campagne où il répandait la fécondité et la vie, s'enfle, devient torrent, roule ses flots furieux, rugit et porte partout avec lui le ravage, la désolation et la mort.

Les causes les plus ordinaires du développement des passions sont les suivantes :

1º L'hérédité : nous pouvons tenir de nos parents le germe de ces maladies de l'âme.

2º Le milieu dans lequel on vit : les passions sont contagieuses. Nos inclinations se corrompent bien vite dans une atmosphère de vice.

3º L'attention se portant avec trop de complaisance sur le souvenir que nous avons éprouvé à satisfaire une tendance; cette attention en augmente l'attrait et irrite en nous le désir.

4º L'imagination : en revêtant l'objet désiré des couleurs les plus belles, elle nous excite à le poursuivre avec plus d'ardeur; si l'esprit est souvent dupe du cœur, le cœur souvent aussi est dupe de l'esprit.

5º L'habitude donne plus de force aux inclinations naturelles, elle les enracine, elle peut même greffer en nous des appétits artificiels : la passion de fumer, par exemple.

L'*hygiène* morale nous prescrit d'éviter toutes les circonstances où ces maladies de l'âme pourraient se déclarer.

La maladie vient-elle à éclater, il faut avoir recours à la médecine de l'âme ; d'un côté on prévient la maladie, de l'autre on cherche à la guérir.

1° Mais pour se soigner, pour se faire traiter, il faut d'abord reconnaître que l'on est malade ; l'avare ne s'aperçoit pas de la passion qui, comme une lèpre, lui ronge l'âme. A ses yeux, au contraire, ce sont ses voisins qui sont malades. Ils sont des prodigues, ils jettent l'argent par les fenêtres : lui, est sagement économe. « Un médecin visite un malade et lui dit : Vous avez la fièvre, » abstenez-vous aujourd'hui de toute nourriture, et ne buvez que » de l'eau. Le malade le croit, le remercie et le paye. Un philoso- » phe dit à un ignorant : Vos désirs sont déréglés, vos craintes sont » serviles, et vous n'avez que de fausses opinions. L'ignorant le » quitte en colère, et dit qu'on l'a mal traité. D'où vient cette diffé- » rence ? C'est que le malade sent son mal et que l'ignorant ne » sent pas le sien. » *(Épictète. — Maximes.)*

2° C'est de bien se convaincre que la passion peut être extirpée, que ces sortes de maladies ne sont pas incurables. L'homme peut se refaire ; chassez le naturel il revient au galop, a dit Destouches ; c'est vrai, surtout si on laisse la porte ouverte, mais tenons-nous sans cesse sur nos gardes, attendons-le de pied ferme, la fourche à la main, repoussons ses assauts, il finira par disparaître.

Nous ne saurions trop recommander aux lecteurs le chapitre des Eléments de Morale par M. P. Janet, intitulé « Médecine et gymnastique morales. » Nous nous bornerons à rapporter le sommaire du chapitre dans lequel il expose les moyens de cultiver l'âme et de traiter les passions.

CULTURE DE L'AME OU TRAITEMENT MORAL.

Du gouvernement des passions. — Conseil de Bossuet : « Ne pas » combattre directement les passions, mais les détourner en s'ap- » pliquant à d'autres objets. »

De la formation des caractères. Règles de Malebranche : 1° les actes produisent les habitudes et les habitudes les actes ; 2° « On peut toujours agir contre l'habitude dominante. »

Comment substituer une habitude à une autre ?

Règle d'Aristote : « Passer d'un extrême à l'autre. »

Règle de Bacon : 1° Procéder par degrés ; 2° choisir pour acquérir une vertu nouvelle deux sortes d'occasions : la première quand on est le mieux disposé ; la seconde quand on l'est le moins ; 3° ne pas trop se fier à sa conversion, et se défier des occasions.

Calendrier de Benjamin Franklin. — Autres pratiques. — Catéchisme moral de Kant.

T. Turot.

§ VI. — La Volonté. — La Persévérance. — L'Énergie. — Bonnes et mauvaises Habitudes. — Caractère.

Notre âme n'est pas seulement sensible et intelligente; elle est essentiellement active.

Mais son activité ne se renferme pas entièrement dans le domaine de la pensée; il ne lui suffit pas de ressentir des impressions, de les discuter intérieurement; cette activité se manifeste aussi à l'extérieur par l'empire qu'elle exerce sur nos organes et sur les mouvements de notre corps.

C'est alors qu'elle prend le nom de *Volonté*.

Nous devons distinguer avec soin la volonté de l'instinct. L'*Instinct* existe sans doute dans notre être, et il a une grande part à nos actions, mais il agit à la manière d'une force aveugle et pour ainsi dire complètement étrangère à notre âme; cette force nous fait agir en quelque sorte à notre insu et reste ignorante, à la fois, des lois qui la dirigent, du but qu'elle poursuit et des moyens qu'elle emploie.

La Volonté, au contraire, a un caractère personnel, et on a été jusqu'à dire qu'elle est la personnalité même.

Qu'est-ce que vouloir, en effet?

Vouloir, ce n'est pas seulement avoir conscience de la détermination qu'on a prise ou de l'action à laquelle on s'est décidé, c'est reconnaître avec une entière certitude, qu'on en est l'auteur, et qu'on aurait pu, quel qu'en soit le motif, s'arrêter à une résolution différente.

Dans l'exercice de la volonté, il y a un écueil à éviter. Il ne faut pas croire que la volonté soit l'obstination quand même dans une résolution une fois prise. Les jeunes enfants sont assez disposés à faire cette confusion et à prendre pour acte de volonté ce qui n'est qu'un vulgaire entêtement.

L'entêtement est un défaut grave contre lequel les Éducateurs doivent prémunir avec soin leurs élèves, loin de les y encourager.

L'entêtement, c'est la persévérance irréfléchie dans une détermination quelconque, qu'elle soit raisonnable ou absurde, sage ou dangereuse ; tandis que la volonté, c'est la persévérance dans une résolution prise avec les lumières de la raison et de la sagesse, c'est la qualité de l'homme qui a de l'énergie, de la force d'âme, du caractère.

J'ai connu, et je connais encore, une jeune personne, du monde qu'on est convenu d'appeler « la Bourgeoisie » dans les campagnes.

Cette jeune fille avait été placée par ses parents dans une excellente maison d'éducation dirigée par une femme douée des qualités qui font la véritable institutrice et la bonne mère de famille.

A l'un des premiers repas auxquels la jeune fille prit part, on servit un mets qu'elle n'avait jamais vu et que, par conséquent, elle ne connaissait pas.

Ses jeunes compagnes reçoivent sans mot dire la part qui leur est destinée. Quand vint le tour de Clémence. « Merci, Mademoiselle, je n'aime pas cela. » La maîtresse qui avait de l'expérience et qui savait à quoi s'en tenir sur ces petites manières d'enfant gâté, fit cette simple observation « Mais savez-vous ce que je vous présente ? — Non, Mademoiselle, mais je n'aime pas cela. » — Impossible d'en tirer d'autre réponse et c'est peine inutile d'insister auprès d'elle pour lui faire accepter la plus petite portion.

Un entêtement aussi inexplicable excita, comme bien vous pensez, l'hilarité des jeunes compagnes de Clémence et fournit à la maîtresse le texte d'une belle leçon sur la volonté.— C'était, du reste, une des qualités les plus précieuses de cette habile maîtresse.

Et nous-mêmes, Instituteurs et Institutrices de l'enfance, combien de fois n'avons-nous pas vu se répéter, avec de légères variantes, la scène ridicule que je viens de vous raconter ?

Combien de fois ne nous est-il pas arrivé de voir des élèves que nous savions coupables, le plus souvent d'une peccadille, nier énergiquement en être l'auteur ou les auteurs, et persévérer quand même dans leurs dénégations.

Je me souviens qu'à l'âge de treize ou quatorze ans, j'avais pour condisciple un jeune homme, héritier d'un nom célèbre, dans les fastes de la première République, et dont

L'aïeul avait porté sa tête sur l'échafaud, coupable comme tant d'autres d'avoir déplu au pouvoir tyrannique du Comité de salut public, après avoir rendu de véritables services militaires à sa patrie.

Ce jeune homme s'était fait comme une espèce de point d'honneur de ne jamais convenir d'une erreur commise ; mais ce qu'il prenait pour de la grandeur d'âme, pour de l'énergie et de la force de caractère n'était tout simplement qu'une obstination irréfléchie, un entêtement des plus vulgaires, qui dénotait chez lui un manque de jugement et aurait pu le pousser aux fautes les plus regrettables. Il ignorait que la véritable grandeur d'âme consiste à reconnaître ses erreurs, et à chercher à les réparer.

Mais, me direz-vous, nous devons développer la volonté chez le jeune homme, chez l'enfant ; mais encore faut-il que nous sachions de quelle manière et par quels moyens nous y parviendrons.

A ceci, je réponds que le développement de la volonté est tout entier l'œuvre de la volonté même.

Cette assertion, qui de prime abord semble n'être qu'un paradoxe, est cependant de la plus stricte exactitude.

« Le développement de la volonté consiste à rendre cette
» volonté indépendante soit de l'intérêt, soit de la passion,
» soit des conseils de la peur, soit des séductions de l'amour-
» propre, souvent plus dangereuses que celles de la cupidité
» ou de la volupté, et à ne voir au-dessus d'elle que les lois
» de la raison, que les ordres absolus de la conscience.

« Cet empire de la volonté sur les mouvements irréfléchis
» du cœur et des sens et sur les conseils intéressés de l'égoïsme
» voilà ce qu'on appelle le caractère, et l'homme vaut plus,
» par le caractère, que par les dons les plus brillants de
» l'esprit ; car ceux-ci, nous les tenons d'une libéralité de la
» nature, tandis que le caractère, c'est nous-mêmes, c'est
» ce qu'il y a en nous de plus substantiel et de plus personnel. » (Franck.)

Un homme dont le nom est bien connu dans notre histoire avait rendu à son pays de grands services. Il était arrivé à une situation militaire telle qu'il n'avait jamais osé la rêver dans les plus beaux projets de sa jeunesse.

La France, dans un jour de malheur, lui confie sa plus belle armée, celle en qui elle a mis son dernier espoir. Il peut faire une utile diversion, séparer l'armée ennemie et permettre au gouvernement d'organiser une autre armée.

Sa conscience, son devoir, son honneur de soldat l'engageaient à suivre cette voie; mais non, il écoute les conseils de l'égoïsme, il espère arriver à la première place dans l'État, il fait céder sa volonté à son ambition, et il ne craint pas de livrer à l'ennemi l'armée qui avait été confiée à sa garde et à son honneur.

Inutile d'écrire le nom de l'homme qui vendit ainsi son pays; vous l'avez nommé, c'est Bazaine. Que lui manqua-t-il? Le caractère.

Mais ce n'est pas en un jour que nos élèves acquerront ce degré de liberté et de sécurité intérieure; ils n'y arriveront qu'avec le temps, à force de surveillance exercée sur leurs actions et sur leurs plus secrètes pensées, par l'effet d'une discipline inflexible qui ne fait grâce d'aucune défaillance; toutefois, on y arrive quand on le veut, et il n'y a que les lâches qui restent à moitié chemin.

Jean-Jacques Rousseau raconte le trait suivant: « J'étudiais, un jour, seul ma leçon dans la chambre contiguë à la cuisine. La servante avait mis à sécher à la plaque les peignes de Mademoiselle Lambercier (c'était la fille du ministre). Quand elle revint les prendre, il s'en trouva un dont tout un côté de dents était brisé. A qui s'en prendre de ce dégât? Personne autre que moi n'était entré dans la chambre. On m'interroge; je nie d'avoir touché le peigne.

» Monsieur et Mademoiselle Lambercier se réunissent, m'exhortent, me pressent, me menacent; je persiste avec opiniâtreté; mais la conviction était trop forte, elle l'emporta sur toutes mes protestations, quoique ce fût pour la première fois qu'on m'eût trouvé autant d'audace à mentir.

» La chose fut prise au sérieux; elle méritait de l'être. La méchanceté, le mensonge, l'obstination parurent également dignes de punition; mais pour le coup, ce ne fut pas par Mademoiselle Lambercier qu'elle me fut infligée. On écrivit à mon oncle Bernard; il vint. Mon pauvre cousin était chargé d'un autre délit non moins grave; nous fûmes enveloppés dans la même exécution. Elle fut terrible.

» On ne put m'arracher l'aveu qu'on exigeait. Repris à plusieurs fois et mis dans l'état le plus pitoyable, je fus inébranlable. J'aurais souffert la mort et j'y étais résolu. Il fallut que la force même cédât au diabolique entêtement d'un enfant, car on n'appela pas autrement ma constance. Enfin, je sortis de cette cruelle épreuve, en pièces, mais triomphant.

» Il y a maintenant près de cinquante ans de cette aventure, et je n'ai pas peur d'être puni de rechef pour le même fait; eh bien, je déclare à la face du ciel que j'en étais innocent, que je n'avais cassé ni touché le peigne, que je n'avais pas approché de la plaque, et que je n'y avais même pas songé. Qu'on ne me demande pas comment ce dégât se fit; je l'ignore et ne puis le comprendre; ce que je sais très certainement, c'est que j'en étais innocent. »

Les exemples que je viens de citer démontrent assez ce que nous entendons par volonté, caractère et énergie; mais ce n'est point encore assez pour la bonne éducation de nos élèves, si nous ne leur faisons sentir aussi toute l'importance de cette autre vertu qu'on appelle la persévérance.

M. Barrau la définit: « la constance à poursuivre ce qu'on a commencé. » C'est, dit-il, une qualité excellente lorsqu'elle s'applique à des choses utiles et justes. Seule, la persévérance procure aux talents la gloire et aux vertus leur couronne; ce n'est pas à celui qui a commencé, mais à celui qui a persévéré jusqu'à la fin qu'est réservé le succès. La persévérance vient à bout de tout.

M. Barrau, que je me plais à citer, notre maître en matière d'éducation, nous donne dans son beau livre de la *Morale pratique*, d'excellents exemples de ce que peut une volonté ferme et persévérante.

On ne peut s'empêcher d'admirer les efforts énergiques du vertueux Bernard Palissy pour découvrir le secret de l'émail, efforts que seize années de revers ne purent interrompre et qui furent à la fin couronnés du plus brillant succès.

Où trouvera-t-on une plus énergique persévérance dans le bien, que celle qui nous est offerte par l'ingénieur

Brémontier fixant les dunes de la Gascogne ? Je ne puis mieux dire que de citer les réflexions de M. Barrau.

« Le voyageur s'assied au pied du monument élevé à la
» mémoire de Brémontier ; il songe aux grands services
» qu'il a rendus, aux traverses, aux obstacles, aux chagrins
» que lui suscita l'envie ; il reconnaît que, sûre d'arriver à
» un noble but, la vertu doit s'armer contre tout ce qui
» contrarie ses efforts de persévérance et de force. »

Ajouterai-je encore les efforts persévérants du prince des orateurs, de ce Démosthène qui eut la force de se dérober aux yeux de tous et loin de la lumière, pour acquérir cette facilité de diction qui, jointe à son génie, a fait de lui le plus illustre des maîtres de la parole ?

Parlerai-je de Franklin qui par sa persévérance dans le travail sut s'élever aux premiers rangs de la société américaine, et imposer tant d'estime à ses compatriotes qu'ils le choisirent pour venir demander le secours de la France en faveur de la république naissante ?

Ces quelques exemples et tant d'autres devraient former le premier livre destiné aux élèves de nos écoles.

La lecture de ces traits de courage, d'énergie, de volonté et de persévérance, lecture vivifiée par la chaude parole d'un instituteur vraiment digne de ce nom, formera le cœur des enfants, leur fera aimer le bien et excitera en eux le désir de le pratiquer.

L'âme des enfants est malléable, elle garde indéfiniment les impressions qu'elle a reçues, et le souvenir de ces impressions, réveillé à chaque instant par telle ou telle circonstance imprévue, la pousse à agir en conséquence des observations qu'elle a faites ou qu'on lui a fait faire et des jugements qu'elle a portés.

Cette suite d'actes réfléchis ayant pour cause première les impressions subies dans la jeunesse, constitue ce qu'on appelle l'habitude. L'habitude s'acquiert par l'exercice d'actes fréquemment répétés, et l'on ne saurait trop s'appliquer à y soumettre les enfants dès leur bas âge. Si elle froisse certains sentiments naturels des élèves, elle favorise d'un autre côté l'accomplissement de nos actes en nous les rendant merveilleusement faciles.

Tout récemment, un ouvrier d'une fabrique d'horlogerie me présentait une petite pièce destinée à régler la marche du mouvement et pour laquelle son patron avait pris un brevet. Je ne pus retenir une exclamation sur la petitesse de la pièce et sur le fini du travail.

« Monsieur, me dit cet homme, combien pensez-vous que doive être payé un pareil travail ? » — Je n'hésitai pas à en fixer le prix à cinq francs, et encore, ajoutai-je, c'est dans la supposition que vous vous servez de machines, car il me semble que vous ne pouvez faire qu'une pièce par jour, et cinq francs ne sont pas un prix exagéré pour des travaux de précision.

— « Détrompez-vous, Monsieur, me fut-il répondu. La première journée, en effet, je suis à peine arrivé à fabriquer une seule de ces pièces ; aujourd'hui, grâce à l'habitude que j'ai de ce travail, j'arrive à en faire 90 ou un cent et elles me sont payées un sou la pièce. »

J'étais confondu ; mais cette petite anecdote me fortifia de plus en plus dans la conviction que l'habitude est pour nous d'un merveilleux secours dans l'accomplissement de nos actes.

Ce que je viens de dire montre combien il est précieux de contracter l'habitude de certains actes ordinaires de la vie ; mais il s'agit d'actes non seulement irréprehensibles, non seulement ordinaires, mais encore d'actes louables ou obligatoires. Oh ! alors combien est importante l'habitude et quel précieux concours elle apporte à l'Instituteur pour l'éducation de ses élèves !

Je ne puis mieux faire ici que de m'inspirer du traité de Pédagogie de M. Charbonneau.

« Parmi nos tendances matérielles, dit-il, c'est-à-dire celles
» qui se rapportent au corps, nous en signalerons trois : la
» conservation ou amour de la vie, le bien-être ou jouissance
» des sens, la prévoyance ou amour de la propriété. »

Evidemment, nous devons veiller à la conservation de notre vie. Dieu nous a fait en nous la donnant un présent si grand et si précieux que nous devons éviter de la perdre.

Cependant, nous ne devons pas la préférer à l'accomplissement du devoir ; ce serait alors de la pusillanimité, de la lâcheté. Assurément, on ne demande pas aux enfants de grands dévouements ni le sacrifice de leur vie ; cependant il est bon de leur faire comprendre qu'ils doivent accomplir leur devoir avant tout, et qu'ils doivent se préparer à se rendre utiles au prochain dans des circonstances périlleuses et décisives.

Le bien-être se rapporte plus particulièrement à notre corps. Cette tendance est en elle-même naturelle et légitime ; mais c'est aussi celle qui prête le plus à l'excès ; c'est celle qui nous domine le plus aisément, c'est par elle que nous ne considérons plus que nous et nos jouissances, que nous faisons passer avant toute autre chose.

Les excès dans la tendance au bien-être se traduisent chez l'homme par l'égoïsme, la sensualité, la gourmandise, la mollesse et la paresse.

En effet, ce sont les besoins de notre corps, le désir effréné de ses jouissances qui sont la source ordinaire de nos fautes, de nos vices, de nos malheurs et de nos crimes.

Dès le plus jeune âge, nous devons nous appliquer à faire comprendre aux enfants que nos semblables ont les mêmes besoins que nous à satisfaire, qu'il serait souverainement injuste de pourvoir aux nôtres au détriment des leurs ; faisons leur voir à ce propos ce que c'est que l'égoïsme.

Il y a environ un an, je me trouvais à Chartres avec un ami et nous convînmes de déjeuner ensemble. Nous allâmes prendre place à la table d'hôte d'un des bons hôtels de la ville ; c'était à la saison des asperges et le maître d'hôtel eut l'aimable attention d'en faire servir un plat largement approvisionné pour les quinze convives qui avaient pris place à table.

Mais l'un d'eux, voyageur de commerce, grand amateur d'asperges assurément, mais à coup sûr égoïste au premier chef et fort mal élevé, préleva sur le mets en question une dîme si formidable que douze des convives sur quinze n'eurent des asperges que la vue.

Il oubliait, cet homme, que les tendances sensuelles sont les moins nobles de notre nature, et que ce sont celles-là précisément qui nous sont communes avec l'animal.

Les enfants, dit M. Charbonneau, sont particulièrement enclins à la gourmandise, à la gloutonnerie ; il faut réprimer toute faute de cette espèce par des punitions de même nature, c'est-à-dire par une certaine privation de nourriture et surtout par celle de friandises. On ne permettra jamais aux enfants de prendre des morceaux de choix et on se gardera bien de leur en donner s'ils les demandent.

Enfin, on évitera soigneusement de les récompenser, par des friandises, d'une bonne action, d'un acte louable, de l'accomplissement d'un devoir moral quelconque, ce serait ravaler les lois de la conscience, et mettre sous sa sauvegarde le développement d'un vice honteux.

Il est indéniable qu'aujourd'hui l'éducation de famille est nulle ou à peu près, même dans les familles qu'on est tenté de regarder comme des modèles ; je pourrais vous citer quelques exemples pris autour de nous, mais il en est de ces sortes d'exemples comme de l'histoire contemporaine ; il faut glisser et ne pas appuyer.

Quelle différence dans le mode d'éducation suivi il y a quelque vingt ans et celui qu'on suit aujourd'hui ! il serait temps cependant de sortir de cette voie funeste. Il serait bon d'habituer les enfants à quelques privations, pour qu'ils puissent se rendre plus indépendants des besoins du corps ; et cette habitude deviendrait pour eux plus tard d'un prix inestimable.

Pour combattre ces tendances de la gourmandise et de la sensualité, j'ai toujours remarqué que l'arme la plus efficace est celle du ridicule et de l'ironie.

Ne craignons pas de l'employer toutes les fois qu'il en sera besoin ; c'est par l'usage réitéré que nous viendrons à bout de vaincre.

Je me rappelle avoir eu, il y a quelques années, au nombre de mes élèves, un gros garçon fort amateur de chocolat. Vous eussiez pris son pupitre pour une boutique de confiseur. Chocolat à la vanille, chocolat de santé, chocolat en pastilles, chocolat en tablettes, chocolat enfin sous toutes formes et de toutes qualités.

Inutile d'ajouter, n'est-ce pas ? que le chocolat avait absorbé chez lui toutes les facultés digestives et que rien ne lui semblait indigeste comme une leçon de calcul, de grammaire ou d'histoire.

Sa famille, du reste, par une faiblesse inqualifiable et impardonnable, semblait l'encourager dans ce défaut, et vous eussiez ri de bon cœur ou plutôt de pitié en le voyant, le mardi, au parloir, assis entre sa tante et sa maman qui, chacune de son côté, lui tenaient un mouchoir blanc en guise de serviette. Qu'on ne m'accuse pas de charger le tableau ! Ce que je raconte est l'exacte vérité. La dînette se composait de chocolat, bien entendu.

Enfin, un beau jour, fatigué de voir ces scènes ridicules se renouveler périodiquement tous les mardis, je m'avisai du stratagème suivant. (Notez que le repas fait séance tenante ne faisait aucun tort au stock de l'armoire.) Donc, je fis main basse sur ledit stock et j'obligeai mon amateur de chocolat à rééditer devant tous ses camarades, et la serviette au cou, la scène dont je venais d'être témoin.

Protestations, promesses, supplications, rien n'y fit ; je restai inflexible : il fallut s'exécuter. Je l'ai encore devant les yeux, faisant mille efforts pour absorber le malencontreux chocolat. La provision entière y passa après force grimaces et non sans avoir laissé sur sa figure la trace de son expédition pantagruélique.

Je ne parlerai pas des rires bruyants qui l'accueillirent ; mais à partir de cette époque, les tablettes de chocolat ne brillèrent plus que par leur absence.

Quant à la paresse et à la mollesse, je ne connais point de meilleur mode de combat que d'habituer les enfants à se lever de bonne heure et de ne leur permettre de donner au sommeil que le temps nécessaire.

Vous avez lu comme moi ce passage où Buffon raconte comment il avait pris l'habitude de se lever toujours avec le soleil ; aussi l'illustre auteur de l'histoire naturelle n'hésite pas à dire que cette habitude lui a valu dix ou douze volumes au moins de ses ouvrages.

Il est une autre qualité qu'on a appelée avec justesse une demi-vertu. Je veux parler de la propreté. Rien de plus salutaire pour la jeunesse et pour l'homme fait ; aussi devrons-nous faire tout notre possible pour que les enfants qui nous sont confiés en contractent l'habitude.

J'ai dit que parmi nos tendances matérielles il faut compter la prévoyance ou l'amour de la propriété. Je n'ai point à faire ici l'éloge de l'épargne ; de judicieux moralistes, des esprits distingués vous en ont longuement entretenus dans leurs écrits et je ne saurais mieux faire que de vous rappeler ce qu'en a dit mon honorable collègue et ami M. Blay, directeur de l'École laïque de Nogent-le-Rotrou, dans sa remarquable conférence aux Instituteurs d'Eure-et-Loir, le 22 août 1879, sur les Caisses d'Épargne scolaires.

On a prétendu à tort que, encourager chez l'enfant l'économie, l'épargne, c'était ternir en lui un sentiment de générosité native, lui faire contracter un affreux défaut et en faire un avare.

A Dieu ne plaise que nous voyions ainsi dégénérer dans le cœur de nos élèves l'habitude de l'épargne ! Non, ce que nous voulons, c'est l'habituer à restreindre ses jouissances futiles ou mauvaises, c'est l'habituer à envisager dans l'avenir la réalisation de projets légitimes ou utiles.

Et, en admettant que, par extraordinaire, il se rencontrât un de ces enfants qui poussât à l'excès le culte de l'épargne, il me semble que les résultats en seraient moins à redouter que ceux du défaut opposé.

Je vous parlerais encore volontiers, d'un défaut auquel les enfants sont parfois enclins : c'est le désir immodéré d'estime des autres.

Les enfants sont souvent vaniteux, et ce défaut qui les rend insupportables pour le présent, ne ferait que s'accroître et prendre des proportions très fâcheuses, si l'on n'y mettait obstacle dès le commencement.

Un moyen efficace de combattre la vanité et l'orgueil, c'est de l'attaquer avec l'arme du ridicule comme pour la gourmandise, avec cette différence cependant que l'enfant vaniteux et orgueilleux est ordinairement plus sensible au ridicule que l'enfant enclin à la sensualité et que nous devons éviter soigneusement de le froisser trop vivement sous peine de tout compromettre.

Je m'arrête ici, et si je me trouve honoré d'avoir été désigné par l'autorité académique pour traiter la question qui nous occupe, je suis non moins flatté de l'attention soutenue que vous m'avez accordée.

La seule pensée qui m'a guidé dans ce travail, c'est d'apporter une pierre à ce grand œuvre qui s'appelle l'éducation de l'enfant, grand œuvre en effet, car nous autres Instituteurs, nous poursuivons un but autrement noble que celui que poursuivaient les alchimistes du Moyen-Age.

La France nous a confié ce qu'elle a de plus cher. En nous donnant ses enfants, elle semble nous regarder à l'œuvre et nous dire : « Rendez-nous des hommes, des citoyens, des Français. »

Le Rapporteur :
GUSTAVE QUIJOUX,
Instituteur à La Loupe.

NOTES ET EXPLICATIONS.

Vouloir, c'est se résoudre en connaissance de cause ; c'est choisir entre les différents motifs qui nous portent à agir, se proposer un but, se décider à l'atteindre en faisant effort, en déployant dans une mesure plus ou moins grande l'énergie de notre âme.

En présence d'un acte à accomplir, nous savons que nous pouvons le vouloir ou ne pas le vouloir ; quand nous prenons une résolution, nous avons conscience que nous aurions pu ne pas la prendre ou en prendre une toute différente, nous sentons, pendant l'action, que nous pouvons nous contenir, nous abstenir, nous modérer, résister à l'entraînement de la passion, que nous sommes un pouvoir autonome, que nos résolutions ne dépendent que de nous-mêmes, que nous avons entre nos mains le gouvernement de notre personne : L'homme est libre.

L'intelligence qui éclaire l'homme, la liberté qui le rend maître de lui, grâce à laquelle il se possède, font de l'homme une personne.

C'est dans notre personnalité que réside notre grandeur, notre dignité. « La liberté est comme une sorte de royauté naturelle que Dieu nous a donnée sur nous-mêmes pour nous gouverner selon ses ordres. » *(Le P. André.)*

La personnalité nous revêt d'un caractère sacré ; elle nous rend inviolables ; elle devient le principe du droit, elle doit être respectée.

Développer la personnalité dans l'enfant, c'est l'objet de l'éducation : Par la culture des sentiments, de l'intelligence et de la volonté, nous devons *l'élever* aux sphères les plus hautes de la pensée et de la moralité, l'aider à détacher les poids de plomb qui le ramènent à l'animalité, et, par une lente initiation, l'aider à monter vers ces régions plus pures et plus lumineuses où le progrès, de génération en génération, a porté l'humanité.

« Comme il y a des résolutions lentes et promptes, réfléchies et
» spontanées, il y en a qui sont vacillantes, mobiles, incertaines ;
» d'autres sont fermes, invariables, opiniâtres ; elles persistent
» malgré les événements, et nul échec ne les ébranle ni ne les dé-
» concerte. Le genre des résolutions habituelles à une personne
» constitue son *caractère*. Le caractère *indécis* ne sait pas se résou-
» dre. Le caractère *faible* abandonne, dès le premier choc, ses réso-
» lutions les mieux arrêtées. Le caractère *versatile* change à tout
» instant de résolutions. Le caractère *résolu* se décide promptement
» et marche à son but sans se détourner. Le caractère *opiniâtre*
» persiste à vouloir ce qu'il a d'abord voulu, tant qu'il n'est pas
» arrivé à ses fins. » *(Jourdain. — Notions de Philosophie.)*

L'énergie de la volonté s'entend de l'intensité de l'effort dont on est capable à un moment donné, elle se mesure d'après la résistance vaincue dans ce moment ; elle n'implique pas nécessairement la patience, la longueur du temps. Dans la persévérance, l'effort doit se soutenir, se prolonger ou bien, s'il se suspend, c'est que l'on attend que certains obstacles s'aplanissent d'eux-mêmes. Il importe peu que les difficultés soient tournées ou franchies directement, que le chemin soit droit ou fasse des détours, qu'on emploie la ruse ou la violence, qu'on dénoue le nœud ou qu'on le coupe, l'essentiel est d'arriver au but. Il n'y a pas moins d'énergie dans le Français que dans l'Anglais : on connaît la furie française, mais il y a plus de persévérance, de ténacité dans l'Anglais ; c'est à sa persévérance que le Romain a dû de sortir vainqueur de sa lutte contre Annibal : c'est à cette qualité qu'il a dû en grande-partie l'empire du monde. Nos efforts peuvent se déployer dans deux sens : ou bien l'âme veut rester maîtresse d'elle-même, réprimer les désirs qui se produisent en elle, lutter pour qu'une autre volonté ne s'impose pas à sa volonté, c'est la vertu du stoïcien dont la formule était : « Supporte et abstiens-toi. » Ce qu'il veut avant tout, c'est de ne pas être opprimé, c'est de rester libre ; ou bien nous déployons nos efforts pour imposer notre volonté à la volonté des autres, dans l'amour du pouvoir, ou pour triompher des forces de la nature et pour faire reculer les limites de la science.

Nous faisons peu de chose pour la culture des sentiments, moins encore pour le développement de la volonté, la formation du caractère. Notre but principal, c'est l'instruction ; les moyens qui y conduisent plus directement sont les meilleurs à nos yeux, dussent-ils nuire au développement de la volonté ; les mobiles de toute nature par lesquels on remarque la volonté de l'enfant, laissent souvent cette faculté inerte, endormie et la dispensent des efforts à faire : poussée, attirée par les punitions et les récompenses, stimulée de toutes façons, à peine a-t-elle besoin d'intervenir. La crainte, l'amour-propre, la gourmandise, la cupidité, le plaisir, la peine agissent dans l'enfant ; il *est agi*, selon l'expression de Malebranche, plutôt qu'il n'agit, c'est une montre qui ne marche qu'au pouce : elle s'arrête dès que l'impulsion étrangère s'arrête. Ainsi une foule d'enfants travaillent avec ardeur tant qu'ils sont sur les bancs de l'école et n'ouvrent plus un livre dès qu'ils sont abandonnés à eux-mêmes. Je le crois facilement ; ils ont laissé à l'école le ressort qui les faisait marcher.

Un moyen de développer la volonté, c'est : 1° de ne jamais se proposer un but que l'on ne puisse pas atteindre ; la connaissance de nous-mêmes, la justesse d'esprit sont indispensables ici. 2° Une fois que l'on se sera proposé un but, on ne devra jamais renoncer à l'atteindre ; il faut s'exercer à vouloir sans se laisser rebuter par aucune difficulté, sans se laisser décourager par les premiers insuccès. Ne donnons pas audience aux suggestions de la paresse ou de l'amour du changement qui nous disent : « C'est impossible ! c'est inutile ! plus tard ! demain, il sera encore temps. » — Coûte que coûte, vaille que vaille, allons jusqu'au bout. Imposons-nous une tâche de plus en plus difficile ; mettons la volonté au régime de l'entraînement et nous serons bientôt étonnés de toutes les énergies nouvelles qui se feront jour en nous ; nous ne soupçonnons pas toute la puissance que nous laissons dormir au fond de nos âmes. C'est sur le sentiment du devoir, de la responsabilité que la volonté prend son point d'appui le plus solide, c'est à lui qu'elle doit la force de braver les menaces, la calomnie, les persécutions, la mort elle-même. En présence d'une telle volonté armée du droit, la force toujours étonnée, troublée, recule..... quelquefois. D'un autre côté, le manque de conviction, le doute est un dissolvant bien énergique pour la volonté ; avec des opinions ondoyantes et diverses, les ressorts de la volonté la mieux trempée sont bien vite brisés.

« Des faits que je viens de vous signaler résulte, messieurs,
» l'affaiblissement universel des caractères. Personne n'a de carac-
» tère dans ce temps-ci, et par une très bonne raison, c'est que
» des deux éléments dont le caractère se compose, une volonté
» ferme et des principes arrêtés, le second manque et rend le pre-
» mier inutile. A quoi sert, en effet, une volonté ferme quand on
» n'a pas de principes arrêtés ? C'est un instrument vigoureux, mais
» qui n'est d'aucun usage. Mettez cet instrument au service d'une
» conviction stable et profonde, il produira des miracles de décision,
» de dévouement, de constance et d'héroïsme. Mais en nous, qui
» n'avons aucune idée, aucune croyance fixe, et qui ne pouvons
» nous en faire ; en nous, qui n'avons d'autre guide que les caprices
» de notre autorité individuelle, et qui, fiers de cette indépendance,
» nous faisons un point d'honneur de prononcer par nous-mêmes
» dans tous les cas particuliers, que voulez-vous que produise la
» volonté ? Contre toutes les idées absurdes, contre toutes les folles
» imaginations qui traversent la tête la plus sage, l'homme qui
» croit a une défense : fort de ses principes, il les applique, et,
» à l'épreuve de ce *criterium* uniforme, les bizarreries, les chimères,
» les inconséquences, s'évanouissent ; et cela seul reste qui est
» conforme à ses convictions. Mais à nous, qui ne croyons à rien,
» ce criterium manque, et parce qu'il manque, nous ne pouvons
» rien juger, rien approuver, rien blâmer. Aussi n'approuvons-nous
» ni ne condamnons-nous rien ; nous acceptons tout, et notre esprit,
» tour à tour en proie aux idées les plus contraires, n'imprime au-
» cune suite à nos résolutions, aucun plan à notre conduite, aucune
» dignité à notre caractère. Et cela, encore une fois, n'est pas une
» accusation, mais un fait ; ce que le siècle doit être, il l'est ; je le
» peins et je l'explique, voilà tout. » (*Jouffroy*).

A la suite de la volonté marche l'habitude qui recueille les fruits de notre conduite ; elle fixe les résultats des efforts que nous avons faits vers le bien et de la faiblesse avec laquelle nous nous sommes laissé entraîner au mal : elle consacre notre déchéance ou notre perfectionnement : elle contribue à nous former le caractère, à modifier notre nature. La vertu est l'habitude de faire le bien, le vice est l'habitude de faire le mal. Grâce à l'habitude, l'éducation peut inspirer à l'enfant une invincible horreur pour tout ce qui est déchéance et dégradation et le mettre dans une sorte d'impossibilité de faire le mal ; de même l'homme qui a contracté l'habitude de faire le mal se trouve condamné à une sorte de nécessité de faire le mal. « Il gémit dans le tombeau, sans pouvoir en soulever la « pierre. » (*Lamennais*).

L'HABITUDE ACTIVE

« Grâce à l'habitude, au contraire, nous accomplissons journelle-
» ment des prodiges dont personne ne nous sait gré. En ce moment,
» par exemple, à quoi suis-je occupé ? A présenter de mon mieux
» la théorie de l'habitude. Mon esprit essaye de coordonner, dans
» un bon ordre, les observations que l'étude m'a fournies ; il les
» juge avant de les émettre : voilà ce qu'il fait, voilà ce qui le tient
» attentif. Mais dans le même temps il trouve les mots et les tours
» de phrase nécessaires ; il n'hésite ni sur la propriété des termes,
» ni sur les convenances du langage, ni sur la grammaire ; tout
» cela lui vient par surcroît et sans y penser ; bien plus, je
» trouve d'emblée au bout de ma plume, toutes les lettres dont j'ai
» besoin : je les aligne, je les sépare avec justesse ; j'observe toutes
» les lois de l'orthographe. Le sais-je seulement ? Non ; tout cela
» se fait, et se fait bien, sans que j'intervienne. L'habitude est là
» qui me remplace. Elle me soulage du gros de la besogne. Sans
» elle, je plierais sous le poids. Et, notamment pour l'orthographe
» dont je parlais, je puis l'oublier, elle est si capricieuse ! Si l'on
» m'interroge sur l'orthographe d'un mot, et que ma mémoire ne
» me la fournisse pas, je n'ai qu'à écrire ce mot au courant de ma
» plume, comme un cavalier égaré qui abandonne les rênes et se
» fie à l'instinct de son cheval ; il y a cent à parier contre un que
» l'habitude me conduira bien.

« Il en est de même de toutes les professions spéciales. Entrez
» dans un atelier d'imprimerie. Tous les ouvriers ne sont pas, tant
» s'en faut, du même mérite ; mais les moins intelligents, les moins
» capables vont choisir dans le casier les lettres qu'il leur faut et
» les rassembler avec une promptitude, avec une sûreté d'allures

» qui ressemble à de l'instinct; c'est de l'instinct, en effet, car c'est
» de l'habitude. Apprendre un état, c'est d'abord contracter une
» habitude; c'est acquérir ensuite, si on le peut, les qualités d'un
» autre ordre qui font le bon ouvrier, ou le savant, ou l'artiste. Mais
» sans l'habitude, c'est-à-dire sans le métier, il n'y a rien.

L'HABITUDE PASSIVE.

« Cherchons ailleurs, prenons de petits exemples : le vin. On
» s'habitue au vin; cela devient une peine de s'en passer. On se
» met à l'eau; les premiers jours sont désagréables; peu à peu on
» n'y songe plus. Ceux qui boivent avec excès arrivent vite à ne
» plus sentir la liqueur, il leur faut, avec le temps, une boisson
» plus énergique, ils commencent par le vin, ils finissent par l'eau-
» de-vie, et l'eau-de-vie un beau jour ne leur suffit plus. Triste
» éducation qu'ils donnent à leur palais et à leur cerveau ! Les fu-
» meurs d'opium commencent par se bercer, puis ils s'étourdissent,
» puis ils s'enivrent, puis ils s'hébêtent. Pourquoi ? Parce que
» chaque sensation s'éteint à la longue; l'habitude la détruit. Il faut
« chercher quelque chose de plus corrosif pour retrouver du mon-
» tant. Ces habitudes énervent, émoussent, alanguissent, éteignent
» tout. La sensibilité s'use; elle ressemble à des ressorts qu'un
» frottement trop prolongé rend impuissants, à un rocher rugueux
» que les flots de la mer ont poli : où l'eau bouillonnait il y a
» vingt ans, elle glisse aujourd'hui calme et tranquille.

« Allons, montons sur un vaisseau. Adieu à la vieille Europe !
» Que ces planches nous portent vers l'Amérique. Le vent souffle, la
» terre s'enfuit, le soleil peu à peu s'incline vers l'horizon, la mer
» est rouge de ses feux, et tout s'endort. Voilà la nuit sur l'Océan.
» Quels bruits sous le pont de ce navire ! Ce sont tous ces flots qui
» se heurtent jusqu'au sol sous-marin, et toutes ces planches qui
» gémissent, et tous ces cordages qui grincent, et toutes ces voiles
» que le vent sonore remplit. Pour moi passager, nouveau venu
» dans ce monde de la mer, le bruit m'étourdit et m'empêche de
» rien entendre, tandis que les marins causent à voix basse auprès
» de moi. Ils n'entendent plus la mer, parce que depuis longtemps
» ils l'entendent tous les jours. Il en est de même partout. Nous,
» citadins habitués au mouvement et au bruit des grandes villes,
» nous dormons paisiblement pendant que cent voitures brûlent le

» pavé. Un villageois croirait que la maison lui tombe sur la tête.
» Nous n'entendons rien du tout. » (*J. Simon.*)

« C'est à la vérité une violente et traîtresse maîtresse d'école que
» la coutume. Elle établit en nous, peu à peu, à la dérobée, le pied
» de son autorité ; mais par ce doux et humble commencement,
» l'ayant rassis et planté avec l'aide du temps, elle nous découvre
» tantôt un furieux et tyrannique visage, contre lequel nous n'a-
» vons plus la liberté de hausser seulement les yeux. Nous lui
» voyons forcer à tous les coups les règles de nature. Je trouve
» que nos plus grands vices prennent leur pli dès notre plus tendre
» enfance, et que notre principal gouvernement est entre les mains
» des nourrices. C'est passe-temps aux mères de voir un enfant
» tordre le cou à un poulet, et s'ébattre à blesser un chien et un
» chat, et tel père est si sot de prendre à bon augure d'une âme
» martiale, quand il voit son fils gourmander injurieusement un
» paysan ou un laquais qui ne défend point ; et à gentillesse, quand il
» le voit affiner son compagnon par quelque malicieuse déloyauté
» et tromperie. Ce sont pourtant les vraies semences et racines de la
» cruauté, de la tyrannie, de la trahison : elles se germent là, et
» s'élèvent après gaillardement, et profitent à force entre les mains
» de la coutume..... il faut apprendre soigneusement aux enfants à
» haïr leurs vices, et il leur en faut apprendre la naturelle difformité,
» à les fuir non seulement en leur action, mais surtout en leur cœur ;
» que la pensée même leur en soit odieuse, quelque masque qu'ils
» portent. » (*Montaigne*).

TRIOMPHE DE LA VOLONTÉ ET DES BONNES HABITUDES.

« Dans cet état, dit Jouffroy, dont le caractère est la beauté, les
» capacités sont tellement rompues à l'obéissance par l'effet d'une
» longue et sévère discipline, qu'elles plient sans résistance à tous
» les ordres de la volonté, et jouent sous sa main avec la même
» facilité que les touches d'un instrument sous les doigts d'un mu-
» sicien habile. Toute lutte a cessé, et la volonté, heureuse d'un
» empire facile, gouverne presque sans y penser, et fait des pro-
» diges avec un abandon plein de grâce. A voir comment elle règne,
» on croirait que son autorité est naturelle, et l'on dirait d'un ange
» qui n'a jamais connu les fatigues de la pensée, les orages des
» passions, et les révoltes d'une sensibilité capricieuse. Une ineffable

» harmonie éclate dans tout ce qu'elle fait, parce que toutes ses
» facultés, dociles à sa voix, concourent à ses moindres desseins
» dans la mesure qu'elle veut et avec une égale aisance. Aussi tout
» ce qu'elle fait est plein et achevé. » *(Jouffroy)*.

T. Turot.

§ VII. — Le Bien, le Mal, la Conscience, le Devoir, la Loi morale, les Récompenses, les Punitions.

1° LE BIEN, LE MAL.

Qu'est-ce que le bien ? Qu'est-ce que le mal ? Pour les enfants, pour vous, par conséquent, le bien c'est ce qui flatte vos penchants naturels, vos instincts, ou encore tout ce qui vous paraît offrir quelque avantage ; et vous appelez mal ce qui vous produit une impression contraire. Que votre mère vous achète un beau vêtement, vous trouverez cela bien ; que pour punir un enfant d'une faute qu'il a commise, on lui inflige une punition, vous appellerez cela un mal, et vous aurez raisonné juste à un certain point de vue.

Mais n'emploierez-vous pas les mots bien et mal dans d'autres circonstances que celles-là ? Louis a fait sa page d'écriture avec une grande attention, aussi son travail est-il parfait ; Paul, moins soigneux, s'est acquitté de sa tâche sans aucune application, et son travail s'en ressent. Que direz-vous de la page d'écriture de Louis ? — Qu'elle est bien. — Et de celle de Paul ? — Qu'elle est mal.

Vous avez saisi encore ici la distinction du bien et du mal ; ces mots ont une sorte de sens artistique dont nous ne nous occuperons pas. Continuons.

Louis écoute attentivement les explications de son maître afin de les retenir et d'en profiter ; Paul, toujours étourdi et négligent, n'écoute et ne retient rien. Dites-moi lequel fait bien ? — C'est Louis. — Et Paul ? — Il se conduit mal.

Encore : Un jeune enfant (nous l'appellerons Maurice, si vous voulez), malgré la défense qui lui en a été faite bien des fois, est monté dans un arbre pour dénicher des oiseaux ; la branche sur laquelle il était monté se brise, et Maurice, en tombant, se fracture une jambe. Que voyez-vous dans ce qui est arrivé à Maurice ? — Un mal. — N'en voyez-vous qu'un ? Vous appelez mal l'accident qui lui est arrivé ; mais quel nom donnerez-vous à sa désobéissance ? — C'est un mal aussi. — Est-ce que, dans les deux cas, la nature du mal est la même ? — Non, en désobéissant, Maurice s'est rendu coupable d'un mal moral, et, en tombant, il s'est occasionné un mal physique ou matériel. — Ainsi, combien de sortes de mal distinguez-vous donc ? — Deux, le mal moral et le mal physique.

De même pour le bien. Un jeune enfant, en quittant l'école pour se rendre dans sa famille, a trouvé un porte-monnaie qu'il s'est empressé de rendre à celui qui l'avait perdu, et il a reçu, en récompense, une belle pièce de vingt sous. N'y a-t-il pas, dans cette petite histoire, deux sortes de bien ? — Oui, un bien moral, ce qu'a fait le jeune enfant en rendant le porte-monnaie qu'il a trouvé, et une autre sorte de bien, un bien matériel ou physique, la récompense qu'il a reçue.

Ainsi, combien distinguez-vous de sortes de bien ? — Deux, un bien moral et un bien physique ou matériel. — Lequel vous semble le plus enviable, du bien moral ou du bien matériel ? — Le bien moral. — Pourquoi ? — Parce que le bien moral tend à nous conserver bons ou même à nous rendre meilleurs, tandis que le bien matériel ne peut que servir à la satisfaction de nos besoins matériels et quelquefois aussi de nos inclinations mauvaises. — Dites-moi ; dans l'histoire de la bourse trouvée par le jeune enfant, qu'auriez-vous pensé de lui s'il l'avait gardée, au lieu de la rendre ? — Qu'il eût été un voleur et un enfant indigne pour l'avenir de toute confiance. — Et cet enfant eût-il conservé l'estime de lui-même ? — Non, du fond de sa conscience, il se fût méprisé lui-même. — C'est qu'en effet, si le bien matériel peut, comme vous l'avez dit, contribuer à satisfaire nos besoins matériels, l'autre nous conserve ou nous procure ce qui est plus précieux, l'estime de nous-mêmes et de nos semblables.

De même pour le mal ; lequel est le plus à redouter du mal moral ou du mal physique ? — C'est le mal moral, parce qu'il abaisse ou avilit la personne, tandis qu'on plaint, sans le mépriser, celui qui souffre d'un mal physique.

Enfin, je vous ferai remarquer que ce que nous appelons ici un bien physique ou matériel peut n'être quelquefois qu'un mal moral, et que, réciproquement, le mal physique peut, s'il est supporté avec courage, donner lieu au bien moral.

Dans le langage ordinaire, nous avons deux mots qui expriment assez bien le sens des expressions: bien physique et mal physique; pourriez-vous me les indiquer? — Le bien physique ou matériel, nous l'appelons le bonheur, et le mal physique, nous l'appelons le malheur.

Par le bien moral ou simplement le bien, il faut entendre l'accomplissement du devoir, et, dans un ordre d'idées plus élevé, les belles actions, les grandes pensées, les nobles sentiments et les résolutions généreuses; le bien moral est ordinairement d'accord avec les lois civiles.

Par le mal moral ou simplement le mal, on doit comprendre tout ce qui est une transgression de ces mêmes lois, contre lesquelles se révoltent nos mauvais instincts.

Maintenant que vous êtes édifiés sur ce qu'il faut entendre par le bien et le mal, nous allons rechercher ensemble quelles sont les conséquences ordinaires de nos actions, suivant qu'elles sont bonnes ou mauvaises, c'est-à-dire suivant que ce que nous avons fait est bien ou mal.

Un jour, une grande inondation survint dans un pays. Les habitants d'une maison isolée, surpris dans leur demeure, n'avaient pu se sauver. Poursuivis par les eaux, ils s'étaient réfugiés dans leur grenier; d'un instant à l'autre, la maison pouvait être emportée. En vain ils appellent à leur secours. Les vagues sont si furieuses, le courant si rapide, que personne n'ose tenter de les sauver. Enfin, un homme se dévoue; monté sur une mauvaise barque, il s'avance intrépidement sur les flots. Mais, au moment où il allait atteindre les malheureux inondés, une vague renverse la barque et le généreux sauveteur disparaît, emporté par le torrent.

Que direz-vous de cet homme qui a sacrifié sa vie pour sauver ses semblables? — Qu'il a accompli une belle action. — Oui, sa conduite, n'est-ce pas, c'est le bien dans sa plus haute expression. Et ce bien, si généreusement acccompli, qu'a-t-il rapporté à son auteur? — Il lui a causé un mal matériel ou un malheur, et le plus grand de tous, la mort.

Que conclurez-vous de là ? — C'est que le bien peut être quelquefois, pour celui qui l'accomplit, la cause d'un mal. — Heureusement, ce n'est là qu'une exception et l'on peut dire, en règle générale, que le bien engendre le bien ; en tout cas, il n'aura jamais un mal moral pour conséquence, même accidentelle.

Et le mal occasionne-t-il nécessairement le mal ? — Oui, le mal a toujours pour conséquence finale un autre mal ; mais, toutefois, dans un certain nombre de circonstances, il peut occasionner d'abord un bien matériel et c'est pour cela qu'il a souvent plus d'attrait que le bien.

Un jeune conscrit, du nom de Jacques, désigné par le sort pour faire partie de l'armée, avait reçu l'ordre de rejoindre son régiment. Jacques était orphelin depuis quelques années : ses parents en mourant lui avaient laissé en héritage une petite somme qu'il avait accrue par son travail. L'emporter avec soi, c'était s'exposer à la tentation de la dépenser inutilement. Jacques le comprit et il confia cette somme à son voisin, le priant de la lui garder jusqu'à son retour. Le voisin accepta le dépôt, et Jacques partit content d'avoir laissé son argent en sûreté, du moins il le croyait. Après quelques semaines de caserne, il fut envoyé avec son régiment à la frontière. On était au commencement du premier Empire, et le soldat à cette époque n'avait guère de loisir. Cependant, Jacques trouva le temps d'écrire deux mots à son ancien voisin pour l'informer de son départ. Et puis, ce fut tout ; un an, deux ans, trois ans se passèrent, et on n'entendit plus au village parler de Jacques. Le petit trésor dont le voisin avait la garde était toujours enfoui dans un coin, quand un jour il apprend qu'une pièce de terre qui touche à sa chaumière va être vendue. D'argent pour la payer, il n'en a point ; mais celui de Jacques est là, et Jacques, tombé comme tant d'autres sur un champ de bataille, ne viendra jamais le réclamer. Quelque chose lui disait bien : Non, cet argent ne t'appartient pas ; Jacques peut venir t'en demander compte. Il imposa silence à cette voix importune et il acheta le champ. Quelques semaines après, une lettre de Jacques arriva. Fait prisonnier par les ennemis, il est resté plus de deux ans en captivité ; mais enfin il vient d'être rendu à la liberté et bientôt il espère revoir son pays et ses amis. En effet, il suivit de près sa lettre ; sa première visite fut pour son ancien voisin. Il veut se jeter dans ses bras, mais celui-ci se détourne et le repousse comme un étranger. Jacques croit d'abord qu'il ne le reconnaît pas ; il rappelle son départ, il parle du dépôt qu'il a confié. Mais le voisin persiste dans sa froideur et son silence, et le pauvre soldat comprend enfin qu'il a mal placé sa confiance et son argent.

Comment appellerez-vous la conduite criminelle de ce voisin ? — Un vol, c'est-à-dire un mal moral. — Quelles seront cependant pour lui les conséquences de ce mal qu'il a commis ? Ce champ, cette belle récolte qu'il en espère, qu'est-ce que cela ? — C'est un bien, mais un bien matériel.

Ainsi, vous le voyez, un mal moral peut occasionner à celui qui s'en rend coupable une apparence de bien matériel ou de bonheur ; je dis une apparence parce que le bonheur vrai ne dépend pas essentiellement de la fortune, ni de la réussite dans les entreprises.

Dans l'histoire que je viens de vous raconter, pensez-vous donc que ce champ ne sera pas un remords pour le voisin infidèle ? Pourra-t-il jamais le voir, jamais y penser, sans entendre une voix intérieure qui lui criera toujours : L'argent dont tu m'as payé ne t'appartenait pas ; tu es un voleur. Et cette voix que rien ne fera taire, qui le poursuivra jusqu'au tombeau, quelle est-elle ? — C'est la voix de sa conscience.

Nous reparlerons dans une prochaine leçon de la conscience ; mais pour aujourd'hui, retenez bien que malgré les apparences, le mal n'a jamais occasionné que le mal : c'est un abîme qui en appelle un autre. Du reste, dites-moi, je vous prie, lequel préféreriez-vous être, du voisin infidèle ou du soldat trompé ? — Le soldat qui a été volé. — Cette réponse est le cri de votre jeune conscience, flambeau divin dont il faut vous garder d'éteindre la flamme ; si vous savez l'entretenir toujours vive, elle éclairera votre passage à travers la vie et vous permettra de suivre sans vous égarer, le chemin parfois étroit du devoir et de l'honneur.

Le mal est-il permis quand il en doit résulter un avantage qui ne porte préjudice à personne ? — Non, le mal n'est jamais permis. — Ainsi le mensonge est un mal, n'est-ce pas? Hé bien! Paul n'a pas fait ses devoirs, ni appris ses leçons hier soir, parce qu'il était paresseux; mais, pour éviter une punition, il a dit ce matin à son maître qu'il n'avait pu travailler parce qu'il avait été malade. Comment apprécierez-vous sa conduite? — Paul a menti. — Et pourquoi a-t-il menti? — Pour éviter une punition. — Cette circonstance excuse-t-elle son mensonge? — Non, au contraire, elle aggrave le mensonge qu'il a commis en y ajoutant un acte de lâcheté, puisqu'il n'a menti que pour éviter la punition qu'il avait méritée.

Mais, ce n'est pas tout. Pour confirmer son dire, Paul en appelle au témoignage de Louis. Ce dernier sait parfaitement que Paul n'a pas été malade, car il l'a vu jouer toute la soirée; néanmoins, pour ne pas attirer une punition à son voisin, pour ne pas trop offenser non plus la vérité, il répond qu'il ne sait pas si Paul a été malade. Comment appellerez-vous la réponse de Louis? — Un mensonge encore. — Cette mauvaise action est-elle excusée par son désir d'éviter une punition à son camarade? — Non, évidemment. — Et pourquoi? — Parce que la fin ne peut jamais justifier les moyens. — Vous avez raison: un mal est toujours un mal; et dût-il en résulter un bien immense que sa nature n'en saurait être modifiée.

Et maintenant, le mal, pour mériter ce nom, a-t-il besoin d'être accompli? — Non, la pensée d'une mauvaise action est elle-même un mal. — Mal dont il faut soigneusement vous garder; car, de la pensée à l'acte, il n'y a souvent que la distance de la tête qui pense à la main qui agit.

N'est-il pas des circonstances cependant où une mauvaise action peut être excusée? Voici une histoire que vous connaissez bien et qui nous fournira une réponse à la question que je viens de vous faire.

Dans une guerre contre les Philistins, le roi Saül voulant un jour achever la défaite de ses ennemis, défendit sous peine de mort à ses soldats de prendre quelque nourriture avant que les Philistins fussent tous exterminés. Or, dites-moi ce qui arriva. — Jonathas, le fils de Saül, ignorant cette défense, trempa le bout d'une baguette dans le miel d'un essaim sauvage, le porta à sa bouche et désobéit ainsi à l'ordre de son père. — Est ce que Jonathas était coupable ? — Non, évidemment. — Dites-moi ce qui excusait sa faute. — C'est l'ignorance où il était de la défense que son père avait faite. — L'ignorance peut donc excuser le mal ; mais remarquez bien qu'il faut pour cela qu'elle soit elle-même involontaire. La loi civile admet bien rarement cette excuse : aux yeux de la justice humaine, nul ne doit ignorer la loi.

Une seconde circonstance peut encore excuser le mal, c'est le défaut de volonté. N'est-ce pas là l'excuse que vous donnez si souvent, quand vous êtes pris en défaut : « Je ne l'ai pas fait exprès, » dites-vous. Si vous êtes de bonne foi, le mal dont vous avez été la cause involontaire n'est qu'un accident. Mais ici encore, la loi civile est plus sévère que la loi morale. Tandis que l'absence de volonté absout devant la conscience, la justice peut poursuivre non point pour punir le mal qui a été commis, mais pour obliger l'auteur involontaire de ce mal à en réparer, autant que possible, les conséquences.

Enfin nous ajouterons à ces deux premières excuses celle de la légitime défense. L'Evangile nous dit : Si quelqu'un vous frappe sur la joue droite, présentez-lui encore l'autre. La loi civile est plus large ; elle autorise à repousser la violence par la force, mais seulement dans certains cas particuliers, par exemple, lorsque, par suite d'une attaque imprévue, notre vie se trouve en danger.

Retenez bien que l'exercice de ce droit est très limité et que, en règle générale, il ne nous est jamais permis de nous faire justice nous-mêmes. Qui pourrait dire à combien d'abus n'a pas donné lieu ce droit de légitime défense ? Les procès injustes, les vengeances de toutes sortes, la plupart des attentats contre les propriétés et contre les personnes, c'est-à-dire les trois quarts au moins des maux qui affligent l'humanité ne sont autre chose qu'une application fausse de ce principe, et par conséquent restent des crimes.

De toutes nos actions, il en est peu qui soient indifférentes ; elles sont ou bonnes ou mauvaises. On peut donc dire que nous faisons toujours ou le bien ou le mal : supposer le contraire, ce serait admettre que nous nous livrons à l'oisiveté ou à la paresse ; et la paresse, il faut la fuir comme le pire de tous les maux ; n'est-elle pas en effet la mère de tous les vices ? Quelle conclusion pratique tirerez-vous de ce que je viens de dire ? — C'est que nous devons nous occuper toujours et souvent nous demander si ce que nous faisons est bien ou mal ; puis enfin, conformer notre conduite à la réponse que nous nous ferons à nous-mêmes.

N'avez-vous pas, tout enfants que vous êtes, des précautions à prendre pour vous prémunir contre le mal et vous incliner pour ainsi dire naturellement vers le bien ? Il en est deux surtout que je voudrais que vous m'indiquiez.

Voici un trait qui vous fournira une partie de la réponse à ma question.

Je vous ai souvent recommandé la politesse envers tout le monde, mais particulièrement envers vos parents ; tous vous m'avez bien des fois promis de tenir compte de mes recommandations. Or, l'un de ces soirs, je traversais la rue et, en passant devant la maison de l'un d'entre vous, que je ne nommerai pas, je l'entendis répondre à sa mère par un *non* tout court dont l'impolitesse me sembla encore fort aggravée par le ton bourru avec lequel il était prononcé. Pourtant cet élève avait de bonne foi pris le même engagement que les autres. Comment se fait-il qu'il tienne si peu compte et de mes recommandations et de ses promesses ? — C'est parce qu'il a l'habitude d'être impoli et grossier. — Voyez-vous maintenant ce qui peut, dans un grand nombre de circonstances, neutraliser nos bonnes résolutions ? — Ce sont les mauvaises habitudes.

Sans doute, il y a des natures heureusement douées qui accomplissent le bien sans effort, tandis qu'il en est d'autres pour lesquelles le mal semble avoir un attrait irrésistible ; mais chez toutes on reconnaît la puissance de l'habitude pour le bien comme pour le mal, car il y a de bonnes et de mauvaises habitudes, et cette puissance de l'habitude est si grande qu'on a pu dire d'elle en toute vérité qu'elle est une seconde nature. C'est dans l'enfance, on vous l'a répété souvent, que que les habitudes se contractent le plus aisément. On vous a comparés à de jeunes arbres dont la tige restera toujours droite, si une main vigilante prend soin de les diriger pendant les premières années de leur croissance. Comme les arbres auxquels on vous compare, vous êtes jeunes encore, mais il y a entre vous et eux cette différence énorme que vous pouvez, par votre volonté, seconder ceux qui sont chargés de votre éducation, ou bien, au contraire, annuler les soins incessants dont ils vous entourent. Déjà vous avez cette liberté; mais malheur à ceux qui en abuseraient; car s'il devient presque impossible de redresser un vieil arbre, il vous sera plus difficile encore de vous corriger un jour des mauvaises habitudes que vous auriez contractées dans votre enfance.

Parmi les autres causes qui peuvent influencer votre conduite d'une façon fâcheuse, je veux encore vous signaler les mauvaises compagnies. Sous ce rapport, j'en appellerais volontiers à votre jeune expérience, si je ne craignais de vous habituer à rejeter sur les autres la responsabilité de vos actions. Mais autant les mauvaises compagnies sont pernicieuses, autant les bonnes compagnies exerceront sur votre conduite une salutaire influence. Ayez donc grand soin, dès aujourd'hui, de bien choisir vos amis, ne fréquentez que les enfants qui pourront vous porter au bien par une conduite régulière, par leurs bons exemples et aussi quelquefois par leurs bons avis.

Je croirais votre avenir moral en grande partie assuré, et je me féliciterais hautement d'avoir, par mes conseils, contribué à ce résultat, si, quand vous quitterez les bancs de cette école, je pouvais dire de chacun de vous : « Voilà un enfant qui a contracté de bonnes habitudes et qui sait bien choisir ses amis. » Et néanmoins, cela ne suffirait point encore, mais une parole non moins autorisée que la mienne vous enseignera que tous nous avons un témoin de nos actions, aux regards duquel rien n'échappe, ni les pensées, ni les désirs, ni les actes les plus secrets; il voit tout, et c'est dans la balance d'une justice infaillible qu'il pèse le bien et le mal que nous faisons.

Si j'insiste tant à ce sujet, c'est que je voudrais vous inspirer à tous l'ambition de devenir un jour des hommes de bien; pour cela, soyez d'abord des enfants de bonne volonté; mettez à profit les conseils que l'on vous donne, les recommandations que l'on vous fait : habituez-vous déjà à lutter pour le bien, que ce soit là votre unique passion. La vie est un combat, vous l'avez déjà entendu dire bien des fois. Sans vouloir assombrir votre avenir, je ne puis m'empêcher de vous le répéter. Quel sera donc votre ennemi, l'ennemi de votre tranquillité, de votre bonheur, de votre perfection morale ? — Le mal. — Oui, le mal ; non pas, vous le comprenez bien, le mal que les autres vous feront, mais celui que vous vous ferez à vous-mêmes quand vous abandonnerez le chemin du bien. La destinée mystérieuse de l'homme est telle qu'il a la triste liberté d'être à lui-même son propre bourreau.

Plus d'une fois peut-être vous serez vaincus. Faudra-t-il après la défaite vous livrer au découragement et renoncer à la lutte ? Non n'est-ce pas ? Que penserez-vous d'un soldat qui, repoussé une première fois par l'ennemi, déserterait le champ de bataille ? — Qu'il serait un lâche. — Et que seriez-vous, vous-mêmes, si, parce que vous auriez eu le malheur de vous laisser aller au mal une fois, deux fois, vous vous abandonniez sans résistance à de mauvaises inclinations ?

Les échecs, si vous en essuyez, loin d'amortir votre volonté, ne feront que la raffermir. Semblables à ces soldats dont les obstacles aiguillonnent le courage, vous reviendrez au combat avec une énergie nouvelle. Heureux si, après avoir traversé les vicissitudes de la vie, vous pouvez, à la fin de votre carrière, vous rendre à vous-mêmes le témoignage de ne vous être jamais proposé dans vos actions d'autre but que l'accomplissement du bien.

2° LA CONSCIENCE.

Je vous ai entretenu, dans les leçons précédentes, du bien et du mal. Je vous ai dit que vous saviez instinctivement distinguer l'un de l'autre, que vous en aviez l'intuition.

Eh bien, ce sentiment intime, cette voix intérieure qui vous avertit de ce qui est bien et de ce qui est mal, c'est la conscience. Ce mot n'est pas nouveau pour vous, ni même l'idée qu'il exprime. C'est instinctivement aussi que vous savez ce que c'est que la conscience. Vous l'avez entendue cette voix intérieure ; c'est elle qui vous procure le contentement quand vous avez bien fait, ou qui vous reproche une mauvaise action.

Cependant, des explications ne vous seront pas inutiles. Nos leçons, dans l'enseignement moral comme dans les autres matières, ont pour but de vous donner des notions plus précises des mots et des choses.

Le mot conscience a deux sens : Les philosophes (vous savez qu'on appelle ainsi les hommes qui recherchent la vérité et la sagesse) l'envisagent de deux manières. Ils distinguent entre la conscience psychologique ou sens intime et la conscience morale.

Nous savons tous que nous existons ; nous éprouvons des sensations, du plaisir, de la joie, de la douleur ; nous pensons ; nous nous mouvons, nous faisons des efforts pour travailler, pour apprendre, etc. On dit que nous avons conscience de ces sentiments, de ces actes. Vous avez conscience de l'idée d'être venus à la classe ce matin ; vous avez conscience d'entendre des choses nouvelles pour vous. Vous avez conscience d'avoir ou de ne pas avoir étudié vos leçons, fait vos devoirs. Chacun a conscience de soi.

Tous ces phénomènes nous sont révélés comme par un sens intérieur, un sens intime.

Nous pouvons donc, sous ce rapport, définir la conscience : le sentiment que l'être intelligent a de lui-même et de ce qui se passe en lui.

Mais ce n'est pas ainsi que l'on comprend ordinairement le mot conscience.

Entendue dans son sens ordinaire, la conscience est le discernement du bien et du mal. C'est alors la conscience morale.

Vous savez, je vous l'ai déjà dit, presque toujours faire cette distinction du bien et du mal, du juste et de l'injuste ; et cela avant et après l'action bonne ou mauvaise.

Exemples :

1º Jules a rencontré un pauvre enfant souffrant de la faim. Poussé par un bon mouvement, qui n'est autre chose que l'inspiration de sa conscience, il partage avec lui le pain de son déjeuner ; il est content ; sa conscience lui dit qu'il a bien agi.

2° Louis a trouvé sur la route un porte-monnaie. Que doit-il faire ? Il n'a pas besoin de consulter personne. Il sait que la bourse ne lui appartient pas, qu'il ne peut la garder sans injustice. Il en cherche le possesseur et la lui rend ; il a fait une bonne action ; sa conscience, à laquelle il a obéi, lui rend ce témoignage.

3° Paul, tenté par la vue des pommes qu'il aperçoit dans un jardin, s'est approché de la haie ; il entend en lui-même une voix qui lui défend d'aller plus loin : il hésite. Mais n'écoutant pas cette voix, il franchit la haie et prend quelques fruits. Personne ne l'a aperçu commettre ce vol. Si, il y a un témoin, sa conscience qui maintenant lui fait honte et lui reproche sa mauvaise action.

Vous voyez, par ces exemples, que la conscience morale nous avertit, nous dicte en quelque sorte ce qu'il faut faire et qu'elle juge ce qui a été fait.

La conscience parle toujours ; mais elle peut ne pas être suffisamment éclairée. Telle est celle de celui qui fait le mal parce qu'il n'a pas connaissance du bien.

Ainsi l'enfant qui tourmente les animaux ne le fait pas toujours par méchanceté ; il ignore ou il ne pense pas qu'il les fait souffrir.

Ainsi encore, l'élève qui ne travaille pas à l'école ne se rend pas toujours compte du préjudice que lui cause la perte de son temps.

La conscience a donc besoin d'être éclairée. Elle est susceptible de culture et de perfectionnement. C'est un devoir pour vous de suivre les conseils, les leçons qui peuvent servir à éclairer chacun la vôtre. Vous acquerrez ainsi une conscience droite et délicate, dont vous serez heureux de suivre les inspirations.

Apprenez par cœur et retenez ce passage éloquent inspiré à J.-J. Rousseau par la conscience.

« Conscience ! conscience ! instinct divin, immortelle et céleste voix, guide assuré d'un être ignorant et borné, mais intelligent et libre ; juge infaillible du bien et du mal, qui rend l'homme semblable à Dieu ! C'est toi qui fais l'excellence de sa nature et la moralité de ses actions. Sans toi, je ne sens rien en moi qui m'élève au-dessus des bêtes, que le triste privilège de m'égarer d'erreurs en erreurs à l'aide d'un entendement sans règle et d'une raison sans principes. »

Et pour vous rendre compte du charme et des satisfactions que procure la bonne conscience, lisez dans le livre de morale pratique de M. Barrau les morceaux intitulés: « *Bonne et mauvaise conscience, et Bonheur qui naît d'une conscience pure.* »

Vous lirez aussi et apprendrez le morceau de poésie que je vais vous dicter, et dans lequel Victor Hugo a représenté d'une manière effrayante Caïn en proie aux remords après le meurtre d'Abel. (*Voir Pressard: Lectures littéraires et morales,* p. 106).

3° LE DEVOIR OU LOI MORALE.

Lorsque, après une leçon, je vous donne à faire un exercice de grammaire ou de calcul, un résumé d'histoire, vous appelez cette tâche? — Un devoir. — Oui, vous avez trouvé tout de suite le mot : tous les jours vous faites des devoirs. — Mais, cette tâche, vous croyez-vous tenus de la remplir? — Sans doute. — Pourquoi? — Parce que vous nous l'avez ordonné. — Est-ce la seule raison? Réfléchissez...... Croyez-vous que je n'aie pas un motif en vous imposant ce travail? Le but que je me propose, c'est de mieux graver dans votre intelligence, dans votre mémoire, les explications et les faits de la leçon.

Vous faites donc votre devoir, vos devoirs, parce que vous y êtes obligés, et l'on vous y oblige dans l'intérêt de votre instruction et pour votre bien.

De même, lorsque vos parents vous commandent quelque chose, vous faites encore votre devoir en leur obéissant et vous y manqueriez en ne vous conformant pas à ce qu'ils vous ont prescrit.

Pour vous, un devoir, le devoir, c'est donc ce que vous êtes obligés de faire par obéissance et en conformité des ordres de vos parents ou de vos maîtres.

Mais étendons cette définition.

Dites-moi, pensez-vous que le devoir ne consiste, pour les enfants, qu'à faire ce qui leur est ordonné? Et cela par crainte d'une punition, ou d'un châtiment? Non, n'est-ce pas? Rappelez-vous ce que je vous ai dit de la conscience quand elle est droite. Elle nous avertit, elle nous fait distinguer, sans se tromper jamais, ce qui est bon de ce qui est mauvais, ce qui est bien de ce qui est mal.

Or, connaissant le bien et le mal, ne croyez-vous pas que nous sommes tenus d'accomplir l'un et d'éviter l'autre? Il est impossible d'en douter.

Eh bien! mes enfants, c'est le devoir, que nous pouvons définir d'une manière générale: « La loi par laquelle nous sommes tenus de faire le bien et d'éviter le mal. » On l'appelle aussi *loi morale*, loi à laquelle nous devons obéir quand même et quoi qu'il en coûte.

Car, je ne vous le cacherai pas, le devoir est souvent difficile à remplir. Il est très souvent opposé au plaisir. Celui-ci nous entraîne, et nous devons nous contraindre, faire des efforts, vaincre une certaine répugnance pour pratiquer le bien, pour remplir notre devoir.

Vous préférez le jeu, l'oisiveté même à l'étude, au travail. Cependant il faut étudier, il faut travailler.

Il en coûte, dites-vous? — Oui. Mais n'en coûte-t-il pas au travailleur des champs, à l'ouvrier de l'atelier pour accomplir sa tâche journalière? N'en coûte-il pas à vos parents des sueurs et des peines pour vous élever et pourvoir à vos besoins? N'en coûte-t-il pas au soldat qui souffre fatigues et privations, qui, pour sa patrie et pour obéir au devoir, fait le sacrifice de sa vie?

Et cependant, chacun remplit sa tâche, sa mission. C'est, encore une fois, la loi du devoir qui nous prescrit de faire le bien, quand même et quelles qu'en soient les conséquences.

J'ai essayé, mes enfants, de vous donner la notion du devoir, de vous en faire comprendre l'importance, c'est l'obligation où nous sommes de faire le bien.

Les Rapporteurs :

DORET,　　　　　　　HETTÉ,
Instituteur à Beauvilliers.　　Instituteur à Voves.

NOTES ET EXPLICATIONS.

L'idée du bien brille dans tous les hommes avec un éclat plus ou moins vif, plus ou moins pur ; mais il n'est pas une intelligence qui n'en soit illuminée, qui ne s'incline devant son autorité ; elle est en quelque sorte le signe distinctif de l'humanité. Cependant, si nous en avons une idée assez claire pour ne pas la confondre avec d'autres notions, elle résiste difficilement aux efforts des moralistes qui veulent la rattacher à un principe supérieur.

« Si je demande, dit M. Cousin, à un honnête homme qui malgré
» les suggestions de la misère a respecté le dépôt qui lui était confié,
» pourquoi il a fait cela, il me répondra : parce que c'était mon
» devoir. Si j'insiste, si je lui demande pourquoi c'était son devoir,
» il saura très bien me répondre parce que c'était juste, parce que
» c'était bien. Arrivé là, toutes les réponses s'arrêtent, mais toutes
» les questions s'arrêtent aussi. Telle est aussi l'opinion de l'école
» écossaise et celle de M. J. Simon qui définit la morale : « L'art
» d'interroger la conscience et d'exprimer clairement les réponses
» de l'oracle. » D'autres moralistes veulent savoir la raison de ces
» jugements trop facilement déclarés évidents et incontestables
» comme des oracles ; ils prétendent qu'après avoir répondu comme
» l'honnête homme interrogé par M. Cousin : « Parce que c'était
» bien, » le philosophe peut et doit encore se demander : « Mais
» pourquoi était-ce bien? » jusqu'à ce qu'il soit parvenu à une vérité
» absolument irréductible. Ainsi les prétendus axiomes ne seraient
» que des déductions d'un axiome unique. La morale prendrait ainsi
» un caractère scientifique qu'elle ne peut revêtir, s'il y a autant
» d'axiomes isolés et indépendants qu'il y a de cas à juger et le
» seul être raisonnable que nous connaissons ne serait pas con-
» damné à agir et à juger sans rendre raison de ses actes et de
» ses jugements. » (*Emile Charles. — Lectures de philosophie*).

Les philosophes qui veulent définir le bien sont réduits à cette alternative: ou donner une définition métaphysique, trop générale qui alors n'est d'aucune application à la nature et à la vie humaine, « Le bien, c'est l'ordre universel, l'ordre suprême, la fin de tous les » êtres, » ou donner une définition trop empirique, trop particulière, trop étroite et ouvrir ainsi la porte aux systèmes les plus opposés.

Voici, d'après M. P. Janet, l'idée que nous devons nous faire du bien; avec un tel guide nous échapperons aux écueils que nous avons signalés.

« Ainsi le bien moral consiste à préférer en nous ce qu'il y a de
» meilleur à ce qu'il y a de moindre, les biens de l'âme aux biens
» du corps, la dignité de la nature humaine à la servitude des pas-
» sions animales, les nobles affections du cœur aux penchants d'un
» vif égoïsme.

« En un mot, le bien moral consiste pour l'homme à devenir
» vraiment homme, c'est-à-dire « une volonté libre, guidée par le
» cœur, éclairée par la raison. »

« Le bien moral prend différents noms, selon les rapports que
» l'on considère. Par exemple, lorsqu'on a surtout pour objet
» l'homme individuel, dans son rapport avec lui-même, le bien de-
» vient ce qu'on appelle proprement l'*honnête* et a surtout pour objet
» la dignité personnelle. Par rapport aux autres hommes, le bien
» prend le nom de *juste*, et a surtout pour objet le bonheur d'autrui.
» Il consiste, soit à ne pas faire à autrui ce qu'on ne voudrait pas
» qu'il nous fût fait à nous-mêmes, soit à faire à autrui ce que nous
» voudrions qu'il nous fût fait à nous-mêmes. Enfin, par rapport à
» Dieu, le bien s'appelle le *pieux* ou le *saint*, et consiste à rendre au
» père des hommes et de l'univers ce qui lui est dû.

« Ainsi l'*honnête*, le *juste* et le *saint* sont les différents noms que
» prend le bien moral, selon que nous considérons nous-mêmes,
» ou les hommes, ou Dieu. » (*P. Janet*).

La conscience est la faculté de discerner le bien et le mal dans les actions, d'appliquer la loi à toutes les circonstances qui se présentent.

Sommes-nous sur le point de mentir, par exemple ; c'est la conscience qui nous dit : 1° Il est mal de mentir; 2° Tu ne dois pas mentir. Avons-nous menti, elle nous traduit devant son tribunal et nous condamne; elle nous punit en nous faisant sentir ces *morsures* particulières qu'on appelle les *remords*.

Il ne dépend pas de nous qu'une action soit bonne ou mauvaise; le bien est absolu ; mais le mal, en apparaissant à la conscience, peut se présenter sous la couleur du bien; la conscience est dite alors *erronée* ; Ex. Ravaillac; la passion peut l'aveugler, le sophisme l'égarer;

Elle peut être *ignorante* comme dans l'enfant et le sauvage; à peine éveillée, elle discerne encore difficilement le bien du mal;

Une conscience *large* est une conscience qui nous met à l'aise, et qui nous laisse accomplir des actions indélicates sans nous avertir, sans nous adresser de reproches.

De là, pour nous, le devoir de nous éclairer aux lumières des personnes plus expérimentées que nous, d'attendre que les orages de la passion se soient calmés pour consulter notre conscience; mais c'est elle qui doit juger en dernier ressort, c'est elle encore qui nous dit que dans certains cas nous devons plutôt nous en rapporter aux autres qu'à nous-mêmes. Se soumettre à autrui contrairement à ce que nous dit notre conscience, est un véritable suicide moral.

Le *devoir* est le bien que ma conscience me commande d'accomplir; je me juge obligé, tenu d'y conformer ma conduite; je ne suis pas forcé, contraint de le faire; le devoir s'impose à ma raison avec une autorité suprême, mais laisse intacte ma liberté; entre ma raison et le bien, je conçois un rapport nécessaire; c'est la loi morale; il existe une différence essentielle entre les lois du monde physique et les lois du monde moral. Tandis que les autres êtres de la création obéissent aveuglément et fatalement aux lois qui les gouvernent, l'homme connaît sa loi, il peut à son gré obéir ou désobéir à ses prescriptions, l'homme concourt ainsi volontairement à la réalisation de l'ordre universel; c'est cette liberté qui donne à l'accomplissement du devoir son caractère de beauté ineffable; qu'on enlève à l'homme cette liberté, comme un oiseau à qui l'on a coupé les ailes, il retombe du ciel sur la terre et se confond avec les autres êtres.

Pour que nos actions soient méritoires, il faut que nous obéissions à la loi pour la loi elle-même, par respect pour la loi. Nous ne devons pas voir dans l'accomplissement du devoir un moyen pour atteindre une autre fin; la loi morale ne nous dit pas : « Ne mens pas si tu veux que l'on te croie dans la suite; » elle nous commande d'une façon catégorique, absolue, sans condition : « Ne mens pas. » Que le bien poursuivi soit subordonné à une autre fin, que ce bien, au lieu d'être absolu, soit relatif, on quitte la morale du devoir: nous ne sommes plus guidés que par notre intérêt personnel, nous suivons les conseils de la prudence.

Le devoir est universel, c'est-à-dire qu'il est le même pour tous les hommes, dans les mêmes circonstances. La loi morale ne reconnaît ni exemption, ni dispense; c'est même à ce caractère d'universalité que l'on peut reconnaître, d'après Kant, si une action est ou n'est pas conforme au devoir. « Agis toujours, dit-il, d'après une règle telle que tu puisses vouloir qu'elle soit une règle universelle. »

M. P. Janet applique ainsi ce principe à la pédagogie. « Lorsqu'un enfant commet une action injuste (qu'il frappe ou qu'il dérobe), on lui fait sentir l'injustice de son action : 1° en la lui appliquant à lui-même. Par exemple : Que dirais-tu si on te frappait, si on te dérobait, etc.? 2° en généralisant davantage et en lui disant : « Qu'arriverait-il si tout le monde frappait, dérobait, etc.? » J'ai toujours remarqué que l'enfant était très sensible à cette espèce d'argument ; et quand la passion n'est pas trop forte, il suffit pour l'arrêter. Souvent même quand il va au-delà, c'est à l'aide de quelque sophisme, et, comme dit Kant, « en stipulant quelque exception en sa faveur, mais jamais en niant directement que ce qui s'applique aux autres s'applique généralement à lui dans les mêmes circonstances. » (*Eléments de morale.*)

C'est cette loi universelle, éternelle, immuable, absolue que proclamait Cicéron : « Il y a, dit-il, une loi conforme à la nature,
» commune à tous les hommes, raisonnable et éternelle, qui nous
» commande la vertu et nous défend l'injustice. Cette loi n'est pas
» de celles qu'il est permis d'enfreindre ou d'éluder ou qui peuvent
» être changées entièrement. Ni le peuple, ni les magistrats n'ont
» le pouvoir de délier des obligations qu'elle impose. Elle n'est pas
» autre à Rome, autre à Athènes, ni différente aujourd'hui de ce
» qu'elle sera demain ; universelle, inflexible, toujours la même,
» elle embrasse toutes les nations et tous les siècles. Par elle Dieu
» instruit et gouverne souverainement tous les hommes ; lui seul
» en est le père, l'arbitre et le vengeur. »

La loi morale ne saurait être impunément violée, foulée aux pieds ; toute loi suppose une sanction, un ensemble de peines et de récompenses attachées à la transgression et à l'accomplissement de la loi pour en assurer l'exécution. Nous jugeons que l'homme vertueux ne peut pas ne pas être heureux, que le méchant ne peut pas ne pas être malheureux ; ces idées *vertu*, *bonheur* d'un côté ; de l'autre, *vice*, *malheur* nous apparaissent comme inséparables ; le spectacle du méchant au sein de la prospérité confond notre raison ; une sorte d'accusation monte de notre cœur vers Dieu, nous appelons le châtiment sur le coupable ; quand la punition tardive vient le frapper, Dieu semble se justifier, notre âme est comme soulagée.

Les deux termes qui seront nécessairement réunis doivent cependant être momentanément séparés; il nous est impossible de douter que la vertu sera récompensée, que le vice sera puni; mais l'auteur de la morale a voulu qu'une sorte de mystère planât sur la nature des peines et des récompenses, sur le moment où nous recevrions le prix de notre conduite. Autrement une vue trop claire de ces récompenses et de ces punitions et leur proximité rendraient la pratique du bien intéressée; le plus simple calcul suffirait pour nous rendre vertueux; la liberté nous serait enlevée, et sans cette base l'édifice de la morale s'écroule.

Déjà cependant dans cette vie la vertu reçoit en partie du moins sa récompense : l'honnête homme trouve dans le témoignage de sa conscience une source intarissable d'ineffables jouissances, de plaisirs purs, délicats, inestimables.

Il lui est bien doux aussi de rencontrer dans ses semblables les sentiments que sa vertu y fait naître : la sympathie, l'amour, le respect, l'estime; il est entouré de la considération publique; si ses actions ont été héroïques, éclatantes, il excitera l'admiration, l'enthousiasme; la gloire même l'attend.

La vertu ne porte-t-elle pas avec elle le bonheur? Épicure le savait bien; elle était à ses yeux le chemin le plus direct et le plus sûr pour y arriver : la probité est pour le marchand un moyen d'augmenter sa clientèle; l'homme tempérant ménage sa santé. Des dignités, des honneurs sont accordés par la loi positive aux hommes qui, par leur dévouement à la science, au pays, ont bien mérité de la patrie.

Le méchant, lui aussi, est dès cette vie plus généralement puni qu'on ne pense. Les apparences sont trompeuses; tel a le sourire aux lèvres et excite notre envie qui a la mort dans l'âme et mérite notre pitié. « La malice s'empoisonne de son propre venin, dit » Montaigne; le vice laisse comme un ulcère en la chair, une » repentance en l'âme, qui toujours s'égratigne et s'ensanglante » elle-même. »

« Le tigre déchire sa proie, et dort, dit Châteaubriand ; l'homme » devient homicide, et veille. Il cherche les lieux déserts et cependant » la solitude l'effraie, il se traîne autour des tombeaux, et cepen- » dant il a peur des tombeaux. Son regard est mobile et inquiet; « il n'ose regarder le mur de la salle du festin, dans la crainte d'y » lire des caractères funestes. Ses sens semblent devenir meilleurs

» pour le tourmenter : il voit, au milieu de la nuit, des lueurs
» menaçantes ; il est toujours environné de l'odeur du carnage ; il
» découvre le goût du poison dans le mets qu'il a lui-même apprêté ;
» son oreille, d'une étrange subtilité, trouve le bruit où tout le
» monde trouve le silence ; et, sous les vêtements de son ami,
» lorsqu'il l'embrasse, il croit sentir un poignard caché. »

N'est-ce pas aussi un châtiment bien grand pour qui conserve encore quelque sentiment d'honneur et n'a pas encore l'âme en quelque sorte figée dans l'animalité que la conscience de sa dégradation, que la honte qu'il éprouve, l'antipathie, le mépris dont il est l'objet, l'horreur qu'il inspire partout ?

Le vice porte avec lui sa punition ; ses conséquences naturelles sont presque toujours funestes ; l'intempérant échappe rarement à la misère et aux maladies. Puis, dans certains cas, la loi positive se dresse devant le méchant, flétrit son nom, et, le frappant dans sa liberté, dans sa fortune, dans sa vie même, lui laisse entrevoir dans cette justice humaine, à laquelle on échappe quelquefois, l'image de la justice divine à laquelle on n'échappe point.

Ces quatre sanctions sont insuffisantes. « Il peut se faire que le
» juste soit fouetté, torturé, mis aux fers ; qu'on lui brûle les yeux ;
» qu'après lui avoir fait souffrir tous les maux, on le mette en croix
» et qu'on lui fasse sentir par là qu'il ne faut pas s'embarrasser
» d'être juste, mais de le paraître. Il peut se faire d'un autre côté
» que l'homme injuste avec la réputation d'honnête homme ait toute
» autorité dans l'Etat ; il s'allie, lui et ses enfants, aux meilleures
» familles, il forme toutes les liaisons qu'il lui plaît ; outre cela,
» il tire avantage de tout parce que le crime ne l'effraie pas : à
» quelque chose qu'il prétende, soit en public, soit en particulier,
» il l'emporte sur tous ses concurrents. » *(Platon.)* Que la mort surprenne l'injuste au comble du bonheur, le juste gémissant sous le poids du malheur, devons-nous accuser la justice divine, nier la loi morale ; ou bien, pleins de confiance dans cette justice, ne devons-nous pas dire : « Tout n'est pas fini, il y a un autre dénouement au
» drame de la vie ; attendons, le rideau va se relever ; il y a encore
» un acte : Dieu est un artiste qui, lui, ne trouve pas banal, usé, ce
» qui est éternel, immuable : la vertu sera récompensée et le vice
» puni ? »

T. TUROT.

§ VIII. — Rapports de l'Homme avec ses Semblables.

« Que faut-il apprendre aux enfants ? » demandait-on à Agésilas. — « Ce qu'ils doivent faire étant hommes, » répondit-il.

Né pour la vie sociale, l'homme a des devoirs à remplir envers ses semblables, et l'éducation manquerait son but, si, dès l'enfance, elle ne gravait dans l'esprit humain la notion exacte de ces devoirs.

Dans les hautes régions des études supérieures, ce but est facile à atteindre : le maître s'adresse à des intelligences familiarisées déjà avec les raisonnements abstraits.

A l'école primaire, la tâche est plus délicate : des leçons directes sur la morale ne seraient guère en rapport avec le développement intellectuel des élèves ; un fastueux étalage de préceptes ne réussirait qu'à jeter la confusion dans leurs cerveaux.

Est-ce à dire qu'il faille renoncer à déposer dans le cœur de ces millions d'enfants du peuple le germe des vertus sociales ?

Assurément non.

Mais, pour y parvenir, il faut, là comme dans les autres parties du programme, recourir à cette méthode intuitive dont on connaît aujourd'hui les heureux résultats.

Restons à la portée de nos élèves, ne les entraînons point hors de leur petit monde, mettons habilement à profit, pour fixer leurs idées morales, les événements quotidiens de la vie scolaire. Extrait de l'exemple, rattaché à des circonstances qui ont frappé, compris avant d'être formulé, le précepte n'en sera que plus nettement et plus profondément imprimé dans leur âme.

Les occasions ne nous manqueront pas. L'école est en petit l'image de la Société : une foule d'ambitions rivales, d'intérêts opposés, de passions naissantes s'y agitent, s'y croisent, s'y combattent. Où trouver un champ de manœuvre plus favorable pour exercer l'enfant, esprit et cœur, aux grandes luttes de la vie ?

Telles sont en peu de mots, les réflexions qui nous ont inspiré dans la préparation des leçons qui suivent.

1° NÉCESSITÉ ET AVANTAGES DE LA SOCIÉTÉ.

Un jeudi du mois de Mai, les élèves du cours supérieur de l'Ecole de X... partirent de grand matin sous la conduite de leur Instituteur.

Après un trajet de 8 kilomètres, ils visitèrent la verrerie du village voisin et revinrent faire halte sous les grands hêtres de la futaie. Là on s'installa tant bien que mal, pour dîner sur l'herbe, et, quoique sans nappe ni fourchette, on mangea bien : « Sauce d'appétit est la meilleure. »

Le repas touchait à sa fin, quand tout à coup le gros Fernand se leva comme mu par un ressort et se mit à exécuter des contorsions et des cabrioles si étranges que le fait eût paru inquiétant si le voisinage d'une fourmilière ne l'eût suffisamment expliqué.

Vous pensez bien qu'un groupe fut vite formé et que les quolibets ne firent pas défaut.

Fernand avait bon caractère ; il prit bien la chose ; et le premier moment d'émotion passé, quand il se sentit débarrassé, ou à peu près, de ses multiples agresseurs, il songea à ramasser un superbe biscuit abandonné dans la précipitation de la retraite.

Mais jugez de son désappointement quand il vit les vivres aux mains de l'ennemi. Reprendre l'offensive, il n'y fallait pas songer, aussi se mit-il tranquillement, comme les autres, à observer le pillage.

C'était en effet un spectacle curieux et animé que celui de cette multitude d'insectes travaillant avec un entrain admirable et un ordre parfait à émietter cette montagne de pâtisserie sucrée et à en transporter les morceaux dans leurs magasins.

Au bout de vingt minutes d'efforts qu'il faut renoncer à dépeindre, tout était en lieu sûr dans l'intérieur de l'établissement.

Le maître prit alors la parole.

« Enfants, dit-il, en montrant la fourmilière, l'édifice que
» vous avez sous les yeux n'a extérieurement rien de re-

» marquable que ses dimensions relativement étonnantes,
» eu égard à la taille des ouvriers qui l'ont élevé; mais sa
» disposition intérieure est vraiment admirable. Il se com-
» pose de nombreuses cellules reliées par des galeries, et
» superposées en étages indépendants qui communiquent
» par des escaliers.

» Une partie de la construction est creusée en terre; l'autre
» s'élève au-dessus du sol; la première sert d'asile aux
» jeunes fourmis, pendant la nuit et durant la saison froide,
» l'autre les abrite en été et pendant le jour.

» Ce n'est pas seulement une habitation vaste et com-
» mode; c'est un donjon habilement fortifié et à l'abri des
» coups de main.

» Toutes les ouvertures extérieures se ferment à volonté
» pour empêcher la pluie de pénétrer et pour arrêter l'enne-
» mi. Nuit et jour, chaque issue est gardée par une senti-
» nelle qui n'abandonne jamais son poste.

» Fernand sait par lui-même comment ces guerriers lilli-
» putiens osent attaquer et parviennent à repousser des en-
» nemis de taille colossale. Tous vous avez vu avec quelle
» promptitude ils accomplissent des travaux en apparence
» au-dessus de leurs forces.

» Pensez-vous qu'abandonné à lui-même, isolé de ses sem-
» blables, chacun de ces chétifs insectes soit capable de
» semblables prodiges ?

» — Oh ! dit Fernand, si je n'avais eu affaire, qu'à un de ces
» gredins, je n'aurais pas si vite évacué la place et je ne lui
» aurais certainement pas abandonné mon biscuit.

» — Je ne sais trop, reprit malicieusement René, s'il faut
» ajouter foi à tes fanfaronnades, mais, ce qu'il y a de cer-
» tain, c'est qu'une seule de ces pauvres petites bêtes ne par-
» viendrait jamais à se construire une demeure aussi sûre,
» ni à prendre pour sa conservation et son bien-être d'aussi
» ingénieuses précautions.

» — Ainsi en est-il de l'homme, ajouta le maître, seul il
» serait bien malheureux; car tous nous avons besoin les
» uns des autres.

» Pour que nous mangions du pain ne faut-il pas que le la-
» boureur travaille la terre, que le moissonneur fauche le

» blé, que le meunier le réduise en farine, que le boulanger
» pétrisse cette farine et la fasse cuire ?

» Serions-nous proprement et commodément logés
» comme nous le sommes, si une foule d'ouvriers, terras-
» siers, maçons, charpentiers, couvreurs, menuisiers, pein-
» tres, serruriers ne s'étaient mis à notre disposition ?

» Ce linge bien blanc, ce joli costume de drap dont vous êtes
» si coquettement paré, vous n'avez pas fait tout cela vous-
» même. Le tondeur a coupé la laine de la brebis; vendue au
» fabricant, cette laine a été successivement cardée, peignée,
» filée..... Il lui a fallu passer en bien des mains pour deve-
» nir du drap. Il y a bien loin aussi de la graine du chanvre à
» cette jolie chemise de toile que vous portez. A elle seule,
» la petite aiguille dont on s'est servi pour la coudre, cette
» modeste aiguille qui se vend si bon marché et qui rend
» tant de services, a dû subir plus de 120 manipulations
» avant de passer aux mains de votre mère ou de votre
» sœur.

» Regardez autour de vous, réfléchissez, vous serez effrayé
» de la multitude innombrable d'individus qu'il faut mettre
» en mouvement pour vous procurer des aliments, des vê-
» tements et tous les autres objets dont vous avez besoin.

» Et maintenant, supposez qu'un beau jour le cultivateur
» détruise sa charrue, le meunier son moulin, le boulanger
» son four, supposez que le tisserand, le tailleur, la coutu-
» rière refusent de vous préparer du linge et des habits; sup-
» posez que, las de traverser les mers, les matelots viennent
» vous dire : « Allez vous-même chercher le coton en Amé-
» rique, le poivre, l'indigo, les épices dans les Indes, le café
» en Arabie ou à la Guadeloupe! » Supposez enfin que tous
» les autres hommes, cultivateurs ou artisans, commerçants
» ou industriels, renoncent à leur travail, à leur commerce,
» à leur industrie et vous laissent le soin de pourvoir vous-
» même à tous vos besoins. Que deviendriez-vous ?

» Si l'un de vous eût été, immédiatement après sa nais-
» sance, abandonné dans un pays inhabité, aurait-il seul
» appris à parler ? Seul sans livres ni maîtres, aurait-il pu
» s'instruire, aurait-il fait toutes ces merveilleuses décou-
» vertes scientifiques dont il partage actuellement le profit ?

» Non, privé de l'usage de la parole, marchant sur les
» pieds et les mains, sans vêtements chauds, sans abri, sans
» autre nourriture que des racines ou des fruits, il n'eût
» mené qu'une existence misérable, analogue à celle des
» êtres inférieurs.

» Seul, l'homme ne saurait développer ni ses facultés phy-
» siques, ni ses facultés morales; pour lui, plus encore que
» pour les fourmis, la société est un besoin, un bienfait. »

2° LE DROIT ET LE DEVOIR.
LES GRANDS PRINCIPES DE LA LOI NATURELLE.

A l'entrée de la classe, le petit Georges s'approcha du maître en pleurant. Il avait la figure ensanglantée, ses vêtements étaient déchirés.

« Monsieur, dit-il, André s'est introduit dans la classe
» pendant la récréation; j'avais un beau porte-plume neuf, il
» me l'a pris, et comme je le menaçais d'aller me plaindre,
» il s'est jeté sur moi et m'a battu. »

Sur un signe du maître, André s'avança vers le bureau, confus, les yeux baissés.

« Voilà, dit l'Instituteur, un garçon qui n'est pas digne de
» vivre en Société. S'il continue, ses camarades le fuiront
» comme un être brutal et dangereux; plus tard il devien-
» dra la terreur de ses voisins et peut-être la société finira-
» t-elle par le rejeter de son sein pour le mettre soigneuse-
» ment à l'écart.

» Je vous expliquais l'autre jour, mes enfants, comment la
» société est pour les hommes un bienfait quand chacun de
» ses membres s'efforce d'être utile aux autres. Jugez au
» contraire des dangers qu'offrirait la vie sociale, si chacun
» s'abandonnait, comme André, à ses instincts mauvais.

» Le plus faible serait corps et biens à la merci du plus
» fort. On ne verrait que rapines, luttes et meurtres. Trem-
» blant sans cesse pour sa vie, sa famille, sa maison, ses
» biens, l'homme ne pourrait plus se livrer au travail. Dès
» lors la civilisation disparaîtrait.

» André lui-même aurait lieu de reconnaître les inconvé-
» nients de ce règne de la force, car il ne tarderait pas à

« trouver un plus fort que lui qui le traiterait comme il a
» traité le petit Georges.

» La société ne saurait exister dans de semblables con-
» ditions.

» Dites-moi, André, vous avez des livres, des cahiers,
» aimeriez-vous qu'on vous les dérobât? aimeriez-vous
» qu'on vous maltraitât? qu'on mît vos effets en lam-
» beaux ?

» — Non, Monsieur, fit piteusement André.

» Si quelqu'un vous traitait de cette manière, vous crieriez
» bien haut qu'on a violé vos droits, et vous auriez raison.
» Mais ces droits que vous revendiquez, les autres n'y ont-
» ils pas les mêmes titres que vous ? Et si vous voulez que
» les autres respectent vos droits, ne devez-vous pas respecter
» ceux d'autrui ?

» — Si, Monsieur.

» Et ne voyez-vous pas que si vous violez les droits d'autrui
» les autres à leur tour pourront violer les vôtres et que dès
» lors le droit ne sera plus qu'une conception purement
» imaginaire ?

» Ainsi l'idée de droit entraîne nécessairement celle de
» devoir; ou plutôt ces deux idées découlent d'une même
» source, la loi morale.

» Qu'est-ce au fond que le droit de chacun si ce n'est l'o-
» bligation d'autrui à son égard ?

» Le respect du droit d'autrui est la justice.

» Les devoirs sociaux, la justice et la charité sont nom-
» breux, ils varient à l'infini dans les diverses circonstances
» de la vie, il est impossible de les prévoir tous et de les
» énumérer, mais tous ils découlent de deux grands prin-
» cipes gravés par la nature au fond de toute conscience hu-
» maine :

» Ne faites pas à autrui ce que vous ne voudriez pas que
» les autres vous fissent.

» Ce que vous voudriez que les autres fissent pour vous,
» faites-le pour eux.

» Voyons, André, tantôt, quand vous avez été sur le point
» de commettre le larcin dont vous êtes maintenant honteux
» et repentant, ne s'est-il pas élevé au dedans de vous-même

» une voix qui vous disait : Ce que tu vas faire est mal : car
» tu ne voudrais pas qu'on t'en fît autant ?

» Cette voix de la conscience, vous l'avez étouffée, vous
» avez violé le premier de ces deux grands préceptes, vous
» avez lésé le droit d'autrui, vous avez manqué à l'un des
» plus stricts devoirs sociaux, vous avez commis une action
» contraire à la justice.

» Vous méritez une sévère punition, mais attendez, Georges
» va nous répéter la seconde maxime.

GEORGES. — Ce que vous voudriez que les autres fissent
» pour vous, faites-le pour eux.

» — Bien ; maintenant vous allez décider du sort de
» votre camarade. Faut-il le punir ? Faut-il lui pardonner ?

Georges réfléchit un moment, puis leva les yeux vers le
maître ; et souriant à travers ses larmes :

» — Monsieur, dit-il, je désire que vous lui pardonniez.

» — Et pourquoi ? reprit le maître.

» — Parce que, ajouta l'aimable enfant, si j'étais à la
» place d'André et qu'il fût à la mienne, je serais heureux
» qu'il demandât ma grâce. Il faut faire à autrui ce que
» nous voudrions qu'il nous fût fait.

» Voilà, dit le maître une belle et généreuse parole :
» rendre le bien pour le mal, c'est le plus haut degré de la
» charité. »

3° DEVOIRS DE JUSTICE.
JUSTICE. — CHARITÉ.

Justice, Charité, voilà deux mots qui résument les devoirs
de l'homme envers ses semblables, voilà deux vertus qui
sont comme la souche de toutes les autres vertus sociales.

Ne pas faire de mal aux autres, c'est la justice, leur faire
du bien, c'est la charité.

La justice nous défend d'attenter à la vie de nos semblables, à leurs biens, à leur honneur, à leur réputation. L'assassinat, l'incendie, le vol, les coups, les injures, les menaces,
la diffamation sont autant d'actions contraires à la justice. La
probité, la délicatesse, la fidélité, la sincérité sont autant de
vertus qui s'y rattachent.

S'abstenir de faire du mal aux autres est une chose si naturelle qu'à prime abord, l'accomplissement des devoirs de justice semble n'exiger aucun effort.

Détrompez-vous : le cœur de l'homme est plein d'instincts pervers. La colère, l'amour de la vengeance le poussent dans la voie du crime ; la cupidité, la convoitise, l'excitent au vol ; l'orgueil, l'ambition, l'envie, lui inspirent la médisance, la calomnie, la diffamation.

VIOLENCE — COLÈRE — AMOUR DE LA VENGEANCE, PRINCIPES DU MEURTRE

Gustave a un caractère violent. A la moindre réprimande, il s'irrite et s'emporte comme un insensé. La plus légère punition le met dans un véritable accès de folie furieuse. On le voit alors, pendant des heures entières, crier et se tordre de rage, lancer ses livres et ses cahiers à travers la classe, déchirer ses vêtements, s'arracher les cheveux et frapper à grands coups de pied les tables et les murailles.

Ses camarades l'ont surnommé Gustave le Rageur !

L'autre jour, il jouait aux billes avec Emile. Comme il est très maladroit, il perdit. Alors il se fâcha et saisissant une pierre énorme, il la lança violemment à la tête de son camarade. Celui-ci tomba étourdi.

On le releva ; il avait à la tête une plaie énorme et perdait beaucoup de sang.

En rentrant, le maître fit asseoir tous les élèves immobiles, les bras croisés, puis il appela Gustave, lui remit un livre ouvert et le pria de lire.

Gustave était pâle comme la mort.

D'une voix tremblante il commença.

Histoire d'Alexis (1).

« Une voiture qui avait fait halte dans le village attirait
» les regards de tous : on se la montrait en parlant à voix
» basse, avec une sorte d'effroi.

» C'était une voiture carrée, solide, fermée de tous côtés
» par des barreaux de fer, accompagnée de soldats, de gen-

(1) Bruno. — L'Adolescence.

» darmes à cheval. On eût dit une prison roulante; et en
» effet c'était la voiture des condamnés, la voiture qui trans-
» porte dans les prisons les malfaiteurs.

» Un de ces derniers qui avait obtenu sans doute comme
» une sorte de grâce la permission de regarder un instant
» au dehors, jeta les yeux avec tristesse sur la place du vil-
» lage où la voiture s'était arrêtée.

» En apercevant les personnes qui étaient sur cette place,
» il sembla saisi de honte, et, les yeux humides de larmes,
» rentra dans sa cellule.

» — J'ai reconnu ce prisonnier, dit à son fils un des habi-
» tants du village : il est de notre pays et on lui a sans doute
» permis d'y jeter en passant un dernier regard. C'est le fils
» d'honnêtes gens, et nous allions à l'école ensemble.

» — Comment se fait-il alors que cet homme soit renfermé
» avec des malfaiteurs ?

» — Cet homme que la voiture emporte, était, à ton âge,
» d'un caractère violent et irascible. Je l'ai vu un jour, dans
» la chaleur de la dispute, atteindre son couteau et menacer
» un camarade. A l'école, le maître lui faisait honte et le
» blâmait sévèrement devant nous tous. Alexis (c'est son
» nom) n'y prenait garde; il s'excusait en disant qu'il avait
» mauvaise tête, mais bon cœur.

» Eh bien, il y a six mois, dans un moment de dispute et
» de colère, Alexis a fait ce qu'il faisait autrefois étant
» enfant, il a tiré son couteau. Et sa violence n'ayant fait
» que s'accroître avec les années, au lieu de menacer, il a
» frappé; il a frappé brutalement et estropié un cama-
» rade.

» La justice l'a condamné : il fera dix ans de prison.

» — Dix ans ! s'écria l'enfant. Comment ! il restera en pri-
» son plus de temps que je n'ai vécu déjà ?

» — Oui, mon enfant, dix années entières il vivra loin de
» sa famille, sous les verrous, buvant de l'eau, mangeant
» du pain noir, sans jamais courir au soleil...

» Dix ans il travaillera sans relâche, seul avec les remords
» de sa conscience. Dix ans il se répétera à lui-même : « A
» quel crime, à quel malheur m'a conduit un seul défaut
» que j'ai laissé grandir ? »

Le maître n'ajouta pas un mot; froidement il reprit le livre.

Gustave aurait voulu être à cent pieds sous terre.

LA VENGEANCE MÈNE AU CRIME

La classe allait finir quand tout à coup le tambour se mit à battre; en même temps, le clairon jetait dans les airs ses notes criardes; on entendait les tintements précipités de la cloche.

Des hommes traversaient la place en courant et bientôt, au milieu de ce tapage, on distingua ce cri sinistre : « Au feu ! »

Tout le village était déjà sur pied.

L'instituteur fit quelques pas sur la place, puis il rentra.

« Enfants, dit-il, un incendie vient d'éclater à Beauvais; il
» est quatre heures; j'y pars. Si quelques-uns des grands
» veulent me suivre, j'y consens; mais à une condition, c'est
» que là-bas personne ne s'éloignera de moi. »

En un clin d'œil, toute la première division fut en rangs.

« — Pas gymnastique, en avant !... Marche ! »

En moins de dix minutes, on fut à Beauvais.

Déjà les pompiers étaient à leur poste. M. le Maire était là aussi, surveillant et encourageant les travailleurs.

Malheureusement l'eau était loin, le monde manquait.

« Du monde à la chaîne ! Du monde à la chaîne ! » criait-on.

« — En voilà », dit M. Denis; et, rangeant ses élèves à sa droite et à sa gauche, sous ses yeux, loin du danger, il les mit à l'œuvre.

Grâce à la promptitude des secours, on fut bientôt maître du feu.

Alors la petite troupe reprit le chemin du village. Cette fois on marchait de front, aux deux côtés du maître, et chacun disait son mot.

« Moi, fit René, j'ai entendu M. le Maire causer avec le
» brigadier. Ils disaient que le feu était dû à la malveillance
» et qu'on avait trouvé dans le grenier des mèches imbibées
» de pétrole. M. le brigadier a même ajouté qu'il espérait
» découvrir le coupable.

« — Une fois pincé, on fera bien de le coffrer pour long-
» temps, reprit Edouard ; car c'est un grand crime que d'in-
» cendier ainsi tout un village. Sans la pompe, il y aurait
» eu ce soir plus de dix familles ruinées et plus de quarante
» personnes sans asile.

« — C'est en effet un grand crime, dit M. Denis, et la loi
» punit de mort celui qui met volontairement le feu à une
» maison habitée...

» L'incendiaire est d'autant moins excusable qu'il fait le
» mal pour le plaisir de le faire, sans espoir de profit pour
» lui-même.

» Cela vous paraît odieux, n'est-ce pas ? Eh bien ! il y a des
» enfants qui, eux aussi, font le mal par amour même du
» mal. J'en connais qui prennent plaisir à salir les cahiers
» de leurs camarades, à casser leurs règles, à déchirer leurs
» habits...

» Quel profit retirent-ils de ces vilaines actions ?... Aucun.
» Ce n'est donc pas l'intérêt qui les fait agir.

» Ce n'est pas l'intérêt non plus qui peut déterminer un
» être raisonnable à livrer aux flammes la demeure de son
» semblable.

» Où donc faut-il chercher le mobile de ce crime ?

« — Monsieur, dit Edmond, j'ai entendu dire tout à l'heure
» que c'était une vengeance.

« — En effet, reprit l'instituteur, quand un incendie n'est
» pas le résultat de l'imprudence ou du hasard, c'est presque
» toujours à la vengeance qu'il convient de l'attribuer.

» La vengeance consiste à rendre le mal pour le mal, à
» répondre à une injustice par une autre.

« — Mais, dit Louis, rendre le mal pour le mal, ce n'est
» que justice après tout.

« — Je sais, répartit le maître, qu'un instinct naturel nous
» pousse à la vengeance. Cet instinct est mauvais. Rendre le
» mal, c'est imiter ce qu'on blâme chez les autres ; et l'in-
» justice commise à votre égard ne saurait justifier celle
» que vous commettez pour vous venger.

» L'homme vraiment juste ne répond à l'injustice que par
» le mépris. L'homme généreux ne se venge du mal qu'en
» faisant le bien ; il cherche à vaincre le mal par le bien. »

LA PROBITÉ.

« Monsieur, disait Victor, on m'a volé ma gomme !

« — Il y a donc des voleurs ici? fit le maître. Allons! j'invite le voleur à lever la main.

Pas une main ne se leva, bien entendu.

« — Oh ! Monsieur, reprit Victor, je vous demande pardon : la voici, ma gomme, elle était tombée sous la barre de la table.

« — Tant mieux, reprit le maître; mais une autre fois, monsieur l'étourdi, vous crierez moins vite : « Au voleur! » car, en vérité, vous paraissez avoir trop peu de confiance dans vos camarades qui sont tous d'honnêtes garçons, n'est-ce pas, jeunes gens ?

« — Mais oui, Monsieur.

« — Parlons pourtant un peu du vol, puisque l'occasion s'en présente.

« Le vol est une action contraire à la justice. Qui veut m'expliquer pourquoi ?

« — La propriété est sacrée ; nous devons respecter le droit qu'ont nos semblables de posséder certains objets à l'exclusion des autres.

« — C'est cela même ; mais sauriez-vous me dire maintenant quel est le mobile du vol ?

« — C'est l'amour de l'argent, reprit Paul.

« — Il serait plus exact, dit M. Denis, de dire la cupidité, la convoitise ; car les voleurs ne dérobent pas que de l'argent. C'est même rarement par là qu'ils commencent.

» J'ai connu, il y a une dizaine d'années, un garçon de votre âge qu'on appelait Henri. C'était ma foi un élève intelligent et travailleur. Il n'avait qu'un défaut. Tout ce qu'il voyait lui faisait envie. Se trouvait-il seul à la classe, il furetait les bureaux. A la maison, il s'emparait sans permission d'une foule de menus objets. S'il jouait avec ses camarades, il lançait exprès la balle dans la cour du château, escaladait vivement le mur, ramassait la balle plus vivement encore, et, pour donner le change, continuait à chercher d'un air désappointé.

» Plus d'une fois sa maman constata la disparition d'une
» pièce de deux sous laissée par hasard sur la cheminée.

» Trop faible, comme bien des mères, la pauvre femme
» grondait peu et ne punissait pas du tout. Le vice grandit
» avec l'âge.

» A dix-huit ans, Henri, qui avait une écriture magni-
» fique, fut admis, comme teneur de livres, dans une maison
» de commerce, à Paris. C'était pour son âge une belle situa-
» tion. Son patron fut d'abord très satisfait de ses services
» et la maman, devenue veuve, était heureuse et fière en
» parlant de son cher Henri. Ce sera, disait-elle, le bâton de
» ma vieillesse.

» Une cruelle désillusion l'attendait. Bientôt Henri s'adonna
» aux plaisirs ; il faisait de folles dépenses et son traitement
» ne lui suffisait plus.

» Alors une misérable idée lui traversa l'esprit.

» Souvent son patron l'envoyait toucher des fonds chez le
» banquier ; un jour, il avait reçu près de 20,000 francs ; au
» lieu de retourner à son bureau, il fila droit à la gare et
» prit le train pour la Belgique.

» Ne le voyant pas rentrer, le patron envoya chez le ban-
» quier, et, apprenant que les fonds avaient bien été tou-
» chés, il conçut un soupçon et avisa le commissaire de
» police.

» Aussitôt des dépêches furent lancées dans toutes les
» directions.

» Arrêté à Saint-Quentin, Henri passa en Cour d'assises et
» fut condamné pour abus de confiance. Aujourd'hui, il est
» au bagne. Sa pauvre mère est morte de chagrin.

» Rappelez-vous, enfants, l'histoire de ce malheureux,
» soyez, dès aujourd'hui, d'une probité scrupuleuse, et, de
» peur de tomber au fond du précipice, ne mettez même
» pas le pied sur le bord. »

En arrivant à l'école, Auguste trouva un mouchoir dans le coin duquel étaient nouées plusieurs pièces de monnaie. Il était seul ; que pensez-vous qu'il fît ? Qu'il serra vivement le tout dans sa poche. Non, il ne dénoua même pas le mouchoir, et, à l'entrée de la classe, il le remit au maître tel qu'il l'avait trouvé.

Quelques minutes après arriva le petit Victor. Le pauvre enfant fondait en larmes.

« Qu'avez-vous ? Victor, demanda le maître.

« — Hélas ! Monsieur, répondit l'enfant, maman m'avait
» donné trois francs pour acheter deux pains. J'avais noué
» cette somme dans un coin de mon mouchoir; j'ai tout
» perdu. C'est tout ce qui restait à ma mère ; le boulanger,
» à qui nous devons déjà beaucoup, ne veut plus nous faire
» crédit. Nous n'aurons rien à manger d'ici à samedi, maman,
» mes frères et moi.

« — Calmez-vous, mon ami, reprit le maître, voici votre
» argent; il est tombé entre des mains honnêtes et Auguste,
» qui l'a trouvé, éprouve, j'en suis sûr, autant de plaisir à
» vous le rendre que vous en avez à le retrouver.

« — Mais, Monsieur, répliqua Auguste, je n'ai fait que
» mon devoir.

« — Assurément, dit le maître, vous auriez même été bien
» coupable si vous aviez gardé cet argent ; car, pour vous
» gorger de friandises ou vous procurer quelques jouets
» inutiles, vous auriez privé de pain toute une malheureuse
» famille. Votre conduite n'en est pas moins digne d'éloge.
» C'est un bon exemple pour tous vos camarades.

» Celui qui garde un objet trouvé est un voleur, enfants,
» remarquez-le bien, et il y a encore une foule d'autres
» actions qui, sans être qualifiées vols, en sont cependant de
» véritables : emprunter quand on sait qu'on ne pourra pas
» payer, c'est un vol ; tricher au jeu, si faible que soit l'en-
» jeu, c'est un vol. C'est un vol encore d'exagérer le prix de
» son travail, de prélever sur ses marchandises des bénéfices
» exorbitants, de tromper sur la qualité...

» La probité est une vertu délicate et scrupuleuse : elle
» s'effarouche de l'ombre même d'un soupçon. »

LA FIDÉLITÉ.

... Prisonnier sur parole. Cette expression se trouvait dans la leçon de lecture. Le maître en demanda l'explication.

Personne ne répondit.

« — Encore savez-vous bien, reprit M. Denis, ce que c'est
» qu'un prisonnier de guerre !

« — Oui, Monsieur, dit Victor, c'est un soldat tombé aux
» mains de l'ennemi et retenu captif.

« — Bien, supposons maintenant que vous soyez vous-
» même prisonnier et qu'un chef ennemi vous dise: « Si
» vous voulez nous jurer de ne pas reprendre les armes con-
» tre nous d'ici à la fin de la guerre, nous vous rendrons la
» liberté. » — Si vous acceptez cette proposition, vous êtes...

» — Prisonnier sur parole.

« — Ah ! dit René, si jamais je me trouvais dans ces con-
» ditions-là, j'aurais bientôt fait de reprendre les armes.

« — Eh bien, René, vous auriez tort. L'honnête homme
» est esclave de sa parole. C'est tellement vrai qu'en 1871,
» bon nombre d'officiers français pris par l'ennemi ont
» refusé leur parole et subi toutes les horreurs de l'exil et
» de la captivité, pour conserver, en cas d'évasion, le droit
» de remettre leur épée au service de la patrie.

» Plutôt que de manquer à sa parole, Jean le Bon alla
» mourir en Angleterre.

» Turenne, attaqué par des voleurs, leur avait promis
» deux cents louis pour conserver une bague. Le lendemain,
» un de ces bandits se présenta chez lui pour lui demander
» l'exécution de cette promesse. Turenne pouvait le faire
» arrêter. Loin de là, il lui fit remettre les deux cents louis :
« La promesse d'un homme de cœur, disait-il, est inviolable ;
» jamais il ne doit manquer à sa parole, l'eût-il donnée à
» des fripons. »

LA SINCÉRITÉ.

On avait acheté, pour le cours d'adultes, une bien jolie lampe avec suspension dorée et abat-jour en porcelaine.

Un midi, Paul et Gustave se trouvaient seuls dans la classe. Paul voulut faire tourner sa toupie ; il la lança si maladroitement qu'elle atteignit l'abat-jour et le fit voler en éclats.

— « Sauvons-nous vite, dit Gustave, personne ne nous a vus. Quand M. Denis demandera qui a cassé l'abat-jour, nous dirons que nous n'en savons rien.

— » Non, dit Paul, ce serait un mensonge et le mensonge est une lâcheté. J'ai été maladroit. Tant pis pour moi. »

Et Paul alla raconter à M. Denis l'accident qui lui était arrivé.

— « Voilà, dit le maître, un garçon qui s'attend à être puni, il ne le sera pas.

» Faute avouée est à demi-réparée.

» Excuser ses fautes par des mensonges, c'est au contraire les aggraver.

» Le mensonge, l'hypocrisie, la dissimulation sont autant de formes de la lâcheté.

» Soyez donc tous francs et sincères, et rappelez-vous que s'il est parfois imprudent de dire tout ce que l'on pense, il n'est jamais permis de ne pas penser tout ce que l'on dit. »

LA MÉDISANCE ET LA CALOMNIE (ATTENTATS A LA RÉPUTATION.)

Gustave est un rapporteur ; il aime à faire punir les autres. Dès qu'un camarade commet une petite faute, il s'empresse d'en aviser le maître et les parents.

Un jour qu'il venait au bureau dénoncer un de ses voisins, le Maître lui dit :

« Gustave, l'empressement que vous mettez à signaler
» les fautes de vos condisciples a évidemment pour but de
» faciliter leur perfectionnement moral et d'assurer le bon
» ordre de la classe. Je vous en remercie et je veux désormais
» vous rendre le service que vous rendez aux autres.

» Faites-moi donc le plaisir d'écrire quelques mots sous
» la dictée. »

Gustave prit la plume, et lentement, le Maître lui dicta une lettre ainsi conçue :

« Chers parents,

» Il y a à la classe un petit garçon qui voit mieux une paille dans l'œil de son voisin qu'une poutre dans le sien.

» Très bavard lui-même, il dénonce ses camarades pour peu qu'ils chuchotent.

» C'est un paresseux. Il n'a pas su aujourd'hui un mot de ses leçons ; ses deux problèmes étaient faux, sa page d'écriture était mauvaise, il avait 22 fautes dans sa dictée ; il est le dernier en composition ; en revanche, il a signalé au maître un camarade qui n'avait pas achevé sa page et un autre qui sortait en récréation sans faire son pensum.

» Têtu, impertinent, il lui arrive de bouder des heures entières et de répondre de la façon la plus grossière, mais qu'un camarade fasse la moue quand on le réprimande, ou murmure contre une punition, il a soin d'en avertir le Maître.

» Si encore il se contentait de dire la vérité, mais presque toujours il exagère ; quelquefois même, il invente...

» Cet aimable enfant, c'est votre fils, Gustave. »

— Cette lettre, reprit le Maître, vous la remettrez ce soir à vos parents et demain, vous me la rapporterez signée de votre père.

Gustave était rouge de confusion ; il se mit à pleurer et demanda grâce.

— « Oui, dit le Maître, je vais vous pardonner ; mais com-
» ment osez-vous dire tant de mal d'autrui, vous qui éprou-
» vez tant de peine à en entendre dire de vous ?

» L'homme qui ternit la réputation d'autrui n'est pas moins
» coupable que celui qui commet un vol ; il n'a que son
» compte, si un beau jour, les autres pour le combattre,
» s'emparent de ses propres armes : la médisance et la
» calomnie.

» Voulez-vous qu'on dise du bien de vous ? — Ne dites
» jamais de mal de personne. »

4° DEVOIRS DE CHARITÉ. — BONTÉ. — INDULGENCE. — OBLIGEANCE. — BIENVEILLANCE.

Les hommes sont frères. A ce titre, ils se doivent des sentiments mutuels d'affection, de respect, des prévenances ou attentions selon l'âge, le mérite, la position sociale de chacun.

A ce titre encore, ils doivent se procurer les uns aux autres ce qui leur est utile, agréable, avantageux, s'assister dans la misère, se consoler dans les afflictions, se porter secours dans les dangers,

L'indulgence, la bonté, la complaisance, la bienfaisance, le dévouement, la reconnaissance, sont autant de formes de la charité.

Tous, nous avons nos défauts et nos travers ; il nous arrive de froisser les autres et nous sommes heureux qu'on nous pardonne nos torts ; mais comment oserions-nous compter sur l'indulgence des autres si nous sommes inflexibles pour eux ?

La vengeance est une triste satisfaction qui bientôt fait place au remords. Nous avons vu où elle conduit.

La clémence, l'indulgence procurent, au contraire, un contentement intérieur, profond et durable. L'autre jour, le petit Georges nous en a donné un bel exemple. Demandez-lui s'il se repent de la générosité dont il a fait preuve en évitant à André une sévère punition?

Complaisance. Obligeance. « Il se faut entr'aider, c'est la loi de nature, » a dit La Fontaine.

Aimez donc à rendre service. Un camarade a oublié son livre : prêtez-lui le vôtre de bonne grâce : Ne trouvera-t-il pas, à son tour, l'occasion de vous obliger?

Un grand moraliste a dit : « Il est triste et sot de s'aimer seul, et celui qui ne fait rien pour les autres ne doit attendre d'eux ni affection, ni secours. »

L'égoïste n'est en effet aimé de personne; c'est un être inutile et méprisable, au cœur dur, à l'âme glacée, qui vit pour soi, seul et délaissé, sans famille et sans amis.

Un grand poète a dépeint et flétri l'égoïste dans ce vers :

« C'est n'être bon à rien que n'être bon qu'à soi. »

LA RECONNAISSANCE.

Le devoir de reconnaissance découle naturellement du devoir d'affection. Si nous devons aimer tous les hommes, nos semblables, nos frères, à combien plus forte raison ne devons-nous pas aimer ceux qui nous ont fait du bien ?

De tout temps, chez tous les peuples, l'ingratitude a été considérée comme une chose odieuse. C'est du reste un vice contre nature : les animaux mêmes sont reconnaissants.

Pour vous le prouver, je veux vous raconter une petite histoire.

« M. Durand, un riche propriétaire, acheta un jour un magnifique épagneul.

» Son fils Raoul, enchanté de cette acquisition et désireux d'entrer dans les bonnes grâces du nouveau venu, prit l'habitude d'aller lui-même, deux fois par jour, lui porter sa nourriture.

» Bientôt Médor se familiarisa avec son jeune maître, s'attacha à lui et prit l'habitude de le suivre dans ses promenades.

» Or un jour, à l'entrée du parc, Raoul trouva Maurice, le petit pâtre de la ferme. Celui-ci lui suggéra l'idée d'envoyer Médor dans les fossés du château pour l'y voir nager, et comme l'animal faisait le récalcitrant, Raoul se mit à le tirer par son collier, tandis que Maurice le poussait par derrière.

» Mais, tout à coup, M. Raoul perdit l'équilibre et tomba dans l'eau, la tête la première.

» Savez-vous ce que fit Maurice?

» Il s'enfuit à toutes jambes comme un lâche.

» Il n'eut même pas l'idée d'appeler au secours.

— Et Médor?

» Prompt comme l'éclair, Médor s'élança dans l'eau, saisit l'enfant par ses habits et le ramena sain et sauf sur le rivage. »

LA BIENFAISANCE.

La leçon de géographie avait roulé sur le bassin du Rhin.

Le Maître parla de la guerre de 1870, il parla de nos désastres, de l'Alsace, de la Lorraine.

Il parla des nobles cœurs qui pour rester Français avaient abandonné leur pays natal, leur chaumière, le champ arrosé de leurs sueurs.

Il parla de la misère où languissent plusieurs d'entre eux accoutumés sans doute à l'aisance.

Sa voix était émue, ses paroles étaient attendrissantes.

Enfants, ajouta-t-il, si je vous demandais un léger sacrifice pour ces frères d'Alsace-Lorraine, le feriez-vous?

— Oui! oui! répondit-on tout d'une voix.

Eh bien, reprit le Maître, j'attendrai lundi vos petites offrandes. Je ferai une liste où j'inscrirai vos noms avec la somme versée en regard et je transmettrai le tout à M. l'Inspecteur.

Le lundi, les enfants arrivèrent tout joyeux. Pas un n'était venu les mains vides. Gaston, fils d'un riche propriétaire, montrait, avec un certain orgueil, une belle pièce de 5 fr. toute neuve. Beaucoup d'autres avaient des pièces blanches ou deux ou trois pièces de deux sous.

Ce fut à qui s'approcherait le premier du bureau.

Le petit Victor, dont nous avons parlé déjà, suivit humblement les autres, il se présenta le dernier devant le Maître, et lui remettant un petit sou :

« Monsieur, dit-il, d'une voix étouffée, avec des larmes
» dans les yeux, j'aurais voulu donner davantage ; mais c'est
» tout ce que j'avais dans ma bourse et je n'ai pas osé de-
» mander de l'argent à ma pauvre mère qui a déjà bien du
» mal à nous avoir du pain.

— « Mon enfant, répondit le Maître, chacun donne selon
» ses moyens et les pauvres ont plus de mérite encore que
» les riches à exercer la bienfaisance ; car ceux-ci ne donnent
» que leur superflu, tandis que les pauvres prennent sur leur
» nécessaire.

» Et n'allez pas croire, enfants, qu'il soit nécessaire d'être
» riche pour être bienfaisant. Ce n'est pas seulement avec de
» l'or qu'on secourt son prochain. On peut le secourir de ses
» bras, de son travail, de ses conseils.

» Deux pauvres vignerons étaient voisins : au moment de
» la façon des vignes, l'un d'eux tomba malade ; il ne pou-
» vait travailler et il se désolait en pensant que sa récolte
» allait être perdue.

» L'autre se leva deux heures plus tôt, il se coucha une
» heure plus tard et fit le travail du voisin.

» N'est-ce pas là de la bienfaisance ?

» Il n'est donc pas de position si humble où l'on ne
» puisse exercer la bienfaisance sous une forme ou sous
» l'autre.

» Mais il ne suffit pas de faire le bien, il faut le faire avec
» délicatesse, avec discrétion, avec égards. Il est des gens
» dont la générosité n'est que de l'ostentation. Le mobile de
» leur bienfaisance, ce n'est pas la charité, c'est l'orgueil.
» Ceux-là perdent tout le mérite de leurs bonnes œuvres.

» La façon de donner vaut mieux que ce qu'on donne.

» Les belles actions cachées sont les plus estimables ; elles
» grandissent de toute la modestie de leur auteur.

» Laissez donc ignorer à votre main droite le bien que fait
» votre main gauche.

» Ne comptez pas sur la reconnaissance, ne vous laissez
» point endurcir ni décourager par l'ingratitude et songez
» qu'un bienfait reproché est un bienfait perdu. »

LE DÉVOUEMENT.

« Vous souvenez-vous, enfants, de l'accident arrivé à
» Jacques, le menuisier, lors de l'incendie de Beauvais.

— « Oh ! oui, Monsieur, dit Léon, mon petit frère était
» resté couché dans la chambre haute, et comme le feu était
» dans l'escalier, maman ne pouvait pas aller le chercher.
» Alors M. Jacques a pris une échelle, il est entré dans la
» chambre par la fenêtre et il a pu saisir mon petit frère qui
» était sain et sauf. Par malheur, en descendant, son échelle
» a glissé ; il n'a pas voulu laisser tomber l'enfant et s'est
» lui-même disloqué le bras droit en arrivant à terre.

— « Voilà, reprit le Maître, un bel exemple de dévoue-
» ment.

» Il est ainsi des âmes généreuses que la vue d'un grand
» danger décide à risquer leur vie pour le salut de leurs
» semblables.

» Vous avez lu maintes fois, dans les journaux ou dans vos
» livres, des traits de ce genre.

» Tantôt, c'est un gendarme ou un gardien de la paix qui
» meurt, victime du devoir, pour défendre un homme assailli
» par des malfaiteurs ; tantôt c'est un marin qui se jette à la
» mer pour sauver un infortuné près de périr dans les flots.
» Là, c'est un paysan qui arrête un cheval emporté, ailleurs
» un ouvrier qui s'expose lui-même à la morsure d'un chien
» enragé, pour protéger des enfants poursuivis par l'animal
» furieux, ou encore un jeune médecin qui succombe en
» donnant des secours aux malades pendant une épidémie.

» Le récit de ces belles actions vous électrise et vous
» émeut. Puisse-t-il vous inspirer le courage de les imiter ! »

LA GÉNÉROSITÉ.

La générosité, nous en avons parlé déjà ; elle consiste à rendre le bien pour le mal.

Georges nous en a donné un exemple.

En voici un autre :

Louis et Marcel étaient voisins. Tous deux étaient cultivateurs et Louis était jaloux des succès de Marcel.

Il se montrait son ennemi en tout et partout ; il ne laissait échapper aucune occasion de lui faire de la peine.

Or, il arriva que Louis fit de mauvaises récoltes ; il perdit beaucoup de bestiaux ; il ne put payer son fermage. Le propriétaire le fit saisir au moment de la moisson.

Alors Marcel se rendit auprès de lui.

En le voyant entrer, Louis crut qu'il venait insulter à son malheur et fut sur le point de le repousser.

Mais Marcel lui dit avec douceur :

« Louis, je viens d'apprendre ton embarras. Ne te décou-
» rage point. Avec de la santé et du courage, on parvient
» toujours à se tirer d'affaire.

» J'ai chez moi une couple de mille francs dont je n'ai pas
» besoin. Ils sont à ta disposition. Prends-les. Tu me les
» rendras quand tu pourras ; car il faut bien espérer que
» nous verrons des jours meilleurs ! »

Louis n'en pouvait croire ses oreilles ; il prit la main de Marcel, il la serra avec effusion et lui dit : « Marcel, j'ai été
» bien injuste envers toi, mais je te jure de réparer mes
» torts. »

5° LA POLITESSE.

La politesse joue, dans les rapports de société, le même rôle que l'huile dans les roues d'un mécanisme. C'est l'art de plaire.

Or, est-il un meilleur moyen de plaire à ses semblables que de s'abstenir de toute mauvaise action à leur égard et de leur faire tout le bien dont on est capable.

Soyez donc d'abord vertueux ; vous n'aurez pas besoin de longues études pour devenir polis.

Chez l'homme vertueux, la politesse est l'expression naturelle et sincère des sentiments intérieurs.

Chez les autres, elle n'est qu'un vernis destiné à cacher l'absence des vertus sociales.

Le Rapporteur:
GESLIN,
Instituteur à Frazé.

NOTES ET EXPLICATIONS.

JUSTICE ET CHARITÉ.

Ce qui fait la grandeur de l'homme, sa dignité, ce qui fait de lui une fin .. .oi, ce qui lui donne une valeur absolue, c'est qu'il est une personne: être raisonnable et libre, il connaît sa destinée, il est *tenu* d'y concourir lui-même; responsable, il doit pouvoir user de sa liberté comme il l'entendra; sa personnalité le revêt d'un caractère sacré, il devient inviolable, il doit être respecté dans sa vie, dans sa liberté personnelle, dans son honneur, dans ses croyances, dans sa propriété, il a des droits, droits inaliénables, imprescriptibles qu'il ne lui est même pas permis de laisser impunément fouler aux pieds, sans que la personne humaine soit amoindrie en lui. Que ces droits ne soient pas respectés par ses semblables, l'homme en acquiert un nouveau celui d'employer la force pour les contraindre de n'y point porter atteinte.

A ces droits en moi correspond chez les autres hommes le devoir de n'y point toucher.

La *justice* est le respect du droit.

La justice est ou *négative* et a pour formule: Ne fais pas de mal à tes semblables: L'homme doit s'abstenir de tout ce qui pourrait faire tort aux autres hommes, les empêcher d'accomplir leur destinée; ou bien la justice est *positive* et a pour formule: Rendre à chacun ce qui lui est dû.

Dans ce cas, ou bien l'on ne tient pas compte de la qualité des personnes: vous me prêtez cent francs pour un an à cinq pour cent; au bout d'un an je vous dois cent cinq francs, que vous soyez riche ou pauvre, bon ou méchant peu importe; c'est la justice *commutative*; ou bien je tiens compte du mérite des œuvres : j'accorde plus ou moins à Pierre ou à Paul, selon que je les juge plus ou moins dignes de récompenses ou de punitions. C'est la justice *distributive*, la justice du maître qui décerne des prix à ses élèves.

« Quand nous avons respecté la personne des autres, que nous
» n'avons ni contraint leur liberté, ni étouffé leur intelligence, ni
» maltraité leur corps, ni attenté à leur famille ou à leurs biens,
» pouvons-nous dire que nous ayons accompli toute la loi à leur
» égard ! Un malheureux est là souffrant devant nous. Notre
» conscience est-elle satisfaite, si nous pouvons nous rendre le
» témoignage de n'avoir pas contribué à ses souffrances ? Non ;
» quelque chose nous dit qu'il est bien encore de lui donner du
» pain, des secours, des consolations.

« Il y a ici une importante distinction à faire. Si vous êtes resté
» dur et insensible à l'aspect de la misère d'autrui, votre conscience
» crie contre vous; et cependant cet homme qui souffre, qui va
» mourir peut-être, n'a pas le moindre droit sur la moindre partie
» de votre fortune, fût-elle immense; et, s'il usait de violence pour
» vous arracher une obole, il commettrait une faute. Nous rencon-
» trons ici un nouvel ordre de devoirs qui ne correspondent pas à
» des droits. L'homme peut recourir à la force pour faire respecter
» ses droits : il ne peut pas imposer à un autre un sacrifice, quel
» qu'il soit. La justice respecte ou elle restitue : la charité donne,
» et elle donne librement. » *(V. Cousin.)* — *Du Vrai, du Beau et du Bien.*

Une autre différence entre les devoirs de justice et les devoirs de charité c'est que les devoirs de justice sont des devoirs stricts et les devoirs de charité, des devoirs larges; non qu'on soit moins obligé dans les devoirs de charité que dans les devoirs de justice : l'obligation est absolue, on est obligé ou on ne l'est pas, on ne l'est pas plus ou moins, un devoir est un devoir; mais, dans les devoirs de charité on ne peut pas fixer à priori le *quand*, le *comment*, le *combien* : nous avons sous ces rapports une certaine latitude. Ne vole pas; devoir de justice, strict : je sais que je ne dois pas plus voler Pierre que Paul, pas plus un riche qu'un pauvre, pas plus un franc que mille francs. Aide tes semblables : devoir de charité, devoir large : dois-je donner du pain, du vin, des vêtements, des conseils, des consolations, je ne puis le savoir à l'avance; il faut que les circonstances dans lesquelles je dois agir soient réalisées pour que je sache à quoi m'en tenir.

S'il est doux de donner, il est souvent pénible de recevoir, il est pénible pour un homme de cœur d'accepter une aumône ; en tendant la main, il rougit, il se sent blessé dans sa dignité. Nous ne saurions trop admirer l'organisation des sociétés de secours mutuels qui font rentrer dans le domaine de la justice les secours que la charité accordait autrefois. Les membres de ces sociétés peuvent hardiment, quand le besoin se fait sentir, recevoir la part qui leur est due ; leur fierté n'a point à en souffrir ; ils y ont *droit*.

Ne poussons pas cependant trop loin cette susceptibilité qui a fait dire à un grand moraliste des temps modernes : « Ne recevez pas de bienfaits dont vous puissiez vous passer. » N'oublions pas que les sociétés aujourd'hui ne reposent pas moins sur la fraternité que sur la justice :

Le droit, la justice sont assurément de belles choses, mais la charité en est une plus belle encore : ils isolent, dessèchent ; elle rapproche, unit, vivifie.

M. P. Janet a résumé d'une manière très-heureuse nos devoirs de justice et de charité : il les énumère en allant des devoirs dont la violation donne lieu au plus grand démérite, aux devoirs dont l'accomplissement donne lieu au plus grand mérite.

1° Ne pas rendre le mal pour le bien (éviter l'*ingratitude*) ;

2° Ne pas faire du mal à ceux qui ne nous en ont pas fait (éviter l'*injustice* et la *cruauté*) ;

3° Ne pas rendre le mal pour le mal (éviter la *vengeance*) ;

4° Rendre le bien pour le bien (pratiquer la *reconnaissance*) ;

5° Faire du bien à ceux qui ne nous en ont pas fait (pratiquer la *charité*) ;

6° Rendre le bien pour le mal (*pardon des offenses*).

T. TUROT.

§ IX. — Rapports de l'Homme avec les Etres inférieurs.

Dans notre dernière leçon de choses, où nous nous sommes entretenus de nos rapports avec nos semblables, vous avez compris et retenu, j'aime à le croire, que les hommes, qui toujours ont besoin les uns des autres, doivent, par suite, s'appliquer à se rendre mutuellement service ; que nul ne peut ainsi se passer des travaux et de l'aide d'autrui ; qu'en un mot il est avantageux pour tous de vivre en société et d'être sans cesse bons, justes, loyaux et honnêtes.

Aujourd'hui, comme appendice ou complément à cette leçon, nous parlerons de nos rapports avec les êtres inférieurs de la création, c'est-à-dire :

Avec les animaux domestiques ;

Avec les animaux et les oiseaux connus sous le nom de gibier ;

Avec les oiseaux et insectes utiles ou auxiliaires ;

Et enfin avec les animaux, oiseaux et insectes inutiles ou nuisibles.

Sujet un peu vaste assurément, mais en tous points d'une importance qui réclame de votre part une attention des plus soutenues.

Je suis persuadé que si vous écoutez bien, vous en tirerez les conséquences principales suivantes :

Que ce n'est point par des travaux excessifs, ni avec des coups que peuvent se payer les services incalculables que nous rendent journellement les animaux domestiques, mais par une nourriture et des soins convenables ;

Que les petits oiseaux et quelques insectes méritent, en raison de leur utilité, d'être protégés et non détruits ;

Que, si pour notre nourriture, la plupart des animaux domestiques ainsi que le gibier ont besoin d'être mis à mort, il est équitable de le faire sans cruauté ni forfanterie ;

Que même à l'égard des animaux, oiseaux et insectes inutiles ou nuisibles, le respect de notre dignité nous commande d'agir dans le seul but de conserver notre personne et ce que nous possédons ;

Qu'en un mot, le droit de l'homme de disposer de la vie des êtres inférieurs, le besoin où il se trouve de se servir d'eux pour ses travaux, son commerce et sa nourriture, et la nécessité d'en combattre quelques-uns, ne l'autorisent point à se montrer dur, cruel à leur égard ;

Qu'au contraire, la raison, le devoir et la loi positive nous ordonnent d'user, en toutes circonstances, de pitié, de ménagements et de justice envers les créatures qui nous sont indispensables à plus d'un titre comme envers celles qui peuvent nous nuire, mais qui certainement jouent un rôle qu'il a plu à la Providence de nous cacher.

Dites-moi, mes enfants, quand vous parcourez la plaine, qui voyez-vous traîner les lourdes voitures chargées de récoltes ? Qui tire la charrue du laboureur pour retourner la couche arable ? la herse pour l'ameublir ou pour recouvrir les semences ? le rouleau pour tasser la terre ou briser les mottes ?

Ordinairement le cheval et quelquefois le bœuf, n'est-ce pas?

Qui transporte les voyageurs d'un pays à l'autre ? les denrées de toutes sortes au marché ? les matériaux employés aux différents travaux de construction ?

Le cheval pour les grandes exploitations, pour les fortes entreprises et pour les maisons où règne la richesse ou une certaine aisance, le mulet et l'âne pour les petits propriétaires.

Qui nous procure le lait, la crème, le beurre, le fromage que vous aimez tant ? — Quelquefois l'ânesse, souvent la chèvre, et surtout la vache.

Qui nous fournit la laine dont on fabrique de solides et chauds vêtements ? — Le mouton.

Qui nous donne ces œufs si frais et si bons ? — Les oiseaux de nos basses-cours.

Qui produit la viande indispensable à notre alimentation ? — La plupart des animaux que nous venons de nommer.

Qui défend l'homme, garde nos habitations, surveille les bestiaux aux champs ou guide les aveugles? — Le chien.

Qui attrapé les rats, les souris, les mulots et les autres rongeurs de nos récoltes et de nos provisions ? — Le chat.

Qui, enfin, soit directement, soit indirectement, concourt à nous faire vivre ou à nous aider à vivre ? — Les animaux domestiques.

Eh ! bien, pour de tels services, pour de tels avantages, qu'est-ce que bien des hommes et beaucoup d'entre vous ne cessent de distribuer trop généreusement à ces utiles animaux ? — Tout justement le contraire de ce qu'il faut, c'est-à-dire des coups à la place de bons traitements.

Inutile à vous de protester ; je n'exagère rien, vous le savez bien, et malheureusement vous avez chaque jour sous les yeux des exemples de brutalité que vous n'imitez que trop.

Combien ne rencontrez-vous pas, en effet, de gens intéressés et âpres au gain qui nourrissent mal leurs bestiaux et qui, malgré cela, les font travailler sans relâche. Combien d'autres qui leur administrent force coups sous les prétextes les plus futiles ou pour des fautes dues souvent à la maladresse ou à la négligence de conducteurs inexpérimentés et endurcis.

D'un autre côté, combien d'individus qui, enclins à la paresse et adonnés à l'ivrognerie, laissent, par n'importe quel temps, séjourner leurs bestiaux aux portes des cafés et des auberges et qui, excités par l'alcool, altraitent ces pauvres créatures !

Dans notre localité même vous connaissez sans que j'aie besoin de vous les nommer, de ces voituriers dont la voix avinée ne prononce que paroles dures et juremenls odieux après leurs chevaux et entre les mains desquels le fouet ou la trique sont des instruments de supplice trop fréquemment employés.

Vous-mêmes à ce sujet n'êtes point sans reproche, car en maintes circonstances vous frappez les chevaux et donnez des coups de pieds aux malheureux ânes.

Et puis, combien d'entre vous, non seulement s'acquittent mal de la garde des vaches, chèvres, moutons, etc..... conflés de temps à autre à leur surveillance, mais blessent ces bestiaux.

Vous jouez, vous oubliez ainsi votre rôle de gardien et quand vous apercevez vos bêtes dans un pré ou dans un champ voisin vous vous mettez en colère, vous les frappez en furieux sans penser que le tort est de votre côté comme sans comprendre tout ce qu'une telle manière d'agir à d'indigne et de blâmable.

Vous faites mille et une misères aux chiens et aux chats et vous leur jetez des pierres ou les poursuivez un bâton à la main. C'est honteux ! Car le chien est un ami sûr, fidèle et plein de douceur et le chat est utile à la maison, à la grange et au grenier.

On dirait vraiment qu'à vos yeux les animaux domestiques ne sont que des objets, des jouets ou des choses insensibles.

Pourtant, mes enfants, les bestiaux sont comme nous des êtres pourvus d'organes et comme nous, ils ressentent la douleur.

Pour vous figurer tout ce qu'ils doivent souffrir quand on les frappe rudement ou quand on les blesse grièvement, pensez un peu aux cris que vous poussez, aux pleurs que vous versez pour une simple égratignure et à la peine que vous éprouvez lorsqu'on vous inflige une punition ou une privation quelconque. Jugez par là combien votre conduite envers les animaux est méchante et cruelle et combien vos espiègleries sans nombre sont odieuses.

Contractez donc de meilleures habitudes et donnez cours aux bons sentiments de votre âme et de votre cœur !

Dès maintenant vous profitez des produits et des services des animaux domestiques.

Bientôt, quelle que soit la profession que vous embrassiez, vous aurez occasion ou de les employer ou de les conduire.

Sans eux, mes enfants, nous ne pourrions exister. Et puis retenez-le bien, la brutalité seule les excite, les rend récalcitrants, rétifs ou mutins, tandis que la douceur les soumet et les accoutume aisément à tout ce qu'on en veut exiger.

De plus, il est prouvé que les animaux sont très sensibles aux bons comme aux mauvais traitements.

Oui, croyez-moi, ils sont ce qu'on les rend, et il est rare qu'ils répondent par l'ingratitude aux bons procédés dont ils sont l'objet.

A l'appui de ce que j'avance ici, je vous citerai les faits suivants :

1° EFFET DE LA BRUTALITÉ ET DE LA DOUCEUR

« Un voiturier, qui conduisait un tombereau chargé, voulait tourner le coin d'une ruelle. Le cheval déjà fatigué de la course et de la lourde charge qu'il traînait, manqua de bien prendre le tournant, et le tombereau fut arrêté par l'angle d'une maison. Le voiturier aussitôt de pousser d'affreux jurons, et de fouetter avec fureur le pauvre animal qui, au lieu d'avancer et de prendre la bonne route recule, regimbe, s'arrête tout à coup, s'affaisse sur lui-même et refuse obstinément de se relever.

» Le voiturier ne se possède plus; il a l'air d'un homme qui a complètement perdu la raison : il redouble ses cris et ses coups de fouet, mais tout est inutile, le cheval rétif, ne peut plus bouger de place.

» Dans ce moment survient un manœuvre qui aidait le voiturier à charger et à décharger la voiture. Il s'approche du cheval, lui parle d'une voix douce et le caresse de la main. L'animal tourne la tête, fixe sur lui ses gros yeux, et semble vouloir lui dire : « Vous êtes bon pour moi, je ferai tout ce que vous voudrez. » En effet, à la voix de cet homme le cheval se relève, se laisse conduire, entre avec le tombereau dans l'étroite ruelle, et se met à trotter comme si son lourd fardeau fut devenu plus léger. »

X...

Cet exemple, mes enfants, montre bien toute la puissance que les bonnes paroles et la douceur exercent sur les animaux ; il montre suffisamment toute la laideur et les inconvénients de la brutalité !

2° UN ENFANT SAUVÉ PAR UN CHEVAL.

« Un cheval, employé à des terrassements sur une ligne de chemin de fer, vit un jour un jeune enfant, le fils de son conducteur, tomber, se blesser à la tête et rester sans mouvement sur la voie provisoire au moment où il courait pour la traverser; un long convoi de ballast arrivait sur lui à grande vitesse et son père, occupé à relever des traverses à une dizaine de mètres de là, ne pouvait l'apercevoir et n'aurait pu le secourir à temps.

» L'animal, comprenant le danger, jette un regard sur cet enfant qui souvent le caressait et lui donnait à manger un peu d'herbe tendre ou une croûte de son pain. Il s'avance rapidement vers lui, le prend par la blouse avec sa mâchoire, le retire de dessus la voie et l'arrache ainsi à une mort certaine.

» L'ingénieur des travaux, témoin du fait, en fut tellement émerveillé qu'il demanda à acheter ce cheval, mais le père de l'enfant, non moins touché que l'ingénieur, refusa énergiquement et conserva cet animal tant qu'il vécut. »

S...

Ainsi, vous le voyez, l'animal porte secours à celui qui le soigne et qui le traite avec bonté. Il n'est donc point ingrat mais au contraire reconnaissant à sa manière et quand il le peut sait le prouver.

Que le sort de beaucoup d'entre vous serait à plaindre si les animaux, imitant votre malice, cessaient d'être reconnaissants et vous rendaient une partie des blessures que vous leur faites ou vous jouaient quelques-uns des mauvais tours employés contre eux !

Pour éviter cela, soyez toujours bons pour les êtres inférieurs.

3° L'ANE RECONNAISSANT.

« Le célèbre Beaumarchais (écrivain et auteur dramatique, 1732 à 1799) vit un jour devant sa porte un âne chargé de légumes que vendait une jeune villageoise. Le pauvre animal était maigre, affamé et cherchait vainement à brouter la paille qui sortait des sabots de sa conductrice. Celle-ci le rudoyait, mais ne lui donnait pas à manger. Beaumarchais en eut pitié. Il acheta à la paysanne tous ses légumes, fit entrer l'âne dans sa cour, et là, il lui servit lui-même une botte de foin dont le baudet fit un repas délicieux.

» Quelque temps après (c'était pendant la Révolution), Beaumarchais, proscrit et sur le point d'être arrêté, s'échappe à grand'peine de chez lui. Il se trouve errant dans la campagne, la nuit, par une pluie battante. Où trouver un asile ? Une faible lumière frappe ses yeux, c'était celle d'une cabane de paysan. Il va heurter à la porte, demande à être reçu par pitié. Le paysan répond sans ouvrir : « Ah bien oui ! à l'heure qu'il est ! cherchez ailleurs. »

» Beaumarchais a beau insister, le paysan est insensible ; mais un âne se met à braire, chose extraordinaire à cette heure-là. Une jeune fille, surprise, s'approche pour voir et entendre ; aussitôt elle s'écrie : « Mon père ouvrez vite ; c'est le bon monsieur qui a donné du foin à notre âne. » Le baudet avait ainsi le premier reconnu son bienfaiteur, et voilà comment il lui rendit son bienfait. Héberger Beaumarchais à ce moment, c'était lui sauver la vie. Cet homme bienfaisant ne fut-il pas bien payé de sa compassion pour un pauvre animal ? »

J. C. et W.

Je vous vois, mes enfants, tous prêts à répondre affirmativement à cette question et à dire :

— Oh ! si ! et nous comprenons par là que le plus petit acte de bonté, le moindre soin pour les animaux domestiques peut nous procurer dans un cas inattendu des avantages inappréciables.

C'est très vrai. — Montrez donc un cœur compatissant aussi bien pour les bestiaux qui appartiennent à vos parents que pour ceux d'autrui.

4° LE PETIT CHIEN.

« Un vieillard se promenait un jour sur le bord d'un ruisseau. Il rencontra quelques méchants garçons qui se disposaient à noyer un petit chien qu'ils avaient déjà maltraité et qui boitait par suite de leurs coups. Il eut pitié de la pauvre bête et après l'avoir achetée il l'emporta chez lui pour bien soigner sa blessure.

» Bientôt le petit chien guérit entièrement et il s'attacha tellement à son nouveau et bon maître qu'il ne le quittait jamais. Un soir, au moment où le vieillard entrait dans sa demeure pour se coucher, le petit chien qui le suivait comme d'habitude, courut d'un bond dans la chambre et se mit à aboyer très fort. Son maître prit une chandelle et découvrit sous le lit un homme à mine effrayante... C'était un malfaiteur qui s'y était caché.

» Aussitôt il appelle au secours et tous les habitants de la maison accourent au plus vite. — Ils saisissent le voleur et le livrent à la justice. Il avoua au juge qu'il s'était introduit dans la chambre du vieillard pour le tuer et piller ensuite la maison. Il fut condamné à plusieurs années de prison.

» Le bon vieillard aimait à raconter ce fait et il disait souvent en montrant et en caressant son petit chien : « Qui aurait pensé que ce pauvre animal auquel j'ai sauvé la vie me rendrait le même service? Qu'on a donc raison d'être bon envers les animaux et qu'on fait bien de punir ceux qui sont cruels et inhumains ! »

Retenez, mes enfants, les sages réflexions de ce vieillard et cessez ces vilains jeux où vous faites souffrir les chiens. Vous connaissez pourtant la fidélité de ces utiles animaux pour l'homme et leur attachement même pour ceux qui les frappent !

N'avez-vous pas remarqué et admiré dans l'un de vos livres de classe l'histoire de ce chien de berger qui accompagna le corps de son maître au cimetière et qui se laissa mourir de faim plutôt que d'abandonner la tombe de celui qui l'avait toujours employé avec ménagements et douceur !

Ne savez-vous aussi combien les cruautés que vous exercez sont susceptibles quelquefois de causer de graves malheurs ?

Rappelez-vous à ce sujet le récit emprunté à la *Morale familière*, livre de la Bibliothèque scolaire et dont l'un de vous nous a dernièrement fait lecture ici.

Le chien qui vous est indiqué, si doux et si patient d'ordinaire, ne devint-il pas fou de terreur par suite du bruit que faisait derrière lui le vieil arrosoir qu'un méchant enfant lui avait attaché à la queue ? Cette mauvaise action ne causa-t-elle pas la mort de ce pauvre animal.

Seul, il est vrai, le coupable enfant fut mordu et souffrit longtemps, mais combien de personnes et d'animaux pouvaient l'être aussi et en mourir !

Calculez un peu, je vous prie, l'étendue des accidents que vos jeux d'espiègles occasionnent trop fréquemment et abstenez-vous de toute méchanceté même envers les chats.

Ne vous récriez point si là encore je vous recommande la douceur et les bons procédés.

Je le sais, il règne sur le compte des chats des erreurs difficiles à déraciner. On vous dira, par exemple, qu'ils sont traîtres, ingrats et incapables d'affection. N'en croyez rien, — bien des chats vous prouveraient le contraire. — Écoutez le fait suivant :

LE CHAT GARDE-MALADE.

« Il y a quelque temps, une fluxion de poitrine retint longtemps un enfant au lit. — Il avait un chat qu'il ne maltraitait jamais. Pendant six semaines la pauvre bête ne quitta pas la chambre du petit malade.

» Ce chat, si promeneur par nature, resta sur une chaise et tenait constamment ses yeux fixés sur son jeune maître. Il miaulait très fortement pour appeler quelqu'un toutes les fois que l'enfant remuait plus que d'ordinaire ou paraissait désirer quelque chose.

» C'est à peine si ce même chat voulut accepter assez d'aliments pour ne pas mourir de faim ; son chagrin le nourrissait ! »

Mlle B...

A vous, mes enfants, de profiter de tels exemples, de regarder les animaux domestiques comme des amis à qui vous devez beaucoup, de les bien loger et de les bien nourrir.

Si quelquefois ils vous contrarient, ne vous mettez point en colère contre eux ; loin de là, apaisez-les par de bonnes paroles et par des caresses. Vous les rendrez ainsi meilleurs : ils travailleront plus et mieux et votre caractère, votre cœur ainsi que vos manières y gagneront également.

Gardez-vous aussi quand vous conduisez le bœuf, le veau ou le mouton, etc… à l'abattoir de les taquiner en route sous prétexte que ce sont des bêtes condamnées à être tuées bientôt. — Plaignez-les au contraire et n'assistez point à leur agonie.

Si chez vous on saigne un porc, une volaille quelconque, si à la chasse, où vous êtes malheureusement trop souvent employés comme rabatteurs, le gibier tombe en se débattant à vos pieds, ne vous réjouissez jamais des efforts convulsifs et des souffrances qui accompagnent la mort.

Détournez les yeux de tels spectacles et demandez-vous ce qu'il en doit coûter aux cœurs compatissants d'être obligés de faire périr d'inoffensives créatures pour augmenter nos moyens d'existence.

Mais, si par nécessité l'homme peut disposer, à sa guise et bien entendu sans cruauté, de la vie des animaux domestiques et du gibier des champs, des bois et des forêts, il n'en résulte pas qu'il ait le droit d'étendre ce pouvoir sur tous les êtres inférieurs et d'en abuser pour faire la guerre aux oiseaux et insectes connus sous le nom d'auxiliaires.

D'où il est évident, mes enfants, que le bien vous impose le devoir de respecter les oiseaux, leurs nids et leurs petits, et que jamais vous ne devez détruire les insectes utiles.

Les oiseaux, en effet, égayent les abords de nos demeures, nos taillis et nos plaines, et leur présence assure l'abondance de nos récoltes de grains et de fruits. — C'est qu'ils détruisent chaque jour par millions des vers, des insectes nuisibles qui foisonnent sous nos pas. — Ainsi, le sol que nous foulons, l'air que nous respirons, le gazon, les plantes, les arbres qui nous entourent en fourmillent, et la plupart sont si petits que nous ne les apercevons pas tous.

Ces nombreux parasites s'acharnent à nos récoltes, les grains sortent à peine de terre qu'ils s'attaquent à leurs tiges, aux feuilles naissantes, et plus tard aux épis, aux gousses, aux cosses, aux grappes et aux fruits.

L'homme ne pourrait s'en débarrasser, tandis que les oiseaux insectivores qui ont une agilité sans pareille et une vue surprenante, les recherchent, les saisissent et en purgent nos jardins et nos champs.

Malgré cela, il se trouve encore des hommes assez ingrats, assez aveugles et assez peu soucieux de leurs intérêts pour employer le fusil, les gluaux, les appâts, les trappes ou assommoirs afin de massacrer ces charmantes et si utiles créatures!

Il existe pourtant des preuves irréfutables de la nécessité des oiseaux pour sauvegarder nos récoltes.

Je veux, pour vous en convaincre, en mentionner deux seulement, l'une assez vieille concerne le moineau qui fut trop longtemps mal famé, et l'autre, qui est relative aux petits oiseaux en général, date de 1866.

Suivez-moi bien : Dans quelques contrées de l'Europe (Prusse, duché de Bade, Hongrie) on avait été jusqu'à ordonner la destruction complète des moineaux, mais bientôt on s'aperçut de leur absence et de l'importance de la faute commise, car les insectes nuisibles se multiplièrent tellement qu'ils compromirent les récoltes et amenèrent la disette.

Aussi on les rappela bien vite et on les protégea avec autant d'ardeur qu'on avait mis de fureur à les anéantir. On en fit venir de très loin, à des prix élevés et on prit des mesures sévères pour assurer leur conservation. Le mal fut ainsi réparé, mais la leçon avait coûté cher.

Telle est la première preuve. Ecoutez la seconde ; c'est le journal *Le Siècle*, n° du 10 mai 1866, qui nous la fournit en ces termes :

« Tandis que nous détruisons follement, inutilement les petits oiseaux, qui, moyennant une faible dîme sur nos fruits et sur nos grains, les défendent si bien contre les attaques destructives des insectes, l'Australie, dépourvue de ces petits chantres ailés, en fait venir d'Europe.

» On emballe en ce moment dans le grand-duché de Bade et en Bavière, une singulière cargaison qui, dirigée par chemin de fer sur Brême, est destinée à l'Australie.

» Des centaines de cages, remplies d'alouettes, de pinsons, de mésanges, de faisans, de merles, de grives, d'ortolans et même de moineaux, seront disposées dans l'entrepont, superposées confortablement et confiées, pour la durée du trajet, à des employés spéciaux chargés de soigner et de nourrir ces oiseaux jusqu'au port d'arrivée, Port-Philip, dans la province de Victoria.

» Bon voyage à ces gentils petits émigrés. »

Voici maintenant un exemple qui retrace le tableau exact du mal que produit dans un pays l'absence des oiseaux insectivores :

« Un village des plus joli, était entouré d'une forêt d'arbres fruitiers. Au printemps les arbres fruitiers fleurissaient et répandaient un parfum délicieux jusque dans le village. Des milliers d'oiseaux chantaient du matin au soir et faisaient leurs nids sur les branches des arbres ou dans les haies qui divisaient les héritages. En automne, ces arbres succombaient presque sous le poids des pommes, des poires et des prunes dont ils étaient chargés.

» Mais de méchants garçons ayant eu la funeste pensée de détruire les nids, les oiseaux émigrèrent peu à peu entièrement.

» Bientôt on n'en entendit plus un seul durant les beaux jours du printemps et dans les jardins tout était muet et triste. Les chenilles dévastatrices, dont les oiseaux purgeaient autrefois cet endroit charmant, se multiplièrent prodigieusement et rongèrent les feuilles et les fleurs? Les arbres restèrent nus comme au cœur de l'hiver, et les méchants, qui avaient autrefois d'excellents fruits en abondance n'en eurent plus un seul et furent obligés de manger du pain sec. »

(A. D. Instituteur.)

Enfants! Vous avez lu ce fait et bien d'autres encore dans vos livres de classe et dans ceux de la Bibliothèque scolaire. — Cependant, en dépit de ces bonnes lectures et des nombreux conseils qui vous sont donnés chaque jour ici sur la nécessité de laisser les oiseaux vivre avec indépendance et en paix, vous cherchez sans cesse les nids au printemps afin d'enlever les œufs ou les couvées.

Vous grimpez imprudemment sur les arbres pour le plaisir cruel de soustraire à leur mère ces petits êtres innocents qui dans vos mains ne peuvent que souffrir en vous servant de jouets. Mais à part la mauvaise action que vous commettez, vous risquez en outre de déchirer vos effets, de vous blesser, de vous casser un bras ou une jambe et même de vous tuer.

Je ne puis me dispenser ici de vous en fournir une preuve par le trait suivant :

« Un enfant insensible et dur cherchait des nids dans toutes les haies pour jouer avec les oiseaux ou les mettre en cage.

Sa mère le reprenait sans cesse et lui disait : « Enfant méchant, souviens-toi de ce que je t'annonce : si tu ne te corriges, Dieu te punira certainement. » Mais le jeune vaurien riait des conseils de sa mère et se comportait toujours de plus en plus mal.

« Un jeudi, il courut vers la forêt, où il espérait trouver le moyen d'exercer sa détestable habitude. Il découvrit bientôt en effet un grand nid d'oiseaux sur un chêne très élevé. Il monte aussitôt sur l'arbre, parvient à la hauteur du nid, qui contenait deux jeunes oiseaux, en saisit un et le jette à terre pour le reprendre une fois descendu. Déjà cet enfant barbare se disposait à faire subir le même sort à l'autre oiseau, lorsque le père et la mère qui étaient des oiseaux de proie terribles, arrivèrent inopinément et lui crevèrent un œil d'un coup de bec.

» La douleur lui fit lâcher la branche de l'arbre sur laquelle il se tenait assis, il tomba lourdement à terre, se brisa une jambe et resta boiteux toute sa vie. »

S...

Vous dites sans cesse que vous voulez prendre des oiseaux pour les élever en cage et les soigner de votre mieux, mais que penseriez-vous de ceux qui vous enfermeraient vous-mêmes loin de vos parents dans une maison superbe entourée de belles grilles et d'où vous ne pourriez sortir ? Vous crieriez à l'injustice, à la méchanceté, à la barbarie !

Eh bien ! pourquoi alors agissez-vous de la même manière envers des êtres qui ont le droit de parcourir en liberté la terre et l'air ?

Cependant, vous aimez les oiseaux, dites-vous encore. Je veux bien le croire, mais vraiment votre conduite à leur égard porte à en douter. Toutefois, s'il en est ainsi, prouvez-le en les laissant s'ébattre librement autour de nous et en les protégeant. Oui, laissez-les chanter sous la feuillée et faire la chasse aux insectes nuisibles.

Paix, protection et liberté à des auxiliaires si actifs, voilà ce qui importe autant à notre agrément qu'à l'agriculture et à l'horticulture.

A l'avenir, mes chers enfants, respectez donc et protégez les nids et les oiseaux.

Rappelez-vous leur utilité incontestable. Ils prélèvent bien, il est certain, une petite part sur les récoltes des champs et des jardins, mais qu'est-ce que cela à côté des avantages précieux qu'ils nous procurent ?

Les produits de la terre qui entrent dans notre alimentation ou qui servent à la nourriture des bestiaux que nous employons seraient assurément moins abondants sans cette légion d'ouvriers infatigables, n'est-il pas juste dès lors de subvenir à l'existence de domestiques qui travaillent tant chaque jour et qui ne demandent qu'un salaire aussi minime ?

Considérez aussi combien il a fallu de peine aux pères et mères des oiseaux pour construire leurs nids, c'est-à-dire leurs maisons que vous dévastez ou détruisez en un tour de main !

Croyez-vous qu'ici encore votre conduite soit la marque de bons cœurs et dénote des enfants bien élevés ?

Non, mes amis, non, mille fois non; elle atteste malheureusement une insensibilité cruelle et quand vous faites de telles actions vous méritez les plus sévères corrections.

Jugez-en vous-mêmes. Dites-moi, quels châtiments voudriez-vous voir infliger à ceux qui oseraient démolir la maison qui vous sert d'habitation et que vos parents auraient acquise au prix d'un dur labeur ?

La prison et l'amende ne seraient pas des peines suffisantes à vos yeux, n'est-ce pas ?

Vous réclameriez une répression des plus exemplaires !

. Mais ce que vous désirez à ce sujet et ce qui fait ici l'objet de votre légitime indignation se tourne contre vous-mêmes, car les oiseaux n'ont pas eu moins de mal à se bâtir les nids que vous anéantissez et ces nids leur sont aussi nécessaires pour eux et leurs petits que la maison de vos parents vous est indispensable !

· Oh ! mes enfants, croyez-moi, laissez leurs nids aux oiseaux utiles ! Que votre âme et votre cœur s'émeuvent et s'attendrissent en entendant les cris plaintifs et désespérés qu'ils multiplient quand vous leur ravissez leurs couvées !

Ne semblent-ils pas vous dire :

Faut-il aller et venir tant de fois à tire d'ailes pour réunir un peu de foin, un fétu de paille, une plume que le vent envolait, un brin de laine accroché à un buisson lors du passage des moutons ; faut-il mettre tous ses soins à tresser tout cela ; faut-il en tapisser l'intérieur, y déposer ses œufs avec mille et mille précautions, se priver de boire et de manger pour les couver jour et nuit ; faut-il se créer tant de travail et de soucis pour voir cela détruit ou enlevé en un clin d'œil par de misérables gamins ?

Et vous resteriez sourds à de telles plaintes ?

Non, mes amis, je vous le demande, cessez votre rôle de destructeurs et de bourreaux.

Vos parents se lamenteraient si une main barbare vous enlevait à leur affection ; les oiseaux ne sont pas moins désolés quand vous les privez de leurs petits !

Puis, vous n'y avez probablement pas encore réfléchi, mais un dénicheur, c'est une sorte de voleur !

Vous semblez en douter ? Cependant voler c'est prendre ce qui appartient à autrui ; c'est lui faire du tort dans ses biens. Or, enlever les nids et les petits des oiseaux, c'est empêcher ceux-ci de détruire les insectes nuisibles ; c'est donc faire tort à l'agriculture en diminuant ses récoltes.

Quelques chiffres suffiront, je pense, pour vous éclairer sur l'importance et l'étendue des pertes que les chercheurs de nids occasionnent toujours. Ce que je vais vous dire résulte des observations d'hommes compétents qui ont étudié et examiné de près les services que rendent les oiseaux insectivores.

Ce sont des calculs rigoureusement exacts que j'ai puisés dans plusieurs volumes de la Bibliothèque populaire. Ecoutez avec attention.

1° Un couple de moineaux ne consomme pas moins de 500 vers ou insectes par jour pour se nourrir lui et sa famille. Un nid étant occupé environ 15 jours par les petits avant de prendre leur volée au dehors, c'est par conséquent pendant ce temps-là $500 \times 15 = 7,500$ vers ou insectes détruits par ce même nid !

Outre les insectes et les vers dont se nourrit une couvée de moineaux, il lui faut encore plus de 700 hannetons. Comme chaque hanneton produit en moyenne 70 à 100 œufs, bientôt transformés en autant de vers blancs qui vivent pendant un ou deux ans aux dépens des racines des plantes, c'est donc, en résumé, d'un côté, 7,500 vers et insectes nuisibles indiqués précédemment, et de l'autre, 700 hannetons et plus de 70,000 larves ou vers blancs qu'un seul nid de moineaux met dans l'impossibilité de ravager nos récoltes.

D'après cela, venez donc crier encore que les moineaux sont des pillards qu'il faut exterminer !

Rappelez-vous l'anecdote qui date du règne du Grand Frédéric, roi de Prusse ; elle établit au contraire que les moineaux sont de vrais conservateurs..... de fruits et de grains !

2° Une hirondelle mange 500 insectes par jour, soit 90,000 pendant les six mois qu'elle passe dans nos contrées. Le martinet en détruit autant.

3° Une seule mésange consomme plus de 200,000 larves ou œufs d'insectes par an. Et pendant les vingt-et-un jours nécessaires aux mésanges pour élever chaque nichée, on a constaté qu'il fallait 45,000 chenilles !

Ces exemples, pris parmi des centaines d'autres, démontrent bien que les petits oiseaux contribuent largement à la conservation des produits agricoles et horticoles.

Cependant si quelques-uns d'entre vous taxaient d'exagération les faits qui précèdent, le passage suivant, extrait du journal *Le Siècle*, année 1866, serait de nature à dissiper jusqu'aux moindres de leurs doutes.

On lit en effet dans un numéro de ce journal :

« Un propriétaire breton qui avait fort à se plaindre de la déprédation des insectes sur son domaine, vient de mettre à profit les conseils donnés depuis si longtemps par les écrivains agricoles.

» Pendant le courant de l'hiver 1865, il a acheté 1,500 petits oiseaux (mésanges, pinsons, roitelets, bouvreuils, linottes, chardonnerets) qu'il a rendus à la liberté dans les bois et les taillis dont ses terres sont entourées.

» L'effet a été excellent ; mais, comme ces oiseaux ne peuvent rien contre les larves enfouies dans le sol, que détruisent facilement les merles, les pies et les geais, le propriétaire dont nous parlons a eu l'heureuse idée de jeter dans ses bois, l'hiver dernier, plus de mille de ces serviteurs ailés trop dédaignés dans nos campagnes. »

Remarquez que non seulement les plus petits oiseaux sont indispensables, mais que les merles, les pics et les geais sont classés au même rang.

La raison, l'humanité et nos intérêts nous imposent donc le devoir rigoureux de protéger les oiseaux.

Je ne puis me dispenser d'ajouter que votre tranquillité elle-même a tout à y gagner.

Ainsi, les araignées vous font peur, la vue des vers, des chenilles et des limaces du jardin vous soulève le cœur, les guêpes sont dangereuses, les mouches vous taquinent, les cousins vous causent des douleurs cuisantes, et cependant vous faites la guerre aux oiseaux qui ne se lassent point de vous débarrasser de ces hôtes incommodes !

Ah ! vous paraissez surpris, vous ignoriez encore tout cela ! Du moins, j'espère que maintenant vous serez les amis et les défenseurs de cette milice légère qui, sans relâche, travaille pour l'homme !

Ne tuez point non plus les insectes utiles, tels que les abeilles, qui nous amassent de si riches produits, et même les fourmis qui, malgré le tort qu'elles peuvent causer aux fruits, aux légumes et aux rosiers, méritent protection en raison de la chasse à outrance qu'elles font aux pucerons, ces fléaux de nos plates-bandes et de nos arbustes.

Que l'activité employée par les oiseaux et les insectes utiles pour accomplir tant de bien vous porte à travailler vous-mêmes davantage et à vous instruire de plus en plus.

Soyez attentifs aux enseignements et aux leçons de l'école. Retenez mieux les notions et les conseils contenus dans les livres. Vous deviendrez ainsi meilleurs et vous acquerrez des idées saines et justes.

Alors non seulement vous désapprouverez ceux qui martyrisent les petits oiseaux, mais encore vous blâmerez hautement ceux qui pourchassent la pie et la corneille comme ceux qui clouent aux portails des cours et aux portes des granges : la chouette, l'effraie, le hibou, la buse, l'engoulevent, la chauve-souris, etc.

Vous leur affirmerez que la pie et la corneille suivent pas à pas le laboureur aux champs, non pour manger les semences, mais afin de dévorer les larves, les vers au fur et à mesure que la charrue les met à découvert.

Vous appuierez votre dire en racontant ce qui s'est passé à Montville, commune du département de la Seine-Inférieure. On y avait proscrit les pies et les corneilles, mais on ne tarda pas à reconnaître que les quelques dégâts qu'elles causaient ne pouvaient se comparer à ceux qu'elles empêchaient et ces deux sortes d'oiseaux furent réhabilitées et protégées !

Leur manière de chasser les hannetons est des plus ingénieuse et mérite d'être signalée. La voici :

Quand la saison de ces insectes est venue, les pies et les corneilles surtout vont par troupes voler sur les arbres. Une partie de ces oiseaux perche sur les branches en y sautillant, voletant, battant des ailes et pratiquant d'autres brusques mouvements pour faire tomber les hannetons. Le reste de la compagnie se tient sous les arbres pour ramasser tout ce qui vient à tomber. Chaque partie de la bande opère et mange à son tour.

Vous vous efforcerez de dissiper les préjugés et les graves erreurs qui font regarder les oiseaux nocturnes comme des animaux de mauvais augure et comme des porte-malheur.

Ces oiseaux, loin d'être créés pour servir de sinistres prophètes, nous débarrassent au contraire des souris, des mulots, même des rats et de bien d'autres rongeurs, véritable plaie pour nos récoltes.

Il sont au reste merveilleusement organisés pour cette chasse : leurs griffes extrêmement dures, minces et pointues, leur ouïe fine et délicate au dernier point, leur vue perçante qui découvre dans la plus profonde obscurité, leur plumage moelleux qui rend leur vol si léger, leur permettent de rechercher aisément leur proie, d'en approcher sans bruit et d'attaquer avec certitude de vaincre.

Vous redirez souvent qu'un couple d'effraies tue par semaine près de mille petits animaux rongeurs. Que le chat-huant et le hibou font de même.

Vous défendrez énergiquement la chauve-souris qui chasse et attrape une multitude de papillons de nuit et de hannetons.

Enfin vous compléterez votre utile propagande en prenant fait et cause pour la buse qu'on accuse à tort de dérober les poussins et de manger les petits oiseaux, tandis qu'elle ne se nourrit presque exclusivement que de souris, rats et mulots.

Vous irez même jusqu'à réclamer en faveur des hérissons, des crapauds, des lézards et des salamandres qui ne vivent que d'insectes, de limaces, de larves et de vers.

A l'œuvre donc, mes enfants, et sans retard ; devenez bons et instruits pour vous-mêmes et pour vous rendre bientôt utiles à vos semblables.

A l'école, n'imitez jamais ceux de vos camarades qui arrachent les ailes ou les pattes des mouches, ou qui les transpercent à l'aide d'une plume d'acier.

Dans les rues et chez vous, ne vous amusez pas à forcer les hannetons à voler autour d'une baguette en les y retenant attachés par un fil. Détruisez-les, mais ne les faites point souffrir.

En dehors des études entomologiques qui vous sont recommandées, ne prenez point plaisir à fixer le papillon ou la libellule sur un carton au moyen d'une épingle.

D'abord, tous ces êtres, quelque petits et inutiles qu'ils paraissent, ressentent la douleur, et puis ces sortes de jeux habituent insensiblement à la dureté.

Tuer quand il y a besoin ou nécessité absolue, cela se conçoit, mais torturer par caprice devient un crime.

C'est pourquoi l'homme, qui a le droit de mort sur les animaux domestiques, le gibier et certains oiseaux utiles, afin de subvenir à son entretien, doit rechercher, recommander et employer tous les moyens qui tendent à abréger leurs souffrances.

C'est pourquoi sa puissance sur les différents êtres inférieurs se borne à un usage comme à un emploi raisonnables, mais ne va pas jusqu'à l'abus et à la tyrannie.

C'est pourquoi, quand il faut sauvegarder sa propre vie ou ses biens contre les attaques et les atteintes des animaux, oiseaux et insectes malfaisants, son titre de créature intelligente et sa dignité ne l'autorisent qu'à tuer avec promptitude et lui interdisent par conséquent d'être cruel même envers la plus redoutable des bêtes fauves.

En résumé, mes enfants, nos rapports avec les êtres inférieurs ne doivent aucunement différer de ceux de douceur que nous devons avoir avec nos semblables.

Au reste, la bonté envers les hommes fait naître la sensibilité envers les autres créatures et réciproquement.

Le bien de la société exige donc que nous soyons toujours compatissants et c'est pourquoi les lois interviennent ici pour réprimer les actes de brutalité, les négligences et les abus.

Telles sont : la loi rurale de 1791 et celle du 2 juillet 1850, dite *Loi Grammont*, qui, toutes deux, punissent de prison et condamnent à l'amende ceux qui maltraitent les animaux domestiques.

Telles sont encore d'autres dispositions législatives et bon nombre d'arrêtés préfectoraux qui défendent la destruction des oiseaux et des nids.

C'est aussi pour des motifs analogues qu'une société dite Société protectrice des animaux, fondée en 1845 et reconnue d'utilité publique par décret en date du 22 décembre 1860, a fixé son siège à Paris.

Cette Société s'est imposé la lourde tâche de requérir l'application des lois contre ceux qui se livrent sciemment à des actes de brutalité et de récompenser ceux qui donnent des exemples de bons soins comme ceux qui, par leurs écrits, inventions, appareils ou améliorations quelconques cherchent à diminuer les souffrances des animaux et à faciliter leurs travaux.

C'est enfin pour atteindre le même but d'utilité publique que des sociétés de protection, instituées dans bon nombre de départements et dans bien des écoles rurales, distribuent des récompenses aux enfants qui respectent les nids et qui veillent à la conservation des oiseaux et de leurs petits.

A vous dès lors, mes amis, pendant que vous êtes jeunes, de vous habituer à pratiquer vos devoirs envers les êtres inférieurs de la création.

Pour cela, il me reste un dernier conseil à vous donner. Examinez avec attention, non seulement le tableau des oiseaux et insectes utiles qui est affiché dans l'école, mais encore les petites gravures qui vous sont remises en classe quand vous m'avez satisfait par votre travail et votre bonne conduite; lisez et relisez pour les retenir les sentences et les notices instructives qui y sont imprimées et votre esprit et votre cœur s'ouvriront sans peine aux inspirations les plus humaines pour tout ce qui est doué de sentiment et de vie.

Retenez surtout ceci :

Les bons soins produisent toujours d'heureux résultats, tandis que les coups affaiblissent les bêtes qui les reçoivent et dégradent l'homme qui les donne.

Le Rapporteur :
SÉVIN,
Instituteur à La Ferté-Vidame.

NOTES ET EXPLICATIONS.

Jusqu'à quel point le Lion de la Fontaine n'a-t-il pas raison, quand il prétend que l'empire de l'homme sur les animaux est chimérique? M. P. Janet reconnaît à l'animal des demi-droits qui limitent ceux que nous nous arrogeons sur eux.

« Lorsque je vois attelé à nos voitures, accablé sous la charge,
» stimulé par le fouet, conduit souvent par des créatures à peine
» plus éclairées que lui, le noble animal décrit si éloquemment par
» Buffon, je me demande si réellement nous avons le droit d'enlever
» à leurs forêts, à leurs courses sauvages, à leurs sociétés naturelles,
» tant d'animaux que leur énergie, leur souplesse, leur bonté,
» semblent rendre dignes de la liberté. N'y a-t-il pas pour la bête
» aussi bien que pour l'homme un droit de vivre de ses facultés,
» sans contrainte, sans discipline, à ses risques et périls? et si,
» malgré les protestations de la nature, nous n'avons pas hésité à
» les asservir, qui pourrait voir là un autre droit que le droit du
» plus fort? Ce ne sont point des *personnes*, dira-t-on? Donc elles
» n'ont point de droits — soit; mais ce ne sont point davantage
» des *choses*. Eh quoi! le vieux cheval qui vous a porté enfant, le
» chien qui vous a sauvé de la mort, ces vieux compagnons de vos
» chasses, de vos courses, de vos batailles, ce seraient des choses et

» ils seraient malléables comme des choses! Non, sans doute ; le
» jurisconsulte est bien forcé de compter les animaux parmi les
» choses : car c'est le résultat même de l'esclavage ; mais aux yeux
» du philosophe, l'animal, quoi qu'on en dise, est un intermédiaire
» entre la chose et la personne. Il est le passage de l'un à l'autre ;
» il est une demi-personne et il a des demi-droits.

« La seule justification théorique que je trouve de l'empire que
» l'homme s'est arrogé sur l'animal, c'est le droit de défense. En
» effet, si l'homme avait laissé les espèces animales en toute liberté,
» elles lui auraient disputé le sol et auraient bientôt fini par l'envahir
» tout entier. Entre lui et elles, il y a combat pour la vie. Il pourrait
» donc les détruire ; au lieu de cela quand elles ne menacent pas
» directement sa vie, il les asservit, ce qui est pour elle un moindre
» mal. L'explication que les anciens jurisconsultes donnaient de l'es-
» clavage (servus a servando, asservir vient de conserver) peut
» s'appliquer beaucoup plus légitimement aux animaux : servir vaut
» mieux que mourir, pourrait-on dire, en modifiant légèrement la
» moralité du bon La Fontaine. » *(Paul Janet. — La Morale.)*

Les animaux peuvent encore menacer indirectement l'homme en lui disputant sa subsistance : l'homme assurément a le droit de tuer le lapin qui dévore ce qu'il s'est donné la peine de semer, le sanglier qui ravage ses champs.

L'organisation physique de l'homme prouve que la nature l'a destiné à se nourrir de la chair des animaux : la forme de quelques unes de ses dents, son tube digestif assez court le rangent dans la classe des carnivores.

L'homme, être raisonnable, ne doit pas agir sans raison et même contre toute raison ; c'est cependant ce qu'il fait quand il frappe inutilement un animal, quand il le contraint de porter une charge sous laquelle il succombera certainement.

Le spectacle des souffrances que nous infligeons aux animaux ou que nous leur voyons infliger étouffe en nous tout sentiment de pitié, nous habitue à la cruauté et tarit en nous la source d'émotions délicieuses, en nous enlevant la sympathie qui nous fait vivre de la vie de la nature entière.

Il faut ne rien comprendre aux beautés de la nature ; il faut que tout sentiment esthétique soit éteint dans l'homme, quand, au plaisir de contempler les merveilles de l'oiseau, de la plante, il préfère le plaisir de se prouver à lui-même la supériorité que lui donne la force brutale ; c'était sans doute l'opinion de Gros : Ce peintre « vit un jour entrer dans son atelier un de ses élèves, beau jeune homme insouciant, qui avait trouvé galant de piquer à son chapeau un superbe papillon dont il venait de faire la capture et qui se débattait encore. L'artiste fut indigné, il entra dans une violente colère : « Quoi ! malheureux, dit-il, voilà le sentiment que vous avez des belles choses ! Vous trouvez une créature charmante, et vous ne savez en rien faire que de la crucifier et la tuer barbarement !... Sortez d'ici, n'y rentrez plus ! ne reparaissez jamais devant moi ! » (Michelet. — *L'insecte.*)

Souvent c'est de la plus noire ingratitude que nous payons les services que nous ont rendus les animaux : au lieu de la reconnaissance qu'ils ont si bien méritée, des caresses que nous devrions leur prodiguer, des bons soins dont nous sommes obligés de les entourer, nous ne leur accordons qu'une nourriture insuffisante, nous les accablons de coups : Combien sont justes souvent les reproches que La Fontaine fait adresser à l'homme par la vache, le bœuf, l'arbre ! La vache dit :

« Je nourris celui-ci (l'homme) depuis longues années ;
» Il n'a sans mes bienfaits passé nulles journées ;
» Tout n'est que pour lui seul ; mon lait et mes enfants
» Le font à la maison revenir les mains pleines :
» Même j'ai rétabli sa santé que les ans
» Avaient altérée ; et mes peines
» Ont pour but son plaisir ainsi que son besoin.
» Enfin me voilà vieille ; il me laisse en un coin
» Sans herbe : S'il voulait encore me laisser paître !
» Mais je suis attachée ; et si j'eusse eu pour maître
» Un serpent, eût-il su jamais pousser si loin
» L'ingratitude ? Adieu : j'ai dit ce que je pense »

— A son tour

« Le bœuf vient à pas lents.
» Quand il eut ruminé tout le cas en sa tête,
» Il dit que du labeur des ans
» Pour nous seuls il portait les soins les plus pesants,
» Parcourant sans cesse ce long cercle de peines
» Qui, revenant sur lui, ramenait dans nos plaines
» Ce que Cérès nous donne, et vend aux animaux ;
» Que cette suite de travaux

» Pour récompense avait, de tous tant que nous sommes,
» Force coups, peu de gré : puis, quand il était vieux,
» On croyait l'honorer chaque fois que les hommes
» Achetaient de son sang l'indulgence des Dieux. »

L'arbre se plaint aussi :

« Il servait de refuge
» Contre le chaud, la pluie, et la fureur des vents;
» Pour nous seuls il ornait les jardins et les champs :
» L'ombrage n'était pas le seul bien qu'il sût faire ;
» Il courbait sous les fruits. Cependant, pour salaire
» Un rustre l'abattait : c'était là son loyer ;
» Quoique, pendant tout l'an, libéral il nous donne
» Ou des fleurs au printemps, ou du fruit en automne ;
» L'ombre, l'été; l'hiver, les plaisirs du foyer.
» Que ne l'émondait-on, sans prendre la cognée?
» De son tempérament, il eût encore vécu. »

La morale sociale nous fait aussi un devoir de ne pas traiter brutalement les animaux ; un homme ne saurait avoir le droit de me faire souffrir en me rendant témoin des coups dont il frappe une pauvre bête qui n'en peut mais. Ces actes de brutalité, de férocité me révoltent, m'indignent; la loi doit me protéger contre de telles souffrances; c'est un des buts atteints par la loi Grammont. Nous crions beaucoup contre les combats de taureaux en Espagne et les combats de coqs en Angleterre; mais il y a trente ans à peine, en France, il y avait des jeux plus barbares encore dans les fêtes de village. Enfermé dans une boîte, un canard passait sa tête et son cou par une étroite ouverture, comme par la lunette d'une guillotine. Les amateurs, les yeux bandés, un mauvais sabre à la main, cherchaient à l'aveuglette à décapiter la pauvre bête : quelquefois le premier coup était donné à midi, le supplice ne se terminait que le soir. Pendant des heures entières, la tête, à moitié tranchée, pendait, sanglante, agitée des mouvements convulsifs de l'agonie : La galerie riait, s'amusait : c'était la fête du village !

A cette scène d'horreur, opposons ce petit drame raconté d'une façon si intéressante par Michelet.

« Je me rappelle qu'un matin, à quatre heures, en juin, le soleil
» étant déjà haut, je fus éveillé assez brusquement, lorsque j'avais
» encore beaucoup de fatigue et de sommeil. J'étais à la campagne,

» dans une chambre sans volet ni rideau, en plein levant, et les
» rayons arrivaient jusqu'à mon lit. Un magnifique bourdon, je ne
» sais comment, était dans la chambre, et joyeusement, au soleil,
» voletait et bourdonnait. Ce bruit m'ennuyait. Je me lève, et,
» pensant qu'il voulait sortir, je lui ouvre la fenêtre; mais point;
» telle n'était son idée. La matinée, quoique belle, était très-fraîche,
» fort humide; il préférait rester dans la chambre, dans une tempé-
» rature meilleure qui le séchait, le réchauffait; dehors, il était quatre
» heures, dedans, c'était déjà midi. Il agissait précisément comme
» j'eusse fait, et ne sortait point. Je voulus lui donner du temps; je
» laissai la fenêtre ouverte, et me recouchai. Mais nul moyen de repo-
» ser. La fraîcheur du dehors entrant, lui aussi il entrait plus avant
» et voletait par la chambre. Cet hôte obstiné, importun, me donna
» un peu d'humeur. Je me levai, décidé à l'expulser de vive force.
» Un mouchoir était mon arme, mais je m'en servais sans doute
» assez maladroitement; je l'étourdis, je l'effrayai; il tourbillonnait
» de vertige, et de moins en moins songeait à sortir; mon impatience
» croissait; j'y allai plus fort, et trop fort sans doute..... Il tomba
» sur l'appui de la fenêtre, et ne se releva plus.

« Était-il mort ou étourdi? Je ne fermai point, pensant que, dans
» ce cas, l'air pourrait le raviver et qu'il s'en irait. Je me recouchai
» cependant, assez mécontent. Au total, c'était sa faute : pourquoi
» ne s'en allait-il pas? ce fut la première raison que je me donnai.
» Puis en réfléchissant, je devins plus sévère pour moi; j'accusai
» mon impatience. Telle est la tyrannie de l'homme : il ne peut
» rien supporter.

« Ce roi de la création, comme tous les rois, est violent; à la
» moindre contradiction, il s'emporte, il éclate, il tue.

« La matinée était très-belle, fraîche et pourtant peu à peu déjà
» presque chaude. Heureux mélange de température, propre à ce
» très doux pays et à ce moment de l'année; c'était juin et en
» Normandie. Le caractère propre à ce mois et qui le distingue
» tout à fait de ceux qui suivront, c'est que les espèces innocentes,
» celles qui vivent de végétaux, sont nées toutes, mais pas encore
» les espèces meurtrières qui ont besoin de proie vivante; force
» mouches et point d'araignées. La mort n'a pas commencé, et il ne
» s'agit que d'amour. Toutes ces idées me venaient, mais point du
» tout agréables. Dans ce moment béni, sacré, où tous vivent en
» confiance, moi j'avais déjà tué; l'homme seul rompait la paix de

» Dieu. Cette idée me fut amère. Que la victime fût petite ou
» grande, il importait peu ; la mort était toujours la mort.

« Et c'était sans occasion sérieuse, sans provocation, que j'avais
» brutalement troublé cette douce harmonie du printemps, gâté
» l'universelle idylle.

« En roulant toutes ces pensées, je regardais par moments de
» mon lit vers la fenêtre, j'observais si le bourdon ne remuerait pas
» encore un peu, si réellement il était mort. Mais rien malheu-
» reusement, une immobilité complète.

« Cela dura une demi-heure ou trois quarts d'heure environ.
» Puis, tout à coup, sans que le moindre mouvement préalable
» l'eût pu faire prévoir, je vois mon bourdon s'élever d'un vol sûr
» et fort, sans la moindre hésitation, comme si rien ne fût arrivé.
» Il passa dans le jardin, alors complètement réchauffé et plein de
» soleil.

« Ce fut pour moi, je l'avoue, un bonheur, un soulagement.
» Mais lui, il ne s'en doutait pas. Je vis qu'il avait pensé, dans sa
» petite prudence, que, s'il trahissait par le moindre signe la vie
» qui lui revenait, son bourreau pourrait l'achever. Donc, il fit le
» mort à merveille, attendit qu'il eût bien repris la force et le
» souffle, que ses ailes, sèches et chaudes, fussent toutes prêtes à
» l'emporter. Et alors, d'une volée, il partit sans dire adieu. » *(Michelet. — L'Insecte.)*

T. TUROT.

§ X. — Rapports de l'homme avec l'Auteur et le Conservateur de l'Univers.

1° EXISTENCE DE DIEU.

Mes enfants,

Un jour, Socrate rencontrant Xénophon dans une rue étroite d'Athènes, est frappé de la beauté modeste de cet adolescent ; il lui barre le passage avec son bâton et lui demande où l'on peut acheter les choses nécessaires à la vie.

« Au marché, répond Xénophon.

— Et où peut-on apprendre, continue Socrate, à devenir honnête homme ? »

Comme le jeune Athénien hésitait à répondre : « Suis-moi, lui dit le philosophe, et tu l'apprendras. »

Eh bien ! à l'exemple de Socrate, je vous dirai aussi, jeunes enfants, « suivez-moi, » et nous chercherons ensemble les liens qui existent entre l'homme et son Créateur. Nous apprendrons qu'au-dessus des rapports avec la nature, avec la société et avec lui-même, l'homme conçoit une autre existence avec laquelle il n'a cessé de se croire en communauté par ses actions, par ses pensées et par ses sentiments. Dieu de tout temps a occupé le cœur et l'esprit de l'homme.

A l'idée de Dieu se tient inséparablement l'idée du devoir, c'est-à-dire la recherche de la perfection pour nous-mêmes, la justice et la charité pour les autres.

Mais notre premier devoir envers Dieu c'est de le connaître, et, pour le connaître, il faut que nous commencions par être convaincus de son existence. Quelle autre obligation nous pourrions-nous reconnaître envers lui, si nous n'avions pas d'abord cherché à remplir celle-là ? D'ailleurs le plus bel hommage que nous puissions rendre à l'Auteur de l'univers, c'est de faire remonter jusqu'à lui l'intelligence dont il nous a doués, et de chercher partout les traces de sa présence et les marques de sa perfection.

Commençons.

Dès que la raison s'éveillant dans l'humanité essaya de se rendre compte des choses, les merveilles de la nature attirèrent d'abord son attention, et de ce spectacle elle conclut à l'existence de Dieu. Aussi ancienne que la réflexion, aussi universelle que la raison elle-même, cette preuve est de tous les âges et de tous les peuples.

Promenons nos regards autour de nous, une chose nous frappe surtout : c'est l'ordre et l'harmonie qui règnent dans l'univers.

> « Tout annonce d'un Dieu l'éternelle existence,
> » On ne peut le comprendre, on ne peut l'ignorer,
> » La voix de l'univers annonce sa puissance,
> » Et la voix de nos cœurs dit qu'il faut l'adorer. »
>
> (VOLTAIRE.)

Il n'est pas besoin, pour trouver l'ordre, de pénétrer par la science les mystères de la nature, d'interroger les cieux et de sonder les entrailles de la terre : le simple bon sens suffit à nous le montrer.

En présence de cet ordre, de cette harmonie, de cette stabilité, notre pensée s'échappe sans effort de la sphère étroite et bornée du monde matériel et s'élève à la conception d'une cause suprême, toute puissante et souverainement sage, qui a créé l'Univers, en a fixé les lois et préside à son développement.

L'existence de la nature révèle à l'homme une cause créatrice ; l'ordre qui s'y manifeste fait plus, il lui révèle une cause intelligente.

> « C'est le Seigneur, le seigneur Dieu »
>
> (Victor Hugo.)

Qu'on ne vienne pas dire que cette antique démonstration de l'existence d'un Dieu créant et conservant l'Univers perd son autorité par les progrès de la science moderne. La science, loin d'affaiblir cette preuve, la confirme et la fortifie. Il en est ainsi pour tout homme qui veut sagement interpréter les découvertes modernes.

Nous concevons Dieu comme cause première, comme justice suprême, comme père du genre humain, comme Créateur et comme Providence. Nous dirons avec un philosophe contemporain, que « la foi en Dieu est l'expression la plus haute de nos sentiments ; elle sort de nos joies les plus nobles et de nos plus saintes douleurs; elle est le fruit de la vie. » (E. Caro, de l'Académie française).

Dieu n'a pas seulement créé le monde, il le conserve et veille sur lui, et « *l'Univers est un temple où siège l'Eternel.* » (Voltaire).

C'est là l'idée de la Providence que l'on prouve en s'appuyant sur les attributs de Dieu. — Qui pourrait la nier, cette Providence, en lisant l'histoire des peuples, des empires et des races, en voyant la marche lente peut-être mais du moins sûre de l'humanité dans la voie du progrès.

2° Dieu créateur de l'homme et auteur de la morale.

Quels peuvent donc être les rapports de l'homme avec cet Être suprême ? — Qu'est-il par rapport à nous ?

Il est l'auteur de notre être et l'auteur de la loi de notre être. — Cette loi, c'est la loi morale qui consiste à développer nos facultés dans ce qu'elles ont de meilleur, et conformément à un idéal préexistant, qui, pour n'être pas une abstraction toute pure, doit se trouver éternellement réalisé dans Dieu même.

A côté du monde physique que régissent des lois inflexibles et fatales, il existe un autre ordre de choses qui se distingue profondément du premier par ces deux caractères : l'intelligence et la liberté. C'est le monde moral, dans lequel nous voyons apparaître toutes ces grandes choses qui ennoblissent l'homme et font sa dignité et sa supériorité : bien, devoir, justice, droit, vertu.

C'est un fait incontestable que dans toutes les langues prises en quelque point que ce soit de l'esprit et du temps, on trouve des mots équivalant à ceux qui, dans la nôtre, se traduisent par droit et devoir, — bien et mal, — vertu et vice, — mérite et démérite, — remords et paix de l'âme, — peines et récompenses, — prières, conseils, ordres, — éducation, civilisation, sociétés.

L'homme étant intelligent, se connaît lui-même, il connaît les êtres avec lesquels il a des rapports : ses semblables, l'Univers, Dieu. — Il connaît sa loi. Il ne l'accomplit pas machinalement comme la matière brute, ou instinctivement comme l'animal. Il réfléchit sur sa conduite et il en assume la responsabilité. Il est libre. « Il peut suspendre, accélérer, modifier son action » (J. SIMON); mais, « plus il s'approche de la sagesse, plus il s'approche de la vraie liberté. » (Paul JANET). Nous ajouterons avec Kant, « que la liberté est la racine du devoir. »

Pour l'homme, la réalisation de l'ordre est la pratique du bien, c'est la vertu. — « La vertu est l'effort de l'humanité pour atteindre à la ressemblance avec son auteur » (M. COUSIN, traduction de Platon). — Voilà, disons-nous, pour l'homme, sa loi morale qui consiste dans l'effort qu'il fait pour ressembler à Dieu, pour faire prédominer la partie divine et raisonnable de l'âme sur la partie inférieure et passionnée. L'homme ne peut obtenir cette prédominance qu'en prenant pour règle la justice et la vérité, en se maintenant dans l'ordre dans lequel et pour lequel il a été créé, en se dirigeant uniquement d'après la loi donnée à sa nature intellectuelle, en se montrant vainqueur de toute force ou influence contraire à cette loi, en prenant cette loi pour unique motif de ses actions.

S'il en est ainsi, l'idée de Dieu ne peut être étrangère à notre vie de tous les jours. « Dieu est si familier, dit M. Cousin, si intime à ses créatures, qu'on le voit en ouvrant les yeux, et qu'on le sent en sentant battre son cœur. » Notre pensée doit être dirigée vers lui, et c'est à ce prix que nous comprendrons la beauté idéale de notre destinée. Notre amour lui est dû.

« Qui n'aime pas Dieu, n'aime que soi. » (BOSSUET.)

Et « aimer Dieu sans aimer les hommes n'est qu'une forme plus élevée de l'égoïsme. » (Paul JANET).

Comment d'ailleurs ne pas se sentir obligé d'aimer ce que l'on sait être le meilleur?

Notre volonté doit toujours s'attacher à suivre la loi de Dieu. C'est dire que le plus sûr moyen de lui rendre ce qui lui est dû est d'accomplir envers nous-mêmes et envers nos semblables toutes les obligations que nous prescrit la loi morale. Faire le bien et respecter la justice, est évidemment accomplir la volonté de Dieu. « Deux choses, a dit un philosophe moderne (Kant), me remplissent d'admiration : le ciel étoilé sur ma tête et la loi morale dans mon cœur. » Et ailleurs Kant ajoute « que la foi pratique à l'existence de Dieu est le postulat de la loi morale. »

C'est le bien seul qui engendre la loi morale et qui l'impose à l'homme avec ce caractère d'autorité et d'obligation que ne comporte pas la loi physique. Fais ce que dois advienne que pourra.

A cette morale du devoir appartiennent l'invariabilité et l'universalité. Dans tous les temps comme dans tous les lieux, la notion du bien et du devoir s'est rencontrée chez tous les hommes, et sauf les développements et les perfectionnements dont la nature humaine est susceptible, la notion première du bien, et, comme conséquence, du devoir, est la même dans la conscience du simple pasteur de troupeaux et dans celle du savant ou puissant pasteur de peuples.

La morale du devoir implique une puissance supérieure à l'homme, commandant à l'homme sans le contraindre, et créant pour lui l'obligation qui lie la volonté sans détruire le libre arbitre. Partout où se montre le devoir, il se montre inviolable, c'est-à-dire obligatoire. Tandis qu'au contraire la morale de l'intérêt est toujours dénuée d'autorité. On ne se sent point tenu d'obéir à son propre intérêt. L'homme, en face de son intérêt est sa propre loi. En face du devoir il se sent dominé par une puissance supérieure à laquelle sa volonté est tenue d'obéir. Supprimez cette puissance et cette obligation, d'Assas, par son silence se soustraira à la mort au lieu de s'y exposer par le cri d'alerte : « *A moi Auvergne !* » Régulus restera tranquillement à Rome, au lieu de retourner à Carthage où il sait que l'attend un affreux supplice.

La morale du devoir est toujours et partout des plus simples et des plus faciles à comprendre. La loi morale qui prescrit aux enfants d'aimer et d'honorer leurs parents et de leur venir en aide dans le besoin est claire et intelligible pour tous.

Ce qui nous apparaît comme honnête, comme dicté par le devoir est toujours possible à exécuter, tout au moins dans le sens psychologique de ce dernier mot. Il peut arriver en effet, il doit même arriver assez souvent que des obstacles s'opposent à la réalisation de l'acte qui nous paraît un devoir, mais succomber dans une pareille lutte, ce n'en est pas moins triompher, et ce triomphe est toujours possible à la volonté.

3° RAPPORTS DE L'HOMME AVEC SON CRÉATEUR.

Le rapport plus intime envers Dieu, c'est le commerce de l'âme avec lui : c'est ce qu'on appelle prière.

La prière est marquée des trois caractères suivants :

1° Nous reconnaissons notre dépendance à l'égard de Dieu.

2° Nous attendons de lui tout ce qui nous est nécessaire, en ne désirant et en ne lui demandant que ce qui est conforme à sa volonté.

3° Nous avons confiance en sa Providence.

Dieu a-t-on dit, n'a pas besoin de nos prières pour savoir ce que nous méritons d'obtenir de lui. — Pourquoi ne pas admettre que nous ne méritons précisément d'obtenir de lui que ce que nous lui demandons avec humilité et avec confiance ? N'est-ce pas le cas, du reste, de dire avec J.-J. Rousseau « que près d'un Dieu juste, la manière de demander est de mériter d'obtenir. »

Pourquoi Dieu n'aurait-il pas mis à la dispensation de ses bienfaits, cette condition que l'homme, se repliant sur lui-même, avouerait son impuissance ? Ici, appuyons-nous de l'autorité de Lamennais et disons : « Que si le père connaît le besoin de son fils, faut-il pour cela que le fils n'ait jamais une parole de demande et d'actions de grâce pour son père ? — Quand les animaux souffrent, quand ils craignent, ou quand ils ont faim, ils poussent des cris plaintifs : ces cris sont la prière qu'ils adressent à Dieu et Dieu l'écoute. L'homme serait-il donc, dans la création, le seul être dont la voix ne dût jamais monter aux oreilles du Créateur ? » Et nous dirons avec Victor Hugo, dans son beau livre des mères.

« L'enfant dans la prière endort son jeune esprit !

D'ailleurs il ne s'agit pas ici de demander à Dieu des miracles continuels. Dans la prière par excellence que demandet-on à la Divinité? — Des Vertus. — Les demander, n'est-ce pas en apprécier tout le prix? N'est-ce pas faire soi-même un effort pour les acquérir? L'efficacité morale de la prière peut donc très bien nous apparaître comme le résultat d'une sorte de loi éternelle. Il n'y a donc là rien qui répugne à la raison. Au contraire, dirons-nous encore avec l'auteur des *Paroles d'un Croyant:* « La prière donne une satisfaction intérieure : elle rend le cœur plus léger et l'âme plus contente. Avec la prière, l'affliction devient moins douloureuse et la joie plus pure : elle mêle à l'une je ne sais quoi de fortifiant et de doux, et à l'autre je ne sais quel parfum céleste. »

Jeanne d'Arc en mourant sur le bûcher supportait ses douleurs en pensant à Dieu, et en s'écriant : O France !

La prière individuelle constitue ce qu'on appelle le culte privé.

Si la prière répond à un sentiment naturel au cœur humain, il est difficile que les hommes ne tiennent pas à se le communiquer entre eux et à le manifester publiquement, pour lui donner plus d'énergie, ainsi qu'ils font pour les autres sentiments. De là la constance et la généralité de ce que l'on appelle le culte public.

Ici nous touchons aux limites de la pédagogie philosophique. — D'autres questions se présentent, la religion seule y répond.

Nous ajoutons.

Pour mieux nous rendre compte des rapports de l'homme envers le Créateur, pratiquons aussi ce précepte du sage, inscrit sur le temple de Delphes : « Connais-toi toi-même. » Contemplons la divinité dans son œuvre la plus parfaite. Cette contemplation, en nous donnant le sentiment de notre dignité nous élèvera jusqu'à Dieu, et, en nous faisant mieux connaître notre destinée, nous imposera la volonté et le courage de l'accomplir.

« O mon ami ! disait Socrate à son disciple Xénophon, ne t'ignore pas toi-même; ne commets pas une faute qui est celle de la plupart des hommes : ils ont l'œil sur les actions des autres et ne s'examinent jamais eux-mêmes. Défends-toi d'une pareille indolence, et applique tous tes efforts à te considérer et à te connaître. »

Pratiquons le culte de la morale du bien, du devoir. C'est à cette condition que l'homme restera homme, juste, perfectionné par des instincts bienveillants, aimables, nobles et délicats en attendant qu'il retourne à la source du bien d'où dérive la morale qu'il aura suivie.

4° RÉFLEXIONS ET CONCLUSION.

Comme conclusion, que nous ferons précéder de réflexions utiles et sérieuses, nous dirons que pour arriver à cette fin dont nous venons de parler, il est de l'intérêt de l'homme de s'appliquer à la culture de son âme, d'en éloigner toute souillure, de la préserver de toute chute ; être bon et généreux, compatissant, reconnaissant des bienfaits, accessible aux faibles, ami des opprimés ; consoler ceux qui souffrent et ceux qui pleurent ; pratiquer la charité sous toutes ses formes ; s'attacher à élever ses pensées par dessus les choses terrestres ; combattre les instincts matériels, qui sont le cachet, le stigmate de l'existence terrestre ; aspirer au bien et au beau ; vivre dans les sphères les plus hautes, les mieux dégagées d'ici-bas. Ce n'est que de cette manière que nous pouvons ennoblir notre âme, et la rendre propre à jouir de l'existence supérieure qui l'attend dans des « régions plus élevées », à revêtir la nouvelle forme qui, sous des cieux plus profonds, lui ouvrira des horizons nouveaux.

Un des meilleurs moyens de perfectionner notre âme et de l'élever au-dessus des conditions terrestres, c'est la science. Etudions, travaillons à connaître la nature, à comprendre les phénomènes et les milieux qui nous environnent, à nous expliquer l'univers dont nous faisons partie, et notre âme s'agrandira avec le sentiment de la suprême perfection de l'œuvre de Dieu. C'est ce sentiment qui arracha au plus grand des naturalistes, Linné, ce cri d'admiration, « J'ai vu Dieu, j'ai vu son passage et ses traces et je suis demeuré saisi et muet d'admiration ! »

Voyons combien est malheureux l'homme qui est livré à une passivité intellectuelle qui le rapproche des êtres inférieurs. Sous le rapport du savoir, quelques hommes meurent tels qu'ils sont nés ; ils n'ont pas ajouté une seule idée, une seule connaissance à celles que leurs parents, ignorants eux-mêmes, leur ont inculquées dans leurs jeunes années.

Pourtant, grâce aux travaux et aux veilles de quelques hommes d'élite, les connaissances que nous possédons aujourd'hui sont immenses.

Nous connaissons le mécanisme et l'ordonnance de l'Univers, nous avons appris à rejeter le trompeur témoignage de nos sens et nous avons discerné la marche réelle des différents astres en apparence semblables qui brillent pendant la nuit.

> O cieux que de grandeur et que de majesté !
> J'y reconnais un maître à qui rien n'a coûté !
> RACINE.

Nous savons que le soleil est immobile au centre de notre monde et qu'un cortège de planètes, parmi lesquelles figure la terre, tourne autour du soleil. Nous connaissons la cause des jours et des nuits, ainsi que celle des saisons.

Le globe que nous habitons a été parcouru et exploré avec tant de soin, qu'il n'est presque pas un de ses recoins qui nous soit ignoré. Nous savons quelle est la cause des vents et celle des pluies ; nous pouvons désigner le trajet exact du plus faible courant des mers. Mais l'humanité sait au prix de quels dévoûments et de quels sacrifices, car il n'est pas de jour où la conquête du monde par le génie ne coûte quelques existences.

> Oh ! combien de marins, combien de capitaines,
> Qui sont partis joyeux pour des courses lointaines,
> Dans ce morne horizon se sont évanouis !
> Combien ont disparu, dure et triste fortune !
> Dans une mer sans fond, par une nuit sans lune,
> Sous l'aveugle Océan à jamais enfouis !
>
> . . . .
>
> Où sont-ils les marins sombrés dans les nuits noires ?
> O flots, que vous savez de lugubres histoires !
> Flots profonds redoutés des mères à genoux !
> Vous vous les racontez en montant les marées,
> Et c'est ce qui vous fait ces voix désespérées
> Que vous avez le soir quand vous venez vers nous.
> Victor HUGO.

Les mouvements du sol, qui ont produit autrefois les chaînes de montagnes, et qui occasionnent encore aujourd'hui les éruptions volcaniques et les tremblements de terre, nous sommes parvenus à les expliquer.

La composition de tous les corps qui existent sur notre sol, ou qui sont cachés dans ses profondeurs, a été fixée avec certitude. La science a fait des miracles. Elle a pénétré enfin mathématiquement dans l'intelligence de l'univers.

Combien donc est supérieur à la masse de ses semblables, celui qui a su cultiver son esprit, l'enrichir de notions utiles et sérieuses, s'approprier une des branches de l'arbre si varié des connaissances exactes. Combien son âme ainsi fortifiée doit avoir acquis de puissance et de portée.

Efforçons-nous donc d'étudier et d'apprendre. Initions-nous aux secrets de la nature, rendons-nous compte de tout ce qui nous entoure. Comprenons l'univers et ses productions infinies, admirons la puissance de Dieu en connaissant bien ses œuvres. Alors nous n'arriverons pas au tombeau l'âme aussi vide qu'elle l'était à notre naissance.

A l'heure suprême de la mort, nous serons sages et dignes des divines félicités que de vénérables et d'antiques traditions nous font espérer.

Pour élever et perfectionner son âme, il ne faut pas seulement s'appliquer à pratiquer les vertus morales et s'instruire, il faut aimer encore l'Auteur du monde.

Tous les peuples de la terre adorent un Dieu selon les formes et les rites du culte qu'ils se sont donné. Aussi respectons-nous toutes les religions parce qu'elles permettent de rendre à l'Auteur de la nature l'hommage de la reconnaissance et de la soumission de nos cœurs.

Il y a dans toute religion le dogme et le culte ; c'est du culte qu'il est question ici et nous ne nous sentons pas l'autorité pour discuter les dogmes.

Dans toutes les religions modernes le culte est en harmonie avec les habitudes, les mœurs, la dose d'imagination et de poésie de chaque peuple, de sorte que les manifestations extérieures sont convenablement appropriées aux traditions et à l'esprit de chaque pays.

Le culte est la meilleure manière d'établir nos rapports

avec la Divinité, d'entretenir en nos cœurs l'idée de l'Etre suprême.

Les catholiques entrent dans leurs églises et au milieu des pompes superbes de leurs cérémonies sacrées, ils élèvent vers Dieu leurs âmes reconnaissantes et s'humilient devant le Souverain maître des cieux.

Les Protestants entonnent, dans leurs temples, leurs psaumes et leurs cantiques. Les Russes et les Grecs s'agenouillent avec recueillement devant leurs éblouissants et mystérieux tabernacles. Les Juifs fréquentent leurs majestueuses synagogues et entretiennent ces parfums qui, s'adressant aux sens, parlent de Dieu aux âmes attendries. Les Musulmans se rendent dans leurs tranquilles mosquées. Les Bouddhistes apprennent le chemin de leurs pagodes. Les Peuples sauvages des deux mondes adorent le soleil dans la solitude des bois et élèvent vers l'astre radieux leurs cœurs réconfortés.

Tous les hommes, dans tous les pays, sous tous les cieux, pratiquent la religion dans laquelle le sort les a fait naître. Tout est bon et tout est beau quand il permet de rendre hommage à la Divinité. Le culte religieux est le premier besoin de nos âmes, comme il est la garantie de la paix et du bonheur des Sociétés.

Le Rapporteur :
POTEAU,
Instituteur à Senonches.

NOTES ET EXPLICATIONS.

L'idée de Dieu est en nous comme le sceau que l'ouvrier a mis sur son ouvrage : c'est un des caractères principaux par lesquels l'homme se distingue de la bête : qu'on descende aussi bas qu'on le voudra l'échelle de l'humanité, cette marque pourra être bien effacée; mais qu'on la cherche et on la trouvera; qu'on monte haut qu'on le voudra l'échelle de l'animalité, on n'en voit aucune trace. L'homme est un animal moral et religieux, a dit M. de Quatrefages. « Vous pourrez trouver, dit Plutarque, des cités privées de murailles, de maisons, de gymnases, de lois, de monnaie, de culture des lettres, mais un peuple sans Dieu, sans prière, sans serments, sans rites religieux, sans sacrifices, nul n'en vit jamais. »

Le rôle de l'éducation ne consiste pas à la faire entrer dans l'esprit où l'on veut la faire apparaître; l'homme n'enseigne pas l'homme; cette idée est au fond de toutes les âmes, voilée parfois par les sophismes, la passion, la rouille de la barbarie; mais, soyons-en convaincus, elle est là derrière ces nuages au travers desquels elle rayonne. Ce que peut faire le maître, c'est d'écarter ces nuages et de placer l'enfant à un point de vue d'où cette idée se laissera plus facilement apercevoir; c'est de réaliser les conditions les plus favorables à cette apparition, de tourner l'esprit de l'enfant dans une certaine direction et de lui dire : « regarde ». Pour emprunter une comparaison à M. Jules Simon, nous dirons que l'idée de Dieu c'est la statue placée dans un lieu où aboutissent un grand nombre d'avenues; quelle que soit l'avenue dans laquelle plonge le regard, c'est elle, toujours elle que l'on aperçoit. C'est elle que voit luire le père Gratry par delà le calcul infinitésimal; c'est Dieu qui est révélé à Vanini par le brin d'herbe qu'il tient à la main au moment de périr sur le bûcher; pour l'un, c'est en contemplant les infiniment grands, pour l'autre c'est en contemplant les infiniment petits que l'esprit s'illumine de ces divines clartés; pour l'artiste, Dieu, c'est ce qui resplendit au travers de son idéal; pour le malheureux, c'est celui qu'il appelle à son secours du fond de l'abîme où il a été précipité; pour l'homme heureux, c'est celui vers qui monte l'hymne de reconnaissance que la félicité fait jaillir de son âme; Dieu, c'est encore la Justice suprême qu'invoque l'homme faible blessé par l'injustice, c'est celui au nom de qui proteste le droit succombant sous la force : Dieu, c'est le bien absolu sans lequel la morale court risque de rester suspendue dans le vide entre ciel et terre ou de n'être qu'une conception de notre esprit sans autorité pour nous commander; elle manque alors de sanction suffisante et reste sans couronnement.

En nous adressant aux enfants, laissons de côté les démonstrations en règle, les arguments en forme de l'existence de Dieu; on peut appliquer à une intelligence de douze ans ce mot d'un écrivain humoristique de notre époque. « On ne prouve rien à une femme, on la persuade. » Ne démontrons donc pas, suggérons ; là surtout, quand il s'agit de faire monter l'esprit de l'enfant à ces sphères où la raison de l'homme mûr se trouble et a comme le vertige, n'inculquons pas nos idées, ne gravons pas nos jugements, ne burinons pas nos formules; mais provoquons et dirigeons les réflexions de l'enfant, amenons-le graduellement par nos questions à porter sa vue sur le point même qui doit s'illuminer à ses yeux : prenons pour guide Fénelon à qui cette philosophie sensible et populaire a inspiré de si belles pages.

— « Il faut montrer aux enfants une maison et les accoutumer
» à comprendre que cette maison ne s'est pas bâtie d'elle-même,
» les pierres, leur direz-vous, ne se sont pas élevées sans que
» personne les portât. Il est bon même de leur montrer des maçons
» qui bâtissent ; puis faites-leur regarder le ciel, la terre, et les
» principales choses que Dieu y a faites pour l'usage de l'homme;
» dites-leur : Voyez combien le monde est plus beau et mieux fait
» qu'une maison. S'est-il fait de lui-même ? Non, sans doute ; c'est
» Dieu qui l'a bâti de ses propres mains. » (*Fénelon. — De l'éducation des filles.*)

Je suis certain que le spectacle du soleil levant, que la scène magnifique qui se déroulait aux yeux de J.-J. Rousseau, étaient des commentaires des preuves de l'existence de Dieu plus éloquents que les paroles mêmes du Vicaire Savoyard.

« Une matinée du mois de mai, M. de Voltaire fait demander au jeune M. le comte de Latour s'il veut être de sa promenade (trois heures du matin sonnaient). Étonné de cette fantaisie, M. de Latour croyait achever un rêve, quand un second message vint confirmer la vérité du premier. Il n'hésite pas à se rendre dans le cabinet du patriarche, qui, vêtu de son habit de cérémonie, habit et veste mordorés, et culotte d'un petit-gris tendre, se disposait à partir.

« Mon cher comte, lui dit-il ; je sors pour voir un peu le lever du soleil ; cette *profession de foi d'un vicaire savoyard* m'en a donné envie. Voyons si Rousseau a dit vrai. » Ils partent par le temps le plus noir ; ils s'acheminent ; un guide les éclairait avec sa lanterne, meuble assez singulier pour chercher le soleil ! Enfin, après deux heures d'excursion fatigante, le jour commence à poindre. Voltaire frappe des mains avec une véritable joie d'enfant. Ils étaient alors dans un creux. Ils grimpent assez péniblement vers les hauteurs : les quatre-vingt-un ans du philosophe pesant sur lui, on n'avançait guère, et la clarté arrivait vite. Déjà quelques teintes vives et rougeâtres se projetaient à l'horizon. Voltaire s'accroche au bras du guide, se soutient sur M. de Latour, et les contemplateurs s'arrêtent sur le sommet d'une petite montagne. De là le spectacle était magnifique : les rochers du Jura, les sapins verts se découpant sur le bleu du ciel dans les cimes, ou sur le jaune chaud et âpre des terres ; au loin, des prairies, des ruisseaux : les mille accidents de ce suave paysage qui précède la Suisse et l'annonce si bien ; enfin, la vue qui se prolonge encore dans un horizon sans bornes, et un immense cercle de feu empourprant tout le ciel. Devant cette sublimité de la nature, Voltaire est saisi de respect ; il se découvre, se prosterne ; et quand il peut parler, ses paroles sont un hymne : « Je crois, je crois en toi ! » s'écria-t-il avec enthousiasme ; puis décrivant, avec son génie de poëte et la force de son âme, le tableau qui réveillait en lui tant d'émotions, au bout de chacune des véritables strophes qu'il improvisait : « Dieu puissant, je crois ! » répétait-il encore. » *(Lord Brougham, rapporté par M. Demogeot, dans son histoire de la littérature française).*

Pour certains savants, comme M. Pasteur, c'est dans la notion de l'infini que Dieu se révèle le plus nettement à leur pensée. « Au-delà de cette voûte étoilée, qu'y a-t-il ? De nouveaux cieux étoilés soit ! Et au-delà ? L'esprit humain, poussé par une force invincible, ne cessera jamais de se demander : « Qu'y a-t-il au-delà ? » Veut-il s'arrêter soit dans le temps, soit dans l'espace ? Comme le point où il s'arrête n'est qu'une grandeur finie, plus grande seulement que toutes celles qui l'ont précédée, à peine commence-t-il à l'envisager, que revient l'implacable question et toujours, sans qu'il puisse faire taire le cri de sa curiosité. Il ne sert de rien de répondre : « Au-delà sont des espaces, des temps ou des grandeurs sans limites. » Nul ne comprend ces paroles. Celui qui proclame l'existence de l'infini, et personne ne peut y échapper, accumule dans cette affirmation plus de surnaturel qu'il n'y en a dans tous les miracles de toutes les religions ; car la notion de l'infini a ce double caractère de s'imposer et d'être incompréhensible. Quand cette notion s'empare de l'entendement, il n'y a qu'à se prosterner. »

Pour Prévost Paradol, la bonté était la face de l'être infini qui le frappait le plus; Dieu était avant tout, *le bon Dieu.* « Seul entre
» toutes les créatures, l'homme connaît une autre émotion que
» celle de sa propre souffrance ; le contre-coup de la douleur d'au-
» trui l'atteint, et, en portant secours à qui souffre, il sent qu'il se
» soulage lui-même. Bien plus, il sent qu'il s'élève; il découvre
» qu'il y a de ce côté dans son âme une sorte de chemin ouvert
» vers une région supérieure à celle où s'agite tout ce qui l'entoure
» et où le reste de son être le tient lui-même attaché.

« Enfin, il ne peut se résoudre à se croire le seul être bon dans
» l'univers et à regarder son cœur comme l'unique sanctuaire où
» la bonté réside. Il cherche donc à entrevoir, au-delà des rigueurs
» du monde visible, la souveraine bonté unie à la pleine puissance,
» et c'est là qu'il met son espoir ou plutôt son recours contre la
» dureté de la nature et contre les froissements de la vie. Quand
» les mœurs s'adoucissent, quand l'homme s'améliore, la bonté
» est le trait qui le frappe et l'attire le plus dans sa conception de
» la personne divine. Un poëte ancien a dit que la crainte avait
» enfanté les dieux : soit; si pourtant c'est le culte de la peur qui
» a élevé les premiers autels, c'est le culte de la bonté qui les
» conserve. » (*Prévost Paradol.* — *Discours de réception à l'Académie Française.*)

L'étude des sciences naturelles est très-propre à développer en nous le sentiment religieux. Le monde de la physique nous présente un spectacle admirable, il est vrai ; mais dans ce livre, le nom de Dieu est écrit en caractères trop gros, trop disproportionnés avec la faiblesse de notre vue pour que nous puissions le lire facilement, tandis que dans la plante, dans l'animal, les organes sont si bien adaptés au milieu (les nageoires du poisson sont à l'eau ce que les ailes de l'oiseau sont à l'air), ils sont si bien faits pour la fonction (l'œil pour la vision) (1), si bien coordonnés entre eux (les pattes et le bec du héron) qu'un esprit non prévenu reconnaît sans peine des *moyens* disposés en vue d'un *but*; l'oiseau a des ailes *pour* voler; il ne vole pas parce qu'il a des ailes, parce que ces appendices emplumés se sont trouvés par hasard de chaque côté de son corps et qu'il en a profité pour s'élever dans l'air. Il faut reconnaître, avec

(1) « Celui qui a fait l'œil, a dit Newton, a-t-il bien pu ne pas connaître les lois de l'optique? »

Claude Bernard, une *idée directrice* à laquelle obéissent les différents éléments dont le corps d'un être vivant est composé. D'après lui, dans l'œuf, quand certaines conditions de chaleur sont réalisées, les molécules de carbone, de soufre, de phosphore, d'albumine, d'azote, etc., dociles à la voix mystérieuse qui les appelle, viennent se grouper pour former un bec, un œil, un cœur, etc., comme les lettres de l'alphabet qu'une force va chercher dans une boîte où ils sont confondus pêle-mêle pour exprimer des pensées. Devant ces merveilles, combien pâlit la fable qui nous montre les pierres accourant aux sons de la lyre d'or d'Amphion et se plaçant les unes sur les autres pour élever des remparts autour de Thèbes! Cette idée directrice, cette intention suppose une intelligence, l'intelligence de l'artiste divin qui crée ce poème incomparable que nous déchiffrons cependant à grand'peine quand nous étudions le corps d'un être organisé.

« En pensant à un tel être, l'homme éprouve un sentiment, qui
» est le sentiment religieux par excellence. Tous les êtres avec
» lesquels nous sommes en rapport éveillent en nous des sentiments
» divers, suivant les qualités que nous y apercevons; et celui qui
» possède toutes les perfections n'exciterait en nous aucun sentiment
» particulier! Pensons-nous à l'essence infinie de Dieu, nous péné-
» trons-nous de sa toute-puissance, nous rappelons-nous que la loi
» morale exprime sa volonté et qu'il a attaché à l'accomplissement
» et à la violation de cette loi des récompenses et des peines dont
» il dispose avec une justice inflexible; nous ne pouvons nous
» défendre d'une émotion de respect et de crainte à l'idée d'une
» telle grandeur. Puis, si nous venons à considérer que cet être tout-
» puissant a bien voulu nous créer, nous dont il n'a aucun besoin,
» qu'en nous créant il nous a comblés de bienfaits, qu'il nous a
» donné cet admirable univers pour jouir de ses beautés toujours
» nouvelles, la société pour agrandir notre vie dans celle de nos
» semblables, la raison pour penser, le cœur pour aimer, la liberté
» pour agir; sans disparaître, le respect et la crainte se teignent
» d'un sentiment plus doux, celui de l'amour. L'amour, quand il
» s'applique à des êtres faibles et bornés, nous inspire de leur
» faire du bien; mais en lui-même il ne se propose pas l'avantage
» de la personne aimée: on aime un objet beau ou bon, parce
» qu'il est tel, sans regarder d'abord si cet amour peut être utile à
» son objet ou à nous-mêmes. A plus forte raison, l'amour, quand

» il remonte jusqu'à Dieu, est un pur hommage rendu à ses perfec-
» tions : c'est l'épanchement naturel de l'âme vers un être infini-
» ment aimable. Le respect et l'amour composant l'adoration. »
(Victor Cousin. — *Du vrai, du beau et du bien.*)

T. TUROT.

§ XI. — Devoirs de l'Homme envers lui-même.

A mes anciens Élèves.

MESSIEURS,

Pour le maître de l'enfance, toute question d'éducation a son prix, et le cœur aime à s'arrêter de temps en temps sur un sujet qui appartienne à ses préoccupations habituelles.

Encouragé par la bienveillance de M. l'Inspecteur d'Académie et d'après sa demande, je vais essayer de retenir votre attention sur une question de morale et de pédagogie qui est certainement familière à beaucoup d'entre vous, à en juger par l'application qu'ils en font comme instituteurs : je veux parler des devoirs de l'homme envers lui-même.

Revenons donc ensemble sur cet important sujet : reprenons-le sous une forme un peu différente de celle qu'il a reçue dans nos entretiens, et examinons quelques-unes de ses applications dans l'école.

La loi morale nous montre l'homme à la tête de la création, aspirant à d'éternelles destinées, doué de raison et d'une volonté libre.

L'homme fait usage de sa raison et de sa liberté en ce qui le concerne comme en ce qui concerne les autres hommes, et c'est, vous le savez, Messieurs, dans l'éducation des enfants, un point capital : vous avez le devoir d'éclairer la raison et de diriger les mouvements du libre arbitre, vous êtes surtout des éducateurs.

Raison de ces devoirs. — Qui oserait nier que l'homme a des devoirs envers lui-même, c'est-à-dire à l'égard de chacune des facultés qui sont en lui ? Ces facultés ont droit à son respect chez les autres, il n'est pas difficile de le faire sentir aux enfants : les siennes propres seraient-elles moins précieuses ? Resteraient-elles en dehors des règles de la morale ? N'ont-elles pas, au contraire, plus de titre à sa sollicitude ? Pourquoi la Providence les lui a-t-elle données ? N'est-ce pas pour qu'il les entretienne et s'en serve en vue de ses destinées ?

Rien dans la nature de l'homme, en ce qui le concerne comme en ce qui concerne les autres, ne saurait être placé en dehors des lois de la morale. Notre conscience nous en avertit, les lois divines et même souvent les lois humaines nous imposent des obligations envers nous-mêmes aussi bien qu'envers le reste des hommes. Tout esprit sensé le reconnaît, je croirais vous faire injure en insistant plus longuement sur cette vérité essentielle.

C'est cependant une donnée principale en éducation, et il n'est pas impossible de convaincre les enfants de leurs obligations à cet égard. J'ai même observé, et vous n'aurez pas été sans faire quelque remarque du même genre, que c'est l'enfant le mieux pénétré de ce qu'il se doit à lui-même qui comprend le plus clairement ce qu'il doit aux autres. Il semble que quand nous commençons par notre propre personne l'étude des obligations morales de l'homme, il nous soit plus facile ensuite de comprendre ce que nous devons au prochain : le respect de notre nature nous porte évidemment au respect de celle de nos semblables.

Quelles sont ces obligations ? Que devons-nous à notre propre personne ?

Pour le montrer aux enfants, rappelons-leur d'abord que le corps est le serviteur de l'âme et que ses imperfections apportent nécessairement des obstacles à l'exercice de la volonté et de l'intelligence, ce qui faisait penser aux anciens que rien n'est plus désirable qu'une âme saine dans un corps sain.

Il y a donc des devoirs qui regardent le corps et des devoirs qui regardent l'âme.

1° DEVOIRS QUI CONCERNENT LE CORPS.

La raison nous commande d'améliorer notre corps en vue de l'âme intelligente et responsable qui en fait usage. Des comparaisons familières rendront cette vérité accessible aux esprits les plus ordinaires. Quel est l'enfant qui n'admire la facilité avec laquelle une machine bien organisée exécute le travail qu'une volonté intelligente lui demande ? La machine vient-elle à se détériorer dans quelque partie, dès lors elle est impropre aux services qu'on voulait en tirer. Ainsi en est-il de notre corps : nous devons par conséquent le sauvegarder dans son organisation, dans ses facultés, dans tout ce qui fait sa force.

Tempérance, hygiène. — Les forces du corps se conservent par une vertu particulière que commandent à la fois le sentiment moral et notre intérêt, la *tempérance*, et aussi par une science dont les éléments essentiels sont aujourd'hui à la portée de tous, l'*hygiène*.

La tempérance nous prescrit de nous abstenir de tout excès : les lois divines et humaines nous l'imposent.

Le défaut opposé est la cause la plus ordinaire des crimes et des vices. Celui qui s'y abandonne travaille à la ruine et à la dissolution de ses sens ; il anéantit peu à peu ses facultés; il finit par ne plus appartenir moralement à l'espèce humaine.

Les bons effets de la tempérance se manifestent toujours avec une si grande évidence qu'il nous sera facile d'en trouver autour de vous des exemples frappants, et vous-mêmes, Messieurs, vous-mêmes devez en être de fervents apôtres par une vie parfaitement réglée, digne d'être proposée par les familles en exemple aux enfants.

L'épargne est la compagne de la tempérance. Vous l'enseignez à l'école par l'ingénieuse institution des caisses d'épargne scolaires. Ne craignez pas de favoriser le goût de l'épargne ; c'est une disposition nécessaire à la jeunesse, qui ne rencontre, vous le savez, que trop d'excitations à la dépense inutile ou nuisible. Aux conseils de la morale, ajoutez la pratique, qui crée l'habitude. L'avarice n'est guère à craindre chez les jeunes gens, tandis que l'intempérance et la débauche ne sont que trop le lot des imprévoyants.

Vous n'aurez pas de peine, Messieurs, à trouver dans l'histoire et malheureusement autour de vous, de tristes exemples des conséquences de l'intempérance. Saisissez fortement l'imagination des enfants à l'aide de ces exemples ; cherchez à inspirer de l'éloignement pour un vice si honteux ; que votre accent convaincu laisse dans les jeunes cœurs une impression très vive, qui ne permette pas même l'hésitation au moment du danger.

Les soins que recommande l'hygiène sont également nécessaires à la conservation des forces du corps, et il ne vous sera pas impossible de faire accepter, sous forme de conseils, les prescriptions essentielles de cette science.

A l'hygiène se rattachent les exercices du corps, qui, à l'école, constituent la gymnastique et en général tous les moyens propres à développer les organes, tels que la lecture à haute voix, le chant, la bonne tenue du corps. Ces choses importantes s'enseignent surtout par la pratique ; elles créent des habitudes ; elles préparent l'enfant à comprendre et à observer tout ce qui pourra contribuer au perfectionnement de son être physique.

2° DEVOIRS QUI REGARDENT L'AME.

Si le corps doit être un bon serviteur, à plus forte raison l'âme doit-elle être préparée à exercer l'autorité ; maîtresse souveraine, c'est d'elle que dépendent le bonheur ou le malheur de notre vie.

Pour le faire comprendre aux enfants, aidez-les à reconnaître ce qui se passe en eux ; provoquez leurs réflexions sur la manière dont ils se sont déterminés à tel ou tel acte ; descendez avec eux dans leur conscience ; ayez l'air de chercher comme eux, et alors vous les amènerez à se rendre compte de phénomènes qu'ils n'avaient fait qu'entrevoir, et dont ils pourront à l'avenir suivre les évolutions.

Par là, ils constateront l'empire de l'âme sur le corps ; ils commenceront à comprendre tout ce que l'on doit à cette partie la plus noble de notre être, à celle qui constitue véritablement notre dignité.

Il me serait impossible, dans les limites que je me suis tracées, de vous entretenir de tous les devoirs individuels qui regardent l'âme ; je me bornerai à rappeler les principaux.

L'âme est sensible, intelligente et douée d'une volonté libre. Examinons rapidement la culture que réclament ces facultés.

Sensibilité. — La sensibilité nous porte à éprouver facilement des impressions agréables ou désagréables, à nous attacher à certaines choses ou à nous en éloigner. Dans le jeune âge, qui ne raisonne guère, la sensibilité joue un grand rôle, c'est donc de bonne heure qu'il faut accoutumer les enfants à des sentiments élevés, à l'admiration des belles actions et des belles choses.

Les exemples de dévouement, de justice, de magnanimité que rapporte l'histoire, et ceux que, chaque jour, la famille place sous les yeux des enfants, donnent à la sensibilité morale de la délicatesse et une heureuse impulsion. Profitez-en pour faire naître des sentiments généreux, pour fortifier des habitudes louables; faites que le cœur de l'enfant se sente quelquefois ému par la reconnaissance envers Dieu et envers ses parents; qu'il accepte volontiers la simplicité de sa condition, qu'il travaille avec goût, qu'il ait le cœur toujours bon, qu'au besoin il rassemble toutes ses forces pour repousser ce que condamnerait sa conscience.

L'enfant se doit d'être courageux, actif, vigilant, et par l'honnêteté d'une bonne jeunesse, de préparer celle de sa vie.

Intelligence. — L'intelligence nous permet d'arriver à la connaissance de ce qui est vrai, beau et bien; elle est donc nécessaire à la conduite de la vie.

C'est un devoir pour l'homme de cultiver sa raison, de rechercher la vérité, de donner aux facultés de son intelligence toute la force qu'elles peuvent acquérir.

L'école primaire ne distribue pas la science; elle s'en tient aux éléments des premières connaissances. Mais ce qu'elle peut donner à tous, c'est le bon sens, l'intuition nette du devoir, la prudence, la prévoyance, le respect de la vérité, etc.

Le bon sens sera toujours une conquête précieuse pour l'enfant de l'école primaire; attachez-vous à le donner à tous, ce sera souvent une sauvegarde contre des entraînements mauvais.

La prudence est une disposition à considérer, dans la vie pratique, ce qui est bien pour y conformer nos actes, et ce qui est mal pour nous en abstenir.

Elle trouve l'occasion de s'exercer dans tous les détails de la vie. Elle s'acquiert par l'observation des conséquences qui découlent de nos actes, c'est comme une tempérance morale qui nous maintient constamment dans la possession de nous-mêmes et nous porte à réfléchir avant de nous déterminer.

Elle engendre la prévoyance, qu'on ne saurait trop encourager chez les jeunes gens. Combien d'étourdis dans nos classes? Et que de fautes, d'actions en apparence insignifiantes, ont de déplorables conséquences?

Entendez cet enfant qui s'excuse sur sa légèreté, sur l'impossibilité où il était de prévoir l'accident qui allait arriver. Mais le mal est fait et la prudence l'aurait éloigné; profitez-en pour lui enseigner la nécessité de la prudence.

Le maître lui-même a besoin d'être prudent et prévoyant. Je vous ai raconté l'histoire de cet instituteur infortuné d'un département voisin, qui ayant donné un coup de baguette sur la tête d'un enfant, vit le pauvre petit tomber mort à ses pieds. Il l'avait tué, sans le vouloir sans doute, et le malheur était irréparable?

Et cet élève-maître qui vient d'avoir l'œil percé par une baguette que son condisciple mettait machinalement en mouvement!

Par vos exemples, comme par vos conseils, apprenez aux enfants que la prudence est une qualité précieuse, qui leur épargnera souvent des chagrins amers.

Y a-t-il une plus belle parure pour le jeune âge que l'amour de la vérité? Et dans l'âge mûr, n'est-ce pas une qualité enviable?

N'omettez aucune précaution pour exercer à cet égard une surveillance incessante sur vos élèves. Scrutez les paroles, les actions, et ne vous contentez pas d'une vérité approximative; exigez l'exactitude rigoureuse même dans les détails.

Je ne sais si jusqu'aujourd'hui on a fait assez dans les écoles pour inculquer aux enfants l'amour de la vérité; si, quelquefois même, par une faiblesse coupable, on n'a pas favorisé la dissimulation.

L'école primaire a la mission de former la jeunesse à une entière sincérité. Il n'est pas difficile à l'instituteur de trouver mille occasions de glorifier la vérité et de punir le mensonge. Un enfant a voulu vous tromper : cherchez le motif qui l'a porté à commettre cette vilaine action, et quand vous l'aurez découvert, montrez ce qu'il a de honteux. Faites sentir que le mensonge blesse la conscience et a, tôt ou tard, de déplorables conséquences.

Un autre, au contraire, avoue sa faute sans détour ; il reconnaît son tort. Louez sa sincérité, et laissez-lui entrevoir que cette disposition préviendra le retour de bien des fautes.

Le mensonge est une bassesse ; il inspire le mépris. Etouffez-en le germe dès l'enfance.

L'instituteur qui aura établi dans sa classe des traditions de sincérité, de franchise, aura beaucoup fait pour le bonheur de ses élèves.

Volonté. — L'éducation doit s'occuper de diriger la volonté, et, en ce qui concerne les devoirs individuels, de la porter à embrasser courageusement la détermination que notre raison nous indique comme la meilleure.

La volonté, ainsi comprise, devient de la force d'âme, qui comprend le sang-froid, la fermeté, la résignation dans le malheur, la modération dans la prospérité, et l'esprit de discipline en vue de l'ordre général.

C'est la volonté qui donne à l'homme son caractère propre, sa marque spéciale, elle est *lui*.

Force entièrement libre, elle deviendrait dangereuse si l'on n'en apprenait l'usage aux enfants. Commencez à l'éclairer dès l'âge le plus tendre, à la diriger, à la plier à des habitudes qui, en s'affermissant avec les années, la rendront droite, ferme, invincible pour le bien.

Dans toutes les positions, à tous les âges de la vie, cette force est nécessaire à l'homme. Elle préside aux entreprises glorieuses, comme elle est utile à la direction de la vie de chacun de nous.

Examinez cet élève médiocrement doué qui s'applique sans relâche à ne pas se laisser dépasser par de plus heureux condisciples ; ses succès ne sont peut-être pas brillants, mais quelle volonté il déploie dans son travail ! Certes, il se forme pour les luttes de l'avenir. Oh ! que l'école primaire rendrait de grands service à la France en élevant une jeunesse laborieuse, forte, ferme dans la souffrance et rompue à la discipline.

Dignité. — La notion de ces devoirs individuels a son couronnement dans la dignité personnelle, qui consiste dans le respect de soi-même, de ses facultés, de sa conscience, de la vérité. C'est comme une élévation de notre âme détachée des calculs intéressés de l'égoïsme et des mouvements irréfléchis du cœur ou des sens.

La dignité ne connaît pas de défaillance ; elle rend l'homme indépendant des conseils de la peur, des séductions de l'amour-propre, et ne le soumet qu'aux ordres absolus de sa conscience.

On parle souvent de la dignité de l'instituteur, pour faire comprendre que celui qui se livre à l'éducation de la jeunesse doit avoir un profond respect de ses propres facultés. Soyez toujours dignes dans votre conduite et dans vos manières ; c'est une réelle distinction, et elle vous conciliera le respect qui vous est dû.

Conclusion.

En me reportant aux années de mon enfance, je ne puis éprouver assez de reconnaissance pour le maître dévoué qui m'a donné ses soins. Ce que j'ai pu être, je le lui dois en grande partie. Austère et digne, ce maître méritant semblait n'avoir qu'un seul but : former le cœur, préparer l'homme ; il excellait surtout dans l'enseignement des devoirs dont je viens de vous entretenir ; et par là, je puis le dire, il assurait les succès de son école.

Les mêmes bons maîtres existent encore aujourd'hui, je le sais. Leur tâche est devenue peut-être plus difficile ; mais souvenez-vous, Messieurs, que la persévérance dans les efforts surmonte tous les obstacles ; la goutte d'eau use bien le rocher. Ne dites jamais : c'est peine perdue. Votre peine ! vous la devez, et croyez qu'elle portera des fruits en raison du dévouement qui vous animera.

Les résultats n'apparaissent pas tout d'abord dans une matière délicate comme celle qui nous occupe. Il vous faudra du temps pour vous faire comprendre des enfants, pour combattre peut-être des penchants mauvais ; mais peu à peu vos exhortations et vos exemples auront l'effet de la goutte d'eau sur le rocher, et vous goûterez la satisfaction de constater que des jeunes gens vous devront des idées sages et des habitudes précieuses pour la vie.

Le Rapporteur :

Lequint,

Directeur de l'Ecole normale primaire de Chartres.

II. LE CITOYEN

L'Homme vit en Société. — Fondement de la Société : La Famille. — Autorité des Parents. — Respect des Enfants. — Organisation générale de toute Société humaine : Gouvernement, Armée, Justice, Instruction. — Droits et Devoirs des Citoyens. — Les Lois.

Mes chers enfants, à vous surtout mes plus grands, je viens vous annoncer qu'à partir d'aujourd'hui nous nous entretiendrons familièrement le mercredi et le samedi, pendant plusieurs semaines, de ce que tout enfant doit savoir et doit être pour devenir un membre utile à la société.

Nous nous entretiendrons de vos obligations comme membres de la grande famille humaine, puis comme citoyens d'une grande nation libre.

Ces leçons ne vous seront pas tout à fait étrangères, car souvent dans nos entretiens touchant vos devoirs envers vos parents, envers tous les hommes et envers la patrie, nous avons abordé les sujets dont je veux vous entretenir. Seulement, nous nous étendrons plus longuement sur chacun d'eux et nous les étudierons pour ainsi dire plus à fond.

Ne craignez pas de me questionner, de m'arrêter dans mes explications lorsque vous ne comprendrez pas, en un mot, ne laissez rien passer que votre esprit ne puisse, je dirai, digérer.

Car de là seulement, je vous le répète toujours, dépend une instruction forte et solide, une instruction telle qu'il la faut aujourd'hui à tout citoyen français; car notre France veut une génération mâle et virile, une génération qui ait l'amour sacré de la patrie et le respect de nos traditions nationales, une génération qui ait en elle l'amour du bien général, le sentiment du devoir, la reconnaissance envers ceux qui ont bien mérité de leur pays, le désir de les imiter et le respect des lois.

1° L'HOMME VIT EN SOCIÉTÉ. — FONDEMENT DE LA SOCIÉTÉ.

MAITRE. — L'éducation, mes enfants, doit former l'homme pour un monde où il se trouve environné de dangers, de besoins de toutes sortes et de misères. Elle doit lui faciliter son voyage à travers la vie et lui assurer autant que possible les conditions qui lui permettront d'accomplir sa destinée.

Le véritable but de l'éducation est de mettre l'enfant en état de concourir au but que s'est proposé l'auteur de toutes choses, ou de réaliser en nous l'idée de l'humanité, en sorte que cette humanité atteigne son plus haut point de développement.

ÉLÈVES. — Mais, monsieur, que veut dire le mot éducation.

M. — Le mot éducation signifie l'action de faire sortir ce qui est caché. Ainsi, faire votre éducation, c'est mettre au jour toutes les forces qui sont chez vous à l'état de germes. Dans chacun de vous, mes amis, il y a des ressources, des forces dans des proportions déterminées et des aptitudes qui varient d'un individu à l'autre. Ce sont là les éléments sur lesquels celui qui vous instruit est appelé à travailler. Dans chacun de vous, ces forces sont comme des germes non entièrement développés, comme des boutons de fleur qui recèlent une puissance, une beauté, une vie qui n'est pas encore manifestée, mais qui est susceptible de l'être, et qui n'attend que les bienfaisants rayons de l'éducation pour se développer.

E. — Ainsi, monsieur, comme je vois, l'éducation est la science directrice de la vie humaine ?

M. — En effet, mes amis; c'est aussi celle du bonheur des individus et des peuples ; elle est la puissance régénératrice des États. Le bonheur, dans son acception la plus élevée, résulte de notre amélioration morale.

Si, comme nous venons de le dire, l'éducation est importante pour chaque individu isolé, elle ne l'est pas moins pour les collections d'individus, c'est-à-dire pour les familles et pour les peuples.

C'est l'éducation qui, en formant des caractères tendres, énergiques et dévoués, fait des hommes forts et de véritables citoyens; c'est elle qui fonde d'une manière solide le bonheur de l'homme dans la société domestique; c'est elle qui crée le véritable esprit public au milieu des nations, qui y enracine ces principes d'ordre, de justice et de moralité qui en sont les plus solides appuis.

E. — Nous comprenons maintenant que la société n'est bien organisée qu'autant que les éléments qui la composent sont polis, dressés, par une bonne éducation.

M. — Oui, mes enfants, vous raisonnez juste, c'est cette bonne éducation qui forme la société; c'est elle qui l'élève et la protège. C'est à la société que vous devez tout le bonheur dont vous jouissez sur la terre. Vous tenez de l'Être suprême votre existence et vos facultés, mais vous trouverez dans la société la sûreté de votre personne, l'emploi de vos forces et votre industrie et l'assurance de vos biens. C'est sous la protection du corps politique dont il est membre, que l'homme vit tranquille; ce sont ses lois qui veillent autour de lui et qui défendent ses propriétés.

Sans l'institution sociale, qui fait de toutes les familles une seule famille, qui, de tous les intérêts épars et divisés, ne fait qu'un seul et même intérêt, le genre humain serait toujours resté dans l'enfance, réduit à un certain nombre de peuplades misérables, comme nous en trouvons encore beaucoup dans l'Afrique et dans les îles de l'Océanie; la plus grande partie des arts et des sciences eussent été ignorés et les douceurs de la vie en société qui en sont les résultats, n'auraient jamais été connues.

Je pense, mes amis, que vous vous faites une idée de ce qu'eût été l'homme sans l'institution sociale.

E. — Oh! oui, monsieur; l'activité humaine aurait été bornée comme dans les animaux, et comme dans les peuples sauvages, à la recherche des moyens de satisfaire les besoins physiques : l'agriculture, les arts et les sciences ne lui seraient point venus en aide.

M. — Assurément. La société est pour l'humanité une condition du plus haut point de perfectibilité et de bien-être; les droits de chacun n'y sont pas seulement protégés; ils y acquièrent de l'étendue. Mais, comme tout est relatif ici-bas, les droits de l'homme s'accroissant toujours, ses devoirs augmentent en proportion de ses droits.

La société, en s'établissant sur des bases de plus en plus solides, a rendu l'homme libre de sa personne, maître absolu de ses biens et de ses richesses.

Savez-vous, mes enfants, quelle est la principale assise de la société ?

E. — Ce sont les richesses.

M. — Non.

E. — C'est la liberté.

M. — Oui. La liberté peut seule former des citoyens généreux, de grands hommes d'État, des gouvernements stables. Il n'y a de gouvernement stable que celui d'une nation libre et contente. Si la nation s'avilit, le gouvernement s'affaisse.

Les avantages de la vie en société, mes enfants, ne frappent peut-être guère votre esprit, et cela ne m'étonne pas, car beaucoup d'hommes faits jouissent des biens que leur procure la société, sans en sentir le prix et même sans y faire attention. Cependant que vous devez en être reconnaissants ainsi que tous les hommes !

Voyons, quel est celui d'entre vous qui se fait une idée de ce que devaient être les hommes avant l'union sociale et la garantie des sociétés ? Qu'il nous fasse le tableau de leur état misérable.

E. — Moi, je me représente les hommes n'ayant pour abri qu'un arbre ou une grotte, de boisson que de l'eau, de nourriture que quelques fruits sauvages que la terre produisait d'elle-même, ou la chair de quelque bête qu'une industrie grossière pouvait leur faire prendre; sans cesse exposés à l'intempérie de l'air, à la rigueur des climats, à la variété des saisons et à la fureur des animaux féroces.

M. — Oui, mon ami, ces premiers hommes devaient être dans une souffrance continuelle et toujours en danger de périr. Leur vie précaire ne donnait l'existence qu'à une population précaire. Trouvaient-ils un arbre chargé de fruits, de châtaignes ou de glands, ils dansaient pour marquer leur joie d'une aussi heureuse rencontre. Ces pauvres êtres ne s'élevaient guère au-dessus de l'instinct et du bonheur des brutes, ou même n'étaient pas aussi heureux qu'elles, puisque la raison qui les en distingue n'avait pu se développer en eux et qu'ils n'étaient pas d'ailleurs aussi favorisés de la nature sous d'autres rapports.

Vous voyez, mes enfants, que l'état de l'homme civilisé est évidemment pour l'homme l'état le plus heureux sur la terre, que la société est le milieu normal où il est appelé à vivre, c'est d'elle, et d'elle seule que lui viennent non seulement les moyens d'exister, qui ne seraient sans elle qu'absolument précaires et insuffisants, mais aussi tout ce qu'il peut réaliser et rêver de jouissance et de grandeur.

Ce sentiment a toujours existé, même dans l'antiquité. Vous rappelez-vous les monuments que la joie, l'admiration, la gratitude des hommes établirent en l'honneur des inventeurs de l'agriculture, des arts, des fondateurs des sociétés ?

E. — Oui, monsieur. Ils en transmirent le souvenir à la postérité par des allégories ingénieuses comme celles de Saturne, de Minerve, d'Hercule. Ces allégories sont des témoignages authentiques qu'ils attachaient à l'heureuse révolution par laquelle la société s'était constituée, agrandie ; autant qu'il était en eux, ils en éternisaient la mémoire, ils en éternisaient les auteurs qu'ils ont ensuite regardés comme des dieux.

M. — Maintenant, mes amis, pour mieux sentir la différence des deux états, de l'homme isolé et de l'homme en société, comparons-les. Quels avantages, que de biens, que de plaisirs celui-ci doit à l'union sociale ! Les besoins font le malheur de l'homme isolé par la difficulté de les satisfaire ; ils sont les plaisirs de l'homme social parce que tous les arts concourent à le contenter.

Tout, dans la nature, est en mouvement pour ce dernier : des millions de bras travaillent sans cesse pour lui. Les uns forcent la terre à produire pour le nourrir et le vêtir ; d'autres façonnent ces productions de mille manières ; d'autres vont chercher dans des contrées lointaines les produits que la sienne ne peut lui offrir. Sa chemise, sa blouse et son pantalon de travail ont peut-être poussé dans la propriété d'un planteur des Etats-Unis; son paletot et son pantalon de toilette proviennent peut-être du dos d'un mouton de l'Australie. L'air, la terre et l'eau sont mis à contribution pour étendre ses jouissances. Mille mets variés peuvent apaiser sa faim et flatter son appétit, les boissons les plus agréables le désaltérer et charmer son goût. Une demeure décente le défend du froid, du vent, de l'ardeur du soleil; il y trouve le nécessaire, la commodité, l'aisance; s'il en sort, des vêtements propres aux différentes saisons le couvrent et le parent; s'il veut enfin se transporter au loin, il a sous ses ordres les animaux, la vapeur, et tout à l'heure l'électricité : tout se prête à sa volonté.

Ce n'est pas tout, mes amis, vous venez de voir les bienfaits de la société envers l'homme en général, mais envers vous aussi elle est prodigue; c'est une mère pleine d'égards. Quoique jeunes, vous n'êtes pas oubliés, mais elle vous accorde une grosse part des bienfaits qu'elle prodigue à tous.

Voyez quelle place vous occupez dans la première des sociétés, la famille. Aucun de vous n'est assez ingrat pour méconnaître comment il y est aimé, chéri, soigné, pourvu de tout ce dont il a besoin. Si, par malheur, cette société intime, vos parents, venait à vous être enlevée par la mort, la grande société ne vous oublierait pas. Vous trouveriez en elle les soutiens qui vous manqueraient; elle vous nourrirait, elle vous instruirait et vous mettrait en état de gagner honorablement votre vie. Si vos parents, votre famille, ne voulaient pas vous donner le nécessaire, elle interviendrait, elle forcerait, s'il le fallait, votre famille à vous donner ce dont vous auriez besoin.

Non, jamais la société ne vous abandonne; elle vous suit partout où il vous plaît d'aller, pour vous protéger. Auprès de vous, êtres chétifs et encore sans forces, pour ainsi dire, qui n'avez rien pour vous défendre, sinon vos deux faibles bras, elle a placé un puissant génie qui ne souffrirait pas qu'on touchât à un seul cheveu de votre tête.

E. — Nous comprenons maintenant tous les bienfaits que l'homme peut attendre de la société.

M. — Donnez-moi une preuve que vous avez bien compris.

E. — Il y a encore les hôpitaux pour les malades; les hospices pour les enfants abandonnés et les vieillards; les associations de secours mutuels qui aident les familles à soigner chez elles leurs membres malades et infirmes; les associations ouvrières qui permettent d'obtenir à meilleur marché les objets nécessaires à la consommation; toutes les institutions propres à venir en aide aux familles, à favoriser l'épargne et à mettre les plus pauvres en état d'arriver à l'aisance, toutes choses enfin par lesquelles la société s'efforce de remédier à ce qu'il y a de plus fâcheux dans leur condition.

M. — Je suis heureux, mes enfants, de voir que vous avez compris.

Jusqu'à ses membres perdus, gangrénés, la société vient en aide afin de les retrouver, de les guérir. Des comités de patronage se sont formés pour les aider, quand ils sortent de prison, à se faire, dans la société, une vie honorable.

Des bibliothèques populaires ont été fondées partout, afin de prêter des livres à ceux qui ne peuvent en acheter; des salles sont chauffées et éclairées, et l'ouvrier, le travailleur peut passer sa soirée à la bibliothèque, au lieu de la passer au café; ou bien encore, il peut emporter des livres que la bibliothèque lui prête, et les lire chez lui, au milieu des siens. En faisant cela, il ne dépense pas l'argent qu'il a gagné dans sa journée, l'aisance reste au foyer, il augmente les ressources de son intelligence, et le visage de tous paraît rayonnant de bonheur.

Croyez-vous, mes amis, que nous ayons énuméré tous les bienfaits que la société procure à l'homme en général ?

E. — Oh! non, monsieur.

M. — Nommez m'en encore quelques-uns qui vous touchent de près.

E. — Mais, monsieur, nous pouvons vous citer tout ce qui touche à l'instruction populaire : les écoles maternelles, les écoles primaires, les écoles professionnelles, les écoles d'apprentis, les cours d'adultes.

M. — C'est bien, mes enfants. Oui, la société veut que vous soyez tous instruits. Elle vous en fait un devoir, et, en même temps, elle vous en facilite tous les moyens, et elle vous en donne le droit.

Ce droit, jusqu'à votre âge, généralement les enfants en font peu de cas; mais, plus tard, quand vous serez des hommes, des citoyens dans le vrai sens du mot, des membres actifs de la société, vous en reconnaîtrez l'importance, vous comprendrez que l'éducation et l'instruction aussi généreusement distribuées sont le meilleur moyen que la société puisse employer pour se fortifier sur ses assises.

Supposons, mes amis, qu'un homme bienfaisant vous comble de bienfaits de toutes sortes, vous protège en toutes choses, de quels sentiments, dites-moi, seriez-vous animés à son égard?

E. — Oh! monsieur, nous l'aimerions beaucoup, nous serions pleins de respect à son égard et bien reconnaissants.

M. — Je ne doute pas de votre bonne nature, et je ne crois pas qu'un seul parmi vous se montrât ingrat.

Eh bien! mes enfants, ces sentiments vous devez les avoir envers la Société, qui, comme vous venez de le voir, fait tant pour vous. La société, à votre égard, n'est pas exigeante.

Votre faiblesse, votre impuissance ne lui permet d'exiger de vous que des sentiments. Quant aux actes, elle vous les demandera plus tard.

Elle veut de vous, pour le moment, des sentiments de respect, de reconnaissance et d'affection pour vos parents qui sont les premiers et les plus proches représentants de la société; elle exige aussi de vous des sentiments de justice et de charité à l'égard de chaque personne.

Cette vertu, mes enfants, ennoblit le caractère, elle vous rend plus aimables et plus attentifs dans les rapports que vous avez avec les hommes qui vous touchent de plus près.

Souvenez-vous aussi que vous êtes partie intégrante d'un milieu où nous sommes tous solidaires les uns des autres, où nous devons tous travailler au bien de chacun et de tous, car, ne l'oubliez pas, tout homme volontairement inactif et incapable est une non-valeur pour la société et il la frustre de la part du travail productif pour laquelle elle comptait sur lui.

Pourriez-vous me dire maintenant sur quoi repose le fondement de la société ?

E. — Oui, monsieur. Par tout ce que vous venez de nous dire, nous avons compris que le fondement de la société repose sur les services que les hommes sont appelés à se rendre pour la satisfaction de leurs besoins, et que si chaque homme en particulier pourvoit à ses besoins par son travail, c'est au travail de tous qu'il doit de pouvoir satisfaire les siens.

Ainsi, les produits de notre industrie française vont dans les pays éloignés pourvoir aux besoins d'habitants que nous ne connaissons que d'après la géographie, et dont le travail nous procurera une foule de choses que notre patrie ne peut produire.

M. — Bien répondu, mes enfants. Les besoins sont le lien qui unit les hommes et les peuples. Les habitants des bords de l'Océan et de la Méditerranée nous envoient le sel qui assaisonne nos aliments et notre contrée leur donne en échange le blé et les autres céréales. Les habitants de l'île Bourbon et de l'Arabie nous envoient le café, la Chine nous donne le thé, les épices nous viennent des Moluques et le coton nous est envoyé des Etats-Unis. Par contre, nous donnons à tous ces pays les produits de notre travail et de notre sol.

Ainsi, mes amis, partout où l'homme a porté ses pas, partout où on rencontre des sociétés organisées, on les trouve constituées sur les mêmes fondements : le besoin de s'entr'aider et d'échanger leurs services.

La société a aussi son fondement dans la famille qui en est l'image en petit. C'est ce qui fera le sujet de notre entretien de samedi prochain.

2° LA FAMILLE : AUTORITÉ DES PARENTS. — RESPECT DES ENFANTS.

Maître. — Dans notre causerie de mercredi, nous nous sommes entretenus de la société en général. Je vous ai montré comment la société s'est organisée et ce qui a poussé les hommes à se réunir en société.

Résumez en deux mots ce qui a amené les hommes à se réunir en société.

ELÈVES. — C'est le besoin qu'ils avaient de s'entr'aider et d'échanger leurs services ; c'est surtout l'instinct de la Société.

M. — Bien. Aujourd'hui, nous allons nous occuper de la première des sociétés : la famille. Puis nous nous entretiendrons de l'autorité que vos parents ont sur vous, et du respect que vous leur devez.

J'attends de vous, mes enfants, la même attention que mercredi dernier, car cette leçon portera principalement sur vos devoirs à l'égard des personnes qui vous aiment particulièrement et que vous aimez tous du fond de votre cœur, je n'en ai aucun doute.

En connaissant mieux ce qu'il y a de beau et de noble dans la véritable famille, vous apprendrez à avoir un amour plus grand pour vos parents et à avoir pour eux tout le respect que vous leur devez.

Par notre nature, nous sommes, comme je vous l'ai montré, des êtres sociables, nous ne sommes pas faits pour vivre seuls ; l'aspect de nos semblables nous ranime, leurs entretiens nous réjouissent, leurs cœurs répondent à notre cœur. L'organisation de la société était indispensable à notre bonheur. En dehors de nos relations avec nos semblables, nos idées se renfermeraient dans des limites fort étroites, notre intelligence végéterait misérablement. Ce n'est qu'au sein de la Société que notre perfectionnement est possible. C'est pour cela que la famille fut instituée.

Savez-vous, mes enfants, où nous trouvons le premier théâtre de notre activité ?

E. — C'est dans la famille.

M. — Oui. Où rencontrons-nous nos premiers, nos plus grands et nos plus sérieux devoirs ?

E. — C'est encore dans la famille.

M. — Vous avez raison. La vie de famille, la vie privée comme on l'appelle encore, est éminemment sincère. Aussi, le plus sûr moyen de juger un homme sans se tromper sur son compte, c'est de savoir comment il se comporte dans son intérieur. Le mal comme le bien y ont d'incalculables conséquences. Les relations qui unissent tous les membres de la famille sont étroites, leur contact est immédiat, continuel :

l'influence qu'ils peuvent exercer les uns sur les autres, est immense.

La famille, mes enfants, quelle admirable institution! Deux époux, le père et la mère, qu'un lien indissoluble unit et qui s'aiment de cet amour unique au monde, où tout est passion, respect, pureté; des enfants élevés à l'école de la tendresse, de l'obéissance et du devoir, comme je pense que vous l'êtes tous; quelquefois un grand-père et une grand' mère, ou l'un ou l'autre, débris vénéré de l'ancienne famille qui a cherché un refuge dans la nouvelle, voilà, mes amis, la vraie, la bonne famille.

E. — Oh! monsieur, vous nous faites là le tableau d'une famille modèle; on ne trouve pas tous ces éléments dans toutes les familles.

M. — Hélas! non; mais tâchez, chacun en ce qui vous concerne, de réaliser cet idéal, ce sera déjà un grand point.

La famille telle que je viens de vous la dépeindre se sent une et solidaire; c'est un seul être, c'est une seule personne; si un de ses membres est dans la joie, tous sont dans la joie; si un de ses membres souffre, tous souffrent; elle vit d'une vie commune.

Afin que le tableau de la vraie famille ait quelque chose de plus frappant pour vous, rappelez-vous ce qu'elle était dans l'antiquité. Nous en avons parlé dans nos leçons sur l'histoire ancienne.

E. — Oui, Monsieur, nous nous en souvenons. Elle était corrompue, comme en Grèce, ou rigide jusqu'à la dureté comme à Rome. Il y avait, vous nous l'avez déjà dit, si peu d'amour réel entre le mari et la femme, que les époux qui se sont vraiment aimés sont cités dans l'histoire, comme Julius Sabinus, chef de l'insurrection des Gaules, et Eponine. Vous nous avez aussi dit, que, maintenant encore, chez les peuples non civilisés et dans les pays où l'islamisme s'est implanté, les plus simples éléments de la famille sont inconnus.

M. — Certainement. Chez ces peuples, la famille ne connaît ni l'épouse, ni la mère que nous connaissons; elle n'a rien de ce qui constitue la grandeur et la beauté de la vraie famille.

Mais, mes amis, à côté de la famille modèle dont nous avons parlé tout à l'heure, n'avons-nous pas encore hélas! ces familles qui ne sont que des associations de hasard ou d'intérêt, dans lesquelles le mal a tout altéré, tout perverti, où le lien essentiel a été rompu, où le désordre a pris pied et s'est comme légitimé. Rien de plus triste à voir que ces familles qui ont le vice pacifiquement assis à leur foyer, et où la plus honteuse profanation est un fait accepté et devenu naturel. Ne voit-on pas, chaque jour, le voile qui couvre ces hontes se déchirer, et les journaux, dans leurs débats judiciaires, remuer cette boue cachée sous d'honorables apparences? On en est à se demander si notre société polie et civilisée a subi l'influence de tant de siècles de civilisation et de progrès, et ne serait pas encore semblable au vieux monde romain, avec sa pourriture et son infamie. Au régime dotal et à celui de la communauté, de telles familles semblent avoir ajouté ce que l'on pourrait appeler le régime de la séparation morale. Nous avons là la négation de la famille.

E. — Nous comprenons maintenant que chaque vraie famille est une unité, on pourrait même dire un être vivant.

M. — Certainement. Il y a dans la vraie famille un courant d'idées, de convictions, de désirs; il y a des tendances qui sont celles de tous, des intérêts qui sont ceux de tous, il y a des hérédités morales auxquelles on n'échappe pas. Ne sentez-vous pas, mes enfants, que dans votre famille vous vivez avec vos parents et dans vos parents? Ce qui se passe à la maison ne fait-il pas toujours battre votre cœur? Les petits faits, les menus incidents de votre foyer ne sont-ils pas toujours pour vous des événements?

E. — Oh! assurément, monsieur.

M. — Pourriez-vous me dire maintenant quel rôle joue la famille dans l'éducation de chacun de vous?

E. — Oui, monsieur. La famille est la base de notre éducation. C'est dans nos familles que nous sont enseignées les premières vertus.

M. — Cela est vrai. Mais, quelquefois aussi, malheureusement, les premiers vices, selon qu'elle est austère ou pervertie, et l'école se ressent en bien ou en mal de cette éducation.

La notion du devoir est la base de la moralité, elle constitue en grande partie la dignité de notre vie; elle y fait entendre la grande voix de l'autorité souveraine.

A la famille, mes enfants, appartient le gouvernement de chacun de vous; elle doit d'une main douce et ferme vous guider pas à pas dans la vie, vous ménager le châtiment avec tact et mesure lorsque vous êtes désobéissants.

Elle doit vous faire sentir qu'il y a une règle à laquelle vous devez vous soumettre et vous plier. L'enfance, c'est-à-dire le temps de l'éducation, c'est le temps de l'autorité, de l'apprentissage à l'obéissance de la loi. La loi, avec laquelle vous allez avoir à faire connaissance, vous est rendue visible dans la personne de vos parents.

Pourriez-vous me dire quel est votre premier devoir?

E. — C'est d'aimer nos parents, c'est tout naturel.

M. — Et votre second?

E. — C'est de leur obéir.

M. — Oui, mes enfants, vous devez apprendre que vous n'êtes pas vos maîtres, que votre volonté n'est pas absolue, mais qu'elle doit fléchir devant une volonté au-dessus de la vôtre. C'est là ce qui fait l'autorité de cette tutelle continuelle et de cette direction incessante à laquelle vous devez obéir. Vous apprendrez ainsi à être soumis aux lois qui doivent vous diriger plus tard, et lorsque les lisières qui vous guident seront tombées, vous serez capables de vous diriger dans le monde.

Souvenez-vous, mes enfants, qu'il y a une obéissance de nécessité que vous pourrez apprendre partout, mais qu'il y a une obéissance de conscience qui ne peut être enseignée que par les parents. Cette obéissance, provenant du devoir et non de la crainte, naît d'elle-même au sein de la famille.

Qui fait, si ce n'est elle, l'éducation de votre volonté?

Qui vous donne des habitudes de respect et de soumission?

Qui sait vous incliner humbles et confiants sous le joug de l'autorité légitime?

E. — Ce sont nos parents.

M. — Oui, ce sont ceux dont les droits sur vous ont le caractère de l'évidence. Le temps de la jeunesse appartient à l'autorité. Souvenez-vous que les vies où la période de l'autorité a été supprimée s'en ressentent jusqu'au bout. Quand l'autorité de la famille a disparu, quand le respect s'efface, il n'y a plus de place pour les enfants auprès du foyer.

L'autorité paternelle est entièrement subordonnée aux devoirs des parents envers les enfants. Elle est la condition et l'instrument de l'éducation ; mais la tâche de l'éducation une fois remplie, elle doit cesser.

Pensez-vous, mes amis, que, une fois devenus hommes vous serez libérés de tous devoirs envers vos parents ?

E. — Oh ! non, monsieur. Devenus hommes, nous devrons toujours demeurer unis à nos parents par l'amour, la reconnaissance et le respect, mais nous ne leur devrons plus l'obéissance.

M. — Cela est vrai. Aussi, c'est pour cela que les lois qui régissent notre société ont désigné un âge, vingt-et-un ans, où cette émancipation est légalement reconnue ; pour le mariage seulement, la minorité est prolongée jusqu'à vingt-cinq ans.

Ce caractère temporaire de l'autorité est le point qui distingue le gouvernement de la famille dans l'ancien régime et dans le nouveau. Aujourd'hui, le pouvoir paternel, ayant son origine dans la nature même des choses, ne dure que le temps de la minorité. C'est ce que l'ancien régime ne connaissait pas, parce qu'il ne reconnaissait pas le droit individuel.

E. — Oui, nous le savons. Le père avait droit de vie et de mort sur ses enfants, et le mari sur sa femme. Le pouvoir du père s'étendait non seulement sur son fils, mais sur la femme de son fils, sur leurs enfants et sur tous leurs biens.

M. — Justement. Chez les peuples orientaux, chez les Perses, chez les Indiens, il en était de même. Dans l'ancienne famille patriarcale du peuple hébreu, l'autorité paternelle était aussi grande, et, de plus, elle se revêtait d'un caractère religieux qui donnait à tous ses actes un cachet divin.

Chez les Spartiates, l'autorité du père était remplacée par celle de l'Etat, et la situation des enfants était la même. Ils étaient élevés, instruits par la république, pour en faire des guerriers et des citoyens.

Et dans notre patrie ?

E. — Dans notre France, sous la féodalité, nous trouvons l'égalité, qui doit exister entre tous les enfants d'une même famille, sacrifiée à l'intérêt de caste.

Le nom, les dignités, la fortune du père, tout passait au fils aîné.

M. — En effet, mes enfants, mais les grands principes de 89, comme vous le savez, ont fait disparaître ces coutumes injustes et ont réglé, avec droiture, les rapports de la famille en renfermant dans sa véritable destination l'autorité paternelle, et en consacrant, pour les enfants, ce principe d'égalité qui est tout à la fois dans les devoirs et dans les sentiments des parents.

Vous naissez, mes amis, dans le monde de la famille, et c'est là que vous faites le premier apprentissage de la vie.

C'est là que vous goûtez les premières joies et que vous éprouvez les premières douleurs. La famille est pour vous ce qu'est le nid pour le petit oiseau. C'est dans ce paisible abri que vous avez trouvé un père et une mère qui vous ont réchauffé sur leur sein, qui ont guidé vos premiers pas et qui vous environnent de soins et de tendresse. C'est sous leur influence de tous les moments que s'est opéré le premier développement de votre cœur. C'est aussi envers eux que vous devez apprendre à remplir vos premiers devoirs.

Quels sont vos premiers devoirs envers vos parents ?

E. — Ce sont l'obéissance, l'amour et la politesse.

M. — Assurément. Comment vos parents pourraient-ils remplir la tâche que la société et la nature leur imposent ?

Comment seraient-ils capables de vous élever, de vous former, de vous instruire, de vous guider vers le but de la vie, si leurs ordres étaient méprisés, leurs conseils rejetés, leur autorité méconnue ?

Comment ne seriez-vous pas pénétrés d'amour pour ceux à qui vous devez tout, non seulement la nourriture du corps, mais aussi celle de l'âme et de l'intelligence, et qui ne reculent devant aucune privation pour vous assurer le bien-être ?

Comment ne sériez-vous pas polis envers ceux qui sont au-dessus de vous par leur âge, leur sagesse, les devoirs qu'ils ont à remplir à votre égard et l'autorité morale qui en est la conséquence ?

E. — Oh ! monsieur, il ne pourrait y avoir que des êtres pervertis par une éducation faussée qui fussent capables de méconnaître ces trois sentiments filiaux.

M. — Ces trois sentiments, mes enfants, sont inséparables et n'en forment qu'un que nous appellerons respect.

La famille, la véritable famille, cultive le cœur de ses enfants; elle y fait germer tous les bons sentiments.

L'école est dans ce cas l'auxiliaire de la famille.

Pourriez-vous me dire comment ?

E. — Parce que vous vous efforcez de faire naître, de faire grandir dans nos cœurs le sentiment du devoir à l'égard de ceux qui nous ont donné la vie et qui prennent soin de nous chaque jour.

M. — Qui, entre vous, me rapportera le beau commandement ayant trait à vos devoirs filiaux ?

E. — « Honore ton père et ta mère. »

M. — C'est bien. Que ce mot est beau : Honorer ! Tout est renfermé en lui : amour, obéissance, reconnaissance, soumission, politesse, respect, déférence et encore toutes ces vertus ne parviennent pas à l'épuiser. Pour comprendre sa vraie portée, mes enfants, il faut aller jusqu'au sentiment qu'exprime un autre mot : la piété filiale.

E. — Mais, monsieur, tous les parents doivent-ils être honorés de leurs enfants ? Il y a des parents dont le caractère est difficile, d'autres qui sont corrompus, scandaleux.

M. — Oui, mes amis ; il n'est pas permis à des enfants de ne pas honorer, de ne pas respecter leurs parents.

E. — Mais alors, monsieur, comment feront les enfants qui ont des parents durs, corrompus, scandaleux ?

M. — D'abord, mes enfants, vous ne croyez pas au mal chez vos parents, tant il y a chez vous une puissance incalculable de respect à leur égard. Et lorsque les enfants qui ont de tels parents s'apercevront de leurs fautes, ils jetteront sur eux en marchant à reculons, afin de les couvrir, le manteau de Sem et de Japhet. Le vice d'un père ou d'une mère ne se voit pas. Et puis, mépriser ses parents, c'est se mépriser soi-même. Rien ne recommande plus des enfants que le respect filial.

La loi naturelle vous prescrit à l'égard de vos parents un devoir sacré de respect dont rien ne saurait vous dispenser. Cette obligation si étroite, est en même temps si juste, mes enfants, qu'en vous y refusant, vous ne faites pas seulement injure à ceux à qui vous devez le jour, mais vous faites injure à vous-mêmes, vous vous avilissez aux yeux de tous.

E. — Merci, monsieur, de vos bons conseils. Nous comprenons aussi que l'amour que nous devons avoir pour nos parents est le vrai principe de celui que nous devons avoir pour la patrie, qu'il est le lien de la famille, que c'est lui qui forme les sociétés et y entretient les liens affectueux qui les unissent, car qui n'aime pas sa famille, qui n'a pour ses parents aucun bon sentiment, n'en saurait avoir pour personne.

M. — Oui, mes amis, c'est le bon fils, comme le bon père qui sont la base de l'honnête homme et du bon citoyen.

Quand des enfants ont reçu de leurs parents la conviction profonde de leurs devoirs, des principes droits, la dignité du caractère, ils respecteront toujours ceux qui leur auront donné une telle éducation, même quand la période de l'obéissance sera écoulée.

L'obéissance, comme je vous l'ai dit, ne doit pas se prolonger au-delà de l'œuvre de l'éducation dont elle est la condition indispensable. L'autorité du père sur son enfant est comme une délégation du Ciel, mais une délégation temporaire dont le terme est marqué par la loi divine aussi bien que par la loi humaine.

E. — Pardon, monsieur. Quand nous aurons atteint notre majorité, nous ne serons pourtant pas déliés de tous nos devoirs à l'égard de nos parents.

M. — Non, bien certainement, mes enfants, car entre vos parents qui n'auront plus le droit de vous commander, et vous, qui ne serez plus obligés de leur obéir, devront exister jusqu'à la mort les liens du respect, de l'amour et de la reconnaissance, ce que la piété filiale a de plus inaltérable, ce que le dévouement a de plus désintéressé, parce qu'il prend sa source dans le souvenir des bienfaits passés.

Cette grande voix de la piété filiale, mes amis, est aussi celle qui vous recommande, quand vos parents seront devenus vieux, infirmes ou nécessiteux, de les nourrir, de les soigner, de veiller à ce qu'ils ne manquent de rien. Vous devrez non seulement pourvoir à leur entretien quand ils seront vieux et infirmes, mais vous devrez encore, aussitôt que vous pourrez leur venir en aide, prendre plaisir à travailler pour eux, à leur procurer, par votre travail et votre bonne conduite, le repos et l'aisance, à leur rendre la vie douce et honorée, et leur épargner toutes sources de peines et de soucis, car ils en ont eu assez dans leur vie. Vous devrez vous efforcer de leur donner de la joie et de la satisfaction et souhaiter de leur en donner longtemps.

Nous nous arrêterons ici aujourd'hui, mes enfants ; dans une prochaine leçon, nous nous entretiendrons de l'organisation générale de toute société humaine.

Mais, avant de nous séparer, je voudrais que l'un de vous résumât, en quelques mots, ce que nous avons dit.

E. — Vous nous avez montré que la famille est le fondement de l'éducation de l'enfant; que c'est à elle qu'il appartient de nous guider dans la vie et de nous châtier quand nous sommes désobéissants, que nous devons aimer nos parents, leur obéir et leur demeurer unis par le respect et la reconnaissance ; que c'est le bon fils comme le bon père qui sont la base de l'honnête homme et du bon citoyen.

3° ORGANISATION GÉNÉRALE DE TOUTE SOCIÉTÉ HUMAINE.

MAITRE. — Dans notre première leçon, je vous ai dit que l'homme ne pouvait rester un être isolé sur la terre.

Comme je vous l'ai montré, il doit vivre en famille. Mais la famille ne pouvait pas non plus être isolée ; aussi, nulle part, nous ne la trouvons seule.

ELÈVES. — C'est vrai. Le plus petit groupe social que nous ayons jamais vu dans nos lectures, est au moins une tribu.

M. — Oui, mes enfants ; et si nous voyons les familles se rapprocher, se réunir, c'est certainement qu'elles y sont poussées par l'instinct de la conservation et de la défense.

E. — Nous comprenons, monsieur, pourquoi les hommes se sont rassemblés. C'était afin d'être plus forts, afin de se livrer avec plus de sécurité à la chasse, à la pêche ; c'était pour labourer la terre, pour récolter, pour se défendre contre les bêtes sauvages et contre leurs semblables qui pouvaient les attaquer.

M. — Justement. C'est là la cause des premières sociétés. Mais croyez-vous, mes amis, que c'est simplement pour mettre ensemble leurs engins de pêche, leurs armes, leurs outils, leurs forces, que les premières familles se réunirent ?

Vous restez muets.

E. — Nous ne savons pas.

M. — Non, petit à petit, tous les éléments de la vie humaine entrèrent en association, et bientôt tout fut confondu. Les mœurs, la langue, les croyances religieuses, les races, les manières de vivre, les habitudes, toutes choses qui étaient différentes au commencement, finirent par se confondre et se ressembler.

Ajoutons à tout cela, mes amis, une longue cohabitation dans un même lieu, la participation prolongée aux mêmes sentiments et aux mêmes actes, des intérêts communs, puis le désir de voir leur unité durer, se perpétuer de génération en génération, cette unité qui a été conquise, établie, défendue souvent au prix de peines incroyables et de sacrifices immenses, et vous aurez une idée de ce qu'on appelle un Etat, ou une société civile et politique.

Gouvernement. — Arrivée à ce point, la société civile, l'Etat, comme nous l'appellerons maintenant, a des intérêts plus compliqués, des besoins matériels et moraux plus étendus ; il est nécessaire de protéger les uns et les autres par des pouvoirs chargés de concilier l'ordre général avec la liberté de l'individu, de faire servir les ressources communes aux besoins de chacun. De là les lois et les pouvoirs chargés de les faire et de les appliquer, de réfréner et de punir ceux qui les violent.

Pourriez-vous maintenant me dire ce que c'est qu'un Etat?

E. — Oui, monsieur. Un Etat n'est pas autre chose qu'une grande réunion d'hommes qui sont convenus de respecter la vie, les biens, la liberté, la conscience, les croyances de chacun et de tous, au nom de la justice, au nom des lois.

M. — A la bonne heure, mes enfants, je vois que vous retenez bien ce que je vous dis. Mais, dites-moi, ces lois dont nous venons de parler, d'où viennent-elles? qui les a apportées dans notre Etat? Qui les fait respecter?

E. — Parmi eux, les hommes ont choisi les plus capables, les plus intègres pour faire ces lois, pour les faire respecter, pour rendre la justice et pour les protéger, eux, contre la force.

M. — C'est cela; c'est l'ensemble de ces hommes choisis par leurs concitoyens qui s'appelle le *Gouvernement*.

Jusqu'ici, mes chers amis, je me suis efforcé de vous montrer comment et pourquoi l'homme vit et a toujours vécu en société; comment la société lui assure un grand nombre d'avantages matériels ou intellectuels, ce que c'est que la famille, les obligations de chacun de ses membres et son devoir de préparer de bons citoyens. Maintenant, je vais essayer de rendre accessibles à vos jeunes intelligences la connaissance des institutions politiques de notre pays et l'étendue des droits et des devoirs du citoyen français.

Espérons qu'une bonne semence d'instruction civique jetée dans de véritables cœurs français comme les vôtres, germera et produira des fruits à la gloire de notre République. Vous n'êtes encore, mes enfants, que des citoyens en herbe.

Pour devenir ce que la Patrie attend de vous, vous devez connaître toutes ses institutions, car quelques années après votre sortie de l'école, vous serez appelés à la servir et vous serez électeurs.

Dans une République, dans un pays qui se gouverne par lui-même, où chacun est appelé à participer par ses votes à la direction des affaires publiques, il ne doit pas se trouver un citoyen ignorant ses obligations politiques et sociales.

Afin d'être clair, nous irons du connu à l'inconnu, en vous enseignant les rouages de notre organisation sociale; nous allons procéder comme pour l'étude de la géographie, c'est-à-dire que nous allons commencer par la commune.

L'origine des communes remonte au berceau des sociétés. Partout où des familles se sont groupées dans une même enceinte, ou rapprochées sur un même territoire, des intérêts communs se sont créés, des rapports se sont établis et du sacrifice fait par chacun d'une partie de sa souveraineté est né le droit public, sauvegarde du droit de tous.

Sous les Romains, ces sociétés politiques sont bien établies et fonctionnent parfaitement. Savez-vous comment on les appelle ?

E. — Ce sont les municipes.

M. — Oui. Sous le régime de la féodalité, les municipes, qui avaient franchi les Alpes après la conquête romaine, disparaissent presque complètement.

Savez-vous quand nous voyons les communes se relever ?

E. — C'est sous Louis-le-Gros, à l'affranchissement des communes.

M. — Justement. A cette époque, les communes se relèvent d'une longue déchéance et atteignent leur plus haut degré de splendeur, puis, à partir du xvie siècle, elles s'effacent peu à peu à l'ombre des trônes qui les abaissent en les protégeant.

Savez-vous de quand date la commune comme nous l'avons aujourd'hui ?

E. — La commune comme nous l'avons aujourd'hui ne date que de la Révolution française.

M. — Certainement, c'est encore un bienfait que nous lui devons ; en voulant émanciper l'individu, elle voulut aussi émanciper la commune.

La commune, mes enfants, comme vous la connaissez, formée ou d'un village seul, d'un village et d'un ou de plusieurs hameaux, ou d'une ville, est le dernier degré de la division administrative et territoriale

Par qui est administrée la commune ?

E. — La commune est administrée par un maire et un ou plusieurs adjoints assistés d'un conseil municipal.

M. — C'est bien. La commune, souvenez-vous-en, c'est l'État en petit. Le maire et les adjoints représentent le pouvoir exécutif et le conseil municipal forme l'administration délibérante.

Tout en constituant une circonscription administrative, la commune constitue une sorte de personne morale, de personne civile susceptible de posséder, de contracter, de gérer ses affaires elle-même, mais sous le contrôle de l'Etat. Si l'Etat n'avait pas ce contrôle, chacune voudrait agir à sa guise, et l'unité nationale qui fait la force et la prospérité d'un pays, serait bientôt détruite.

Savez-vous comment sont élus les conseils municipaux ?

E. — Oui, monsieur : ils sont élus au scrutin de liste par les habitants de la commune, c'est-à-dire par le suffrage universel, que nous devons à la Révolution de 1848, et chaque électeur doit voter pour un nombre de candidats égal à celui des conseillers municipaux. Le vote est secret.

M. — Savez-vous pourquoi le vote est secret ?

E. — Oh ! monsieur, cela n'est pas difficile à deviner. C'est pour permettre à chaque électeur de voter selon sa conscience.

M. — Assurément. Pour être élu au premier tour de scrutin, il faut réunir la majorité absolue des suffrages et un nombre de voix égal au quart des électeurs inscrits. Au second tour de scrutin, la majorité relative suffit. L'irrégularité des opérations électorales peut en entraîner la nullité, qui est prononcée par un conseil appelé conseil de préfecture, dont nous parlerons plus tard.

Le nombre des conseillers varie suivant la population des communes.

E. — Oui, monsieur, nous avons appris cela dans notre géographie. Il ne peut être inférieur à dix, ni supérieur à trente-six, sinon à Paris, où il y en a quatre-vingts. Dans les communes où la population n'atteint pas 500 habitants, il n'y a que dix conseillers ; dans les villes où il y a plus de soixante mille habitants, il y en a trente-six, comme à Bordeaux, à Marseille.

M. — C'est bien, mes enfants, je vois que vous avez toujours été attentifs à vos leçons et que vous les avez mises en pratique.

Les conseillers doivent être âgés de 25 ans au moins, être électeurs dans la commune ou y payer une des quatre contributions directes.

Pour être électeur, il faut avoir vingt-et-un ans, jouir de ses droits civils et politiques et remplir l'une des conditions suivantes : 1° être né dans la commune, ou y avoir tiré au sort et y résider depuis six mois au moins; 2° être inscrit depuis six mois aux rôles des contributions ; 3° s'être marié dans la commune et y résider depuis un an au moins ; 4° avoir une résidence de deux années au moins dans la commune; 5° y avoir une résidence obligatoire comme fonctionnaire ou ministre du culte.

Les électeurs élisent les conseillers municipaux et ceux-ci nomment parmi eux le maire et l'adjoint ou les adjoints.

Savez-vous quelle est la durée de leurs fonctions ?

E. — Je me souviens qu'aux élections dernières on disait qu'on les nommait pour trois ans. Je sais aussi que le conseil municipal peut être suspendu par arrêté du Préfet et dissous par décret du Président de la République.

M. — Les attributions du conseil municipal sont très multiples. Il y a certaines choses qu'il règle définitivement, cependant toutes ses délibérations ont besoin d'être approuvées par le Préfet. Il règle les acquisitions d'immeubles, les conditions des baux, les projets, plans et devis de grosses réparations et d'entretien des bâtiments communaux, le tarif des droits de places à percevoir dans les halles, foires et marchés; le tarif des concessions dans les cimetières, les assurances des bâtiments, l'affectation d'une propriété communale à un service communal lorsque cette propriété n'est encore affectée à aucun service public, l'acceptation ou le refus de dons ou de legs faits à la commune. Il peut aussi voter un impôt qui est payé par les habitants de la commune, et qu'on appelle centimes additionnels attribués à l'enseignement primaire et aux chemins vicinaux.

C'est aussi le conseil municipal qui nomme un délégué pour les élections sénatoriales ; ce délégué peut être pris parmi les membres du conseil municipal ou en dehors de son sein.

C'est encore le conseil municipal qui décide si les écoles

de la commune seront dirigées par des laïques ou des congréganistes.

E. — Nous comprenons bien maintenant, monsieur, que les conseils municipaux sont institués pour administrer les intérêts de la commune et surveiller l'emploi des deniers versés par les contribuables.

M. — Justement. Pourriez-vous me dire qui est le chef de la commune?

E. — Le chef de la commune est le maire. Il représente aussi l'Etat et fait exécuter les lois.

M. — Admirablement répondu, mes enfants. Ses attributions sont aussi très multiples. On peut les diviser en deux parties bien distinctes, savoir : les attributions judiciaires et les attributions administratives. Ainsi, il est à la fois officier de l'état civil, officier de police judiciaire et juge de police.

Que fait le maire en qualité d'officier d'état civil?

E. — Il reçoit les déclarations de naissance et de décès et célèbre les mariages.

M. — C'est cela. Et en sa qualité d'officier de police judiciaire ?

E. — Nous ne savons pas, monsieur.

M. — En tant qu'officier de police judiciaire, le maire a le droit de rechercher et de constater les crimes, délits et contraventions énumérés dans les lois pénales, de requérir la force armée lorsqu'il agit à la place du procureur de la République, et de faire des visites domiciliaires. Et en qualité de juge de police?

E. — En qualité de juge de police, c'est le maire qui connaît des contraventions commises dans l'intérieur de sa commune par des personnes prises en flagrant délit.

M. — Savez-vous, mes enfants, à combien s'élève le traitement d'un maire? Un fonctionnaire qui a de telles attributions et une si grande responsabilité doit avoir, vous pensez bien, un joli traitement, n'est-ce pas?

E. — Non, monsieur, les fonctions du maire sont gratuites.

M. — Assurément. Ces fonctions sont déjà bien enviées; si elles étaient rétribuées, elles le seraient encore plus et ne seraient pas mieux remplies.

Nous nous sommes peut-être beaucoup étendu sur la commune, mais nous avons pensé qu'il était bon, mes amis, que vous qui, un jour, serez appelés à administrer celle que vous habiterez, soit comme maires, soit comme conseillers municipaux — du moins quelques-uns d'entre vous — vous sachiez quels seront vos devoirs. Quant à ceux qui resteront simples administrés, il est nécessaire aussi qu'ils connaissent leurs devoirs et leurs droits. C'est cette connaissance qui fait les bons administrateurs et les bons administrés.

E. — C'est notre désir à tous, monsieur, nous voulons devenir de bons citoyens, afin de faire honneur à la République, de nous montrer dignes d'elle et de la bien servir.

M. — Bravo, mes enfants.

Je vous ai montré comment la société en général s'est formée, puis nous nous sommes entretenus de l'organisation de notre société française et nous nous sommes arrêtés au canton. Nous allons continuer aujourd'hui notre entretien. Vous demander d'être attentifs est inutile, je croirais même vous faire injure.

Nous passerons rapidement sur le canton et l'arrondissement parce que le canton et l'arrondissement n'ont point, comme la commune, le caractère de personnes morales, mais que ce sont de simples divisions administratives. Chaque arrondissement a à sa tête un sous-préfet assisté d'un conseil d'arrondissement élu. Le sous-préfet est appelé à remplacer le préfet dans quelques-unes de ses fonctions : il préside le tirage au sort et veille à ce que les conseils municipaux et les maires observent les lois.

Le conseil d'arrondissement a aussi des attributions bien limitées : il émet des vœux sur les besoins de l'arrondissement et prépare certaines affaires pour le conseil général.

Cela dit, nous passons au département.

Savez-vous mes enfants, à quelle époque remonte l'origine des départements.

E. — Oui, monsieur, l'origine des départements remonte à l'assemblée constituante de 1790. Avant cette époque notre patrie était divisée en grandes provinces et un certain nombre de divisions administratives séparées entre elles par des barrières séculaires, obstacles insurmontables, contre lesquelles venaient toujours se briser les tentatives d'organisation du territoire.

M. — C'est vrai. Non seulement chaque province avait son organisation, son langage et ses coutumes, mais il existait encore, entre les différentes parties du royaume, des inégalités révoltantes de droits et de charges, qui devenaient, à chaque instant, la cause d'embarras et de difficultés. La Révolution brisa ces barrières, abattit ces obstacles en créant l'unité de gouvernement et d'administration, base de l'organisation actuelle.

L'administration du département comprend un préfet, représentant direct et immédiat du pouvoir, un secrétaire général de préfecture chargé de veiller sur les services intérieurs de la préfecture et de remplir auprès du conseil de préfecture les fonctions de commissaire du gouvernement, un conseil général délibérant sur les questions d'intérêt départemental, un conseil de préfecture jugeant le contentieux administratif.

Savez-vous quel est le premier fonctionnaire du département ?

E. — Le premier fonctionnaire du département est le préfet.

M. — Par qui est-il nommé ?

E. — Le préfet est nommé par le Président de la République sur la proposition du ministre de l'Intérieur.

M. — C'est bien. Comme le maire, le préfet est tantôt agent du gouvernement, et tantôt il représente le département. Me comprenez-vous ?

E. — Oh ! oui, monsieur, nous avons si bien entendu ce que vous nous avez dit à propos du maire, que nous comprenons bien, que comme agent du gouvernement, il est chargé d'assurer l'exécution des lois, décrets et règlements, il nomme, suspend et révoque un certain nombre d'agents ou de fonctionnaires de l'administration.

Comme représentant le département, il en gère les finances sous l'autorité du conseil général, comme le maire gère la fortune de la commune sous l'autorité du conseil municipal.

M. — Justement. Vous avez bien compris. Le préfet est aussi chargé de l'instruction de toutes les affaires qui intéressent le département.

Le secrétaire général, qui est auprès du Préfet, est nommé par le Président de la République. Ce secrétaire délivre et signe les ampliations des arrêtés du préfet, et il le remplace lorsqu'il est absent.

Les membres du Conseil de préfecture, qui sont au nombre de trois ou quatre, sont aussi nommés par le gouvernement.

Ce conseil est appelé à donner son avis sur un grand nombre d'affaires intéressant le département. Dans certains cas, déterminés par la loi, il reçoit et juge les plaintes des particuliers contre l'administration, comme les réclamations en matière de contributions, et les demandes en nullité des élections municipales.

Au chef-lieu du département nous trouvons encore un conseil qui est l'image en petit de nos chambres législatives, c'est le conseil général.

E. — Ah ! oui, monsieur, vous nous en avez déjà parlé. Ses membres sont aussi élus par le suffrage universel. Ils sont nommés pour six ans et se renouvellent par moitié tous les trois ans.

Il y a un membre par canton et le canton d'Orgères a pour conseiller général, M. Dreux, de Cormainville, député.

M. — Oui.

E. — Ce conseil a deux sessions par an. C'est lui qui vote le budget du département qui lui est proposé par le Préfet ; c'est lui qui s'occupe du classement des routes départementales et des chemins de grande communication, et de la répartition, entre les communes, des contributions directes.

M. — Très bien, mes enfants. Souvenez-vous aussi que, comme la commune, le département c'est une personne morale : il peut acheter, vendre et acquérir.

Nous ne quitterons pas le département sans vous faire remarquer que, comme nous y avons trouvé l'image de nos chambres législatives, nous y trouvons aussi l'image de tous les grands pouvoirs.

Un général représente le ministre de la guerre ; le trésorier-payeur général, le directeur de l'enregistrement et d'autres fonctionnaires y représentent le ministre des finances ; l'instruction publique y est représentée par les inspecteurs d'Académie et primaires, et dans un certain nombre, par le recteur ; un ingénieur en chef représente le ministre des travaux publics. Mais, comme le préfet est le représentant du ministre de l'intérieur, tous les chefs de service que nous venons de nommer sont en rapport avec lui, et sont en quelque sorte sous son autorité.

Maintenant, mes amis, que nous connaissons la commune et le département, par qui et comment ils sont administrés, nous parlerons de l'Etat.

L'Etat n'est pas, comme vous pourriez le supposer, une simple agglomération de familles ou d'individus momentanément rapprochés par des circonstances fortuites, ou liés entre eux d'une manière permanente d'origine, ou par des besoins semblables, non ; mais c'est un corps organisé dans lequel circule une même vie, et qui se meut par une même volonté, une grande société réunie sous les mêmes lois et sous le pouvoir d'une autorité publique, d'un gouvernement chargé de les exécuter et de représenter aux yeux de chacun de ses membres la Société tout entière.

Vous savez tous quelle forme de gouvernement a la France.

E. — Oui, monsieur. Le gouvernement de la France est républicain, ce qui veut dire la chose publique, la chose du peuple.

M. — Vous avez raison, mes enfants ; la République est la meilleure forme de gouvernement. Toutes les autres formes n'apparaissent à côté d'elle que comme des états inférieurs participant de la barbarie ancienne.

Dans ces gouvernements, l'Etat, la chose publique, n'est que le patrimoine d'un seul ou de quelques-uns ; il n'y a pas de citoyens, mais des sujets n'ayant que des droits restreints qui ne sont pas en rapport avec leurs obligations. Le caractère essentiel d'un gouvernement républicain, c'est que la chose publique est le patrimoine de tous, sans distinction de classe, que tous sont citoyens ; en un mot, que les principes fondamentaux sont l'intérêt de la patrie, l'égalité devant la loi, la justice et le droit.

E. — Nous comprenons parfaitement, monsieur, la supériorité du gouvernement républicain. Il est clair que dans un tel État tout le monde a sa part du gouvernement, puisque chacun contribue à choisir ceux qui dirigent les affaires et que tous les pouvoirs dérivent de la souveraineté du peuple.

M. — Il est certain, mes amis, que, si chacun a de tels droits, c'est une raison de plus que tous soient tenus d'avoir de l'instruction, du bon sens, du patriotisme, car si la majorité était livrée aux passions violentes, l'injustice et l'anarchie entreraient bientôt dans la République et elle serait perdue. Ou encore, enhardi par sa faiblesse — la division amène toujours la faiblesse — l'étranger viendrait l'envahir, la démembrer ; ou bien enfin, un prétendant quelconque, appelé par la peur, remettrait l'ordre en supprimant ce qui a coûté tant de peines à conquérir, la Liberté.

Citez-moi encore un autre avantage du gouvernement républicain.

E. — L'histoire nous montre que nous avons eu en France des rois incapables et idiots qui, pour s'imposer au pays, prenaient seulement la peine de naître. A côté des incapables et des idiots, nous avons eu encore des tyrans et des êtres sans moralité, que nos pères ont dû subir pendant des règnes d'un demi-siècle, de trois quarts de siècle, tandis que si un président de la République n'a pas les qualités nécessaires, on peut le changer quand le temps pour lequel il est nommé est expiré, et le remplacer par un citoyen plus capable, plus moral, plus intègre.

M. — Assurément, mes enfants. La royauté se disait d'institution divine, mais la turpitude de certains rois, la tyrannie des uns, les vices les plus grossiers des autres montrent qu'elle était loin d'avoir une telle origine.

« L'Etat, c'est moi » disait Louis XIV. La République dit : « L'Etat, c'est tout le monde » et le souverain c'est le peuple. Ainsi, la théorie du droit divin, qui se perd dans la nuit des temps, a fait place à un principe positif et précis, appelé la Souveraineté nationale, c'est-à-dire le gouvernement du pays par le pays.

Savez-vous, mes amis, quels sont les grands, les puissants moteurs de notre Gouvernement ?

E. — Oui, monsieur, vous nous l'avez dit dans nos leçons d'instruction civique. Dans un gouvernement régulier comme le nôtre, il y a trois pouvoirs : le pouvoir législatif, qui fait les lois ou règles imposées à tous les citoyens ; le pouvoir exécutif, qui assure l'exécution de ces lois ; le pouvoir judiciaire, qui punit ceux qui violent les lois, c'est-à-dire qui juge les contestations entre les citoyens, poursuit et réprime les faits coupables.

M. — C'est bien cela. Je vous dirai aussi que, comme la commune et le département, l'Etat constitue une personne morale ou juridique, et qu'il peut être propriétaire, créancier, débiteur ; il peut aussi agir en justice.

Revenons aux trois pouvoirs dont vous avez parlé tout à l'heure. Le pouvoir législatif est exercé par deux Chambres, savoir : la Chambre des Députés et le Sénat. Une loi n'existe que si elle a été votée par ces deux Assemblées.

Savez-vous comment on appelle ces deux Chambres ?

E. — Oui, monsieur, on les appelle le Parlement.

M. — Justement. Combien y a-t-il de sénateurs ?

E. — Trois cents, monsieur. Ils siègent à Paris, au Palais du Luxembourg.

M. — Bien. Parmi ces trois cents sénateurs, 75 ont été élus par l'Assemblée nationale en 1875, on les appelle sénateurs inamovibles.

E. — Que veut dire ce mot *inamovibles*, monsieur ?

M. — Cela veut dire qu'ils seront sénateurs toute leur vie. Lorsque l'un d'eux meurt, c'est le Sénat lui-même qui nomme son successeur. Les 225 autres sont élus par la nation, pour neuf ans et renouvelables par tiers tous les trois ans. Ils sont élus pour chaque département, dans une proportion qui varie de deux à cinq, selon l'importance de la population. Ceux-ci sont élus au scrutin de liste et a la majorité absolue des suffrages, par un collège électoral réuni au chef-lieu du département. Ce collège électoral comprend les députés, les membres du Conseil général et des conseils d'arrondissement et d'un délégué élu dans chaque commune par le Conseil municipal.

Les députés sont, dans la Chambre actuelle, au nombre de 557. Ils sont élus par le suffrage universel au scrutin individuel ; ils sont nommés pour quatre ans.

La Chambre se renouvelle dans son entier à l'expiration du mandat de ses membres.

Chaque arrondissement nomme un député, sauf ceux qui ont plus de 100,000 habitants ou fractions de 100,000 habitants. Dans ce cas, ils sont divisés en autant de circonscriptions qu'il y a de députés à élire.

Pendant la durée des sessions qui est de cinq mois au moins, les membres du Sénat et de la Chambre des députés sont inviolables, c'est-à-dire qu'ils ne peuvent être poursuivis devant les tribunaux qu'avec l'assentiment de leurs collègues.

Le Sénat et la Chambre des députés ont des opérations communes :

1º Elles votent chaque année la loi de finances, qu'on appelle budget. Ainsi, ce sont elles qui augmentent ou diminuent l'impôt.

E. — C'est pour cela que le pays doit bien choisir ses représentants.

M. — Effectivement.

2º Elles votent d'autres lois qui sont présentées soit par le Gouvernement, soit par un sénateur ou un député ;

3º Elles interpellent les ministres, ou, en d'autres termes, elles leur posent des questions, afin d'agir sur la marche du Gouvernement ;

4º Elles peuvent reviser la Constitution, mais alors il faut qu'elles se réunissent en Congrès ;

5º Enfin, lorsqu'il faut élire le Président de la République, elles se réunissent en Assemblée nationale.

E. — Ah ! oui : c'est de cette manière que le Président est l'élu du peuple.

M. — C'est cela. En outre, la Chambre des députés discute la première le budget, et elle peut mettre en accusation le Président de la République et les ministres dans le cas de haute trahison. Le Sénat se transforme en haute cour de justice quand la Chambre a décidé la mise en accusation du Président et des ministres.

Le second pouvoir est le pouvoir exécutif. Vous ne savez peut-être pas tous ce que signifient ces deux mots : pouvoir exécutif.

E. — Si, monsieur. Ces deux mots désignent le Président de la République et ses ministres.

M. — Oui, mes enfants. Le Président de la République est élu par le Sénat et la Chambre des députés réunis en Congrès, à la majorité absolue des suffrages. Il est nommé pour sept ans et il peut être réélu. C'est lui qui, avec la Chambre, a l'initiative des lois et qui en assure l'exécution. Il nomme à tous les emplois civils et militaires et dispose de la force armée ; les ambassadeurs des puissances étrangères sont accrédités auprès de lui. Il peut dissoudre la Chambre au cas où il serait en désaccord avec elle, mais il ne peut le faire qu'avec le consentement du Sénat.

Les ministres sont les chefs de l'administration dans les différentes branches des services publics. Ils sont nommés par le Président de la République et délibèrent en conseil sous sa présidence, ou, en son absence, sous celle du Président du conseil, sur les affaires les plus importantes. Pour les affaires de moindre importance, le ministre que cela regarde décide sous sa responsabilité.

Combien avons-nous de ministres aujourd'hui ?

E. — Dix, monsieur.

M. — Non, nous avons actuellement onze ministres. On a créé un nouveau ministère, il y a quelques semaines, qu'on appelle le ministère des Beaux-Arts.

Ces onze ministres sont :

1° Le ministre des Affaires étrangères qui correspond avec tous les Etats pour toutes les affaires où nous avons des intérêts à régler avec eux ;

2° Le ministre de la Justice, dépositaire des sceaux de l'Etat, qui dirige l'administration judiciaire ;

3° Le ministre de l'Intérieur, qui dirige la police, qui est chargé de maintenir l'ordre. Les Préfets et les sous-préfets sont nommés sur sa proposition ;

4° Le ministre de la Marine et Colonies, qui est chargé de l'administration de la marine et du gouvernement des colonies ;

5° Le ministre de la Guerre, qui s'occupe de l'organisation et de l'entretien de notre armée, nomme les généraux et les officiers et organise la guerre lorsqu'elle a lieu ;

6° Le ministre des Finances, qui tient la comptabilité de l'Etat, perçoit les impôts de toutes sortes, exploite les tabacs et administre les domaines de l'Etat ;

7° Le ministre de l'Agriculture, du Commerce et de l'Industrie, qui veille aux intérêts de l'agriculture, du commerce et de l'industrie ;

8° Le ministre des Travaux publics, qui a dans ses attributions les édifices nationaux, les routes, les chemins de fer, les canaux ; il dirige et commande les travaux des bâtiments appartenant à la nation et ceux des mines et des carrières ;

9° Le ministre de l'Instruction publique et des Cultes, qui s'occupe de l'enseignement dans les trois degrés : l'enseignement supérieur, l'enseignement secondaire et l'enseignement primaire. Il nomme aussi les archevêques et les évêques, ou plutôt il soumet leur nomination au Président de la République et au conseil des ministres ;

10° Le ministre des Postes et Télégraphes, qui établit, entretient et dirige les communications par la poste et le télégraphe ;

11° Le ministre des Beaux-Arts, qui est chargé de la conservation de nos musées.

Résumez, mes amis, ce que nous venons de dire des ministres.

E. — Les ministres dirigent le service public qui leur est confié ; ils font mettre les lois à exécution ; ils nomment et révoquent les agents employés dans leur ministère.

M. — Les actes du Président de la République, que l'on nomme décrets, doivent être contresignés par un ministre.

Les ministres sont responsables de leurs actes devant les Chambres. Ils ont entrée dans celles-ci toutes les fois qu'ils le demandent.

Les projets de loi que le Président de la République et les

ministres présentent aux Chambres, sont préparés par un corps délibérant, qu'on appelle le Conseil d'Etat.

Ce conseil est aussi appelé à donner son avis sur les décrets que rend le Président de la République et sur les règlements d'administration publique préparés par les ministres.

En résumé, mes enfants, la tâche des ministres est délicate et compliquée. Leur responsabilité est très grande, car bien qu'ils ne puissent rien faire sans l'assentiment des Chambres et qu'ils puissent être renversés par elles, ils n'en sont pas moins très puissants pour le bien et pour le mal. Ainsi, leur imprudence pourrait rendre la guerre inévitable, quand même le pays ne la voudrait pas.

Je devrais maintenant vous parler du pouvoir judiciaire qui tient de bien près au pouvoir législatif étant chargé de punir les infractions à la loi, mais nous ne nous y arrêterons pas pour le moment, nous réservant de vous en entretenir plus longuement lorsque nous aborderons la Justice.

Notre leçon a été longue et nous nous sommes entretenus de beaucoup de choses, cependant votre attention n'a point faibli et je suis heureux de constater que vous répondez avec intelligence à toutes les questions que je vous adresse.

Mercredi prochain, je vous parlerai de l'Armée.

Armée. — MAITRE. — De quoi devons-nous nous entretenir aujourd'hui ?

ELÈVES. — De l'armée.

M. — Toutes les sociétés, mes amis, assez nombreuses et assez puissantes pour prétendre au titre de peuple et de nation, ont dû, dans l'intérêt de leur défense, de l'extension de leur territoire et du maintien de leur constitution intérieure, organiser des armées.

Les armées, chez les peuples anciens et jusqu'au milieu du XVe siècle, n'avaient aucun caractère de permanence et n'étaient que de vastes rassemblements d'hommes qu'on licenciait une fois la guerre terminée. Toutefois, on en conservait un noyau pour le service intérieur et pour la protection du pays contre les invasions.

Un coup d'œil rétrospectif sur l'histoire de notre pays seulement vous montrera sommairement comment se recrutaient les armées.

Les Francs, après la conquête de la Gaule, ne se fondirent pas, comme vous le savez, avec les vaincus. Ils demeurèrent, pendant longtemps, une caste militaire séparée des populations soumises, se recrutant parmi les Francs seulement.

Lors de l'établissement du système féodal, les comtes et les seigneurs, qui avaient parmi leurs droits celui de lever des troupes sur leurs domaines, choisissaient les hommes les plus robustes d'entre leurs vassaux et les conduisaient pour le compte du roi. Ce mode de recrutement était déjà en usage du temps de Charlemagne. Plus tard, les rois durent chercher un contre-poids à l'indocilité des seigneurs qui tournaient souvent contre la couronne les contingents levés pour son service. Aussi, à partir de Louis-le-Gros, favorisèrent-ils de tout leur pouvoir les milices communales.

E. — Ce sont ces milices, monsieur, qui contribuèrent beaucoup à faire gagner à Philippe-Auguste, sur les Allemands, la fameuse bataille de Bouvines.

M. — Assurément, mes amis. Mais c'est Charles VII qui est le véritable fondateur des armées permanentes, dont Charles V avait conçu le projet.

Il établit la cavalerie des Compagnies d'ordonnance et l'infanterie des francs-archers. Ces derniers furent remplacés à la fin du règne de Louis XI par 6,000 Suisses et 10,000 hommes d'infanterie qu'il prit à sa solde, c'est-à-dire qu'il payait. De là, le nom de soldats donné aux hommes qui composaient l'armée.

François Ier institua les légions provinciales qui se composaient de sept corps de 6,000 hommes, mais cette institution échoua bientôt.

Letellier et Louvois firent de grands efforts pour régulariser le système de recrutement par les racoleurs. Mais savez-vous qui modifia profondément l'institution de l'armée?

E. — Ce fut la Révolution française. Le principe de l'égale admissibilité de tous les Français aux grades, l'exclusion des corps étrangers, les levées en masse et plus tard la conscription, nous donnèrent pour la première fois une armée nationale.

M. — C'est juste. Pour la première fois aussi, mes enfants, on vit une armée exclusivement plébéienne qui dut tout créer, ses chefs, son organisation, ses ressources, sa tactique, et qui fut la gloire de la République.

Vous connaissez l'histoire de ces quatorze armées de la République ?

E. — Oui, monsieur, nous nous en souvenons parfaitement et nous admirons l'héroïsme de ces légions immortelles qui, levées pour la défense de la patrie, non pour la conquête et l'oppression des autres peuples, triomphèrent partout et enveloppèrent la France d'une immense auréole de gloire. Nous n'oublions pas non plus le patriotisme et les noms de deux jeunes garçons un peu plus âgés que nous, Barra et Viala, qui aimèrent mieux mourir que de trahir et de renier la République.

M. — Parfaitement, mes amis.

Les armées permanentes ont pris depuis quelques années, en Europe, de grandes et effrayantes proportions. On croirait que chaque Etat cherche à avoir la plus nombreuse armée. Ainsi, la France a, en temps de paix, 450,000 hommes, l'Allemagne 420,000 hommes, l'Autriche 270,000, l'Italie 360,000 hommes, la Russie 800,000.

Aujourd'hui, tous les Français doivent le service militaire, tout le monde est soldat et personne ne peut plus, comme il y a quelques années se faire remplacer. La patrie n'en dispense que quelques-uns dont elle a besoin ailleurs et qui la servent mieux d'une autre manière.

Servir son pays n'est pas seulement un devoir pour tous, mais c'est un honneur.

E. — Nous comprenons bien vos raisons, monsieur. Il faut que tout citoyen apprenne le maniement des armes afin d'être bon à quelque chose le jour où la patrie aura besoin de lui. On ne peut attendre pour se défendre que l'ennemi soit à l'entrée de nos villages, car alors il n'y aurait plus qu'à se laisser piller ou tuer honteusement.

M. — Certainement, mes enfants. Si l'union fait la force, la discipline et le nombre contribuent aussi à rendre forts.

Le service militaire dure vingt ans. Tout citoyen est soldat jusqu'à quarante ans, à moins qu'il ne soit incapable ou dispensé. Il passe cinq années dans l'armée active, quatre dans la réserve de l'armée active, cinq dans l'armée territoriale, puis les six dernières années dans la réserve de l'armée territoriale.

Le service de l'armée active est le seul qui soit effectif. Les soldats qui ont fait leur temps sont renvoyés chez eux et entrent dans la réserve de l'armée active, et ne sont plus appelés, en temps de paix, qu'à un service de deux fois vingt-huit jours; les hommes de l'armée territoriale sont appelés pour treize jours seulement.

Si nous venions à avoir une guerre qui nécessite toutes les forces de la nation, les réservistes seraient incorporés de nouveau dans l'armée, et les hommes de la territoriale seraient appelés pour la défense des places.

L'obligation de servir cinq ans dans l'armée active n'est imposée qu'à une partie du contingent. Il n'y a qu'un certain nombre d'hommes qui servent pendant cinq ans, l'autre partie ne sert qu'un an. Savez-vous pourquoi?

E. — Oui, monsieur. Si le Gouvernement appelait chaque année, pendant cinq ans, le contingent dans son entier, cela lui ferait, en temps de paix, une armée trop nombreuse et il ne pourrait entretenir une pareille force publique.

M. — En effet. A côté d'une armée active d'au moins 700,000 hommes, il y aurait encore les réservistes et les territoriaux qui seraient appelés, les premiers pendant vingt-huit jours, les seconds pendant treize jours. Un tel chiffre de soldats ruinerait vite la France, en absorbant tout l'argent, et de plus ce serait une entrave pour le travail en lui retirant les meilleurs de ses bras. Pour remédier à ces inconvénients, il a été décidé que les soldats de l'armée active seraient divisés en deux catégories, dont l'une servirait cinq ans et l'autre un an seulement. Donc, chaque année, le ministre de la guerre fixe une portion du contingent qui ne reste qu'un an sous les drapeaux.

Les soldats de la seconde portion du contingent qui justifient d'une instruction suffisante peuvent être renvoyés au bout de six mois, tandis que ceux qui ne savent ni lire, ni écrire et n'ont pas une instruction militaire suffisante peuvent être maintenus au corps une année de plus.

Remarquez aussi, mes amis, que pour ne pas blesser la justice et la raison en imposant un service de cinq ans aux uns et d'un an aux autres, on a recours au sort, comme cela se pratiquait avant la loi du 27 juillet 1872 sur le recrutement de l'armée. Avant cette loi, ceux qui avaient de bons numéros ne servaient pas du tout.

Maintenant, comme nous venons de le dire, ils servent comme les autres en temps de guerre, mais, en temps de paix, ils ne servent qu'un an au lieu de cinq.

E. — Mais, monsieur, est-ce qu'une réduction de service n'est pas aussi accordée à d'autres jeunes gens?

M. — En effet, une réduction de quatre années dans le temps du service est aussi accordée aux jeunes gens qui se destinent aux carrières libérales, aux fonctions publiques, au commerce et à l'industrie, car une interruption de cinq années dans les études leur serait préjudiciable et serait un obstacle au développement des arts et des sciences, et il faut à notre pays, des hommes lettrés, des savants et des artistes afin qu'il marche à la tête du progrès universel. C'est ainsi que se recrute notre armée.

Les jeunes gens auxquels sont échus les premiers numéros au tirage au sort forment le contingent de l'armée de mer.

Pour le recrutement des marins de la flotte, des maîtres et ouvriers des arsenaux on a recours à l'inscription maritime.

E. — Qu'est-ce que l'inscription maritime, monsieur?

M. — Voici ce que c'est que l'inscription maritime : Tous les habitants des côtes qui se livrent à la navigation ou à la pêche sont inscrits sur un registre depuis l'âge de dix-huit ans jusqu'à cinquante ans. Ils ne sont pas soumis à la loi du recrutement, mais ils doivent faire, à l'âge de vingt ans, un service spécial à bord d'un navire de l'Etat. Si le pays est en guerre, on lève d'abord les célibataires, puis les hommes veufs sans enfants, puis les hommes mariés sans enfants, enfin les pères de famille. Des secours sont accordés aux femmes et aux enfants des marins en activité de service sur les bâtiments de l'Etat.

L'armée active comprend dix-huit corps d'armée dont vous connaissez les chefs-lieux, plus celui de l'Algérie.

Chaque corps d'armée se compose de deux divisions d'infanterie, d'une brigade d'artillerie, d'une brigade de cavalerie, d'un bataillon du génie, d'un escadron du train des équipages et des autres services nécessaires.

L'infanterie comprend les troupes à pied ; la cavalerie comprend toutes les troupes à cheval ; elle sert à éclairer la marche des troupes, à escorter les convois, à poursuivre l'ennemi, à protéger la retraite de l'armée. L'artillerie est de nos jours la véritable force des armées. C'est en partie à leur puissante artillerie que les Allemands ont dû leurs succès dans la guerre de 1870.

E. — Mais, monsieur, est-ce que les gendarmes ne sont pas aussi des soldats ?

M. — Assurément, mes enfants ; je pense bien vous dire aussi un mot de ce corps de soldats d'élite chargé de maintenir l'ordre dans le pays. Ce corps se recrute parmi les sous-officiers de l'armée active.

Savez-vous en quoi consiste le service de ces soldats ?

E. — Oui, monsieur. Les gendarmes sont chargés de la répression du vagabondage, des exécutions de la loi et des arrêts rendus par les tribunaux, de la dispersion par la force de tous les rassemblements illégaux et séditieux.

M. — Bien, mes amis. Ecoutez ce que dit d'eux le baron Ambert, général de gendarmerie : « Au milieu de notre civilisation actuelle, le gendarme est l'homme le plus digne de respect, parce qu'il est la sentinelle de la loi. Sa devise, ainsi que celle de toute notre armée française, est : Valeur, discipline, patriotisme ; car l'armée c'est la nation, c'est la patrie, c'est la France. »

Souvenez-vous, mes enfants, que c'est un honneur pour tous les Français, sous un gouvernement républicain, d'aller sous les drapeaux, d'être soldat. La République ne voudra pas vous envoyer périr dans des guerres injustes, non, vous n'aurez à faire que ce qu'auront décidé les représentants du peuple, c'est-à-dire ce qui sera nécessaire et glorieux pour le pays. Vous irez de bon cœur, j'en suis convaincu, là où vous serez appelés, vous obéirez gaîment à vos chefs, puis vous reviendrez au pays natal contents d'avoir appris votre métier de soldat et d'avoir défendu la patrie, et prêts à retourner le faire avec la même vaillance le jour où elle aurait encore besoin de tous ses enfants.

E. — Oui, monsieur, nous voulons être de bons soldats et de vaillants défenseurs du pays.

M. — Bravo, mes enfants, que la Patrie vous entende !

Justice. — Maître. — Aujourd'hui, nous nous entretiendrons de la justice. Pourriez-vous me dire en quoi consiste la justice ?

Élèves. — La justice consiste à rendre à chacun ce qui lui appartient et à respecter tous les droits de nos semblables.

M. — Bien défini, mes amis. Respecter chez les autres les droits qu'ils doivent respecter en notre personne, voilà la justice.

Le vol, l'homicide, la diffamation, l'oppression, le parjure sont les plus grands fléaux qui désolent l'humanité. Aussi sont-ils punis par les lois humaines. Ceux qui ont violé la justice sont traduits devant les tribunaux.

Pourriez-vous me dire combien il y a de sortes de justice ?

E. — Il y a deux sortes de justice : la justice civile et la justice criminelle. Lorsqu'il s'agit d'une contestation entre des particuliers, c'est la justice civile ; quand il s'agit d'une contravention, d'un délit ou d'un crime, c'est la justice criminelle.

M. — Bien. Dites-moi maintenant combien il y a de sortes de tribunaux civils. Nous avons eu un entretien à ce sujet il y a quelques semaines.

E. — Oui, monsieur, nous n'avons pas oublié ce que vous nous avez dit. Il y a trois sortes de tribunaux civils, savoir le tribunal du juge de paix qui a son siège au chef-lieu de canton ; le tribunal de première instance qui a son siège au chef-lieu d'arrondissement ; la cour d'appel où sont portés les appels des jugements des tribunaux de première instance.

M. — C'est bien cela. Le juge de paix juge les petites affaires, les petites contestations. Il rend tout seul ses jugements, sans consulter personne. Il remplit dans chaque canton les fonctions de juge de simple police. Il juge en dernier ressort les affaires qui ne dépassent pas 100 francs, c'est-à-dire que l'affaire est terminée quand il a rendu son jugement. Il juge à charge d'appel devant le tribunal de première instance, tantôt jusqu'à 200 francs, tantôt jusqu'à 1,500 francs suivant les cas.

Avant de juger une affaire et dans le but de diminuer le nombre des procès, les parties comparaissent devant le juge de paix qui entend leurs explications, et parvient quelquefois à les mettre d'accord et à empêcher les procès ; c'est ce qu'on appelle la conciliation.

Connaissez-vous d'autres affaires qui soient de la compétence du juge de paix ?

E. — Oui, monsieur. Le juge de paix juge aussi les contestations relatives aux salaires des ouvriers et des domestiques, le bornage des propriétés, les dommages causés aux champs et aux récoltes.

M. — Vous vous arrêtez ? Vous n'avez pas tout épuisé. C'est encore le juge de paix qui prononce les amendes en matière de simple police : contraventions aux règlements ou arrêtés municipaux, cris et tapage nocturnes, fermeture des cafés, ivresse, conduite scandaleuse dans les lieux publics.

Le juge de paix préside aussi les conseils de famille afin d'éclairer les membres en leur faisant connaître la loi, ou pour soutenir les intérêts de la personne en tutelle.

Si une personne vient à mourir et laisse une succession, c'est le juge de paix qui pose les scellés sur tous ces biens, meubles et valeurs, afin que rien ne puisse être détourné avant l'inventaire légal qui doit être fait devant les héritiers.

E. — Qu'appelle-t-on scellés, monsieur !

M. — On appelle scellés, mes enfants, une bande de papier ou d'étoffe mise sur les portes, les serrures ou les tiroirs des meubles de manière qu'on ne puisse les ouvrir sans la briser. Cette bande de papier ou d'étoffe est scellée avec de la cire sur laquelle le juge appose son cachet. Celui qui briserait ces scellés commettrait un crime et serait puni par la loi.

Quand deux personnes n'ont pu s'entendre devant le juge de paix, ou que l'affaire sort de sa compétence, elle est portée devant un tribunal appelé tribunal de première instance, qui a, comme nous l'avons dit, son siège au chef-lieu d'arrondissement.

E. — Que veulent dire ces mots, monsieur, *première instance* ?

M. — Première instance, veut dire premier appel à la justice d'un tribunal.

Ce tribunal se compose de plusieurs juges dont l'un porte le titre de président et un autre le titre de juge d'instruction ; c'est ce dernier qui procède aux informations judiciaires. Ces juges, comme les 75 sénateurs dont nous avons parlé, sont inamovibles ; ils ne peuvent pas être révoqués.

Le juge d'instruction entend les parties, les témoins et examine les pièces du procès.

Auprès de tout tribunal de première instance il y a un collège de magistrats qui préparent le jugement, qui donnent leur avis au tribunal, à l'audience, et qui veillent à ce que la loi soit observée. Le premier de ces magistrats est le Procureur de la République qui est chargé de soutenir l'accusation dirigée contre les prévenus. L'ensemble de ces magistrats forme ce qu'on appelle le parquet. Savez-vous quel est le devoir de ces magistrats ?

E. — Ces magistrats ont pour principaux devoirs de juger sans parti pris, sans colère ni passion, appliquer la loi, rien que la loi, n'obéir à aucune préférence, à aucune antipathie personnelle, mais n'avoir pour tous qu'un seul poids, qu'une seule mesure et ne céder ni aux menaces, ni aux promesses, en un mot rendre la parfaite justice.

M. — C'est bien répondu, mes enfants.

Le tribunal de première instance juge les faits qualifiés délits, c'est-à-dire punis de peines correctionnelles. Ses jugements sont susceptibles d'appel.

La cour d'appel est un tribunal supérieur au tribunal de première instance, et devant lequel celui qui a perdu son procès peut faire appel à de nouveaux juges. Les jugements de ceux-ci sont souverains.

Combien y a-t-il de cours d'appel en France ?

E. — Il y en a vingt-sept.

M. — Dans quel ressort se trouve le département d'Eure-et-Loir ?

E. — Dans le ressort de la cour d'appel de Paris.

M. — La justice criminelle est distincte de la justice civile. Un délit ou une contravention n'est pas la même chose qu'un crime. Les premiers sont des cousins germains du second, car tous sont des attentats contre les propriétés ou les personnes.

Vous rendez-vous bien compte, mes enfants, de ce que je viens de vous dire?

E. — Oh! oui, monsieur. L'attentat à la propriété, qui est un simple délit, devient un crime quand l'acte est accompagné de certaines circonstances de temps, de lieu et de personnes définies par la loi. L'amende ou la prison sont les peines des délits; la réclusion, la transportation, le bannissement, la mort sont la peine des crimes.

M. — Justement, mes amis. Souvenez-vous aussi que les crimes ne peuvent être jugés ni par les tribunaux de première instance, ni par les cours d'appel. Ils sont jugés par un tribunal spécial appelé cour d'assises.

La cour d'assises est la juridiction la plus élevée en matière criminelle; elle juge les crimes qui sont punis d'une peine afflictive ou infamante

E. — Nous en avons entendu parler, monsieur. Nous savons qu'il y a une cour d'assises par département, et que les assises ne sont pas un juridiction permanente car elles ne se réunissent qu'une fois par trimestre.

M. — Sans doute. Mais ce que vous ne savez peut-être pas, c'est que la cour d'assises se compose de deux éléments : les magistrats et le jury. Le jury juge si l'accusé est coupable ou non, et s'il existe des circonstances atténuantes en sa faveur; la cour lui applique la peine portée par la loi.

Le jury se compose de citoyens honorables et impartiaux appelés à donner leur avis, en leur âme et conscience, sur la culpabilité de l'accusé.

Ils sont choisis sur une liste dressée dans chaque canton et revisée au chef-lieu d'arrondissement, à raison d'un juré par 500 habitants. Dix jours avant l'ouverture des assises, on tire au sort les noms de quarante membres qui doivent former le jury de la session. Ils ne siègent pas tous dans toutes les affaires. Un nouveau tirage au sort pour chaque affaire en désigne douze qui forment ce qu'on appelle le jury du jugement. Les jurés prêtent serment devant le Président.

E. — Que font les jurés? La plupart n'ont pas fait leur

droit et ne connaissent guère les lois, puisque ce sont des personnes appartenant à toutes les professions.

M. — Prenez patience, mes enfants, nous y arrivons.

L'accusé est introduit ; on lui lit l'acte d'accusation ; le président l'interroge ; les témoins sont entendus après avoir aussi prêté serment, puis les débats commencent. La plaidoirie finie, le président demande à l'accusé s'il n'a rien à ajouter pour sa défense, puis le jury se retire dans la salle des délibérations et l'accusé est emmené hors la salle des assises.

Le jury n'a à répondre qu'à la question de culpabilité plus ou moins grande ou de non culpabilité ; il dit : oui, l'accusé est coupable, ou non, l'accusé n'est pas coupable, ou il est coupable avec circonstances atténuantes. Ce sont les juges qui appliquent la loi selon le crime reconnu par les jurés. Quand la décision du jury est formée, les jurés reviennent à l'audience ; l'accusé est ramené et on lui donne connaissance du verdict. Si l'accusé n'est pas reconnu coupable, le président prononce son acquittement et ordonne sa mise en liberté ; si, au contraire, il est reconnu coupable, le tribunal lui applique la loi.

E. — Alors, monsieur, tout est fini pour le condamné, il n'a plus qu'à subir sa peine ?

M. — Pardon. Le Président avertit le condamné qu'il a trois jours pour se pourvoir en Cassation.

E. — Qu'est-ce que cela veut dire, se pourvoir en Cassation ?

M. — Au-dessus des tribunaux de justice civile, mes enfants, comme au-dessus des tribunaux de justice criminelle est la Cour de Cassation. Cette cour suprême siège à Paris. Elle est chargée de veiller à ce que les tribunaux ne violent pas les lois dans leurs arrêts. Ce pourvoi ne porte pas sur le fond de l'affaire jugée, il ne peut être fondé que sur une fausse application de la loi, ou sur l'omission d'une des formalités que la loi prescrit dans l'intérêt de l'administration de la justice.

Si cette cour trouve que l'affaire a été jugée contrairement à ces formes, elle casse le jugement et renvoie l'affaire devant un autre tribunal. Mais si elle trouve que l'affaire a été jugée dans de bonnes formes, elle confirme le jugement rendu.

E. — Cette fois c'est fini ?

M. — Généralement. Cependant le condamné a encore une petite espérance. Le Président de la République peut lui faire grâce, s'il est condamné à mort, et commuer sa peine en celle des travaux forcés, mais cela est assez rare.

E. — Pourquoi ne le fait-il pas pour tous ! C'est si triste la peine de mort ! Le criminel n'a pas le temps de se repentir de ses fautes. Il meurt et c'est fini.

M. — Vous avez raison, mes enfants, mais ainsi est notre législation. La prison perpétuelle, les travaux forcés effrayeraient peut-être plus les criminels. Nous avons des pays en Europe, qui ont aboli la peine de mort et qui ne s'en trouvent pas plus mal.

Nous en resterons là aujourd'hui, mes amis. Dans notre prochaine causerie nous nous occuperons de l'instruction.

Mais avant de nous séparer, veuillez en quelques mots, résumer ce que nous venons de dire.

E. — La justice consiste à rendre à chacun ce qui lui appartient et à respecter tous les droits de nos semblables. Il y a deux sortes de justice : la justice civile et la justice criminelle. Il y a trois sortes de tribunaux civils : le tribunal du juge de paix, le tribunal civil ou de première instance et la cour d'appel. Les crimes sont jugés par un tribunal spécial, appelé cour d'assises. Au-dessus de tous ces tribunaux, il y a la cour de Cassation qui peut casser les jugements pour une fausse application de la loi. Le Président de la République peut commuer la peine prononcée contre un criminel.

Instruction. — MAITRE. — Quel doit être le sujet de notre leçon de ce jour, mes amis ?

ELÈVES. — L'instruction.

M. — Oui. Je vous l'ai promis samedi dernier. Vous avez, comme citoyens, des devoirs personnels à remplir envers l'Etat, et votre premier, celui qui vous aidera à bien remplir les autres, est incontestablement celui d'aller à l'école, ou plutôt celui de vous instruire. Vous allez à l'école, nor.

seulement parce que vous êtes jeunes et que vous ne pouvez guère faire autre chose ou parce que vos parents vous y envoient, mais c'est parce que la France, votre patrie l'exige. Notez que je dis l'exige, et si elle l'exige c'est en échange des nombreux services qu'elle vous rend et de la protection qu'elle vous accorde. Votre patrie a besoin que vous soyez tous instruits afin que vous connaissiez bien les premiers principes de la raison et de la justice.

Si vous laissiez passer vos premières années sans aller à l'école, sans vous instruire, vous seriez bien coupables, et cette faute, croyez-moi, vous rendrait bien malheureux dans l'avenir.

Je me bornerai à vous montrer les efforts qu'a faits notre pays depuis 90 ans pour sortir de l'ignorance où il était plongé : ce sera l'histoire de l'instruction, puis nous nous entretiendrons de ce que doit être l'instruction chez le citoyen français ; enfin nous parlerons de l'organisation de l'instruction.

Notre pays, mes enfants, au point de vue de l'instruction est resté jusqu'à nos jours en arrière de certains Etats de l'Europe comme la Suisse, l'Allemagne, la Belgique et la Hollande. Cette situation, indigne d'une grande nation comme la nôtre était due surtout à l'antagonisme perpétuel entre l'école ecclésiastique et l'école laïque.

Heureusement pour notre patrie, cette question sera résolue très prochainement, il faut l'espérer, dans le sens de la liberté, et la France pourra enfin se mettre au rang des nations européennes qui se sont soustraites, sous ce rapport, à la tutelle religieuse.

Ce que je vais vous raconter va peut-être vous sembler sec, aride et ne vous intéressera que médiocrement.

E. — Non, Monsieur, nous serons heureux de vous entendre.

M. — Cependant, je tiens à vous montrer en gros ce qu'ont fait, pour l'instruction, nos hommes d'Etat depuis la Révolution française. Je serai bref.

Il y a quatre-vingt-dix ans, la Convention avait organisé l'instruction ; l'Empire lui imprima la mauvaise direction qu'elle a toujours suivie depuis, malgré les louables efforts de la loi de 1833.

L'audace et la tenacité du clergé, favorisé par la faiblesse des gouvernements, qui n'ont jamais cru pouvoir se passer de lui et braver ses menaces, nous ont toujours maintenus dans la fausse route d'où va nous tirer enfin l'énergique gouvernement de la République.

La loi de 1850, que l'Assemblée législative préféra au projet de M. Jules Simon, livra l'instruction publique à l'influence du clergé qu'elle introduisait dans tous les conseils. M. Fortoul qui fut ensuite ministre n'améliora aucunement la situation. Au contraire, il mit les instituteurs entre les mains du Préfet, les professeurs des collèges et des lycées entre celles du Ministre, les professeurs des facultés entre les mains du Chef de l'Etat. Il supprima la liberté de l'enseignement et annula complètement l'Université.

M. Rouland vint ensuite. Pendant un ministère de sept années il étudia seulement les réformes de M. Fortoul et ne fit rien.

En 1863, M. Duruy lui succéda. Il arriva au ministère de l'instruction publique avec des idées nettes et bien arrêtées. Sous son ministère, l'instruction fit un pas immense. Nombre d'écoles furent ouvertes, le chiffre des illettrés diminua considérablement. La tache noire qui couvrait la France s'effaça sensiblement ; en un mot, il donna un vigoureux élan à l'instruction primaire.

Dans le rapport qu'il présentait à l'Empereur en 1865, il concluait à l'instruction gratuite et obligatoire. Ces réformes ont mis plus de 15 ans à nous arriver, et encore, aujourd'hui n'en avons-nous qu'une, la gratuité.

On attendait impatiemment de lui la réalisation des idées émises dans son rapport, mais la montagne enfanta une souris.

La loi du 10 avril 1867 imposait à toute commune de 500 habitants et au-dessus la fondation d'une école de filles, sauf dispense du Conseil départemental, elle améliorait le traitement des instituteurs tout en leur consacrant un chiffre dérisoire. Au point de vue de la gratuité, elle autorisait les communes à s'imposer extraordinairement de quatre centimes au montant des quatre contributions directes. L'enseignement de l'histoire et de la géographie était ajouté au programme. Mais de l'obligation, pas un mot. Ce fut une déception. M. Duruy était plein de bonne volonté, mais cette bonne volonté échouait contre deux obstacles insurmontables: le gouvernement avait besoin des deniers de l'Etat pour autre chose que l'instruction, et l'opposition plus ou moins sourde du clergé qui voyait dans l'instruction gratuite et obligatoire un double péril pour ses écoles et sa foi.

M. Bourbeau qui succéda à M. Duruy était, aussi bien que ce dernier, rempli de bonne volonté, mais il ne put rien faire.

En 1870, nouveau bruit d'un projet de loi, mais la guerre déclarée à la Prusse fit oublier tous ces projets.

Après la guerre, l'opinion publique revient plus ardente que jamais sur la question de l'enseignement. Elle a compris que l'ignorance du peuple est une des causes de notre épouvantable défaite.

M. Jules Simon arrive au ministère. Il dépose un projet de loi, le 15 décembre 1871, imposant l'instruction à tous les enfants de 6 à 13 ans, et établissant des peines contre les parents réfractaires, et à partir de 1880, la privation des droits d'électeur à toute personne ne sachant ni lire ni écrire.

E. — Alors les ignorants n'auraient jamais voté ?

M. — Assurément. Mais ce projet fut mal accueilli par la commission chargée de l'examiner et elle lui opposa un contre-projet en 86 articles qui n'introduisait ni la gratuité, ni l'obligation, mais qui, en revanche, mettait l'instruction religieuse en tête du programme, imposait à l'instituteur le culte professé par la majorité de ses élèves, consacrait le principe des lettres d'obédience suppléant le brevet de capacité et faisait entrer le curé de canton dans la délégation cantonale.

E. — Mais, monsieur, maintenant que le gouvernement républicain est bien établi, est-ce qu'il ne pourra pas surmonter tous ces obstacles ?

M. — Sans doute. Il vient, grâce à M. Jules Ferry, de nous donner la gratuité ; espérons que la laïcité et l'obligation ne se feront pas attendre longtemps.

Soyons reconnaissants envers ce ministre de la belle organisation qu'il vient de donner à l'instruction primaire, secondaire et supérieure.

Quel est le but de l'instruction, mes enfants ?

E. — Le but de l'instruction est de tirer parti de ce que la nature a fait pour l'homme, en perfectionnant son esprit et en multipliant ses moyens.

M. — Justement. Faire des citoyens, préparer l'homme à jouer dignement son rôle dans la société, à rendre, dans les limites naturelles de ses aptitudes, les plus grands services que l'Etat puisse attendre de lui, tel est l'objectif que l'éducation et l'instruction doivent avoir sous les yeux.

Pour cela, mes enfants, il faut que l'instruction soit sérieuse et forte, et il faut que vous fassiez tous vos efforts pour vous instruire, car l'instruction forme l'homme honnête et utile à son pays.

Elle doit être sérieuse : on doit éviter, dans votre instruction et dans votre éducation, de nourrir votre esprit de fadaises qui remplissent malheureusement une si grande quantité de livres. Il faut vous accoutumer à réfléchir, à raisonner, car, sachez-le bien, on fait cas de l'homme qui sait, mais on se garde bien de le comparer à l'homme qui comprend et qui discute.

L'instruction doit être forte, c'est-à-dire exempte de faiblesse, de préjugés. Pour travailler au bien de la société, il faut que l'homme ait une vision nette et juste des objets qui sont autour de lui, des instruments dont il se sert et des forces qui viennent au secours de la sienne.

Il faut que, convaincu de sa propre dignité, il ne soit nullement disposé à subir un joug tyrannique, ni à se laisser imposer une doctrine quelle qu'elle soit. Comme il faut qu'il possède des membres vigoureux pour satisfaire ses besoins physiques, il doit avoir un esprit sain pour bien juger les choses avec indépendance.

Libre et fier, il ne faut pas qu'on lui laisse ignorer qu'il ne doit supporter que deux jougs, ceux de la justice et de la vérité.

Vous représentez-vous la condition de l'homme sans instruction ?

E. — Oh ! oui, monsieur. Il doit être bien malheureux. Nous nous souvenons qu'il est dit dans notre livre de lecture que « le travailleur qui ne sait ni lire ni écrire est destiné à jouer toute sa vie au milieu de ses semblables, le rôle d'un enfant. A trente ans, comme à dix ans, il sera encore en tutelle. Il faudra que chacun pense, parle, lise, écrive, compte pour lui, fasse ses affaires et le dirige de ses conseils. »

M. — Sans doute, mes amis. C'est, comme vous le voyez, l'instruction qui élève l'homme. C'est elle qui développe votre intelligence et qui fera de vous des hommes vraiment moraux ; car, sachez-le bien, l'homme qui a de l'instruction a plus de force morale que l'ignorant pour résister au mal.

Il y a trois degrés dans l'instruction, savoir : l'enseignement primaire, l'enseignement secondaire et l'enseignement supérieur.

L'enseignement primaire comprend le premier degré d'instruction, celle que vous recevez ici, à l'école : la lecture, l'écriture, le calcul, les éléments de la langue française, les éléments de l'histoire et de la géographie de la France, la gymnastique, des notions d'agriculture et de dessin et l'enseignement civique.

Quelles sont les personnes qui sont chargées de l'enseignement primaire et où sont-elles formées ?

E. — Ce sont les instituteurs et les institutrices ; ils sont formés dans des écoles normales situées le plus souvent au chef-lieu du département. Ils sont nommés par le Préfet sur la proposition de l'Inspecteur d'Académie.

M. — Oui, mes enfants. Quelles sont les personnes chargées de la surveillance des écoles ?

E. — Ce sont les inspecteurs primaires et les inspecteurs d'académie. Dans chaque arrondissement, il y a un inspecteur primaire chargé de la surveillance des écoles de cet arrondissement et des écoles maternelles au double point de vue de l'enseignement et du matériel.

M. — Oui, mes amis. Les inspecteurs primaires sont en relation directe avec l'inspecteur d'académie qui réside au chef-lieu du département, auquel ils transmettent leurs rapports sur les écoles. Ils sont également appelés à faire partie des commissions d'examen pour les brevets de capacité. Ils sont nommés par le ministre.

Les inspecteurs d'académie sont également nommés par le ministre. Il y en a un au chef-lieu de chaque département. Ils sont aussi chargés de surveiller l'enseignement primaire. Ils sont en correspondance directe avec le recteur de l'académie et avec le préfet pour tout ce qui regarde l'enseignement dans le département où ils se trouvent. Ils sont chargés, sous l'autorité du recteur, de l'inspection des collèges et des lycées.

L'enseignement secondaire se divise en deux branches : l'enseignement secondaire spécial et l'enseignement secondaire classique.

L'enseignement secondaire spécial comprend l'étude de la langue française et des langues étrangères *(anglais ou allemand)*, de l'histoire et de la géographie, de la littérature française et des littératures étrangères, des sciences, de la morale, de la législation usuelle.

L'enseignement secondaire classique comprend l'étude de la langue française, des langues anciennes *(grec et latin)*, de la littérature française, de l'histoire et de la géographie, des sciences, de la philosophie et d'une langue vivante.

Où est donné l'enseignement secondaire ?

E. — L'enseignement secondaire est donné dans les lycées et dans les collèges.

M. — Oui. Savez-vous où sont formés les maîtres qui enseignent dans ces établissements ?

E. — Non, monsieur.

M. — Les professeurs de l'enseignement secondaire spécial sont formés à Cluny et les professeurs de l'enseignement secondaire classique sont formés à Paris dans une école appelée École normale supérieure.

L'enseignement supérieur comprend la théologie, la médecine, le droit, les lettres, les sciences. Il est donné par des professeurs dans de grandes écoles appelées facultés. Il y a les facultés de droit, de médecine, des lettres, des sciences, de théologie.

Les facultés de droit forment les avocats et les magistrats, elles délivrent les grades de licencié en droit et de docteur en droit.

Et les facultés de médecine, que forment-elles ?

E. — Elles forment les médecins et accordent les diplômes d'officier de santé et de docteur en médecine, sans lesquels on ne peut exercer la profession de médecin.

M. — C'est cela. Les facultés des lettres délivrent les grades de bachelier ès-lettres, de licencié ès-lettres, de docteur ès-lettres. Les facultés des sciences délivrent les grades de bachelier, licencié, docteur ès-sciences.

Souvenez-vous aussi que l'on ne peut entrer dans la plupart des Ecoles de l'Etat et dans beaucoup de carrières sans avoir le grade de bachelier. Le grade de licencié est exigé pour professer dans les lycées ; et on ne peut être professeur dans l'enseignement supérieur sans le grade de docteur.

Résumons notre leçon, mes amis.

E. — Notre premier devoir est celui de nous instruire.

Notre pays, depuis quatre-vingt-dix ans, a fait de grands efforts pour propager l'instruction. Les ministres qui ont le plus fait pour l'instruction sont MM. Duruy et Jules Ferry. L'instruction doit être sérieuse et forte, afin de faire des hommes instruits et libres. L'ignorant joue dans la vie le rôle d'un enfant, il est toujours en tutelle. Il y a trois degrés dans l'instruction : l'enseignement primaire, l'enseignement secondaire et l'enseignement supérieur.

4° DROITS ET DEVOIRS DES CITOYENS. — LES LOIS.

M. — Mes enfants, après vous avoir montré comment s'est formée la société, sur quels principes elle repose, comment en France, la société est organisée au point de vue militaire, judiciaire et de l'instruction, nous allons nous entretenir des droits et des devoirs du citoyen français. Vous apprendrez encore par là à aimer la patrie en connaissant ce que vous devez faire pour elle et pour les hommes qui vous entourent.

Tout homme a des droits généraux que l'on peut appeler droits publics. Etant destiné, par sa nature, à vivre en société, il a dû nécessairement être soumis à certaines règles qui dirigent sa conduite à l'égard de ses semblables. En principe, l'homme doit, il est vrai, conserver dans l'état social le libre exercice de ses facultés naturelles, cet exercice doit même lui être assuré, mais avec quelque restriction, car il doit être limité par la nécessité d'assurer aux autres hommes le même exercice.

Pourriez-vous me dire quel est le premier droit de tout citoyen ?

E. — Il nous semble que le premier droit de tout citoyen est le droit de vivre.

M. — Assurément, l'existence ne saurait être ravie à personne. Dites-moi pourquoi cette existence est inviolable ?

E. — A cause des devoirs que nous avons à remplir ; à cause de la loi morale à l'accomplissement de laquelle la vie doit être consacrée tout entière.

M. — Justement. Il est évident que, puisque tous les hommes ont les mêmes devoirs et sont soumis aux mêmes lois, la vie de l'un n'est pas moins sacrée que la vie de l'autre, et que tous se doivent le même respect.

Que pensez-vous de celui qui commet volontairement un meurtre ?

E. — Celui qui commet un homicide volontaire est non seulement un grand criminel, mais il est le plus grand des criminels, parce qu'il viole d'un seul coup tous les droits de la nature humaine et, par conséquent, toutes ses obligations ; il est en opposition avec l'ordre qui préside à notre existence et qui est le fondement de la société.

M. — Pensez-vous, mes amis, que ce droit ait été reconnu dans toutes les sociétés ?

E. — Oh ! non, monsieur. La société ancienne ainsi que la société féodale méconnaissaient ce droit, car nous voyons dans l'histoire que l'esclave et le serf étaient la propriété de leur maître qui avait droit de vie et de mort sur eux.

M. — Oui. L'esclavage, qui faisait d'un homme la chose et la propriété d'un autre homme était une injustice flagrante. Le servage était presque aussi abominable, car, si le serf ne pouvait pas être vendu comme un animal domestique ou comme un meuble quelconque, il était attaché à la terre sans permission de la quitter, acheté ou cédé avec elle, forcé de la cultiver pour un maître à qui seul revenaient tous les fruits de son travail.

Tout citoyen, mes enfants, a aussi la liberté individuelle.

E. — Qu'entend-on par liberté individuelle ?

M. — Attendez ; soyez moins impatients, je vais vous le dire. On entend par liberté individuelle le droit de disposer librement de sa personne et d'obtenir protection et réparation contre les arrestations illégales, violation de domicile ou autres atteintes portées à la sûreté dont chaque citoyen doit jouir dans la société.

E. — Nous comprenons, monsieur.

M. — A la liberté individuelle s'ajoute le droit de propriété. La propriété des citoyens ne peut jamais être confisquée ; l'Etat peut, par expropriation, prendre leur propriété pour cause d'utilité publique, mais seulement en vertu d'une loi et en leur payant une indemnité. Car, comment le citoyen serait-il libre, s'il ne pouvait disposer des choses qu'il s'est assimilées par son travail, qu'il a créées par sa volonté et qui sont en quelque sorte une extension de sa personne ?

Le citoyen a également le droit d'exister comme un être intelligent et sensible ; de là, pour lui, le droit d'exercer ses facultés ; de là, la liberté de conscience.

Savez-vous ce qu'on entend par liberté de conscience ?

E. — Oui, monsieur. Cela veut dire qu'il peut professer le culte qu'il veut, ou n'en professer aucun.

M. — Justement. De là aussi le droit de faire ce qui est en notre pouvoir pour nous instruire, pour arriver à la connaissance de la vérité. C'est ce droit, qu'on appelle généralement la liberté de la pensée, liberté qui ne peut se concevoir sans celle de la discussion et de la parole, puisque la parole est l'instrument nécessaire de l'intelligence.

Le domicile du citoyen français est aussi inviolable.

L'inviolabilité du domicile est un des grands principes de 1789. L'article 76 de la Constitution de l'an VIII s'exprime ainsi : « La maison de toute personne habitant le territoire est inviolable pendant la nuit : nul n'a le droit d'y entrer que dans le cas d'incendie, d'inondation ou de réclamation faite de l'intérieur de la maison. Pendant le jour, on peut y entrer pour un objet spécial déterminé par la loi, ou par un ordre émanant de l'autorité publique. »

Le citoyen français possède aussi le droit d'agir sur la matière et de l'approprier à la satisfaction de ses besoins, c'est le droit du travail, la liberté de l'industrie, que nous devons encore à la Révolution de 89.

Comme vous le voyez, mes enfants, tous les Français sont égaux devant la loi.

Pour rendre plus frappants à votre esprit les droits civils des citoyens français, rappelez-vous ce qu'étaient nos pères avant la Révolution, et comparez leur état avec le nôtre.

E. — Nous n'avons pas oublié, monsieur, ce que vous nous avez dit. Nous nous souvenons de la criante inégalité qui existait dans la famille entre les enfants.

M. — Eh bien ! je vais vous montrer une inégalité plus criante encore dans la société civile. Du reste, c'est de l'histoire.

De même que dans la famille vous avez vu les frères aînés enlever tout à leurs cadets : terres, titres et jusqu'au nom même, nous voyons dans la société, des aînés, les nobles et le haut clergé, auxquels revenaient les charges, les emplois, les dignités, les droits de toutes sortes, tous plus criants et révoltants les uns que les autres, et des cadets, les vilains, les roturiers, les manants, les serfs, tous durement exploités par leurs frères aînés, écrasés de redevances et d'impôts.

L'inégalité existait sous toutes les formes et se retrouvait partout. Dans l'armée, il fallait être noble pour devenir officier. Dans le clergé, les hautes dignités étaient réservées à ceux qui faisaient preuve de quelque quartier de noblesse. Dans la magistrature, dans l'administration, toutes les plus hautes charges étaient dévolues à ces aînés de la société civile.

Cette classe privilégiée, pour tout obtenir, n'avait qu'à se donner la peine de naître; l'autre, celle des déshérités, travaillait toute sa vie pour n'arriver à rien.

La justice même était une honte ; il y avait une justice pour le noble, une autre pour le manant; le condamné, s'il était noble, était décapité ; s'il était roturier ou manant, il était pendu. Non seulement ces deux enfants d'une même mère n'étaient pas égaux devant la justice du roi, mais le frère aîné, le noble, avait encore le droit de juger son frère cadet, le roturier, le vilain, le serf. Il avait sur lui le droit de haute, moyenne et basse justice.

C'est ainsi que la Révolution trouva la société française.

E. — Combien elle doit être bénie par tous les citoyens pour avoir fait passer sur toute cette lèpre de privilèges, d'injustices, d'inégalités sociales, le niveau de la loi commune !

M. — Ne connaissez-vous pas d'autres droits au citoyen français ?

E. — Outre les droits civils, le citoyen français a des droits politiques.

M. — Oui, mes enfants, s'il ne les a pas perdus par une condamnation à trois mois de prison au moins pour vol, abus de confiance, attentat aux mœurs, etc., ou s'il a été condamné pour peines infamantes, ou s'il est interdit.

E. — Qu'entend-on par interdit ?

M. — On entend par là une personne qui a perdu ses droits civils et politiques par suite d'une condamnation à une peine infamante ou pour cause d'imbécillité, de folie ou de fureur. Dans les deux cas, les interdits sont assimilés à des mineurs. Leurs biens sont administrés, gérés par un tuteur. L'incapacité de l'interdit est complète et elle vicie tous les contrats, tout testament qu'il pourrait faire.

La dégradation civique entraîne aussi la perte de tous les droits politiques. Cette peine est encourue par tout individu condamné à l'une des peines afflictives, des travaux forcés à temps, de la détention, de la réclusion et du bannissement.

Quels sont les droits politiques de tout citoyen français ?

E. — Ce sont le droit d'être électeur, le droit d'être élu, le droit de parvenir à toutes les fonctions publiques, civiles ou militaires, le droit d'être juré.

M. — A quel âge le citoyen français est-il électeur ?

E. — A 21 ans ; mais il ne peut être élu conseiller municipal, conseiller d'arrondissement, conseiller général, député, qu'à 25 ans. Il ne peut être élu sénateur qu'à 40 ans.

M. — Le droit de voter, le suffrage universel, est l'instrument de la souveraineté du citoyen français : « C'est l'unité nationale, c'est l'égalité de tous les hommes devant l'urne électorale (1). »

(1) E. de Girardin.

Aujourd'hui, mes enfants, en France, le souverain n'est plus un seul homme, comme du temps de la royauté, imposant sa volonté à tous, non, le souverain, ce sont tous les citoyens, et nous usons de notre souveraineté en choisissant, par le suffrage universel, des hommes capables et intègres, auxquels nous déléguons notre autorité pour faire des lois conformes au bien et aux intérêts du pays et pour en assurer l'exécution.

Le droit de voter appartient à tout citoyen français : ce droit, il le doit à la Révolution de 1789 et à celle de 1848.

E. — Ce droit nous paraît bien juste, monsieur, car puisqu'on l'oblige à payer des impôts, puisqu'on peut le contraindre à se battre et à verser son sang pour la défense du pays, il doit avoir le droit de savoir pourquoi il se bat, quel usage on fait de son argent.

M. — Certainement, mes amis. Dans une nation adulte et civilisée comme la nôtre, il ne doit plus y avoir de parias, d'hommes frappés d'incapacité, si ce n'est par leur propre faute.

C'est une chose indiscutable, que tout citoyen a le droit de participer au gouvernement de la chose publique, et ce n'est pas seulement un droit que le citoyen exerce en déposant son bulletin dans l'urne, c'est aussi un mandat, une fonction publique qu'il remplit, et ce droit lui impose le devoir de la remplir de la manière qu'il juge la meilleure au point de vue des intérêts généraux.

E. — Nous comprenons aussi, Monsieur, que ce droit de voter, qui est conféré à tout citoyen français, nous impose à nous, enfants, à nous qui dans quelques années jouirons de ce droit qui est le principe démocratique par excellence, le devoir nous instruire.

M. — Certainement, mes enfants, et je suis heureux de voir que vous faites des efforts dans ce but.

Le citoyen instruit saura mieux connaître ses droits et les défendre que l'ignorant, il saura mieux choisir ses représentants soit pour le conseil municipal, soit pour le conseil général, soit pour la députation. L'ignorant les choisit en aveugle ; il ne peut juger leurs promesses, leurs actes, car il est incapable de trouver le point faible d'un raisonnement.

Il est de toute nécessité que les citoyens soient instruits sur ce qui concerne leurs droits et leurs devoirs ; il faut éclairer le peuple en l'appelant à jouir de plus en plus des bienfaits de l'instruction.

L'électeur ne doit plus être cette pâte molle que n'importe qui pouvait façonner au gré de ses passions ; non, souvenez-vous, mes amis, qu'il doit être ferme dans ses idées, juste dans ses jugements, désintéressé dans ses choix, prêt à sacrifier ses intérêts présents à la vérité, à la justice, au bien de tous.

E. — Oui, Monsieur, nous nous en souviendrons.

M. — N'oubliez pas, mes amis, que si vous avez sujet d'être fiers des droits attachés à la personne du citoyen français, droits qui sont ceux de vos parents, de vos amis, de votre entourage, et qui bientôt seront aussi les vôtres, ces droits créent aussi des devoirs.

Le premier de ces devoirs, nous le disions tout à l'heure, est de s'instruire ; il vous incombe à tous : c'est le seul travail que la société vous demande pour l'heure.

Sachez que c'est l'instruction, constamment tournée vers la perfection de la société, qui peut réparer les malheurs causés par l'ignorance, que c'est l'éducation qui, déployant dans les individus tout ce qu'il y a de ressorts et, dirigeant toute leur intelligence, toutes leurs forces vers le but social, les forme tous les uns pour les autres, en faisant de tous une famille immense, qui n'a plus qu'une volonté, qu'un intérêt : le bonheur de tous.

Si s'instruire est le premier devoir des enfants, quel est le second ?

E — C'est le service militaire. Le service militaire est une dette que l'on appelle l'impôt du sang.

M. — Cette dette, mes enfants, la République l'a bien diminuée. Sous l'Empire encore, le service militaire durait sept ans ; aujourd'hui, pour les moins bien partagés, il est de cinq ans. La patrie a besoin de bras pour la défendre ; et qui la défendrait sinon ceux qu'elle a instruits, qu'elle défend et qu'elle protège elle-même et qui, par leur âge et leurs forces, sont particulièrement propres à lui rendre ce service ?

E. — Cela est vrai, monsieur. Nous comprenons bien que la patrie n'est grande et forte, et n'est sûre de conserver son indépendance, ses richesses, que si elle dispose d'une armée instruite, dévouée et capable de la défendre au jour du danger.

M. — Assurément. La patrie est une mère, quand sa vie est en péril, tous ses enfants doivent se presser autour d'elle et lui faire un rempart de leurs corps. Leurs corps et leurs cœurs lui appartiennent ; elle ne peut subsister sans eux. Mourir pour la patrie est un devoir évident et simple : le soldat français ne le discute pas. Il donne sa vie sans marchander.

E. — Oh ! oui, monsieur, nous avons souvent admiré sa conduite dans les combats et lorsqu'il est en campagne ; il supporte le froid, la chaleur, la soif, la faim, les privations, sans murmurer.

M. — Le devoir du citoyen, mes amis, élève l'âme du soldat à sa dernière hauteur, mais le lâche qui refuse son sang à son pays, s'avilit et le mépris de tous l'accable.

Le devoir de payer est obligatoire aussi pour tous les citoyens. La patrie construit des écoles, paie des maîtres pour vous instruire ; elle entretient une armée pour vous défendre qui lui coûte plus de 500 millions par an. Qui fournit tout cet argent ? C'est l'impôt. L'impôt, c'est la portion de son revenu que la nation, par l'organe de ses mandataires, consacre chaque année aux besoins de l'Etat, car l'Etat, pas plus que le citoyen, ne peut se passer d'argent, ne peut vivre sans ressources.

Notre devoir à tous est donc de payer notre part d'impôts. Cela diminue un peu nos ressources, cependant il est juste que l'Etat exige et obtienne de chaque citoyen qu'il subisse cette privation.

E. — Cela est vrai, monsieur, car qui construirait les écoles, qui entretiendrait notre armée, notre marine, qui paierait les magistrats qui rendent la justice aux citoyens, tous les fonctionnaires ; qui entretiendrait les routes, les canaux, les ports de mer, les digues, les monuments nationaux ; qui servirait des pensions de retraite aux anciens militaires et autres serviteurs du pays, ce qui est une dette sacrée, s'il n'avait à sa disposition des sommes proportionnées à ses dépenses ? La nation seule peut les lui fournir, et la nation, c'est la totalité des citoyens.

M. — Voilà qui est bien raisonné, mes enfants. N'oubliez pas non plus que celui qui refuse ou qui escamote l'impôt dont il est redevable, commet un vol au détriment de la patrie ; cela n'est pas digne d'un citoyen.

Bien des gens croient que frauder la patrie, la voler, en un mot, en lui refusant l'impôt, c'est faire preuve d'habileté d'esprit : ils sont dans une erreur très grande.

Aider son pays par l'impôt, comme le défendre au prix de son sang, c'est en assurer l'existence, la force, la sécurité. Celui qui refuse son concours à la patrie, l'expose à être attaquée, envahie, vaincue, pillée, démembrée. Ce qu'on a eu la lâcheté de ne pas lui donner par devoir et par patriotisme, l'ennemi vous l'arrache le pistolet sur la poitrine.

Connaissez-vous encore un autre devoir des citoyens ?

E. — Oui, monsieur, c'est le respect de l'autorité.

M. — Vous avez raison.

Afin de subsister, l'Etat a un pouvoir dont le rôle consiste à pourvoir, au dehors, à la défense de son indépendance et de son honneur, et au dedans, à sa sécurité, à l'exécution de ses lois, à la répression des désordres publics ou privés : ce pouvoir, vous l'avez dit, c'est l'autorité. Nous devons non seulement lui obéir, mais nous devons aussi le respecter. Honorer l'autorité, c'est honorer la nation à laquelle on appartient et la société en général ; c'est s'honorer soi-même, car la dignité du citoyen est inséparable de celle de l'Etat.

E. — C'est ce que vous nous avez déjà appris. Nous savons que nous devons respecter l'autorité partout où nous rencontrons un de ses représentants remplissant avec conscience les devoirs de sa charge, depuis le plus humble jusqu'au plus élevé, depuis le garde-champêtre jusqu'au Président de la République, car c'est la loi elle-même que nous voyons devant nous et c'est elle que nous devons respecter dans la personne de son ministre.

M. — Si voter, mes enfants, comme nous l'avons dit, est le droit de tout citoyen honnête, c'est aussi son devoir. Il doit veiller à se faire inscrire sur la liste électorale et provoquer l'inscription de ceux qui ont été omis sans motif légal, ou la radiation de ceux qui ont été inscrits indûment.

Le devoir du citoyen français est de voter selon sa conscience, sans qu'aucune influence puisse changer son vote.

Ne pas faire aux autres ce que vous ne voudriez pas qu'ils vous fissent, est encore un devoir que vous devez pratiquer.

Souvenez-vous qu'on se fait aimer par des qualités aimables; qu'on se fait estimer par les services qu'on rend à ses concitoyens; mais qui n'aime pas ses semblables, qui ne s'occupe pas d'eux ne doit s'attendre à rien de leur part.

E. — Il est bien vrai, monsieur, que celui qui ne s'intéresse pas à ce qui touche les autres, n'a droit d'attendre de leur part que la même insensibilité.

M. — Evidemment. L'amour de nos semblables bien éclairé nous rendra toujours sensibles aux maux des autres, et, nous inspirant la bienveillance, nous fera chercher à les soulager.

Qu'il est doux pour un cœur bien né de se rendre utile à son prochain! L'homme vertueux qui s'empresse de le servir éprouve un bonheur inexprimable. Son âme, en se montrant bienfaisante, a droit aux mêmes sentiments de bonté, car l'amour engendre l'amour, et la reconnaissance est le juste prix des services. Le Créateur, qui voulut nous rendre bons et sociables, donna des besoins à tous les hommes, afin qu'assuré par sa propre expérience de la nécessité du secours d'autrui, chacun sentît qu'il ne pouvait, sans injustice, refuser de secourir les autres.

Le plus beau commandement est celui qui ordonne à tous les hommes de s'aider les uns les autres et de s'entre-secourir. Il est le premier précepte de la loi morale de tous les peuples, et tous s'accordent, à cet égard, parce qu'avant d'être promulgué par les législateurs, chacun le portait dans son cœur en venant au monde.

Pourriez-vous me dire, mes enfants, combien il y a de sortes de lois?

E. — Il y en a deux : les lois morales et les lois écrites.

M. — Mais qu'appelez-vous lois morales et lois écrites?

E. — Les premières sont des règles de conduite fondées sur la nature même de l'homme et de la société; les secondes sont des actes de l'autorité souveraine qui règlent, d'une manière obligatoire et permanente, la conduite et les droits des citoyens.

M. — C'est bien cela, mes amis. Par les lois morales, chaque homme est chargé de régler sa conduite sur l'idée du bien, telle qu'elle se révèle à lui dans sa conscience. La raison consiste à connaître le bien et la sagesse, à employer les moyens propres à la réaliser. En cela donc, s'il fait un bon choix, il se montre vraiment raisonnable et sage; si, au contraire, il fait un mauvais choix, il agit en insensé et en vicieux.

Les lois morales veulent aussi que l'homme ne puisse assurer réellement son existence et son bonheur qu'à l'aide de sa réunion en famille. Or il est certain que la première des conditions essentielles à cette réunion, impose également à tous l'obligation absolue de ne point s'entre-nuire, de respecter les uns dans les autres les droits inséparables attachés à l'état d'homme vivant en société.

E. — Il est clair, monsieur, que manquer à cette obligation, violer volontairement ces droits, c'est s'écarter d'un devoir essentiel, c'est se rendre criminel non seulement envers les individus dont les droits sont ainsi blessés, mais même envers toute la société dont les fondements se trouvent ainsi ébranlés.

M. — Ces mêmes lois morales, mes enfants, veulent encore qu'un intérêt commun soit notre seul lien social. D'où il résulte que l'obligation de ne pas s'entre-nuire n'est pas la seule qui soit essentielle au bien de la société, qu'il en est une seconde de la même importance, celle de se prêter une mutuelle assistance, de faire tout ce que l'intérêt commun exige de nous.

D'après cette vérité frappante, il est clair qu'on ne peut pas, sans crime, ne pas remplir les devoirs particuliers que l'ordre public nous impose personnellement à cet égard, s'y refuser, c'est briser le lien social, c'est détruire l'essence de la société, c'est se rendre coupable de tous les maux qui en résultent.

E. — Il nous semble aussi, monsieur, que remplir les devoirs particuliers que l'ordre public nous impose personnellement à cet égard, c'est agir conformément à la saine raison, c'est être juste, c'est être vertueux.

M. — Très bien parlé, mes amis.

Je me suis efforcé de vous faire comprendre ce que la loi morale réclame de vous, de vous la faire connaître, de vous pénétrer de son importance de manière que vous en fassiez toujours la règle invariable de votre conduite. Rappelez-vous que la loi morale de l'homme social est à la base des des lois constitutives des sociétés; qu'il vous importe d'autant plus de la connaître qu'on peut en appliquer les connaissances à toutes les circonstances de la vie et qu'elle sert à former des esprits éclairés et des âmes droites et justes.

Que dans votre cœur soit allumé un courage si déterminé pour les actions honnêtes et vertueuses, que vous ne puissiez jamais vous imaginer qu'une influence quelconque puisse vous forcer à devenir injustes.

Efforcez-vous de vous instruire du droit naturel de l'homme, de la sanction des lois qui l'établissent, d'en connaître les bornes en même temps, et alors vous serez assurés de ce que vous devez faire ou éviter; et, dans la vue de votre propre intérêt, charmés d'étendre les droits des autres aussi loin qu'ils peuvent aller, c'est-à-dire empressés de remplir tous vos devoirs envers vos semblables, vos cœurs, enflammés de la noble émulation de bien faire, seront pleins d'horreur pour le vice et d'amour pour la vertu, votre morale deviendra plus active, et vous vous efforcerez de rendre à vos semblables tous les services dont vous serez capables.

Les lois écrites, mes enfants, sont des règles établies par une autorité souveraine pour fixer l'ordre de l'administration du Gouvernement, et pour régler les droits particuliers des sujets. Savez-vous comment, dans un état régulier comme la France, se divisent ces lois ?

E. — Elles se divisent en deux classes. Les unes déterminent la forme de son Gouvernement et les rapports du Gouvernement avec la nation : ce sont les lois politiques. Les autres règlent les rapports des citoyens entre eux : ce sont les lois civiles.

M. — Justement. Ainsi, en France, les lois qui définissent les conditions qu'il faut réunir pour être électeur et éligible, celles qui fixent les attributions des conseils municipaux, des conseils d'arrondissement, des conseils généraux, sont les lois politiques.

Les lois civiles sont celles qui se rapportent au mariage, aux successions, aux donations, à l'exercice du droit de tutelle, etc. A ces deux sortes de lois se rattachent toutes les autres à titre de sanction ou de complément : ce sont les lois pénales, les lois de procédure, les lois d'administration, etc.

Le respect des lois, je vous l'ai déjà dit, et je vous le répète encore, est un devoir sacré du citoyen français, car la Constitution, c'est-à-dire l'ensemble des lois, est le contrat sur lequel repose la sécurité et l'existence même de la société.

La loi, mes amis, c'est la Patrie elle-même ordonnant à tous les citoyens de respecter la vie, les biens, la liberté, la conscience, les croyances de chacun et de tous, au nom de la justice. Lui refuser son obéissance, conspirer contre elle, s'efforcer de l'altérer ou de la détruire, c'est un acte de rebellion, une tentative de meurtre contre l'ordre social. Attenter à la loi, c'est frapper la Patrie au cœur. Frapper la patrie en violant la loi, c'est blesser tous les citoyens que la Patrie couvre de sa protection. Violer la loi est donc un crime.

En apprenant à respecter la loi, vous apprendrez à aimer la Patrie ; en apprenant à aimer la Patrie, vous devenez de véritables citoyens. Faire de vous de bons citoyens, c'est le but de l'école, c'est le désir de votre maître, c'est l'attente de la République.

E. — Nous ferons nos efforts pour que l'école atteigne son but, pour que le désir de notre maître se réalise et pour que la République ne soit point trompée dans son attente.

M. — Bravo, enfants ; encore une fois que la Patrie vous entende !

Le Rapporteur:

JÉROME,

Instituteur à Gaubert, commune de Guillonville.

NOTES, RÉFLEXIONS ET LECTURES.

La société n'est pas un accident, comme le voulait Rousseau, elle est essentielle à l'homme qui, en dehors de la société, ne développe pas ses facultés ou retourne à l'animal.

Dans la société naturelle qui du reste n'a jamais existé qu'à l'état d'abstraction, les rapports des hommes seraient réglés par la loi naturelle, par les droits et les devoirs que la conscience révèle à chacun de nous.

Chaque homme pourrait employer la force pour faire respecter ses droits. Mais les limites de ces devoirs et de ces droits flottent au souffle de la passion; elles changent avec les intérêts; le droit de légitime défense fait place la plupart du temps à la vengeance; une telle société est la guerre de tous contre tous.

L'homme en entrant dans la société civile, s'engage à ne pas franchir certaines limites déterminées par la loi positive, et remet entre les mains d'un pouvoir public son droit de contrainte. Tout Etat suppose donc un pouvoir chargé de faire les lois ou pouvoir législatif; un pouvoir chargé de contraindre les citoyens qui violent ces lois ou pouvoir exécutif; un troisième pouvoir ou pouvoir judiciaire est chargé de les interpréter et de les appliquer; tous ces pouvoirs émanent du souverain, le peuple, ou l'ensemble des citoyens.

Un bon gouvernement doit être assez fort pour que les droits des citoyens soient respectés; mais il cesse d'être légitime dès qu'il empiète sur les libertés nécessaires. D'un côté il doit faire régner l'ordre, de l'autre il doit permettre au citoyen de se mouvoir dans une sphère qui n'a d'autres limites que la liberté des autres citoyens. Penche-t-il trop d'un côté? il y a *tyrannie*, penche-t-il trop de l'autre, il y a *licence*.

Les droits naturels, les libertés nécessaires que la loi civile doit nous garantir sont le droit de vivre, d'aller et de venir, de travailler comme nous l'entendons, le droit de n'être pas atteint dans notre honneur, dans notre propriété, notre liberté de conscience et notre liberté de penser. Les droits politiques sont les garanties de ces droits civils: l'ensemble des lois qui règlent les rapports des gouvernants et des gouvernés s'appelle la Constitution, cette clef de voûte de l'édifice social ; y porter une main criminelle, c'est précipiter le pays dans d'effroyables malheurs, c'est l'exposer à des catastrophes sans fin.

Les lois politiques doivent nous garantir: 1° le droit de vote qui permet à chaque citoyen de prendre part aux affaires publiques; 2° la séparation des pouvoirs. Quelle peut être notre sécurité sous un souverain qui d'une main rédige une loi et de l'autre tient le glaive de la justice ? Ou bien le pouvoir exécutif absorbe le pouvoir législatif comme sous les monarchies absolues, ou bien le pouvoir législatif retient le pouvoir exécutif, comme sous la Convention ; 3° la liberté de la presse qui assure le droit des minorités.

Un état est un corps organisé et comme dans tous les vivants, chaque partie est à la fois moyen et fin. Ce n'est pas une juxtaposition d'organes, mais un système d'organes ; il y a entre eux une connexion si étroite qu'un organe ne peut être lésé sans que le contre-coup se fasse sentir dans le corps entier ; une modification sur un point entraine des modifications sur tous les autres points. Cette comparaison d'un état avec un organisme si fort à la mode aujourd'hui et si propre à faire comprendre la solidarité de tous les membres de la société est bien vieille, elle remonte jusqu'à Platon, c'est la comparaison à laquelle eut recours Ménénius Agrippa, dans la fable des *Membres et de l'Estomac*:

> De travailler pour lui (l'estomac) les membres se lassant,
> Chacun d'eux résolut de vivre en gentilhomme,
> Sans rien faire, alléguant l'exemple de Gaster.
> Il faudrait, disaient-ils, sans nous qu'il vécût d'air.
> Nous suons, nous peinons comme bêtes de somme;
> Et pour qui ? pour lui seul : nous n'en profitons pas;
> Notre soin n'aboutit qu'à fournir ses repas.
> Chômons, c'est un métier qu'il veut nous faire apprendre.
> Ainsi dit, ainsi fait. Les mains cessent de prendre,
> Les bras d'agir, les jambes de marcher.
> Tous dirent à Gaster qu'il en allât chercher,
> Ce leur fut une erreur dont ils se repentirent :
> Bientôt les pauvres gens tombèrent en langueur;
> Il ne se forma plus de nouveau sang au cœur ;
> Chaque membre en souffrit; les forces se perdirent.
> Par ce moyen, les mutins virent
> Que celui qu'ils croyaient oisif et paresseux
> A l'intérêt commun contribuait plus qu'eux.

Il y a d'autant plus d'unité dans l'État, les liens qui unissent les citoyens sont d'autant plus forts, plus étroits qu'ils ont une origine commune, les mêmes mœurs, qu'ils parlent la même langue, qu'ils ont un même passé historique, en un mot qu'ils appartiennent à la même nation. De là le principe des nationalités, principe en vertu duquel des portions d'une race d'hommes tendent à se constituer en un seul corps politique ; c'est en vertu de ce principe que les tronçons de la nation italienne se sont rejoints, avec notre secours, pour se grouper sous un seul gouvernement et ne former qu'un seul peuple ; l'Autriche au contraire était et est encore un peuple formé de la réunion de tronçons de différentes nations.

Le mot nation est quelquefois synonyme d'État : les biens nationaux, les propriétés de l'État, route nationale, chemin de fer de l'État.

Nous devons obéir aux lois de notre pays, même quand nous les jugeons injustes.

« Au moment de nous enfuir d'ici, ou comme il te plaira d'appeler notre sortie, si les lois et la république se présentaient devant nous et nous disaient : « Socrate, que vas tu faire ? l'action que tu prépares tend-elle à autre chose qu'à renverser et nous et l'État tout entier, autant qu'il dépend de toi ; ou te semble-t-il possible qu'un État subsiste et ne soit pas renversé, lorsque les jugements rendus n'y ont aucune force et sont foulés aux pieds par des particuliers ? » Que répondrions-nous, Criton, à ce reproche et à beaucoup d'autres semblables qu'on pourrait nous faire ? Car que n'aurait-on pas à dire, surtout un orateur, sur cette infraction à la loi qui ordonne que les jugements rendus seront exécutés ? Ou répondrons-nous que la république a été injuste envers nous et qu'elle n'a pas bien jugé ; est-ce là ce que nous répondrons ? — *Criton*. Par Jupiter ! cela même, Socrate. — *Socrate*. Et que diront les lois à leur tour : « Socrate, est-ce de cela ou de ta soumission aux jugements rendus par la république que nous sommes convenues avec toi ? » Et si nous paraissions surpris de ce langage, elles nous diraient peut-être : « Ne t'étonne pas, Socrate, mais réponds-nous, puisque tu as coutume de procéder par questions et par réponses. Hé bien, dis, quel sujet de plainte as-tu contre la république et nous pour entreprendre ainsi de nous renverser ? Et d'abord n'est-ce pas à nous que tu dois la vie ? n'est-ce pas grâce à nous que ton père a épousé ta mère et t'a engendré ? Parle, dans les lois qui président au mariage, y a-t-il quelque chose à reprendre? — Non, dirais-je. — Est-ce alors dans les lois relatives à l'éducation, et suivant lesquelles tu as été élevé toi-même? Celles d'entre nous qui ont été instituées pour cet objet n'ont-elles pas bien fait d'ordonner à ton père de t'instruire dans les exercices de l'esprit et dans ceux du corps? — Elles ont bien fait, répondrais-je. — Hé bien, puisque tu nous dois ton existence et ton éducation, pourrais-tu nier que tu sois notre enfant et notre serviteur, toi et tes aïeux? Et, s'il en est ainsi, penses-tu avoir les mêmes droits que nous, et qu'il te soit permis de nous rendre ce que nous pourrions te faire souffrir? si tu étais sous la dépendance d'un père ou d'un maître, tu n'aurais point des droits égaux aux siens, et tu ne pourrais lui rendre ni injures pour injures, ni coups pour coups, ni rien de semblable; et tu aurais ce droit envers les lois et la patrie! Et parce que nous aurions prononcé ta mort, la croyant juste, tu entreprendrais notre ruine, autant qu'il est en toi! Et tu dirais que tu fais bien d'agir de la sorte, toi qui as réellement consacré ta vie à la vertu! Ou ta sagesse va-t-elle jusqu'à ignorer que la patrie est, aux yeux des dieux et des hommes sensés, un objet plus précieux, plus respectable, plus auguste et plus sacré qu'une mère, qu'un père et que tous les aïeux; qu'il faut avoir pour la patrie irritée plus de respect, plus de soumission et plus d'égards que pour un père; qu'il faut la ramener par la persuasion ou obéir à ses ordres, et souffrir sans murmurer tout ce qu'elle commande de souffrir, soit qu'elle nous fasse battre de verges ou charger de chaînes, soit qu'elle nous envoie à la guerre pour y être blessés ou tués; que notre devoir est d'obéir, et qu'il n'est permis ni de reculer, ni de lâcher pied, ni de quitter son poste; mais que, dans les combats, devant le tribunal et partout, il faut obéir aux ordres de la patrie, ou la faire revenir par des moyens de persuasion que la justice avoue; qu'enfin si c'est une impiété de faire violence à son père ou à sa mère, c'en est une bien plus grande de faire violence à sa patrie? » Que répondrions-nous à cela, Criton? reconnaîtrions-nous que les lois diraient la vérité? — *Criton.* Il me le semble, du moins. » (*Platon.*)

T. TUROT

III. LE FRANÇAIS

Description de la France. — Ses Productions. — Ses Richesses. — Agriculture. — Commerce. — Industrie. — Bien-être physique et moral dont nous jouissons dans notre Patrie. — Pourquoi nous l'aimons. — Dévouement que nous lui devons. — Grands Exemples de patriotisme.

Notre patrie à nous, c'est la France ! Eh bien, mes enfants, cette France, à laquelle nous avons le bonheur d'appartenir, la connaissez-vous ? Vous rendez-vous bien compte de sa situation, de son étendue et de la place qu'elle occupe sur la surface du globe ? Cette chère patrie, que nos pères ont faite si riche et si prospère, savez-vous ce qu'elle est, ce qu'elle a été et pourquoi nous l'aimons comme on aime sa mère ?

Oui, bien des fois je vous ai parlé de la France ! déjà vous avez appris à la reconnaître sur nos cartes ; à en distinguer les grands fleuves et les principales chaînes de montagnes : tous vous savez même en dessiner les contours, en indiquer les limites ; votre mémoire a pu même enregistrer les noms de nos principales villes et de nos grandes divisions administratives. Pour des étrangers, cela suffirait peut-être, pour des enfants de la France, ce n'est pas assez. Connaître son pays, mes petits amis, ce n'est pas seulement en retenir le nom des montagnes, des fleuves et des villes, c'est encore savoir quelles productions lui assurent son climat et la nature de son sol ; quelles richesses y créent l'agriculture et le travail industriel, c'est enfin connaître les avantages physiques, intellectuels et moraux qu'il assure à tous ses habitants.

« Etudier ce sol, qui a eu une si grande influence dans le
» drame de nos destinées nationales, connaître, dans le détail
» de sa structure extérieure, cette terre de France, notre do-
» maine et l'objet de nos affections, est un devoir auquel
» tout bon Français ne peut se soustraire. Il y a quelque
» chose de nous-mêmes dans ces montagnes qui nous pro-
» tègent et nous versent leurs eaux fécondes ; dans ces fleuves
» depuis tant de siècles nos serviteurs fidèles ; dans cette
» terre enfin qui est aussi la poussière sainte de nos pères. »
(Duruy).

Interrogeons aussi l'histoire et méditons les exemples de dévouement à la patrie donnés par ces héros, qui ont fait la France ce qu'elle est. N'êtes-vous pas l'avenir de la France? Pénétrez-vous bien, mes enfants, des devoirs que son passé vous impose afin de vous montrer dignes de l'héritage que vous avez reçu de vos pères.

Vous savez déjà, et vous pouvez vous en assurer en regardant cette carte d'Europe, que notre pays, s'il n'est pas le plus grand de tous ceux qui l'entourent, est du moins le plus heureusement situé.

Voyez la forme hexagonale qu'il présente dans la partie occidentale de l'Europe, entre l'Océan et la Méditerranée, et entre la Belgique, l'Allemagne, la Suisse, l'Italie et l'Espagne. Cette situation entre deux grandes mers est des plus avantageuses : elle favorise son commerce maritime dans une double direction. Par ses frontières de terre, notre pays touche au cœur de l'Europe, ce qui lui permet d'entretenir avec nos voisins d'actives relations. Si nous examinons maintenant la place qu'il occupe sur le globe, nous remarquerons qu'à ces premiers avantages, la France joint celui d'être placée à égale distance de l'équateur et du pôle arctique. Elle appartient ainsi à cette partie de la terre où il ne fait ni trop chaud, ni trop froid. Cette température modérée contribue puissamment à faire de notre pays la contrée la plus riche en animaux et en productions de toutes sortes.

Avant de pénétrer dans l'intérieur, où il y a tant à

voir, examinons rapidement les côtes avec leurs capricieux contours.

Il y a trop à dire, mes enfants, pour que nous ne limitions pas cette description. Il est inutile, du reste, d'insister sur ce que vous connaissez déjà. Forcés d'être incomplets, nous ne nous arrêterons qu'à ce qui peut vous intéresser, et encore nous ne pourrons pas tout dire, car des savants ont fait, sur notre France, de bien gros livres. Comme vous n'avez pas lu ces ouvrages, j'essayerai, mes petits amis, au cours de notre excursion, de vous les faire connaître en leur empruntant de temps à autre leurs plus belles pages. Ma leçon n'aura, du reste, qu'à gagner en s'appuyant sur ces autorités.

Allons, ouvrez les yeux et les oreilles. Gaston, prenez une baguette et servez-nous de guide. Montrez Dunkerque ; de Dunkerque à l'embouchure de la Somme, la côte est basse et n'est défendue, contre l'invasion des flots, que par d'énormes bourrelets de sables déposés sur ses rives par la mer elle-même. Ce sont les dunes. Leur largeur varie beaucoup, mais elle dépasse souvent trois kilomètres ; elles ont déjà envahi des lieux habités et contraint les populations à reculer. Boulogne seul, sur cette côte, s'est défendu contre les sables, et au lieu de dépérir, voit tous les jours s'accroître sa prospérité. Mais combien d'autres ont disparu : Wissant et Étaples ne sont plus que des villages : les deux tiers de ces villes sont ensevelis sous le sable. Le génie de l'homme a lutté contre ces forces de la nature et il est parvenu à vaincre les flots et les vents. On sait maintenant arrêter ces dunes mobiles au moyen de plantations de pins dont les racines s'enlacent au milieu des sables humides et forment bientôt une barrière infranchissable.

De l'embouchure de la Somme à celle de la Seine, plus de sable : la côte est formée de rochers à pic qui s'élèvent de 60 à 100 mètres au-dessus des flots : ce sont les falaises du pays de Caux, les côtes de Normandie. Mais ces murailles de granit sans cesse battues par la mer, se creusent au pied, tombent et se brisent avec le bruit du tonnerre. Tous ces débris sont réduits par la force des eaux en sable et galets. Les sables emportés par les courants vont au loin grossir les dunes d'Artois ou s'étendre sur la côte du Calvados en plages immenses. Les galets, plus lourds que le sable, couvrent le littoral, pénètrent dans les échancrures et seraient une menace pour nos ports du Hâvre et de Dieppe, si on ne les enlevait au fur et à mesure qu'ils s'amoncellent.

Vous connaissez cette échancrure par laquelle la Seine se réunit à l'Océan ; cette embouchure est comme une vaste baie de 12 kilomètres de largeur ; elle s'étend du cap de la Hève qui domine le Hâvre à Honfleur. Nous avons là mes enfants, cette ville du Hâvre, le principal centre de nos relations commerciales avec l'Angleterre et l'Amérique du Nord ; elle présente le spectacle d'une activité incomparable.

De Honfleur, la côte se dirige, comme vous le voyez, de l'Est à l'Ouest jusqu'à l'embouchure de la Vire. Toute cette côte est dangereuse pour la navigation et n'est abordable qu'aux bateaux de pêche. Le rivage est encombré de rochers dont les principaux sont appelés rochers du Calvados. S'il vous arrive, mes enfants, d'aller voir la mer sur ces côtes de Normandie, prenez garde aux courants qui pourraient entraîner votre bateau ; sur ces rives maudites, bien des vaisseaux ont péri !

De l'embouchure de la Vire, la côte s'allonge du Sud au Nord jusqu'à la pointe de Barfleur. Mais courons vite à l'extrémité de cette presqu'île du Cotentin, qui s'avance dans la Manche comme pour la barrer. « Là se trouve le port mili-
» taire de Cherbourg, dans une position que le grand Vauban
» estimait audacieuse. Elle l'est en effet, car, de là, on a vue
» sur toute la Manche et on menace de bien près les côtes
» d'Angleterre. Des travaux surhumains y ont été accomplis.
» L'immense jetée qui met les vaisseaux à l'abri des attaques
» de l'ennemi et de la fureur des vents est un chef-d'œuvre
» de hardiesse, on est frappé d'admiration en songeant aux
» obstacles qu'il a fallu surmonter, aux prodiges qu'il a fallu
» accomplir pour consolider au fond de la mer les assises
» de ce monument gigantesque et lui permettre de braver le
» choc des plus violentes tempêtes. »

En quittant Cherbourg et en contournant le cap de la Hogue, nous arrivons à la baie de Saint-Michel située au fond du golfe de Saint-Malo. A l'Ouest l'œil peut apercevoir les îles d'Aurigny, de Guernesey et de Jersey, qui, depuis la guerre de cent ans, appartiennent à l'Angleterre. Le mont Saint-Michel, qui se trouve au milieu de la baie du même nom, est tour à tour île et presqu'île : c'est une masse de rochers noirs qui s'élève à 120 mètres au-dessus du niveau de la mer et n'est accessible qu'à marée basse. Quelle patience et quelle hardiesse surtout il a fallu pour aller y élever le château fort qui en couronne le sommet.

A mi-chemin de Cherbourg à Brest se trouve, non loin du mont Saint-Michel, le port de Saint-Malo, patrie d'un de nos plus braves marins : Duguay-Trouin. De Saint-Malo, la côte se dirige vers l'Ouest jusqu'à la pointe Saint-Mathieu, qui marque l'extrémité occidentale de la France et la limite de la Manche. Delà, jusqu'à l'embouchure de la Bidassoa, notre frontière maritime est baignée par l'Océan Atlantique. De la pointe Saint-Mathieu à Saint-Malo, la côte, très découpée est parsemée d'îlots et de rochers qui la rendent redoutable : aussi, nulle part, les phares ne sont-ils plus nécessaires pour guider les navigateurs. Quant aux rivages que nous venons de parcourir, de la Vire à Saint-Malo, ils sont tour à tour doucement inclinés ou hérissés de falaises. Ici nous sommes à l'extrémité de la Bretagne, si bien appelée le Finisterre ou Finistère ; cette côte, de la pointe St-Mathieu à celle de Penmarch, est en effet comme la fin de la terre de France.

Cette presqu'île de Bretagne est formée de roches granitiques, dures comme le fer. Elle est terminée, au nord et au sud, par les deux caps que je viens de vous nommer et entre lesquels existent de profondes déchirures. Des falaises d'une imposante majesté s'y dressent au-dessus d'une mer toujours en fureur. Toute cette côte est très dangereuse, et le nom de baie des Trépassés, qui lui a été donné, fait allusion aux innombrables naufrages dont elle a été la cause. Donnons ici la parole à l'un des compagnons de route dont je vous ai parlé. Voici comment l'éminent historien Michelet, peint ces rivages de Bretagne : « Rien de sinistre et de formidable
» comme cette côte de Brest ; c'est la limite extrême, la
» pointe de l'ancien monde. Là deux ennemis sont en face,

» la terre et la mer, l'homme et la nature. Il faut voir, quand
» elle s'émeut, la furieuse quelles monstrueuses vagues elle
» entasse à la pointe Saint-Mathieu, à cinquante, à soixante, à
» quatre-vingts pieds, l'écume vole jusqu'à l'église où les
» mères et les sœurs sont en prière. Et même dans les mo-
» ments de trêve, quand l'Océan se tait, on ne peut parcourir
» cette côte sans dire ou sentir en soi : « triste jusqu'à la
» mort. » L'homme est dur sur cette côte. Fils maudit de la
» création, vrai Caïn, pourquoi pardonnerait-il aux autres,
» la nature ne lui pardonne pas. La vague l'épargne-t-elle,
» quand, dans les terribles nuits d'hiver, il va, par les écueils,
» attirer le varech flottant qui doit engraisser son champ
» stérile, et que, si souvent, le flot apporte l'herbe et emporte
» l'homme ? L'épargne-t-elle quand il glisse en tremblant
» sous la pointe du Raz, à côté de la baie des Trépassés, où
» les courants portent les cadavres depuis tant de siècles. »
Voici un proverbe breton qui a sa signification : « Secourez-
» moi, grand Dieu, à la pointe du Raz, mon vaisseau est si
» petit et la mer est si grande. »

Avant de quitter cette côte de Bretagne, montrez-nous les îles d'Ouessant et de Sein. Ce sont de véritables rochers enlevés à la côte par la mer furieuse. Dirigeons-nous vers le sud. Nous voici dans la mer de France. En longeant les côtes sud de Bretagne, jusqu'à l'embouchure de la Loire, nous rencontrons les îles Glenan, Groix et Belle-Ile, qui appartiennent toutes à la France. La côte, jusqu'à la pointe du Croisic, est presque exclusivement formée de roches granitiques, rongées et dentelées par la mer. Au fond de l'une de ces échancrures se trouve Lorient, un de nos grands ports militaires. De l'embouchure de la Loire à l'embouchure de la Gironde, la côte est basse sans offrir le triste aspect des dunes de Picardie. Les îles de Ré et d'Oléron la protègent contre les vagues de l'Océan. C'est sur cette côte que se trouvent les principaux marais salants, qui donnent, pour la conservation du poisson et de la viande, le meilleur sel de l'Europe. De l'embouchure de la Gironde à celle de l'Adour, la côte court en ligne droite du N. au S. sans autre échancrure que le bassin d'Arcachon. Peu de contrées, en France, mes enfants, ont été aussi maltraitées par la nature. La côte y est basse et couverte

de dunes, semblables à celles d'Artois ; là aussi des villages ont disparu sous le sable. « Ce fléau en produit un autre.
» Les eaux de l'intérieur du pays, barrées par la dune ne
» vont plus à la mer et s'étendent en marais derrière elle. »
Tels sont les étangs de Carcans, de La Canau, de Sanguinet et de Parentis Sur cette grande plaine sablonneuse, on ne voit, en fait de végétation, que des bois de pins plantés là, comme je vous l'ai dit, pour arrêter les dunes. C'est l'ingénieur Brémontier qui a trouvé ce moyen simple et grand d'écarter un malheur public. Si nous pénétrons plus avant dans l'intérieur des terres, le regard embrasse une plaine aride, qui s'étend à perte de vue, et ne produit qu'une herbe sèche et rare ; aride en été et marécageuse en hiver, toute cette contrée qu'on appelle « Les Landes », a l'apparence triste et nue d'un desert. « Maintenant, dit M. Duruy, on attaque
» la lande, que le paysan ne parcourait guère que monté sur
» des échasses, et où la fièvre, la « pellagre » sortait inces-
» samment des flaques d'eau marécageuse qui l'inondent.
» On viendra à bout de la lande comme on est venu à bout
» de la dune, et l'homme inscrira une victoire de plus sur
» cette nature qui l'a si longtemps asservi. »

Quittons cette côte désolée et poursuivons notre route vers le sud. De l'Adour à la Bidassoa, qui nous limite avec l'Espagne, la côte se relève et annonce de loin l'approche des Pyrénées. Pour cette limite continentale, nous n'avons rien à ajouter à ce que vous savez déjà. Avant de passer à la Méditerranée, jetons cependant un regard sur cette muraille gigantesque qui se dresse entre la France et l'Espagne et écoutons ce que notre grand historien en a dit dans son style admirable d'émotion et de force : « La formidable barrière
» de l'Espagne nous apparaît enfin dans sa véritable gran-
» deur. Ce n'est point, comme les Alpes, un système compli-
» qué de pics et de vallées ; c'est tout simplement un mur
» immense qui s'abaisse aux deux bouts. Tout autre passage
» est inaccessible aux voitures et fermé aux mulets, à l'homme
» même, pendant six ou huit mois de l'année. Deux peuples
» à part, qui ne sont ni Espagnols ni Français : les Basques
» à l'Ouest, les Catalans à l'Est, sont les portiers des deux
» mondes. Ils ouvrent et ferment ; portiers irritables et capri-

» cieux, las de l'éternel passage des nations, ils ouvrent à
» Abdérame, ils ferment à Roland. »

Vous savez tous qu'Abdérame était le chef de ces Arabes barbares que Charles-Martel écrasa à Poitiers, en 732. Quant à Roland, si célèbre dans les anciennes poésies, l'histoire nous le fait connaître comme neveu de Charlemagne, tué par les ancêtres des Basques au retour d'une expédition d'Espagne. Cela dit, continuons la citation : « Entre Bagnères et
» Barrèges, on saisit la fantastique beauté des Pyrénées, ces
» sites étranges et cette atmosphère magique qui tour à tour
» rapproche, éloigne les objets, ces gaves écumants ou vert
» d'eau, ces prairies d'émeraudes. Mais bientôt succède l'hor-
» reur sauvage des grandes montagnes. N'importe, persis-
» tons; engageons-nous le long du gave de Pau, » — vous savez que c'est le nom donné aux cours d'eau qui descendent des Pyrénées, — « à travers ces entassements infinis de blocs
» de trois et quatre mille pieds cubes, puis les rochers aigus,
» les neiges permanentes ; puis les détours du gave battu,
» renvoyé durement d'un mont à l'autre; enfin le prodigieux
» cirque de Gavarnie et ses tours dans le ciel. » Les ports ou passages creusés à travers cette masse de granit sont souvent à des hauteurs effrayantes : « Le fils n'y attend pas le père ; » c'est un proverbe du pays qui peint bien la terreur dont ils sont l'objet.

Nous voici à l'extrémité orientale des Pyrénées, sur le littoral de la Méditerranée. Entre le cap Cerbère et les Bouches-du-Rhône, cette mer a creusé le golfe du Lion. Malheur aux navires assaillis par la tempête dans ce golfe que les anciens appelaient la mer du Lion. De Port-Vendres à Marseille, il n'y a pas un abri, si l'on en excepte le port de Cette, qui est menacé par les sables. « Si nos galères, disait Vauban en 1679,
» sont prises de quelque mauvais temps sur les côtes d'Es-
» pagne, elles sont contraintes de traverser le golfe avec un
» péril extrême, pour se sauver comme elles peuvent à Mar-
» seille. » Toute cette côte est basse, sablonneuse, couverte d'étangs et de marais, dont les principaux sont ceux de Sigean, de Thau et de Maguelonne, entre lesquels se trouve Cette. Bientôt nous arrivons à l'île de la Camargue, formée, dit-on, par les dé... du Rhône. Arrêtons-nous un instant à

Marseille, la capitale de cette belle Provence tant chantée par les poètes. Les côtes de toute cette région ont en effet un aspect incomparable, et l'intérieur a été célèbre de tout temps par son climat délicieux et ses fruits exquis. Malheureusement cette riante contrée est désolée par un vent froid et desséchant du N.-O., le Mistral, qui veut dire le Maître, car c'est le plus puissant des vents, et il a une telle force qu'il a pu faire dérailler des trains de chemin de fer. Malgré cela, la terre produit en abondance, sur les bords de la mer surtout, l'orange, le citron et l'olive. Les arbres qui donnent ces fruits ne peuvent vivre en pleine terre que sous les chauds climats de la Provence, du Comté de Nice et du Roussillon. Marseille enfin, la troisième ville de France par sa population, est notre premier port marchand ; elle étend ses relations dans toutes les parties du monde, mais surtout vers l'Orient. Sa gloire, mes enfants, c'est d'avoir vu naître M. Thiers, « le Libérateur du territoire. »

Depuis Marseille jusqu'à Toulon et de Toulon au Var, la côte semble s'avancer dans la mer ; elle est très découpée et défendue au large par des îles nombreuses, entre autres, celles d'Hyères et de Lérins que vous connaissez. Enfin, regardez vers le sud, et si vous avez de bons yeux, à cinquante lieues en mer, vous apercevrez l'île de Corse, qui appartient à la France depuis 1768.

De l'embouchure de la Roya au mont Donon, notre pays est défendu par les Alpes, le Jura et les Vosges. Vous connaissez les noms particuliers de cet épais massif des Alpes. Ces montagnes ont la même inclinaison que les Pyrénées ; leurs vallées tombent brusquement en Italie, tandis qu'elles s'abaissent graduellement de la chaîne centrale aux bords du Rhône. Rien n'est imposant, mes enfants, comme la vue de cette barrière, la plus formidable que la nature ait élevée entre les peuples d'Europe. Là se dressent le mont Blanc, qui cache ses neiges éternelles dans la nue à 4,810 mètres de hauteur ; le mont Cenis, auquel l'homme s'est attaqué dans ces dernières années. Il a eu raison du géant, et aujourd'hui, un tunnel de 13 kilomètres, creusé dans le roc, permet de dire qu'il n'y a plus d'Alpes. Le chemin de fer passe directement de France en Italie.

Le Jura court parallèlement aux Alpes du S.-O. au N.-E., laissant entre lui et les Alpes une profonde vallée : c'est la trouée du Rhône et du lac de Genève. Les montagnes du Jura sont beaucoup moins élevées que les Alpes; sur leurs sommets et leurs versants s'élèvent des forêts de sapins. Les vallées qui s'étendent au pied sont très fertiles. Le Jura est séparé des Vosges par la trouée de Belfort. C'est par là que pénétrèrent en Gaule les Barbares, les Huns, les Vandales de l'ancien temps et les Allemands de 1814 et de 1870. Des ouvrages formidables en défendent aujourd'hui le passage. Les Vosges avaient pour nous avant notre dernière guerre avec la Prusse, une grande importance militaire, elles étaient comme un rempart dont le Rhin était le fossé. Les Allemands ne nous en ont laissé qu'une partie et ont gardé pour eux les places qui défendaient les principaux passages.

Des Vosges à Dunkerque, voyez-vous la frontière ? Non, mes enfants, là il n'y a ni montagnes ni fleuves : la Moselle, la Meuse et l'Escaut, coupent la frontière au lieu de la fermer. Pour nous défendre de ce côté en temps de guerre, le génie français a dû suppléer à ce que la nature nous a refusé. Des places fortifiées y ont été élevées à grands frais pour arrêter l'ennemi. Vous avez vu dans l'histoire que c'est souvent de ce côté que les armées étrangères essayèrent de pénétrer chez nous : le grand champ de bataille de l'Europe est là. Quels noms sanglants et glorieux nous rappellent Bouvines, Lens, Denain, Fontenoy et Valmy. « Mais aussi que de
» sang versé ! que de victimes ! et quel peuple immense for-
» meraient ces braves s'ils pouvaient se lever de leur couche
» funèbre ! » (Duruy). Vous serez, mes enfants, soldats à votre tour. Soyez braves comme eux, aimez la France comme vos ancêtres et si un jour elle a besoin de vos bras, défendez-la comme ils l'ont défendue.

Nous venons d'étudier ensemble les frontières de notre pays. Pénétrons maintenant dans l'intérieur et examinons rapidement les montagnes et les cours d'eau que je vous ai fait connaitre l'année dernière.

« Le trait caractéristique de notre sol, dit M. Duruy, est la
» longue chaîne des Cévennes et des Vosges qui coupe la
» France en deux. A l'Orient, entre elle et les Alpes, se trouve

» l'immense dépression où le Rhône s'est jeté. A l'Ouest et
» au Nord, ses ramifications dessinent le relief du pays et
» ont donné naissance à quatre bassins débouchant sur trois
» mers. Enfermée tout entière dans notre territoire, elle est
» comme l'épine dorsale de la France. Mais en même temps
» qu'elle détermine la ligne de partage des eaux, elle s'abaisse
» assez pour laisser passer routes, canaux et chemins de fer. »

Nous n'en répèterons pas les différents noms, vous les avez appris l'année dernière et plusieurs fois depuis ; ce que je veux vous faire remarquer, c'est la ressemblance en petit des Cévennes avec les Alpes. Je vous ai dit que les Alpes du côté de l'Italie tombaient à pic comme une sorte de grande muraille légèrement inclinée du sommet à la base. Eh bien, le même fait se reproduit dans les Cévennes. « Du côté de l'Est,
» elles viennent mourir brusquement, dit M. Duruy, dans le
» grand fossé du Rhône, comme les Vosges dans la
» plaine du Rhin. Mais à l'Ouest, elles étendent de puissants
» rameaux qui, après avoir formé le grand plateau central
» que dominent les monts d'Auvergne, courent dans toutes
» les directions former la ceinture de nos grands bassins ; »
vous les avez également étudiés. — Ces monts d'Auvergne, que je viens de nommer, méritent que nous nous y arrêtions un peu. Ils ont tous la forme de dômes qui s'ouvrent par en haut comme des gueules béantes, on les appelle des puys. Toutes ces montagnes ont été autrefois d'anciens volcans ; la lave, solidifiée par le temps, est employée depuis près de 500 ans à la construction des maisons. Clermont et toutes les villes d'Auvergne sont bâties avec cette sorte de pierre qui a la dureté du marbre.

De ce sol tourmenté, voici la description que nous a laissée M. Duruy dans son introduction à l'histoire de France : « Ce
» que voient les yeux du corps n'est rien à côté de ce que
» peuvent voir les yeux de l'esprit. Quel grand et terrible
» spectacle présentait cette région lorsque toutes les monta-
» gnes de l'Auvergne, du Velay et du Vivarais en feu, vo-
» missaient les torrents de lave qui ont couvert leurs flancs
» et étendu dans les vallées ces prismes basaltiques que le
» peuple appelle les colonnades et les chaussées des
» géants. »

Je vous ai fait comprendre comment se formaient les rivières et les fleuves. Vous savez que tous nos cours d'eau descendent des montagnes ; là, les pluies, les neiges sont très fréquentes. Le froid les transforme en glace sur les hautes cimes des Alpes et des Pyrénées. Mais une grande partie de ces pluies, avant la congélation, s'écoulent en suivant les plis de terrain les plus profonds ; puis le soleil aidant, les neiges, les glaces se fondent et, à leur tour fournissent leur contingent au ruisseau qui suit la pente de la montagne et se réunit à d'autres ruisseaux. Tous se dirigent dans la plaine jusqu'à la rencontre du fleuve qui porte toutes ces eaux à la mer. Vous connaissez le nom de nos grands fleuves et de leurs principaux affluents. Revoyons-les pour examiner leur marche à travers nos plaines coupées par les profondes vallées qu'ils se sont creusées. La chaîne centrale des Cévennes verse peu d'eau au Rhône, mais à l'ouest, la Seine et la Loire, ces deux fleuves français par excellence, en descendent. La Seine naît dans la Côte-d'Or, comme vous le savez, à une hauteur de 471 mètres seulement. « De là les paisibles allures du fleuve qui monte et descend lentement. Il semble qu'elle (la Seine) s'avance à regret vers la mer ; elle y descend paresseusement en traçant mille courbes élégantes et gracieuses, qui triplent pour elle l'étendue du chemin. En Normandie, son bassin se resserre entre deux rangées de collines qui le suivent et l'enferment jusqu'à Quillebeuf. Prisonnière capricieuse, elle court sans cesse d'un de ces coteaux à l'autre, baignant une rive boisée ou battant le pied d'une falaise croulante. Mais à Quillebeuf, elle devient immense ; ses rives naturelles s'écartent de 12 kilomètres. Ce large lit est le lieu où la Seine mêle ses eaux douces aux ondes amères. C'est là aussi que se produit un phénomène curieux et terrible, « la barre. » Au moment des grandes marées, on voit le premier flot se précipiter instantanément en une immense cataracte ; c'est la lutte de la mer qui monte contre le fleuve qui descend. Rien d'étrange comme de voir et d'entendre, par un jour serein, dans le calme le plus complet de la nature, ces flots terribles et mugissants que soulève une force invisible et silencieuse. C'est le chaos, mais un chaos qui marche et semble vouloir tout envahir, et qui, la passe franchie, s'éteint et s'apaise soudain. »

Voici comment le même auteur décrit le cours de la Loire. « Tristement célèbre par ses crues subites et ses bas-fonds mobiles, elle a en plus d'un endroit changé son lit et supprimé ses îles pour en créer de nouvelles. En vain l'a-t-on enfermée entre des digues puissantes ; elle se joue de tous les obstacles. Lorsqu'un violent orage éclate sur les hautes cimes où elle prend sa source, pas une goutte d'eau n'est perdue pour le fleuve. Les torrents glissent rapidement sur la pente inclinée des versants et arrivent d'un bond au fleuve. La Loire se gonfle ; les eaux enserrées entre les levées qui la bordent montent plus haut que les campagnes voisines. Sous leur énorme pression, les digues crèvent et un torrent s'échappe, comme une cataracte, par la brèche qu'il s'est ouverte, laboure profondément les terres, bouleverse les cultures, couvre de monceaux de sable les champs fertiles et renverse les habitations. Le fleuve est devenu une mer furieuse qui roule pêle-mêle dans ses flots, moissons, arbres brisés, meubles, bestiaux et trop souvent de nombreuses victimes. »

La Garonne et le Rhône, qui prennent leur source hors de notre territoire, sont sujets aussi à des débordements. Je vous ai fait connaître leurs principaux affluents dont quelques-uns sont presque aussi importants que nos fleuves secondaires. Autour de ces grands fleuves et de ces grandes rivières serpentent une foule d'autres rivières dont les plus importantes ont donné leur nom à nos départements : l'Eure-et-Loir, comme vous le savez, est précisément dans ce cas. Aucun pays, autre que la France, mes enfants, ne réunit dans un même espace autant de cours d'eau et, ce qui est mieux, aussi faciles à relier entre eux, car nos montagnes de l'intérieur, sans en excepter l'arête principale, ne sont pas assez élevées pour empêcher les communications.

« Une des grandes causes de l'unité physique et par suite
» de l'unité morale de la France, est assurément dans cette
» facilité de communications entre les divers bassins. Ils
» descendent à toutes les mers, mais ils sont facilement re-
» liés entre eux, c'était la meilleure condition pour le déve-

» loppement d'une grande société et d'une civilisation puis-
» sante. » (Duruy).

Pour compléter ce réseau de rivières naturelles, l'industrie humaine a creusé les canaux qui rapprochent les mers et les provinces, et fertilisent le sol en abrégeant les distances. Je voudrais vous faire visiter en détail ces grandes voies navigables qui, comme les routes et les chemins de fer, sillonnent la France en tous sens, et qui sont pour notre pays une source féconde de bien-être. Sa prospérité a augmenté considérablement depuis l'établissement de toutes ces voies de communication ; mais il faut nous hâter, nous avons encore tant à dire qu'il faudrait écrire un bien gros volume pour vous faire connaître toutes ces merveilles qui sont pour la France autant de titres à notre affection. N'est-ce pas pour nous tous, en effet, que ces canaux, ces chemins de fer, ces routes et tant d'autres admirables ouvrages, ont été entrepris et définitivement établis.

Je ne veux cependant pas quitter cet intéressant sujet sans vous dire quelques mots de notre richesse nationale. Situation, sol, climat, tout, mes petits amis, se réunit pour préparer dans notre pays, la prospérité de l'agriculture, de l'industrie et du commerce. Je ne prétends pas cependant étaler devant vous la liste de toutes les productions de notre riche terre de France ; cette liste serait trop longue pour le cadre que je me suis tracé, et d'un autre côté je craindrais de surcharger inutilement votre mémoire, en vous citant des chiffres. Qu'il vous suffise pour aujourd'hui de savoir que chaque région a son caractère propre et ses productions particulières Le N.-O. et l'O., qui sont les parties les plus humides de notre pays à cause du voisinage de la mer, sont aussi les plus propres aux herbages et les plus riches en bétail; l'E. et le S., beaucoup plus secs, nous donnent des vins appréciés du monde entier; le N. et une partie du centre sont les plus fertiles en blé. Pour ne parler que des produits du sol, la Beauce, par exemple, qui forme la plus grande partie de notre département d'Eure-et-Loir, doit sa renommée à la fertilité de son sol. Le froment y pousse en abondance, et c'est en vain, que vous y chercheriez de l'ombre tant les arbres y sont rares. On l'appelle le grenier de Paris ; ses fermes sont nombreuses et bien outillées, et le marché de Chartres est un des plus importants de notre région. Si la France était partout aussi riche en céréales qu'elle l'est dans notre département, elle en aurait non seulement pour elle, mais elle pourrait encore en vendre au dehors.

L'intérieur de notre sol français recèle lui aussi des richesses que nos ouvriers, nos mineurs, s'en vont chercher souvent à de grandes profondeurs. Nos mines de fer, situées près de nos grandes chaînes de montagnes, sont inépuisables. La houille, ce pain de l'industrie, qui donne le mouvement à toutes ses machines à vapeur, est répartie sur toute l'étendue de la France et surtout dans les départements du Nord, des Vosges, du Gard, du Tarn, de l'Aveyron, et de l'Isère, et entre la Loire et la Saône. C'est généralement dans le voisinage de ces mines que sont établis les hauts fourneaux, les grandes usines où se fabriquent toutes les machines en fonte, en fer et en acier, dont l'industrie fait aujourd'hui si grand usage. Le Creusot tient le premier rang parmi elles.

Pour juger de la variété et de l'importance du travail industriel qui s'accomplit en France, il faudrait, mes enfants, sans sortir de notre département, pouvoir nous rendre à Saint-Lubin-des-Joncherets, à Saint-Rémy-sur-Avre, et entrer dans quelques-unes de ces filatures ou fabriques, percées de nombreuses fenêtres, surmontées de hautes cheminées en briques et d'où s'échappe, nuit et jour, le bruit continuel des métiers des mille machines mues par l'eau ou la vapeur, surveillées et conduites par d'habiles ouvriers. Le travail accompli par ces machines est prodigieux. Dans beaucoup de nos départements, les villes, les villages et jusqu'aux hameaux ont leur établissement industriel. Dans Lyon, la seconde ville de France pour la population, mais la première par son industrie, 324,000 ouvriers s'agitent et travaillent. De toutes les industries qui alimentent son activité, celle qui occupe la première place et qui fait sa richesse et sa gloire, c'est l'industrie de la soie qui, à elle seule, occupe 100,000 individus et produit des millions. Cette activité industrielle se trouve par toute la France, au nord comme au midi, et chacun rivalise à qui fera le mieux. Pendant que vous-mêmes êtes assis sur ces bancs pour vous instruire, des millions d'ouvriers travaillent pour vous; les uns filent le coton ou la laine qui formeront vos vêtements comme à Saint-Luhin et à Saint-Rémy; d'autres, à Sorel-Moussel, fabriquent le papier sur lequel vous écrivez; d'autres encore, vos livres, vos instruments de travail, vos plumes, vos crayons, enfin tout ce qui vous est nécessaire. En songeant que tant d'hommes travaillent constamment pour votre bien-être, appliquez-vous donc à contracter vous-mêmes, dès l'école, cette habitude du travail, afin que chacun de vous devienne, à son tour, un membre utile à la société. C'est n'être bon à rien que n'être bon qu'à soi, et chaque individu, vous le voyez, utilise son activité et son intelligence au profit de ses semblables. Notre patrie est fière, avec raison, de son industrie; soyez dignes de prendre place un jour parmi cette légion de travailleurs qui, par leur habileté ont su conserver à notre pays le premier rang parmi les autres nations.

Toutes ces richesses, acquises au prix de tant d'efforts, s'en vont d'abord dans les grandes villes remplir les magasins des négociants en gros. D'autres personnes s'approvisionnent chez ces derniers pour revendre à leur tour aux consommateurs, à vos parents, à nous tous, ce qui est indispensable à notre existence: c'est l'objet du commerce en détail; il a pour but de mettre les produits de l'industrie à la portée de ceux qui en ont besoin, car tous, vous le sentez bien, mes enfants, nous avons besoin les uns des autres. Aucun homme ne peut se suffire à lui-même. Robinson, dont vous avez sans doute lu l'histoire, que serait-il devenu dans son île, s'il n'avait trouvé dans son vaisseau, échoué sur le rivage, tout ce qui était nécessaire aux premiers besoins de son existence? Le plus petit outil, l'objet le plus minime, l'aiguille qui représente dans sa petitesse, le travail de 80 ouvriers différents, avait, aux yeux de Robinson, une grande valeur, et il bénissait, de son île, ceux à qui il devait de pouvoir exister. Il sut comprendre, lui, mes enfants, combien il était redevable aux autres hommes. Je le répète, nous avons tous besoin les uns des autres, et les nations elles-mêmes n'échappent pas à cette loi, parce que les produits les plus divers sont devenus, aujourd'hui une nécessité pour la plus modeste existence. La plupart d'entre vous se doutent-ils que les peuples des cinq parties du monde ont en quelque sorte rivalisé pour satisfaire vos besoins avant même que vous soyez sortis de la maison pour venir à l'école ce matin. Rien n'est plus vrai cependant. Nos vaisseaux portent dans les contrées les plus éloignées les produits de notre agriculture et de notre industrie ; ils nous en rapportent le sucre, le café, le coton, que nous ne récoltons pas. S'il fallait vous citer toutes les villes qui doivent leur richesse, leur prospérité au commerce, il faudrait presque les nommer toutes, tant le mouvement commercial en France est immense. Si vous allez quelquefois au Hâvre ou à Marseille, vous verrez quelle activité, quel va-et-vient perpétuel de vendeurs et d'acheteurs règne sur les quais. Et Paris, l'avez-vous vu, le connaissez-vous ? Est-il facile, mes enfants, de s'imaginer rien de plus beau que cette capitale avec ses palais et ses magasins étincelants de lumière ? Eh bien, oui, il y a dans Paris quelque chose encore de plus admirable que ses rues, ses monuments, c'est son travail, son industrie, son commerce. Paris est non seulement la ville des merveilles en tout genre, mais encore l'une des premières pour ses manufactures. Le tiers de sa population se compose d'ouvriers, et l'ouvrier de Paris s'est fait une réputation universelle par son bon goût et son habileté. Aussi des produits de l'industrie française, les articles de Paris tiennent-ils le premier rang. Tout le monde achète ses meubles, ses étoffes, ses bijoux, et ses négociants envoient ses bronzes, ses instruments de musique et de mathématiques dans l'univers entier. Aussi, quel bruit, quel mouvement, quel commerce de gros et de détail ! que de gens en voiture, à pied, courant à leurs affaires ! Enfin, quelle richesse créée, entassée, dans ce Paris, par le travail et l'échange ! C'est ainsi, mes enfants, que dans la grande société humaine, on se groupe, on réunit ses efforts, pour s'assurer toutes les choses nécessaires à la vie, le logement, le vêtement, la nourriture. La vie sociale n'est, à vrai dire qu'un échange de services.

Avant de passer à un autre ordre d'idées, je dois vous dire

qu'à ce riant tableau des grandes villes, il y a des ombres bien noires, bien tristes, mes enfants. A côté des plaisirs et du luxe, qui n'est l'apanage que du petit nombre, il y a des milliers de malheureux qui sont dans la misère. Et d'où viennent-ils ? de nos petites villes, de nos villages, pour la plupart. Attirés par l'éclat de cette richesse, par le fol espoir de gagner gros, ils sont allés engloutir dans cette atmosphère, qui n'était point faite pour eux, fortune, santé, vie même. Combien vos parents vous ont-ils cité d'exemples pareils ? Il y a de ces aveugles partout, partout vous apprendrez à les connaître en grandissant. Vous, mes enfants, évitez cette fièvre de désertion. Non, croyez-moi, n'abandonnez pas le pays qui vous a vus naître, pour la vie oisive des villes, vous n'y trouveriez que déception et misère. Pour un qui réussit, rappelez-vous combien de malheureux, manquant de pain, y languissent. Restez à nos campagnes, si vous n'y faites pas fortune, travaillez et vous y connaîtrez le bien-être. Là, du moins, vous respirerez l'air pur qui donne la santé, et la santé sur terre, c'est presque le bonheur.

Je viens de vous parler du bien-être, arrêtons-nous là et essayons de comprendre ce que ce mot signifie. Ce n'est pas le luxe, mais c'est le besoin largement satisfait. Que nous manque-t-il pour vivre ? Comme je viens de vous le dire, des millions de bras s'agitent en France pour nous mettre dans la main ce qui nous est nécessaire. Et combien de choses encore qui ne sont pour nous que satisfaction, agrément ? Vous avez pour l'hiver des chaussures qui vous garantissent du froid tout en étant très légères et des habits bien chauds ! Croyez-vous qu'il en ait toujours été ainsi et que tous les pays du monde offrent, aux petits enfants, comme nourriture et vêtements ce que la France vous assure aujourd'hui ? Nos pères portaient le sarrau, le pantalon de toile et restaient pieds-nus dans leurs sabots grossièrement taillés, nous sommes logés, couchés, vêtus mieux que ne l'étaient les grands seigneurs, les grandes dames d'autrefois.

Pour mieux apprécier, mes enfants, ce bien-être, il est indispensable d'interroger l'histoire, et de comparer les temps anciens aux nôtres. Voici en quelques mots quelle était la condition du peuple français, il y a cent ans. Le seigneur seul possédait la terre ; le paysan, moyennant de lourdes redevances, la cultivait ; mais mal outillé et possédant peu de bestiaux pour l'engraisser, cette terre qu'il arrosait, qu'il fécondait de ses sueurs, lui rapportait peu ; à peine le tiers de ce qu'elle rend aujourd'hui. Ajoutez à cela la difficulté des communications : les routes étaient rares et les chemins de fer n'existaient pas, pour transporter les produits à la ville voisine : c'était à dos de mulet, le plus souvent, que le laboureur se rendait au marché. Et quand la récolte manquait, que de misères, que de souffrances ! Car la circulation des blés, d'un pays à l'autre était interdite d'une façon absolue, en sorte qu'une province pouvait regorger de blé dans ses granges, tandis qu'une autre à côté d'elle se mourait de faim. De là des famines affreuses, qui se reproduisaient périodiquement ; « Les paysans de Normandie se nourrissent d'herbes des champs, » écrivait Saint-Simon. En 1740, l'évêque Massillon disait : « Le peuple des campagnes vit dans une misère affreuse, sans lit, sans meubles, mangeant du pain d'orge et d'avoine. » En 1745, sous Louis XV, le duc d'Orléans présente au roi un morceau de pain de fougères en lui disant : « Sire, voilà le pain dont vos sujets se nourrissent. » Vous n'avez vous, mes enfants, jamais rien vu de semblable ; rien ne vous manque : vêtement, nourriture abondante et le reste. Au temps dont je vous parle, on ne connaissait même pas l'usage de la viande. Aujourd'hui, en est-il un seul parmi vous qui ait jamais passé une semaine sans en manger ? Eh bien, malgré ces souffrances, malgré ces misères, et ces temps durs, qui tenaient moins au vice des personnes qu'à celui des institutions, le peuple aimait la France, l'histoire est là, qui nous le dit, mes enfants.

Et l'habitant des villes qu'était-il ? Aujourd'hui s'établit marchand qui veut. Qui veut être cordonnier n'a qu'à ouvrir boutique et vendre des chaussures au prix qui lui convient. Il les vendra bonnes ou mauvaises, le public seul reste libre d'acheter ou de ne pas acheter ou d'aller chez le cordonnier voisin, reconnu plus honnête ou plus habile. Il y a cent ans, la liberté du travail et de la vente n'existait pas. Dans chaque ville, les individus de même métier formaient un corps, une corporation. Ils établissaient un règlement, interdisant à tout étranger de s'établir dans la localité, et fixant le nombre, qui ne pouvait jamais être dépassé, des maîtres cordonniers, des ouvriers et des apprentis. Pour vendre des chaussures, il fallait donc être maître cordonnier de la ville. Et pour acquérir ce titre que d'embarras, que de difficultés ! Il fallait d'abord consentir à être apprenti pendant cinq ans, sans salaire. Après ces cinq années, l'apprenti devenait compagnon, si toutefois il y avait une place vacante, car l'ouvrier ne pouvait travailler que chez un maître. Compagnon, il commençait à être payé, mais il ne pouvait être patron qu'au bout de cinq années de compagnonnage. Voulait-il au bout de ces dix ans, être maître à son tour, il devait attendre une vacance, puis payer une certaine somme et surtout se faire agréer par l'assemblée des maîtres réunis à cet effet. Etait-il habile, il y avait bien à craindre pour lui qu'on ne le reçût pas, car il aurait pu devenir un concurrent redoutable.

Cette réglementation empêchait ainsi tout progrès, car un inventeur, un habile ouvrier, qui aurait fait autrement que ses confrères aurait été mal vu et se serait exposé à être rayé de la corporation. Et il en était de même pour toutes les industries.

Malgré tous ces assujettissements, les impôts qu'il lui fallait payer — comme le laboureur — au seigneur et au roi, l'ouvrier des villes se trouvait moins misérable que l'habitant des campagnes ; il mangeait du pain, à moins qu'il n'y en eût pour personne ; les meubles ne lui étaient pas inconnus. Quelques-uns même savaient lire et passaient leur savoir à ceux qui désiraient apprendre, car pour le peuple les écoles alors n'existaient pas. Le soir dans les longues veillées d'hiver, les plus instruits parlaient aux autres des temps passés, et tous, comme nous le faisons aujourd'hui, s'applaudissaient déjà d'être de leur temps, car ils étaient fils d'hommes qui avaient plus souffert qu'eux encore. Ceux-ci parlaient de nos soldats, ceux-là racontaient leurs exploits ; on s'échauffait au récit de leurs belles actions ; on était vainqueur avec eux à Denain, à Fontenoy ; on se sentait Français enfin, malgré l'oppression, malgré les abus. Pour la patrie, nos pères donnaient leur sang, oubliaient leur misère et consentaient à tous les sacrifices; contre le seigneur, ils se donnaient la main, c'était l'ennemi.

La grande Révolution, en anéantissant le pouvoir tyrannique des uns et en tirant les autres de la servitude humiliante où ils languissaient, a pris pour devise ces trois mots qui résument toutes ses réformes : « Liberté, égalité, fraternité. »

Le connaissez-vous, maintenant, mes petits amis, ce peuple français dont nous sommes les enfants ? Comment ne l'aimeriez-vous pas, cette terre où tant d'hommes ont vécu, souffert pour nous ? La patrie, n'est-ce pas nos pères combattant l'étranger, luttant contre le seigneur pour assurer notre indépendance ? N'est-ce pas le coin de terre où dort leur cendre refroidie ? La patrie, mes enfants, c'est Jeanne d'Arc chassant l'Anglais de France, Marceau tombant sous la balle tyrolienne, Thiers libérant le territoire ; c'est Béranger dans ses hymnes à la France:

> Reine du monde, ô France, ô ma patrie,
> Soulève enfin ton front cicatrisé.
> Sans qu'à tes yeux leur gloire en soit flétrie,
> De tes enfants l'étendard s'est brisé.
> Quand la fortune outrageait leur vaillance,
> Quand de tes mains tombait le sceptre d'or,
> Tes ennemis disaient encor :
> Honneur aux enfants de la France !

Si la nature a fait beaucoup pour notre patrie, les hommes qui ont vécu avant nous ont fait aussi beaucoup pour elle. C'est pour elle, mes enfants, que dans le temps passé, tant de millions d'hommes ont travaillé, que tant de soldats sont morts sur le champ de bataille ! Tous ne sont pas arrivés à la renommée, mais tous se sont sacrifiés pour la patrie.

L'histoire, a-t-on dit, est l'école du patriotisme. En effet, lorsqu'on connaît la vie de ces hommes qui, par leurs actes, ont contribué à la grandeur et à la gloire de notre pays, on sent naître dans son cœur un sentiment de légitime fierté ; on se sent meilleur, plus fort et disposé à marcher sur leurs traces. Ils nous ont laissé un héritage de gloire qu'il faut connaître, mes enfants. Honorons d'un culte pieux ceux dont l'histoire a conservé les noms. Apprenons avec eux à ne jamais désespérer de notre pays. A leur école, mes enfants, nous verrons que le patriotisme qui, seul, fait la grandeur d'un peuple, est non seulement de toutes les conditions, mais aussi de tous les âges et de tous les sexes.

Vercingétorix. — Notre pays, vous le savez, ne s'est pas toujours appelé la France ; il portait, à l'origine, le nom de Gaule. C'est à ce moment, mes enfants, que se fit connaître le premier de nos grands patriotes. Nos pères se défendaient depuis sept ans, mais ils se brisaient contre la discipline de fer des légions romaines. Alors, un homme se leva, et avec lui se leva la Gaule entière. Animé d'un courage vraiment héroïque, Vercingétorix repousse et bat César à Gergovie, mais se trouve enfermé, à son tour, et bloqué dans Alésia. Réduit à la dernière extrémité, Vercingétorix prend une résolution qui ne fait qu'ajouter à son mérite : il se livre à César pour épargner ses compagnons d'armes. Le vainqueur l'emmène à Rome et, implacable dans sa haine pour celui qui lui a fait perdre le nom d'invincible, il le fait étrangler au bout de six années de captivité. L'histoire dira toujours que le vaincu se montra plus grand que le vainqueur.

Ringois. — C'était pendant la guerre de Cent ans. Le traité de Brétigny avait cédé aux Anglais, entre autres provinces, la Picardie. Une émeute éclate à Abbeville et Ringois, bourgeois de la ville, est sommé de jurer fidélité au roi d'Angleterre. Ringois refuse ; on l'emmène en Angleterre, on le jette dans la prison de Douvres. Là, il eut à choisir entre le serment et la mort ; il refuse le serment. Pour tenter un dernier effort, les Anglais le font monter sur une tour dont le pied est battu par les flots de la mer ; pour la dernière fois, il refuse ; on le précipite dans les flots. Un mot, il était sauvé. — Non, mes amis, c'eût été pour lui une trahison, il préfère la mort.

Duguesclin. — Vous connaissez tous son histoire. Né en 1320, d'une famille de Bretagne, il mourut à Châteauneuf-de-Randon (Lozère) après une vie entièrement consacrée au service de notre patrie, alors envahie par les Anglais. Il se montra le plus brave chevalier de son temps, un des serviteurs les plus fidèles et les plus dévoués de notre pays. Mais, retenez surtout, mes amis, les paroles qu'il prononça à son lit de mort : « En quelque lieu que vous soyez, dit-il à ses soldats, souvenez-vous que les enfants et le pauvre peuple ne sont point nos ennemis. » On peut voir dans cet appel « au pauvre peuple » alors si misérable et si méprisé, comme une touchante apparition de cette idée de la patrie, qui a mis tant de siècles à naître et qui devait bientôt sortir, avec Jeanne d'Arc, du cœur même du peuple, dont les souffrances avaient lassé la résignation.

Jeanne d'Arc (1412-1431.) — C'est aussi pendant cette terrible guerre de Cent ans que Jeanne, la bonne Lorraine, apparut comme l'image même de la patrie à ce roi Charles VII, livré au plaisir et perdant gaiement son royaume, comme le dit la chronique. Je n'essaierai pas non plus, mes enfants, de vous retracer cette vie si digne ; votre *Histoire de France* la renferme. Rappelez-vous seulement, mes amis, que Jeanne d'Arc a été la première et la plus grande personnification d'un sentiment nouveau, le patriotisme. Au contact de l'étranger, tous les enfants de France se sentirent Français et frères par la communauté de leurs souffrances. Ils n'eurent plus qu'une pensée, chasser l'Anglais, délivrer le pays ! C'est à ce moment que la grande patrie française naquit, dans le sang et dans les larmes, il est vrai, mais pour resplendir bientôt dans le triomphe et dans la gloire. Jeanne d'Arc, qui avait été l'inspiratrice de ce mouvement national sublime, devait, hélas ! en être martyre. Elle mourut brûlée à Rouen.

Bayard. — Encore un patriote dont le nom doit rester cher à tous les Français. Bayard, le chevalier Sans Peur et Sans Reproche, naquit en Dauphiné. Dès l'âge de seize ans, il accomplit en Italie des prodiges de valeur. En 1499, nous le voyons au siège de Milan entrant seul dans la ville. Il croyait être suivi de ses compagnons. C'est quelque temps après qu'eut lieu cette affaire du Garigliano où, seul, il arrêta les Espagnols assez longtemps pour permettre aux Français d'arriver. Enfin, ses hauts faits sont innombrables. « Il n'y a pas de place faible, disait-il, là où il y a des gens de cœur pour la défendre. » Sa mort, que vous connaissez, ne fut pas moins belle que sa vie. Dans ses paroles au connétable de

Bourbon, quel hommage rendu à la Patrie par Bayard mourant, à la face de celui qui la trahissait. Ce mot de Bayard retentira, mes amis, a travers les siècles. Réjouissons-nous, la Patrie est faite, et tous ceux qui désormais imiteront ce seigneur félon, seront des traîtres dont il ne faudra prononcer le nom qu'avec mépris.

Michel de l'Hôpital. — Grand citoyen dont le nom est resté un symbole d'honneur et de vertu. Il mourut de douleur après la Saint-Barthélemy, de sinistre mémoire. C'est ce même homme, magistrat intègre, qui fit cette mémorable réponse, un jour qu'on voulait lui arracher un arrêt injuste : « Je sais mourir, mais je ne sais point me déshonorer. » Et il refusa de signer.

Rotrou (XVIIe siècle.) — Un nom qu'il faut bien retenir, mes enfants, c'est celui de Rotrou, né à Dreux. En 1650, il était maire de cette ville et une maladie épidémique y sévissait. Au moment où elle éclata, il était à Paris. A cette triste nouvelle, il accourut se dévouer pour ses concitoyens. Le mal était terrible et ses amis l'engageaient à revenir et à quitter son poste. Connaissez-vous sa réponse? La voici : « Ma conscience ne me permet pas de quitter Dreux ; ce n'est pas que le danger ne soit grand, puisqu'au moment où je vous écris, on sonne pour la vingt-deuxième personne qui est morte aujourd'hui. Ce sera pour moi quand il plaira à Dieu. »

Quelques jours après, les cloches sonnaient pour lui.
Quel exemple de dévouement noble et touchant !

Fabert (1599.) — Sedan, jusqu'en 1870, évoquait, mes enfants, des souvenirs glorieux. Là vécut le maréchal Fabert, type du parfait honnête homme et du militaire brave et loyal. Il naquit à Metz en 1599, gagna tous ses grades à la pointe de l'épée.

Blessé à la jambe au siège de Taïm, il ne voulut pas subir l'amputation. Nommé gouverneur de Sedan, il fortifia cette ville à ses frais et en fit un des plus solides remparts de notre frontière. Comme on lui reprochait cette générosité toute patriotique, il répondit : « Si, pour empêcher qu'une place que le roi m'a confiée ne tombât entre les mains de l'ennemi, il me fallait mettre à une brèche ma personne, ma famille et mon bien, je n'hésiterais pas un instant. » Ces paroles, gravées sur le socle de sa statue à Metz, auraient pu donner à réfléchir aux Prussiens, si Sedan avait été défendu, en 1870 par un Fabert.

Colbert (1619-1683.) — Nous voici à Louis XIV, mes enfants, époque illustre entre toutes, non seulement par les écrivains, les savants et les artistes qui se révélèrent alors, mais par le caractère réellement patriotique de certains ministres et généraux.

Colbert, issu d'une famille de marchands, dut sa haute fortune à son seul mérite. Financier austère et dur, « homme de marbre, » il sut toujours faire respecter et lui-même et la France. Il travaillait seize heures par jour pour notre pays. Malgré son dévouement à la chose publique, il fut disgracié. « Sire, écrivait-il au roi, un repas inutile de trois cents écus me fait une peine incroyable, et lorsqu'au contraire, il est question de millions pour la gloire de la France, je vendrais mon bien et j'irais à pied toute ma vie pour y suffire. »

Apprenez bien sa vie, mes enfants, et que sa mémoire vous soit toujours chère.

Vauban, — le premier patriote (comme l'appelle Saint-Simon), né en Bourgogne en 1633, resta orphelin de bonne heure et sans fortune. Il fut élevé parmi les paysans et endurcit son corps à la fatigue. Il s'enrôla à dix-sept ans avec de bien minces connaissances qu'un curé lui donna. Soldat, il se battait bien, mais il étudiait davantage. Par son travail, il obtint le titre d'ingénieur, et c'est en cette qualité qu'il fut chargé par Louis XIV de fortifier nos principales places de guerre. La France a dû bien des fois son salut à ses admirables travaux de défense. Il reçut le bâton de maréchal en 1703. Il voulut réformer l'impôt qui n'était payé que par le peuple, mais Louis XIV fit brûler ses écrits. Rappelez-vous, mes enfants, son dévouement à la France et son amour pour le peuple. Son nom honore l'humanité.

Porçon de la Barbinais. — Au XVII° siècle, Alger était un repaire de brigands de mer ou pirates. Leur chef s'appelait le dey d'Alger. En 1663, Porçon de la Barbinais commandait une frégate chargée de protéger, dans la Méditerranée, nos vaisseaux de commerce contre le brigandage de ces pirates. Attaqué par des forces supérieures, il fut fait prisonnier. Le dey le chargea d'aller offrir à Louis XIV des propositions de paix. Il partit, jurant de revenir prisonnier s'il échouait dans ses négociations ; 600 Français devaient être mis à mort s'il manquait à sa parole. Louis XIV refusa. Porçon de la Barbinais se rend alors à Saint-Malo, met ordre à ses affaires, embrasse sa famille et retourne en Afrique où il savait qu'une mort certaine l'attendait.

Le dey, en effet, lui fit trancher la tête.

Cet homme vaut Régulus, consul romain, tant cité à nos collégiens, et personne ne connaît Porçon de la Barbinais. Vous, mes enfants, ne l'oubliez pas, inscrivez son nom dans vos cœurs.

Carnot (1753-1823). — Nous voici arrivés à une époque féconde en grands dévouements. La Révolution est faite ; elle a déchaîné des violences, des excès que nous devons regretter, mais que de grandes choses accomplies ! Elle formule l'admirable devise : « Liberté, Egalité, Fraternité, » que vous vous voyez inscrite sur notre drapeau, cette incarnation de la France, catéchisme patriotique par excellence. La Révolution française, en nous déclarant tous citoyens au même titre, a doté l'histoire de mille exemples de dévouement à la patrie. Pourquoi ? Parce que la patrie était devenue le bien commun et que tous étaient intéressés à la servir plus que jamais. Les rois de l'Europe, en voulant attaquer la Révolution française, trouvèrent des milliers de citoyens prêts à se sacrifier pour conserver les droits qu'ils venaient de conquérir, et ils furent obligés de reculer.

S'il fallait citer tous les patriotes de la Révolution, il nous faudrait ajouter bien des noms à notre liste. Nous nous contenterons donc de détacher de cet ensemble brillant ceux dont la vie nous offre les plus grands exemples de bravoure et de patriotisme.

Carnot naquit à Nolay (Côte-d'Or) ; son père, qui eut dix-huit enfants, était notaire ; il fit élever le jeune Carnot à la campagne. Il était capitaine du génie lorsqu'éclata la Révolution. Il fut député à l'Assemblée législative, puis réélu. La levée en masse décrétée, ce fut Carnot qui conçut et traça ce magnifique plan de campagne qui sauva la France. Il fut surnommé « l'Organisateur de la Victoire. » Exilé après la rentrée des Bourbons, il mourut en Allemagne. Un historien du pays qui garde encore ses cendres, a dit que Carnot demeure le type le plus parfait de la pureté civique et du dévouement patriotique.

Marceau. — Mes enfants, nous avons dans notre bibliothèque plusieurs petits volumes, mais un surtout que je suis heureux de vous avoir vus m'emprunter pour vos lectures en famille. A son titre : Kléber et Marceau, ajoutons Hoche et nous aurons trois immortels soldats, trois immortels patriotes nés presque en même temps et morts tous trois glorieusement pour la France.

« De tant de jeunes héros qui pendant les guerres de la
» Révolution moururent pour assurer son indépendance, il
» n'en est pas dont le nom éveille un plus touchant intérêt,
» un souvenir plus sympathique que le nom de Marceau.
» Enfermé dans une ville qui veut capituler, Marceau,
» chargé comme parlementaire d'aller demander au vain-
» queur ses conditions, trempa de larmes indignées le ban-
» deau qui couvre ses yeux » (C. D.)

Ces quelques mots, mes enfants, sont toute une biographie. L'enfant d'Eure-et-Loir, auquel la ville de Chartres est fière d'avoir donné le jour, a bien mérité de la Patrie et la ville n'a fait qu'œuvre de gratitude en lui faisant élever sur la place des Epars, la statue que tous vous avez vus. Né en 1769, il s'enrôla volontairement en 1791 pour la défense du pays. Il était beau de figure, d'une extrême douceur. On vantait sa sobriété. Envoyé en Vendée, il fut général à vingt-quatre ans sur la recommandation de Kléber et battit les Vendéens au Mans (1793.) Dirigé ensuite sur la frontière, il contribua à la victoire de Fleurus, qui nous donna la Belgique ; mais il tomba frappé d'une balle ennemie dans les défilés d'Altenkirchen. Il fut enterré dans le camp retranché de Coblentz. Un an plus tard, il fut exhumé ; son corps fut brûlé et ses cendres recueillies dans une urne de cuivre, qui fut mise dans son tombeau, et sur laquelle on grava ces mots :

Hic cineres

Ubique nomen (Ici ses cendres, partout son nom.)

Je termine, mes enfants, en vous citant ce qu'un étranger a dit de Marceau : « Elle fut courte, vaillante et glorieuse, sa jeune carrière. Deux armées le pleurèrent ; ses amis et ses ennemis prirent le deuil. L'étranger qui passe près de son tombeau doit prier pour son âme intrépide, car il fut le champion de la liberté. Il conserva la pureté de son âme et c'est pourquoi les hommes le pleurèrent. »

Kléber (1753-1800). — Kléber, né à Strasbourg, était fils d'un maçon. Elevé par un curé de village, il s'engagea en 1792 et devint vite général. Après la résistance de Mayence, il fut chargé d'opérer contre les Vendéens qu'il écrasa à Savenay. Il se couvrit de gloire à Fleurus, mais le Directoire, mécontent de lui, le remplaça par Hoche (1797). Il suivit en Egypte Bonaparte qui l'abandonna bientôt avec l'armée d'expédition. Il fut assassiné par un Turc fanatique au Caire. Rappelez-vous cet enfant de l'Alsace, mourant loin des siens en servant sa patrie.

Hoche (1768-1797). — Hoche naquit à Versailles, de parents pauvres. Il ne dut son élévation qu'à la force de sa volonté. Il fit seul son éducation. A vingt ans, il se fit soldat, travaillant la nuit pour gagner de l'argent afin de s'acheter des livres. Il avait pris pour devise : *Des actes, non des paroles*. A vingt-cinq ans, il fut nommé général en chef ; il fit la campagne du Rhin, puis fut envoyé en Vendée. Kléber et Marceau avaient vaincu l'insurrection ; il s'agissait de pacifier définitivement ce pays. Il s'acquitta de cette tâche avec la plus grande habileté. Quatre ans après (1797) nous le retrouvons à la tête de l'armée de Sambre-et-Meuse, forçant l'Autriche à signer la paix. Il se préparait à porter obstacle aux menées ambitieuses de Bonaparte lorsque la mort le surprit à son camp de Wetzlar. Il dit adieu à ses amis, en leur recommandant de veiller sur la République. Il avait vingt-neuf ans. En moins d'une année, nous perdions deux grands capitaines, deux grands citoyens, Hoche et Marceau.

Viala et Barra (1780-1793). — Avec tous ces héros de l'an II, il y eut, mes petits amis, des enfants mêmes qui s'enflammèrent d'un saint enthousiasme pour la liberté que venait de nous donner la Révolution et qui n'attendirent pas, pour entrer dans la carrière, que leurs aînés en fussent sortis. Tels furent Viala et Barra.

C'était au mois de juillet 1793 ; les royalistes marchaient sur Avignon ; les républicains, bien inférieurs en nombre, essayèrent de les arrêter en coupant le câble du bac qui servait à passer la rivière. Il fallait s'avancer sous un feu terrible pour trancher ce câble. Le danger était grand : Viala se présente, on le refuse. Sans mot dire, il prend une hache, s'avance au poteau et attaque le câble à coups redoublés, mais il est frappé à mort avant d'avoir achevé son entreprise. Il tombe en disant : « Ils ne m'ont pas manqué, mais cela m'est égal, je meurs pour la liberté. » Il avait treize ans. La Convention lui décerna les honneurs du Panthéon, ainsi qu'à Barra, cet autre héros du même temps et du même âge.

Il naquit à Falaise, en 1780, d'une famille pauvre qui vint s'établir à Palaiseau. En 1793, il voulut s'enrôler dans les hussards qui partaient en Vendée, mais on le refusa à cause de son jeune âge. Néanmoins le capitaine, frappé de son air décidé, l'attacha à son service comme tambour. Pris par les Vendéens, il aura la vie sauve, s'il veut crier : « Vive le roi ! » l'enfant répond fièrement : « Vive la République ! » Et il tombe percé de coups.

Dévouement sublime, imité du chevalier d'Assas par un enfant de treize ans. Le buste de ces jeunes enfants est placé au Panthéon. La Patrie adopta la mère de Barra comme sa fille et lui servit une pension de mille francs. Palaiseau vient de lui élever une statue.

« Si jamais l'ennemi repasse notre frontière, cette statue
» sera là pour vous dire : « Mes enfants, soyez des hommes, »
» et pour dire aux hommes : « Soyez aussi braves que le
» petit soldat de l'an II. » (Lefrançais.)

C'est ainsi, mes petits amis, que dans les temps d'épreuves, on vit, bien avant l'âge, des enfants agir en hommes et devenir des héros. Au cri de : « La Patrie en danger ! » on vit aussi, ô dévouements sublimes ! des vieillards aux cheveux blancs, mourir au champ d'honneur, comme La Tour d'Auvergne, des invalides, oubliant leurs infirmités, donner l'exemple du courage et courir à l'ennemi comme de véritables jeunes gens. Le brave Daumesnil, dont vous avez tous appris l'histoire dans notre livre de lecture, fut de ce nombre. A Wagram, il eut la jambe emportée par un boulet. Devenu colonel (1814), puis général, il fut nommé gouverneur de Vincennes et chargé de défendre cette place contre les attaques des Prussiens. Sommé de rendre sa forteresse, Daumesnil répondit : « Quand vous m'aurez rendu ma jambe, je vous rendrai la place. » L'année suivante, les ennemis revinrent en France et Vincennes fut de nouveau assiégé. Cette fois, on essaya de corrompre Daumesnil. Il était pauvre ; le général prussien lui offrit par lettre un million pour qu'il rendît la place : « Allez dire à votre général, répondit Daumesnil à l'envoyé, que je garde à la fois sa lettre et la place de Vincennes : la place pour la conserver à mon pays qui me l'a confiée; la lettre pour la donner en dot à mes enfants; ils aimeront mieux cette preuve de mon honneur qu'un million gagné par trahison. Vous pouvez ajouter que malgré ma jambe de bois et mes vingt-trois blessures, je me sens encore plus de force qu'il n'en faut pour défendre la citadelle, ou faire sauter avec elle votre général et son armée. » Vincennes ne put être pris, grâce au patriotisme de Daumesnil qui, comme on l'a dit, « ne voulut jamais ni se rendre ni se vendre. »

Je voudrais, mes enfants, graver dans vos cœurs le récit de tous les actes de dévouement inspirés par l'amour sacré de la Patrie. Je voudrais que les noms de ces héros fussent imprimés sur parchemin, réunis en un volume qui aurait sa place spéciale dans nos classes : *ce serait le livre d'or des écoles de France.*

Combien n'aurions-nous pas encore à dire, s'il nous fallait vous raconter ici tous les actes de courage qui s'accomplirent pendant la funeste guerre de 1870. « Depuis la charge fameuse
« des cuirassiers à Reichshoffen jusqu'à cette héroïque bataille
» de Champigny, où l'on vit le général Ducrot courir à l'en-
» nemi au milieu d'une grêle de balles et percer de son épée
» un soldat prussien qui fuyait devant lui, les exploits sont
» nombreux, si les victoires sont rares ! Qui de nous ne s'est

» senti enfin jusque dans le fond de l'âme au récit de ce ter-
» rible combat soutenu par l'infanterie de marine dans le
» village embrasé de Bazeilles ? Et les zouaves de Charrette
« à Patay, et les habitants de Châteaudun ! Que de dévoue-
» ments éclatants ou obscurs ! Non, non, la France n'a pas
» lieu de rougir » (G. Duruy.) L'histoire dira que nous avons
été écrasés, humiliés ; que notre territoire a été envahi, dé-
membré ; mais elle dira aussi que les fils n'ont pas renié
les pères et que si notre « étendard s'est brisé, » pour le défendre, l'héroïsme n'a pas manqué ; elle dira enfin, et c'est
notre espérance, qu'après cette douloureuse épreuve, la
France, blessée au cœur a travaillé, s'est relevée et qu'enfin,
sans rien oublier, elle aussi, s'est trouvée prête : c'est entre
vos mains, mes enfants, qu'est l'avenir de la France. Accou-
tumez-vous, dès l'école, à l'idée d'être soldats un jour et acceptez tous, avec reconnaissance, l'obligation du service militaire. Fortifiez vos corps en apportant à nos exercices
gymnastiques la vigueur et l'énergie qui, seules, donnent le
résultat. Préparez-vous enfin à devenir des hommes au caractère ferme, connaissant leurs devoirs, et soyez prêts pour
l'heure du sacrifice. Quand elle aura sonné, cette heure, sachez mettre vos cœurs à la hauteur du péril ; rappelez-vous
les enseignements du passé, et, quoi qu'il arrive, restez les
dignes héritiers de Daumesnil, restez l'honneur de la France,
afin qu'un jour, en parlant de vous, l'histoire puisse dire
aussi : « Ils n'ont voulu ni se rendre ni se vendre. »

Le Rapporteur :

ALLIOT,

Instituteur à Châteauneuf.

NOTES ET EXPLICATIONS.

Voici une réflexion que je me surprenais parfois à faire quand j'étais écolier ; du reste, elle n'a rien d'étonnant ; elle doit se produire fatalement dans l'esprit de tous les jeunes Français, quand l'étude de l'histoire et de la géographie les amène, par voie de comparaison, à reconnaître les faveurs dont notre pays a été comblé par la Providence, les progrès qui y ont été accomplis grâce aux efforts de nos ancêtres. Je me disais donc, comme Horace : « Si Dieu me permettait de recommencer ma vie et qu'il me laissât le choix de ma patrie et de mon siècle, quelle contrée de la terre aurait ma préférence, dans quel temps aimerais-je le mieux vivre ? » Assurément certains pays ont des avantages particuliers que j'aurais pu désirer ; notre époque a vu des catastrophes qui prouvent que tout n'est pas pour le mieux dans le meilleur des mondes possibles, mais tout compte fait, il n'y avait pas un pays et un temps où j'eusse mieux aimé voir le jour. Je me sentais alors pénétré de reconnaissance pour la Providence qui s'est plu à répandre ses dons sur cette terre privilégiée, pour les générations passées dont le lent et continu travail nous a portés au point où nous sommes arrivés. Pour bien apprécier ces avantages dont nous devons nous montrer dignes, il ne nous manque que d'avoir franchi plus souvent la frontière, d'avoir vécu quelque temps en dehors de la France ; avec quel accent sincère, nous nous écrierions alors avec Du Belloy : « Plus je vis d'étrangers, plus j'aimai mon pays ! » Quelles richesses, quelle abondance, quelle variété dans les productions de nos vergers, de nos jardins, de nos champs, de nos vignobles et de nos forêts ! que la petite fraise de nos bois entre en lutte avec l'orgueilleux ananas, elle aura le prix. Le chêne qui se dresse si fièrement sur nos collines, soutiendra la comparaison avec n'importe quel arbre. L'art rivalise avec la nature pour faire de nos expositions d'horticulture et d'agriculture des merveilles que l'on ne saurait trop admirer.

Sans attribuer une influence exclusive au ciel, au sol, au climat, à la nourriture, nous devons cependant reconnaître la part de ces agents dans la formation du caractère national. Taine nous fait le tableau suivant du milieu physique auquel l'esprit gaulois doit certainement quelque chose de sa franche et piquante saveur :

« Je revenais en France par les Vosges au commencement de
» l'automne, et je me rappelle combien le changement de paysage
» me frappa. Plus de grandeur ni de puissance ; l'air sauvage ou
» triste s'efface ; la monotonie et la poésie s'en vont ; la variété et la
» gaieté commencent. Point trop de plaines ni de montagnes ; point
» trop de soleil ni d'humidité. Nul excès et nulle énergie. Tout y
» semblait maniable et civilisé ; tout y était sur un petit modèle, en

» proportions commodes, avec un air de finesse et d'agrément. Les
» montagnes étaient devenues collines, les bois n'étaient plus guère
» que des bosquets, les ondulations du terrain recevaient sans
» discontinuer les cultures. De minces rivières serpentaient entre
» des bouquets d'aunes avec de gracieux sourires. Une raie de
» peupliers solitaires au bout d'un champ grisâtre, un bouleau frêle
» qui tremble dans une clairière de genêts, l'éclair passager d'un
» ruisseau à travers les lentilles d'eau qui l'obstruent, la teinte
» délicate dont l'éloignement revêt quelque bois écarté, voilà les
» beautés de notre paysage; il paraît plat aux yeux qui se sont
» reposés sur la noble architecture des montagnes méridionales,
» ou qui se sont nourris de la verdure surabondante et de la végétation
» héroïque du nord; les grandes lignes, les fortes couleurs y
» manquent; mais les contours sinueux, les nuances légères, toutes
» les grâces fuyantes y viennent amuser l'agile esprit qui les con-
» temple, le toucher parfois, sans l'exalter ni l'accabler. Si vous
» entrez plus avant dans la vraie Champagne, ces sources de poésie
» s'appauvrissent et s'affinent encore. La vigne, triste plante bossue,
» tord ses pieds entre les cailloux. Les plaines crayeuses sous leurs
» moissons maigres s'étalent bariolées et ternes comme un manteau
» de roulier. Çà et là, une ligne d'arbres marque sur la campagne
» la traînée d'un ruisseau blanchâtre. On aime pourtant le joli soleil
» qui luit doucement entre les ormes, le thym qui parfume les côtes
» sèches, les abeilles qui bourdonnent au-dessus du sarrazin en
» fleur; beautés légères qu'une race sobre et fine peut seule goûter.
» Ajoutez que le climat n'est point propre à la durcir ni à la passionner.
» Il n'a ni excès ni contrastes; le soleil n'est pas terrible comme au
» midi, ni la neige durable comme au nord. Au plus fort de juin,
» les nuages passent en troupes, et souvent, dès février, la brume
» enveloppe les arbres de sa gaze bleuâtre sans se coller en givre
» autour de leurs rameaux. On peut sortir en toute saison; vivre
» dehors sans trop pâtir; les impressions extrêmes ne viennent point
» émousser les sens ou concentrer la sensibilité; l'homme n'est point
» alourdi ni exalté; il n'a pas besoin, pour sentir, de violentes
» secousses et il n'est pas propre aux grandes émotions. Tout est
» moyen ici, tempéré, plutôt tourné vers la délicatesse que vers la
» force. La nature qui est clémente n'est point prodigue; elle
» n'empâte pas ses nourrissons d'une abondance brutale; ils mangent
» sobrement et leurs aliments ne sont point pesants. La terre, un

» peu sèche et pierreuse, ne leur donne guère que du pain et du vin ;
» encore ce vin est-il léger, si léger que les gens du Nord, pour y
» prendre plaisir, le chargent d'eau-de-vie. Ceux-ci n'iront pas, à leur
» exemple, s'emplir de viandes et de boissons brûlantes pour inon-
» der leurs veines par un afflux soudain de sang grossier, pour
» porter dans le cerveau la stupeur ou la violence ; on les voit à la
» porte de leur chaumière, qui mangent debout un peu de pain et
» leur soupe ; le vin ne met dans leurs têtes que la vivacité et la
» belle humeur.

« Plus on les regarde, plus on trouve que leurs gestes, les formes
» de leurs visages annoncent une race à part. Il y a un mois, en
» Flandre, surtout en Hollande, ce n'étaient que grands traits mal
» agencés, osseux, trop saillants ; à mesure qu'on avançait vers les
» marécages, le corps devenait plus lymphatique, le teint plus pâle,
» l'œil plus vitreux, plus engorgé dans la chair blafarde. En
» Allemagne, je découvrais dans les regards une expression de
» vague mélancolie ou de résignation inerte ; d'autres fois, l'œil
» bleu gardait jusque dans la vieillesse sa limpidité virginale ; et la
» joue rose des jeunes hommes, la vaillante poussée des corps
» superbes annonçait l'intégrité et la vigueur de la sève primitive.
» Ici et à cinquante lieues alentour de Paris, la beauté manque,
» mais l'intelligence brille, non pas la verve pétulante et la gaîté
» bavarde des méridionaux, mais l'esprit leste, juste, avisé, malin,
» prompt à l'ironie, qui trouve son amusement dans les mécomptes
» d'autrui. Ces bourgeois, sur le pas de leur porte, clignent de l'œil
» derrière vous ; ces apprentis derrière l'établi se montrent du doigt
» votre ridicule et vont gloser. On n'entre jamais, ici, dans un atelier
» sans inquiétude ; fussiez-vous prince et brodé d'or, ces gamins en
» manches sales vous auront pesé en une minute, tout gros monsieur
» que vous êtes, et il est presque sûr que vous leur servirez de
» mariennette à la sortie du soir. »

Ne maudissons pas le passé, comme on le fait quelquefois, com-
prenons-le. Les peuples, comme les individus, doivent faire leur
évolution. Ils ont leur enfance, leur jeunesse, leur maturité, leur
vieillesse. La France, pendant sa minorité, a pu avoir d'indignes
tuteurs ; ayons pour eux le mépris qu'ils méritent : oublions-les.
Mais honorons tous les Français, sujets ou souverains, qui, pénétrés
de l'idée de la grandeur de la France, enflammés d'amour pour elle,
ont, dans la mesure de leur force, apporté leur pierre à la construc-

tion de l'édifice qui compte tant de siècles d'existence. L'intelligence qui permet à l'histoire de comprendre, l'esprit de justice qui lui commande de rendre à chacun ce qui lui est dû, l'honnêteté qui défend au professeur d'enseigner autre chose que ce qu'il pense ont inspiré à notre ami bien regretté, L. Cons, les lignes suivantes que nous empruntons à son histoire de France, à l'usage de l'enseignement primaire.

« Paris ne s'est pas fait en un jour, disait Henri IV. Paris et la France ont été l'œuvre des siècles et des générations qui se sont succédé. Nous avons voulu montrer quelle fut la part de chacune d'elles dans cette formation de la patrie française. Nous sommes de ceux qui se félicitent de vivre à l'heure présente et qui croient que notre siècle vaut mieux que ceux qui l'ont précédé; mais nous croyons aussi que les avantages dont nous jouissons ont été acquis au prix des efforts de générations qui toutes ont fait leur tâche, qui toutes ont accru peu à peu le patrimoine légué par les générations antérieures. Le sentiment qui nous inspire est celui d'une vénération profonde pour nos pères, depuis ceux qui habitaient la Gaule primitive jusqu'à ceux qui ont prêté le serment du jeu de paume. Nous sommes les fils des Gaulois transformés par la civilisation gréco-romaine, améliorés par la culture morale du christianisme, pénétrés des sentiments de pureté, d'honneur, de dévouement, de courtoisie, éclos au sein du moyen âge catholique et féodal. Nous sympathisons avec les bourgeois et les paysans qui aidaient la monarchie à construire l'unité française, qui défendaient avec elle l'indépendance de la France et la liberté de l'Europe contre la maison d'Autriche.

« Nous avons cette confiance dans la raison humaine qui armait les grands hommes de la Renaissance et nous demandons à ceux du dix-huitième siècle de nous inspirer leur amour pour la tolérance et la liberté de penser. Les élèves ne prendront pas seulement dans ce livre des faits et des dates, ils y puiseront des sentiments de reconnaissance pour les générations passées. Ils auront ainsi une idée plus juste et un amour plus profond de leur patrie, c'est-à-dire de cette France telle que l'ont faite leurs pères et où ceux-ci se sont endormis après la tâche accomplie, en comptant sur le souvenir respectueux des enfants. »

Nos ancêtres, les Gaulois, appartenaient à une race qui semble n'avoir pas été moins privilégiée que la terre où ils ont vécu. Nous aimons aujourd'hui à retrouver dans le portrait qu'en ont fait les anciens écrivains les traits distinctifs de notre caractère national et comme un air de famille. Au premier rang, mettons la facilité à s'enthousiasmer pour le droit; l'empressement à venir au secours de ceux qu'accable la force. « Les Gaulois, dit Strabon, sont simples et spontanés et *prennent volontiers en main la cause de celui qu'on opprime* ». Nous sommes bien les descendants de ces Gaulois si généreux, nous que les Américains n'ont pas appelés en vain à leur secours, quand ils voulurent briser les fers qui les rivaient à l'Angleterre; c'est pour la même cause que nous avons versé notre sang à Navarin, à Magenta. La Grèce et l'Italie nous doivent en grande partie leur indépendance et si nos vœux pour la délivrance de la Pologne furent impuissants, Dieu sait avec quelle générosité s'ouvrirent nos bras pour accueillir ses proscrits.

Nous sommes bien aussi les fils de ces Gaulois à qui Alexandre demandait : « Que craignez-vous? » et qui lui répondirent : « Que le ciel ne tombe sur nos têtes. » Rien ne les effrayait, ils lançaient des flèches au ciel quand il tonnait. Si l'Océan débordait et venait à eux ils marchaient contre lui l'épée à la main.

La médaille a son revers ; mais, dans les défauts des Français, il y a, la plupart du temps, je ne sais quoi de brillant, d'élégant qui leur enlève ce qu'ils pourraient avoir d'odieux; ils provoquent rarement l'indignation.

« C'est le peuple dont les mœurs peuvent se dépraver sans que le
» fond du cœur se corrompe ni que le courage s'altère ; il allie les
» qualités héroïques avec le plaisir, le luxe et la mollesse ; ses
» vertus ont peu de consistance; ses vices n'ont point de racines.
» Le caractère d'Alcibiade n'est pas rare en France. Le dérèglement
» des mœurs et de l'imagination ne donne point atteinte à la franchise,
» à la bonté naturelle du Français. L'amour-propre contribue à le
» rendre aimable ; plus il croit plaire, plus il a de penchant à aimer.
» La vanité qui nuit au développement de ses talents et de ses vertus,
» le préserve en même temps des crimes noirs et réfléchis. La per-
» fidie lui est étrangère et il est bientôt fatigué de l'intrigue. Le
» Français est l'enfant de l'Europe ; si l'on a quelquefois vu parmi
» nous des crimes odieux, ils ont disparu plutôt par le caractère
» national que par la sévérité des lois. » (*Duclos. — Considérations sur les mœurs.*)

Si les Gaulois savaient combattre, ils savaient aussi fièrement parler. Dans la chaîne d'or qui allait de la bouche de leur Mercure aux oreilles des auditeurs, on aurait pu voir déjà une image de l'influence de la langue et de la littérature française dans les temps modernes. Pendant trois siècles, l'Europe émerveillée fut comme suspendue aux lèvres de la France. La langue française est encore aujourd'hui la langue de la société polie en Europe ; elle est comme le filtre au travers duquel doivent passer les pensées des autres peuples pour se clarifier, devenir limpides et resplendir comme des diamants à la lumière de la vérité.

« Ce qui distingue notre langue des langues anciennes et modernes, c'est l'ordre et la construction de la phrase. Cet ordre doit toujours être direct et nécessairement clair. Le Français nomme d'abord le sujet du discours ; ensuite le verbe qui est l'action et enfin l'objet de cette action : voilà la logique naturelle à tous les hommes ; voilà ce qui constitue le sens commun. Or, cet ordre si favorable, si nécessaire au raisonnement est presque toujours contraire aux sensations qui nomment l'objet qui frappe le premier. C'est pourquoi tous les peuples abandonnant l'ordre direct, ont eu recours aux tournures plus ou moins hardies, selon que leurs sensations ou l'harmonie l'exigeaient ; et l'inversion a prévalu sur la terre, parce que l'homme est plus impérieusement gouverné par les passions que par la raison.

« Le Français, par un privilège unique, est seul resté fidèle à l'ordre direct, comme s'il était tout raison ; et on a beau, par les mouvements les plus variés et toutes les ressources du style, déguiser cet ordre, il faut toujours qu'il existe, et c'est en vain que les passions nous bouleversent et nous sollicitent de suivre l'ordre des sensations, la syntaxe française est incorruptible.

« Il est arrivé de là que la langue française a été moins propre à la musique et aux vers qu'aucune langue ancienne ou moderne, car ces deux arts vivent de sensations. Et ce n'est point comme on l'a dit, parce que les mots français ne sont pas sonores, que la musique les repousse, c'est parce qu'ils offrent l'ordre et la suite, quand le chant demande le désordre et l'abandon.

« La clarté a dû surtout dominer dans une langue ainsi constituée. Il y a des pièges et des surprises dans les langues à inversions ; le lecteur reste suspendu dans une phrase latine, comme un voyageur devant des routes qui se croisent ; il attend que toutes les finales l'aient averti de la correspondance des mots ; son oreille

» reçoit et son esprit, qui n'a cessé de décomposer pour composer
» encore, résout enfin le sens de la phrase comme un problème.
» La prose française se développe en marchant et se déroule avec
» grâce et noblesse. Toujours sûre de la construction de ses phrases,
» elle entre avec plus de bonheur dans la discussion des choses
» abstraites, et sa sagesse donne de la confiance à la pensée. Les
» philosophes l'ont adoptée parce qu'elle sert de flambeau aux
» sciences qu'elle traite, et qu'elle s'accommode également et de la
» frugalité didactique et de la magnificence qui convient à l'histoire
» de la nature.

« Sûre, sociale, raisonnable, ce n'est plus la langue française;
» c'est la langue humaine. »

L'instrument est admirable. Les œuvres qu'il a permis au génie français d'enfanter ne sont pas moins merveilleuses. Dans l'héritage de nos ancêtres se trouve un écrin rempli de perles sans prix, c'est notre littérature. Nous pouvons comparer nos poètes de premier ordre, Corneille, Molière, La Fontaine, Racine aux poètes étrangers les plus célèbres, sans crainte de voir pâlir leurs noms. Pour la poésie, notre pays a déjà le droit de s'appliquer ces vers de l'auteur du Cid, et comme lui, de dire, avec un sentiment de juste fierté :

« Je pense..... n'avoir pas de rival
» A qui je fasse tort en le traitant d'égal. »

« Mais c'est dans dans la prose qu'est peut-être notre gloire littéraire
» la plus certaine. Quelle nation compte des prosateurs qui appro-
» chent de ceux de notre nation? La patrie de Shakespeare et de
» Milton ne possède après Bacon aucun prosateur de premier ordre ;
» celle de Dante, de Pétrarque, de l'Arioste, du Tasse, est fière
» en vain de Machiavel, dont la diction saine et mâle est, comme
» la pensée qu'elle exprime, destituée de grandeur. L'Espagne a
» produit, il est vrai, un admirable écrivain, mais il est unique,
» Cervantes..... La France peut montrer aisément une liste de plus
» de vingt prosateurs de génie, Froissard, Rabelais, Montaigne,
» Descartes, Pascal, La Rochefoucauld, Molière, Retz, La Bruyère,
» Malebranche, Bossuet, Fénelon, Fléchier, Bourdaloue, Massillon,
» Madame de Sévigné, Saint-Simon, Montesquieu, Voltaire, Buffon,
» J.-J. Rousseau, sans parler de tant d'autres qui seraient au premier
» rang partout ailleurs, Comines, Amyot, Calvin, d'Aubigné,
» Charron, Balzac, Nicole, Fleury, Bussi, St Evremond, Mme de la

» Fayette, Mme de Maintenon, Fontenelle, Vauvenargues, Hamilton,
» Le Sage, Prévost, etc. On peut le dire avec la plus exacte vérité,
» la prose française est sans rivale dans l'Europe moderne, et, dans
» l'antiquité même, supérieure à la prose latine, au moins par la
» quantité et la variété des modèles, elle n'a d'égale que la prose
» grecque, en ses plus beaux jours, d'Hérodote à Démosthènes. Je
» ne préfère pas Démosthènes à Pascal, et j'aurais de la peine à
» mettre Platon lui-même au-dessus de Bossuet..... Quand on
» possède de pareils écrivains, n'est-ce pas une religion de leur
» rendre l'honneur qui leur est dû, celui d'une étude régulière et
» approfondie. » (*Victor Cousin. — Littérature.*)

LE JEUNE SOLDAT

Toi qui, de si leste façon
Mets ton fusil de bois en joue,
Un jour tu feras tout de bon
Ce dur métier que l'enfant joue.

Il faudra courir sac au dos
Porter plus lourd que les gros livres,
Faire étape avec des fardeaux,
Cent cartouches, trois jours de vivres.

Soleil d'été, bise d'hiver
Mordront sur cette peau vermeille ;
Les balles de plomb et de fer
Te siffleront à chaque oreille.

Tu seras soldat, cher petit,
Tu sais, mon enfant, si je t'aime !
Mais ton père t'en avertit,
C'est lui qui t'armera lui-même !

Quand le tambour battra demain,
Que ton âme soit aguerrie ;
Car j'irai t'offrir de ma main
A notre mère, la Patrie !

Tu vis dans toutes les douceurs,
Tu connais les amours sincères,
Tu chéris tendrement tes sœurs,
Ton père et la mère et tes frères.

Sois fils et frère jusqu'au bout ;
Sois ma joie et mon espérance ;
Mais souviens-toi bien qu'avant tout
Mon fils, il faut aimer la France !

V. de Laprade. — *Magasin d'éducation (Hetzel).*

T. Turot.

TABLE DES MATIÈRES.

	Pages.
Instructions de M. l'Inspecteur d'Académie.	v
Programme	vii

I. — L'HOMME

Chapitre Ier. — LE CORPS. — Membres et Organes. — Moyens détaillés de les développer.... **1**
Notes et explications **59**

Chapitre IIe. — L'ÂME.

§ I. — L'Intelligence. — Moyens de la développer, de la rendre pénétrante, souple et vive..... **63**
Notes et explications **74**

§ II. — La Mémoire. — Son utilité, moyens de la développer........................ **83**
Notes et explications **112**

§ III. — La Réflexion, le Jugement. — Suite et Lien dans les idées................ **118**
Notes et explications **169**

§ IV. — L'Imagination. — Emploi de cette faculté. — En prévenir les écarts............ **176**

§ V. — Les Sentiments, les Passions. — Développer les bons sentiments, contenir les passions. **199**
Notes et explications **222**

§ VI. — La Volonté, la Persévérance, l'Énergie. — Bonnes et mauvaises habitudes.—Caractère. **227**
Notes et explications **238**

§ VII. — Le Bien, le Mal, la Conscience, le Devoir, la Loi morale, les Récompenses, les Punitions. **246**
Notes et explications **260**

§ VIII. — Rapports de l'Homme avec ses Semblables.. **266**
Notes et explications **288**

§ IX. — Rapports de l'Homme avec les Êtres inférieurs. 291
       Notes et explications 311
§ X. — Rapports de l'Homme avec l'Auteur et le Conservateur de l'Univers 317
       Notes et explications 327
§ XI. — Devoirs de l'Homme envers lui-même. 334

II. — Le CITOYEN

L'Homme vit en société. — Fondement de la Société : la Famille. — Autorité des Parents. — Respect des Enfants. — Organisation générale de toute Société humaine : Gouvernement, Armée, Justice, Instruction. — Droits et Devoirs des Citoyens. — Les Lois 343
       Notes, réflexions et lectures. 407

III. — Le FRANÇAIS

Description de la France. — Ses Productions. — Ses Richesses. — Agriculture. — Commerce. — Industrie. — Bien-être physique et moral dont nous jouissons dans notre Patrie. — Pourquoi nous l'aimons. — Dévouement que nous lui devons. — Grands Exemples de Patriotisme. 411
       Notes et explications 441

www.ingramcontent.com/pod-product-compliance
Lightning Source LLC
Chambersburg PA
CBHW070528230426
43665CB00014B/1611